Jeffrey Richards   Gregor der Große

Jeffrey Richards

GREGOR DER GROSSE

Sein Leben –
seine Zeit

KOEHLER & AMELANG, LEIPZIG

Ins Deutsche übertragen von P. Gregor Kirstein OP
Der Titel der englischen Originalausgabe lautet
CONSUL OF GOD
The Life and Times of Gregory the Great
und erschien bei
Routledge & Kegan Paul, London, Boston and Henley

Lizenzausgabe für Koehler & Amelang (VOB), Leipzig 1983
Lizenznummer 295/275/2523/83 · LSV 6310

Printed in Austria
Umschlaggestaltung: Christoph Albrecht
Bestell-Nr. 698 272 4
03800

Inhaltsverzeichnis

Vorwort .. 7
Einführung .. 8

1. Kapitel
Die Welt Gregors des Großen .. 13

2. Kapitel
Gregors Jugendzeit .. 34

3. Kapitel
Charakter und Lebensauffassung .. 52

4. Kapitel
Gregors Weltanschauung .. 59

5. Kapitel
Der Gregorianische Hof .. 77

6. Kapitel
Zentrale Verwaltung I:
Krieg, Finanzen, Versorgung .. 92

7. Kapitel
Zentrale Verwaltung II:
Gesetz, Disziplin, Liturgie .. 115

8. Kapitel
Verwaltung des Kirchengutes .. 133

9. Kapitel
Gregor und der Episkopat: Sizilien .. 147

10. Kapitel
Gregor und der Episkopat: Italien .. 169

11. Kapitel
Gregor und die Langobarden .. 188

12. Kapitel
Gregor und der Westen .. 202

13. Kapitel
Gregor und der Osten .. 224

14. Kapitel
Gregors missionarische Tätigkeit .. 235

15. Kapitel
Gregor und das Mönchtum .. 257

16. Kapitel
Gregors Vermächtnis .. 265

Abkürzungen .. 273
Anmerkungen .. 275
Bibliografie .. 303
Personenregister .. 311

Vorwort

Für ihren Rat, ihre Hilfe und ihre Anregungen bin ich folgenden Freunden und Kollegen zu Dank verpflichtet: Dem ehemaligen Professor A. H. M. Jones, Professor R. A. Markus, Dr. E. R. Hardy, Dr. G. J. P. O'Daly, Dr. P. D. King, Frau S. A. C. Lamley, Frl. L. Parkinson, Frl. S. Hall, Herrn L. Cheles, Herrn J. Thompson, Dr. J. A. Moorhead, Dr. D. C. A. Shotter, Frl. W. Kenyon, Herrn G. A. Inkster und Frau M. Jackson.

Auch dem Personal der Universitätsbibliothek von Cambridge, der Universitätsbibliothek von Lancaster, der Nachschlagebibliothek von Birmingham, der Londoner Bibliothek, dem Institut für Geschichtsforschung und dem Lesesaal des Britischen Museums möchte ich für ihre unerschöpfliche Höflichkeit und Hilfsbereitschaft herzlich danken. Alle Meinungen und Irrtümer sind selbstverständlich meine eigenen.

Einführung

Gregor der Große war eine der bemerkenswertesten Erscheinungen des frühen Mittelalters. Als Aristokrat, Verwalter, Lehrer und Gelehrter bestieg er als Gregor I. den Thron des hl. Petrus zu einer Zeit der großen Krise für die römische Kirche und für die italische Gesellschaft. Der Einmarsch der Langobarden hatte die Reichsprovinz von Italien zerstückelt, was eine sehr ernste Bedrohung der Existenz der römischen Kirche bedeutete. Obwohl er kränklich und mit Arbeit überlastet war, nahm Gregor die Bürde des Papsttums auf sich, und zwar mit dem Mut und der Tatkraft der alten römischen Senatoren, deren letzter Vertreter er war; eine Tatsache, die in seiner Grabschrift anerkannt wurde, die ihn „Konsul Gottes" nannte.

Seine Regierungszeit (590–604) bezeichnet wahrhaftig eine Wasserscheide in der dunklen Periode des Übergangs vom Altertum zum Mittelalter. Gregor selbst verkörperte in faszinierender Weise alle Gegensätze und Verwicklungen jener Wasserscheide. Als ein treuer Anhänger des Oströmischen Reiches und ein unermüdlicher Unterstützer der Bemühungen der Kaiser, die Reichsgrenzen zu verteidigen und zu erweitern, hat er dennoch die Macht und das Prestige des Papsttums sowohl in Rom selbst als auch im Westen überhaupt erheblich gefördert. So war er der Zeit voraus, da tatsächlich das Papsttum den Mantel des alten Römischen Reiches erben sollte.

Er hat Großes geleistet: Er hat sowohl die zentrale Verwaltung als auch die Güterverwaltung des Papsttums reorganisiert und sich dabei um alle Einzelheiten gekümmert. Er hat genaue Verfahrensregeln für die Wahl der italischen Bischöfe abgefaßt und sie überwacht. Er sandte die Missionare aus, die die Angelsachsen christianisierten, und er bekämpfte unablässig die Häresie und das Schisma. Er hat eine neue westliche Tradition der Pastorallehre populär gemacht, die die komplexe theologische Tradition des Ostens ersetzte. Seine Schriften waren außerordentlich einflußreich sowohl im Osten als auch im Westen. Er bestieg als erster Mönch den päpstlichen Thron und widmete sein Leben und einen nicht geringen Teil seiner Schriften der Förderung der Sache des Mönchtums. Gregor war also sowohl echter Römer als auch echter Christ, sowohl konservativ als auch bahnbrechend; und so wie er mit Erwartung einer mittelalterlichen Welt der Mönchorden, der aufkommenden westeuropäischen

Staaten und einem monarchischen Papsttum entgegensah, so schaute er auch auf eine schwindende Welt der Reichsordnung, der Disziplin und der Einheit zurück, in der die römische Kirche und das Kaiserreich eins und ungeteilt waren.

Seit 1912 gab es keine Biographie Gregors des Großen in englischer Sprache, und die im Jahre 1905 veröffentlichte meisterhafte Biographie in zwei Bänden von F. H. Dudden bleibt immer noch das Standardwerk über sein Pontifikat. Die Breite von Duddens Gelehrsamkeit und die Klarheit seiner Vision bleiben ungetrübt durch den Lauf der Zeit, und es gibt wesentliche Teile seines Werkes, die man noch immer kaum besser darstellen kann. Allerdings, seit dem Jahr 1905 ist eine Menge Forschungsarbeit über verschiedene Aspekte der Regierungszeit von Gregor geleistet worden, und es ist jetzt vielleicht an der Zeit, eine neue Bewertung anzusetzen, die die neuen Einsichten berücksichtigen kann.

An deutschsprachigen Arbeiten sind zu erwähnen: H. Schwank, Gregor der Große als Prediger. Hannover 1934. L. Kurz, Gregor des Großen Lehre von den Engeln. Regensburg 1938. N. Hill, Die Eschatologie Gregors des Großen. Freiburg 1942. F. Westhoff, Die Lehre Gregors des Großen über die Gaben des Hl. Geistes. Hiltrup 1940. R. Rudmann, Mönchtum und kirchlicher Dienst in den Schriften Gregors des Großen. St. Ottilien 1956.

Die eigentlichen Quellen bleiben dieselben: Da sind Gregors eigene Schriften; seine Briefe, seine exegetischen Werke, seine *Homilien* und *Dialoge* und sein Handbuch für Bischöfe, die *Regula Pastoralis*. Vier Biographien von ihm stammen aus dem frühen Mittelalter: der kurze Bericht im *Liber Pontificalis* aus der Mitte des siebenten Jahrhunderts; die Lebensbeschreibungen von dem anonymen Mönch von Whitby und von dem Langobarden Paulus Diakonus aus dem achten Jahrhundert und die Lebensbeschreibung von Johannes dem Diakon aus dem neunten Jahrhundert. Wir haben zudem Chroniken, Lebensbeschreibungen von Heiligen, Briefe und Gesetze, sowie über die besonderen Fragen der Langobarden und der Angelsachsen zwei mittelalterliche Meisterwerke, nämlich die *Geschichte der Langobarden* von Paulus Diaconus und die *Kirchengeschichte des englischen Volkes* von Beda Venerabilis. Abgesehen von Gregors eigenen Schriften stammen alle diese Werke aus der Zeit nach Gregor und müssen also mit Vorsicht gehandhabt werden. Die *Geschichte der Franken* von Gregor von Tours, die von einem Zeitgenossen Gregors des Großen geschrieben wurde und die einige Augenzeugenberichte aus dem Rom Gregors umfaßt, bedeutet eine unschätzbare Quelle, an der spätere Berichte über Gregors Jugendzeit nachgeprüft werden können.

Das vorliegende Buch ist aus meiner Arbeit für ein vorher geschriebenes Werk über das Papsttum im frühen Mittelalter 476–752 (London 1979)[1] gewachsen und ist in Wirklichkeit ein Begleitstück dazu. Das erste Buch war im Grunde eine Untersuchung dessen, was sich in den „verräucherten Hinterzimmern" des Laterans im frühen Mittelalter ereignete und warum es sich ereignete, ein Bericht über das sich ändernde und sich entwickelnde Erscheinungsbild der Institution sowie über die Männer und die Ereignisse, die ihr Schicksal gestalteten. Dieses Buch konzentriert sich einfach auf einen der bedeutendsten und urkundlich am besten bezeugten Männer dieser Zeit. Es ist also unvermeidlich, daß die Bücher sich mitunter überschneiden, aber ich habe versucht, es trotz unvermeidlicher Wiederholungen dennoch konstruktiv und informativ zu gestalten.

In meinem ersten Buch habe ich allen Ortsnamen bis auf eine Handvoll (Rom, Neapel, Mailand, Genua) die lateinische Form gegeben. In diesem Buch habe ich den Gebrauch italienischer Ortsnamen ein klein wenig erweitert – zum Beispiel Spoleto, Palermo und Rimini –, um es den Lesern zu ermöglichen, sich geographisch zu orientieren. Aber die meisten Ortsnamen behalten ihre lateinische Form bei, und zwar aus dem sehr wichtigen Grunde, daß sie etwas von dem Gefühl einer Welt zu vermitteln helfen, die immer noch in ihrer römischen Vergangenheit wurzelte. Rhegium z. B. war noch nicht Reggio di Calabria und Urbs Vetus noch nicht Orvieto geworden. Bis die Namen sich geändert hatten, war jene alte Welt der kaiserlich-römischen Vergangenheit, an der Gregor festhielt, schon unwiederbringlich vergangen.

1. Kapitel

Die Welt Gregors des Großen

Im Jahre des Herrn 554 sah ein Mann einen Traum in Erfüllung gehen, und eine Nation erlebte den Anfang eines Alptraums.

Der Mann war Kaiser Justinian I., der die strahlende Vision hegte, die verlorenen Westprovinzen wieder dem Oströmischen Reich zuzuführen. Seine Armeen hatten das Königreich der Vandalen in Nordafrika überwältigt, einen Teil des Königreiches der Westgoten in Spanien annektiert und die Lebenswelt endgültig ausgelöscht, an die das ostgotische Königreich von Italien sich mit einer unerwarteten und kostspieligen Zähigkeit geklammert hatte. In seiner Hauptstadt Konstantinopel hatte Justinian von seinem Palast aus eine *Pragmatische Sanktion* erlassen, welche die unmittelbare Reichsherrschaft über Italien offiziell wiederherstellte und damit der 78 Jahre andauernden „Barbarenherrschaft" ein Ende machte. Es war ein Augenblick des höchsten Triumphes, aber er war nur flüchtig auszukosten, ehe die rauhe Wirklichkeit die rosagefärbten Träume einer Erneuerung des Römischen Reichs verdrängte. Denn das Jahr 554 war nicht so sehr ein neuer Anfang als vielmehr eine qualvolle Verzögerung des unvermeidlichen Triumphs der „Barbaren" im Westen. Justinian selbst war der letzte lateinsprechende Herrscher eines römischen Reiches, dessen Machtzentrum Konstantinopel, dessen Kerngebiet Kleinasien und dessen Kultur und Lebensstil griechisch waren, dessen Interessen und Haupttätigkeiten sich bald endgültig nach dem Osten wenden sollten. Er hat nie die alte Hauptstadt Rom besucht, die dem Reich seine Gesetze, sein Regierungssystem und sogar seinen Namen gegeben hatte. Rom war noch immer ein faszinierender Name, obwohl er die Wirklichkeit einer niederliegenden, entvölkerten und verfallenden Stadt kaum noch verbergen konnte, die von Seuchen und Hungersnöten heimgesucht wurde. Seine Wiederherstellung der Reichsherrschaft im Westen hat aber nie bis zum Gallien der Franken, zum angelsächsischen England oder zum größeren Teil des westgotischen Spaniens gereicht. Durch die Kriege am Balkan und gegen den beherrschenden Einfluß Persiens ist Italien bei den Reichsversammlungen ins Abseits geraten – zwar immer noch von historischer Bedeutung, aber von der Hauptrichtung der Politik und der Strategie des Reichs entfernt.

Schon bald danach sollte das Volk des kurz zuvor „befreiten" Italien einen Alptraum erleben, als Pest, Hungersnot, Krieg und Tod, die vier apokalyptischen Reiter, das unglückliche Land durchquerten, die Lebensfreude auslöschten und die Überzeugung entstehen ließen, daß das Ende der Welt bevorstehe. Alles das muß wie ein dramatischer und ironischer Gegensatz zu der aufgeklärten Herrschaft der arianischen und „barbarischen" Ostgotenkönige erschienen sein, unter denen das alte Weströmische Reich so etwas wie einen „Nachsommer" erlebt hatte.

Die Ostgoten hatten das alte römische Verwaltungssystem unversehrt bewahrt, religiöse Toleranz geübt, Gesetz und Ordnung aufrechterhalten, den Frieden und den Wohlstand gefördert, eine kulturelle Erneuerung angeregt und sich um die Verständigung zwischen Goten und Römern bemüht. Ungeachtet dessen gab es immer noch für viele Italiener eine tiefe geistige Verwandtschaft mit dem Römischen Reich im Osten, das nunmehr allein ihr römisches Erbe und ihre Reichstraditionen verkörperte – in einigen Fällen sogar durch ihre Verwandten und Bekannten. Durch religiöse, geistige, kulturelle und familiäre Beziehungen war der römische Adel mit dem Osten eng verbunden. Eine Spaltung in der Glaubenslehre mit dem Osten hatte zwar ein illusorisches Gefühl der Einigkeit zwischen den Ostgoten und ihren römischen Untertanen geschaffen. Aber selbst dieses Gefühl schwand, als Kaiser Justin I. und sein Neffe und späterer Nachfolger Justinian II. der Spaltung ein Ende machten.

Das Königreich der Goten brach also zusammen, von vielen Römern unbetrauert. Es sollte jedoch für diejenigen, die die Folgen der Wiedereroberung durch das Oströmische Reich nicht bedacht hatten, ein rauhes Erwachen geben. Die alten Zeiten der römischen Hegemonie im weltlichen Bereich waren für immer vorbei. Der durch Mord, Verarmung und Auswanderung nach dem Osten geschwächte Senatorenadel war zusammengebrochen. Die alte Verwaltung wurde abgebaut und eine neue provisorische Regierung gebildet. Sie bekam ihren Sitz in Ravenna, erhielt griechische Beamte und einen byzantinischen Militärgouverneur an der Spitze, der bald der „Exarch" heißen sollte. Die arianischen Christen wurden unterdrückt, und ihr Eigentum wurde der katholischen Kirche übergeben.

Die römische Kirche verlor dadurch die Handlungsfreiheit, die sie früher besessen hatte. Die neuen Herren erwarteten von ihr, daß sie sich dem Oströmischen Reich in Sachen des Glaubens unterwerfen würde. Der zwanzig Jahre dauernde Krieg, in dem die Wiedereroberung Italiens durch das Oströmische Reich gelang, hatte das Leben Italiens arg zugerichtet. Rom wurde dreimal belagert, und im Jahre 546 durch den Gotenkönig Totila schließlich erobert. Dieser hielt seine Soldaten zwar von einem Massenmord ab, schaffte jedoch für vierzig Tage die ganze römische Bevölkerung fort, um ein ungestörtes Plündern zu ermöglichen. Andere große Städte erlitten ein ähnliches Schicksal. Neapel wurde von den oströmischen Reichstruppen erobert und dem Plündern und Morden überlassen. Mailand wurde durch die Goten erobert, seine Mauern wurden abgerissen, die Männer wurden niedergemetzelt, die Frauen wurden zu Sklavinnen gemacht und den Burgundern ausgeliefert.

Die ländlichen Gebiete waren nicht besser dran. Die Provinzen Mittelitaliens wurden verwüstet, geplündert und vom Krieg heimgesucht. In der darauf folgenden Hungersnot starben allein in Picenum an die 50.000 Menschen. Die Provinzen waren nicht nur Angriffen der Goten und der oströmischen Reichstruppen ausgesetzt, sie wurden auch noch von den Franken überfallen und verwüstet. Die großen Ländereien der römischen Kirche waren dermaßen verwüstet, daß in den Jahren 560/561 Papst Pelagius I. berichtete: „Nach den fortdauernden Verwüstungen des Krieges, die 25 Jahre und noch länger den Regionen Italiens zugefügt wurden und die kaum noch aufgehört haben, erhält die römische Kirche nur noch von den Inseln und den überseeischen afrikanischen Gebieten ein wenig Einkommen, wie unzureichend auch immer, für den Klerus und die Armen."[1] Die Bevölkerung wurde durch Not getrieben, Eicheln zu essen; in einigen Fällen kam es sogar zu Kannibalismus.

Die schwergeprüften Italiener haben von seiten ihrer byzantinischen „Befreier" ebensoviel Schaden als von seiten der Goten erlitten. Alexander der Logothete, ein Mann, der wegen seiner Tätigkeit als Eintreiber von Geldern für den oströmischen Staat berüchtigt war, wurde nach Italien entsandt, um den Italienern die gleichen Gelder abzuringen, die sie vorher dem gotischen König zahlen mußten. Befehlshaber der byzantinischen Reichstruppen plünderten und machten Geschäfte, um das eigene Vermögen zu vergrößern. Einer von ihnen, Conor, veräußerte so viel von der Getreideversorgung, daß er von seinen Hunger leidenden Soldaten umgebracht wurde.[2]

Das war die Welt, in die Gregor der Große geboren war. Der Krieg hatte seinen Höhepunkt erreicht, als er zum erstenmal das Tageslicht erblickte. Er war noch keine zwanzig Jahre alt, als der Krieg zu Ende ging, und in dessen bitteren Nachwirkungen ist er zum Mannesalter herangewachsen. Er wurde in Rom geboren und anscheinend dort in einer für die Stadt schicksalsschweren Zeit erzogen. Er hat Rom in den Tagen seiner Reichsherrlichkeit nie gekannt. Noch im Jahre 500 hatte der afrikanische Mönch Fulgentius von Ruspe bei einem Rombesuch erklärt: „Wie wunderbar muß das himmlische Jerusalem sein, wenn diese irdische Stadt so sehr strahlen kann." Unter der ostgotischen Herrschaft unter dem Patronat und Schutz der „Barbarenkönige" war das Leben in Rom fast wie unter den Kaisern weitergegangen: Der Senat tagte regelmäßig, und die großen Adelsfamilien, wie die Gregors, behielten nach wie vor ihre schönen Villen und führten einen großen Haushalt. Im Zirkus wurden Spiele veranstaltet, Getreide wurde kostenlos an das Volk verteilt, die Schulen blühten. Es gab ein glänzendes Gesellschafts- und Kulturleben. All dem machte der Krieg ein Ende.

Die drei Belagerungen Roms durch Byzanz wurden von Hungersnot,

Krankheit und vielfältigen Leiden begleitet. Große Stadtteile wurden durch Feuer zerstört, viele Bürger wurden zugrunde gerichtet. Papst Vigilius betete zu Gott, „er möge die Unversehrtheit des Glaubens und die Sicherheit des römischen Namens erhalten“. Die Gebete, die er in dieser Zeit verfaßte, zeichnen ein düsteres Bild der Stadt, die mit der ständigen Gefahr eines Angriffs lebte, sich vor Verrat fürchtete und durch Krankheit und Not bedrückt war.[3] Als der Krieg zu Ende ging, wurde Rom von einer tödlichen Schwermut erfaßt. Die Adelsfamilien waren größtenteils auseinandergerissen worden, und viele der Adeligen wanderten nach Konstantinopel aus, um Glück und Karriere am kaiserlichen Hof zu finden. Es gab keine Spiele mehr; das organisierte Erziehungssystem war zusammengebrochen; die Getreidespenden wurden unregelmäßig verteilt und schließlich eingestellt; der Senat hörte allmählich auf zu funktionieren. Viele der berühmtesten Gebäude in Rom standen leer oder waren beschädigt oder in Verfall geraten. Ein Großteil der Bevölkerung, die alle Spuren der jahrelangen Mißhandlung trug, war verschiedenen Seuchen, Überschwemmungen, Hungersnöten und der Pest zum Opfer gefallen. Als Gregor Papst wurde, bemerkte er traurig: „Ich habe die Sorge für ein altes und schwer beschädigtes Schiff übernommen.“[4]

Rom war zu einer Geisterstadt voll Erinnerungen, zu einem zerbröckelnden Relikt verlorener Reichsherrlichkeit geworden. Der hl. Benedikt von Nursia hatte seine allmähliche, aber unvermeidliche Zersetzung vorausgesagt: „Rom wird nicht durch die Barbaren entvölkert, sondern durch Blitz, Stürme und Erdbeben zermürbt werden.“ Daß das stimmte, gab Gregor zu, als er im Jahr 593 schrieb: „Der verborgene Sinn dieser Prophezeihung ist uns sonnenklar geworden, die wir die zertrümmerten Mauern, die eingestürzten Häuser und die durch Wirbelwinde zerstörten Kirchen betrachten. Die ganze Zeit sehen wir immer häufiger römische Gebäude, durch das Alter hinfällig geworden, zu Trümmerhaufen einstürzen.“[5] Das ist keine rhetorische Übertreibung, denn Gregor berichtete im Jahr 590 von einem solchen Vorfall: „Vor zwei Tagen wurden durch einen plötzlichen Wirbelwind alte Bäume entwurzelt, Häuser zerstört und Kirchen bis auf die Grundmauern umgestürzt.“[6]

Als schließlich die oströmischen Reichsstandarten in der Stadt, die er liebte, aufgestellt wurden, dürfte Gregor wenig Ahnung von dem Unheil gehabt haben, das nun im Begriff war, auf sie hereinzubrechen. Italien erlebte nun fast gleichzeitig den erbitterten Kampf der „Barbaren“ und die Wiederkehr der Pest.

Kaum 15 Jahre nach der offiziellen Wiederherstellung der byzantinischen Reichsherrschaft in Italien, als die Provinz immer noch an den Auswirkungen eines über Jahrzehnte hin geführten zerstörerischen Krieges litt, drangen die Langobarden in das Land ein. Sie waren ein Volk germanischen Ursprungs, das in Pannonien lebte, waren in Stämmen organisiert und wurden von einem gewählten König regiert. Sie bekannten sich zum größten Teil zum arianischen

Christentum. Paulus Diaconus hat sie folgendermaßen beschrieben, wie sie in einem Wandgemälde des sechsten Jahrhunderts im königlichen Palast zu Modicia dargestellt sind:[7]

„Sie rasierten den Nacken und beließen ihn bis zum Hinterkopf nackt; sie trugen das Haar an der Stirn gescheitelt, das vom Gesicht bis zum Mund herunterhing. Ihre Gewänder waren weit und meistenteils aus Leinen, wie die Angelsachsen sie zu tragen pflegen, mit breiten, in verschiedenen Farben gewebten Borten verziert. Ihre Schuhe waren fast bis zur Spitze der großen Zehe offen und durch gekreuzte Schnürbänder zusammengehalten. Später fingen sie jedoch an, Hosen zu tragen, über die sie beim Reiten wasserdichte, wollene Gamaschen zogen."

Nach einer Legende habe der unpopuläre byzantinische Statthalter Narses, dem Ungnade und Entlassung drohten, die Langobarden aufgefordert, ihr unwirtliches Heimatland Pannonien zu verlassen und in das reiche und fruchtbare Land Italien zu ziehen, wobei er seine Einladung mit Früchten und Schätzen Italiens unterstützt habe. Dies scheint von der Sache her unwahrscheinlich. Denn mindestens zwanzig Jahre später wird erst darüber berichtet, und von den zuverlässigsten Autoritäten wird dies überhaupt nicht erwähnt (Marius von Aventicum und Gregor von Tours).[8] Aber es wurde schnell in Umlauf gebracht und trat in die Mythologie ein. Aller Wahrscheinlichkeit nach waren es Verschiebungen im Gleichgewicht der ethnischen Kräfte am Balkan und insbesondere die Ankunft der Awaren, die eine Bedrohung der Langobarden bedeuteten und diese veranlaßten, sichere und fruchtbarere Gebiete zu suchen.

Ihr kluger, rücksichtsloser Kriegsherr, König Albuin, führte die Langobarden im Jahr 568 von Norden nach Italien hinein. Sie zerstörten viel und überrannten ohne Widerstand den meist ungeschützten Norden. Im September 569 öffnete ihnen die alte Provinzhauptstadt Mailand die Tore, und Albuin legte sich den Titel „König von Italien" bei. Bis 571 hatten sie die Eroberung des Po-Tales beendet und setzten dann den Vormarsch in südlicher Richtung nach Umbrien und der Toskana fort. Dann plötzlich, im Jahre 572, auf der Höhe seiner siegreichen Laufbahn und bald, nachdem er die Übergabe von Pavia entgegengenommen hatte, das drei Jahre ausgehalten hatte, wurde Albuin von seiner Frau Rosamunda ermordet. Als es ihr nicht gelang, den Thron für den von ihr Vorgeschlagenen zu sichern, floh sie mit dem königlichen Schatz zu den oströmischen Herrschern von Ravenna. Albuins Nachfolger, König Kleph, wurde selbst innerhalb von zwei Jahren ermordet, und die Langobardenhäuptlinge entschieden sich dagegen, einen neuen König zu wählen. Statt dessen teilten sie ihr Land nach den schon eroberten Städten in 36 Einzelherzogtümer auf. Über diese Periode schrieb Gregor von Tours, ein Zeitgenosse: „Als sie nun das Land besetzt hatten, zogen sie sieben Jahre lang umher, beraubten die Kirchen, töteten die Priester und brachten alles unter ihre Gewalt."[9] Ihr

Kommen wurde gewiß durch Greueltaten gekennzeichnet. In seinen „*Dialogen*" berichtete Gregor der Große über mehrere: „Bei einem Gemetzel wurden 400 Gefangene, bei einem zweiten 40 Bauern und bei einem dritten eine Gruppe Valerianischer Mönche niedergemacht."[10]

Paulus Diakonus schrieb: „In diesen Tagen wurden viele adelige Römer ihrer Reichtümer wegen ermordet. Die verschont Gebliebenen aber wurden den Langobarden zugeteilt und mußten diesen den dritten Teil ihrer Erträge entrichten."[11] Eigentlich weiß man wenig über die Lage der römischen Bevölkerung in den von Langobarden besetzten Teilen Italiens. Die einleuchtendste Schlußfolgerung ist, daß die adeligen Großgrundbesitzer entweder geflohen sind oder getötet wurden oder zwangsweise in wirtschaftliche Abhängigkeit gerieten, während die Bauern mehr oder weniger wie bisher weitermachen konnten; sie bestellten den Boden und dienten den neuen Herren. Denn die Langobarden interessierten sich hauptsächlich für die Jagd und für Beutezüge. Sie behielten ihre Stammesorganisation bei, blieben in ständiger Kriegsbereitschaft und wurden von der einheimischen Bevölkerung mit Lebensmitteln und Arbeitskräften versorgt.[12]

Als das Königtum im Jahr 574 unterbrochen wurde, hatte sich die anfängliche Stoßkraft der Langobarden schon erschöpft. Aber die Hälfte Italiens lag fest in ihrer Hand. Sie beherrschten den größeren Teil der alten Nordprovinz Italia Annonaria mit Ausnahme der Küstengebiete von Ligurien (mit Zentrum Genua), von Istrien-Venetien (mit Zentrum Grado) und der Aemilia (mit Zentrum Ravenna und der Pentapolis). In der Region der Suburbicaria herrschten sie mit Hilfe von zwei mächtigen und bedeutenden Herzogtümern, nämlich Spoleto und Benevent; damit waren sie auch im Inneren Italiens. Die byzantinische Reichsherrschaft wurde im Herzogtum von Rom und in den Küstengebieten um Neapel, Rhegium, Hortona, Sipontum und Tarentum aufrechterhalten. Im wesentlichen war die byzantinische Reichsprovinz Italien auf eine Reihe von Küstenenklaven, die nur über die Seewege miteinander verbunden waren, reduziert worden. Die Inseln Sizilien, Sardinien und Korsika blieben unberührt, aber sie hatten eigene Verwaltung und bildeten keinen Teil des Exarchats von Ravenna.

Wie konnte das alles geschehen? Es gibt vielleicht drei Gründe: Der erste und wichtigste ist, daß die byzantinische Reichsregierung auf die Invasion völlig unvorbereitet war. Anscheinend war Italien mit einer sehr schwachen Besatzung versehen, und der Exarch, der nicht handeln wollte oder konnte, hatte sich einfach in Ravenna verschanzt. Entscheidende Gegenmaßnahmen waren alsbald nicht zu erwarten. Kaiser Justinian I. war gestorben, und auf dem Thron saß nun sein exzentrischer und labiler Neffe Justinos II., der schließlich im Jahr 574 geisteskrank wurde. Erst dann, als der fähige General Tiberius Konstantin die Regentschaft übernahm, handelte die Regierung. Ein Heer aus Söldnern wurde unter dem Kommando von Justins Schwiegersohn Baduarius im Jahr 575 nach Italien geschickt, das von den Langobarden jedoch vernichtet wurde. Diese Katastrophe machte es der Regierung unmöglich, im Westen erneut militärisch direkt einzugreifen, so daß die Langobarden das Errungene sichern konnten.

Der zweite Grund für den schnellen Zusammenbruch der Provinz Italien war die Pest. Nachdem sie den Osten schon verwüstet hatte, traf die Pest im Jahr 543 in Italien ein und kehrte Mitte der sechziger und Anfang der siebziger Jahre des 6. Jahrhunderts wieder zurück. Sie wurde von einer schweren Hungersnot begleitet, und der *Liber Pontificalis* berichtete, daß sich viele Städte den Angreifern aus Hungersnot ergaben.[13] Hungersnot, Pest und Krieg hatten die Widerstandskraft der Italiener geschwächt. Ihre Widerstandsbereitschaft wurde vielleicht durch den Unwillen weiter gemindert, der vor allem im Norden die Verurteilung der sogenannten „Drei Kapitel“ zur Folge hatte: Um die monophysitischen Häretiker zu beschwichtigen, hatte Kaiser Justinian die Verurteilung gewisser Theologen und ihrer Schriften veranlaßt, die unter dem Sammeltitel die „Drei Kapitel“ bekannt wurden. Viele Katholiken meinten, daß diese Verurteilung die Gültigkeit des Konzils von Chalkedon in Frage stellte, das die Grundlehren des Glaubens definiert hatte. Der Westen trat folglich der Verurteilung einmütig entgegen, doch Justinian überredete zwei Päpste, Vigilius und Pelagius I., die Verurteilung zu bestätigen. Die Erzbischöfe von Mailand und von Aquileia, die beiden ranghöchsten Oberhirten des Nordens, hatten sich daraufhin sofort von Rom getrennt. Und als Papst Pelagius I. aus Konstantinopel kommend in Rom eintraf, hatte er alle Mühe, einen Bischof zu finden, der bereit war, ihn zu weihen. Schließlich hatte der Papst mit Hilfe der kaiserlichen Behörden Mittel- und Süditalien von der Rechtsgültigkeit der Verurteilung der „Drei Kapitel“ überzeugt. Der Norden blieb jedoch unversöhnt. Diese rein theologische Kontroverse wurde durch die politische Katastrophe des Einmarsches der Langobarden überholt. Es könnte sein, daß vielen Katholiken im Norden Italiens die Herrschaft eines arianischen Königs wünschenswerter schien als die Herrschaft eines häretischen Papstes und eines häretischen Kaisers.

Denn viele Bischöfe beeilten sich, sich mit den Langobarden zu verständigen, mit dem Ergebnis, daß die reguläre Nachfolge und Kontinuität im bischöflichen Amt in vielen norditalienischen Diözesen gewahrt wurden.

Die Nachfolger von Justinos II., Tiberius Konstantin (578–582) und Mauritius (582–602), die durch Krisen im Osten und in den Balkanländern ganz in Anspruch genommen waren, konnten keine zusätzlichen Truppen für die italienische Kriegsfront entbehren. Auch als die Italiener selbst Geld (rund 216.000 *solidi*) aufbrachten, um die Kosten für Truppen zu bestreiten, und es im Jahr 577 mit einer starken diplomatischen Mission nach Konstantinopel sandten, die vom rangältesten überlebenden Mitglied des Senats, dem ehemaligen Prätorianerpräfekten Pamphronius, angeführt wurde, konnte der Kaiser ihm lediglich den Rat geben, das Geld dafür zu verwenden, um sich der Dienste von dissidenten langobardischen Herzögen oder der Hilfe der *Franken* zu versichern. Diese Auswege wurden die beiden Pfeiler der kaiserlichen Politik in Italien, und sie haben manchmal Erfolg gehabt. Um das Jahr 585 ist der Langobardenherzog Droctulf zur kaiserlichen Seite übergegangen und hat für das Reich die wichtige Hafenstadt Classis zurückerobert. Der Kaiser Mauritius bezahlte dem Frankenkönig Childebert 50.000 *solidi* dafür, um in die Lombardei einzufallen, was er auch viermal (584, 587, 588, 590) tat. Es ist jedoch bemerkenswert, daß die Römer aus der Tatsache, daß der Vorstoß der Langobarden durch die Unterbrechung ihres Königtums geschwächt worden war, oder aus den Invasionen der Franken bis 590 keinen Vorteil ziehen konnten. Das bekräftigt den Eindruck, den die Tatsachen vermittelten, daß sie militärisch dazu gar nicht imstande waren.

Das Hauptergebnis der fränkischen Bedrohung war für die Langobarden die Wiederherstellung des Königtums. Sie hatten die Notwendigkeit einer ungeteilten Führung wieder erkannt: Im Jahre 584 wählten sie den jungen Krieger Autharis, den Sohn des ermordeten Königs Kleph, zu ihrem König. Er rechtfertigte ihr Vertrauen, indem er dem fränkischen Einmarsch im Jahr 588 eine vernichtende Niederlage beibrachte.

Während der Unterbrechung des Königtums setzten die mächtigen Langobardenherzöge Farwald von Spoleto und Zotto von Benevent ihren Vormarsch in Mittel- und Süditalien fort.

Im Jahre 579 belagerte Farwald Rom. Während der Belagerung starb Papst Benedikt I. Pelagius II. wurde als Nachfolger gewählt und sofort eingesetzt, ohne das Eintreffen der kaiserlichen Bestätigung abzuwarten, wie es bisher üblich war. Die Stadt behauptete sich; Farwald zog in nördlicher Richtung ab und eroberte die Hafenstadt Classis.[14] Im Jahr 581 belagerte Zotto von Benevent Neapel.[15] Obwohl er es nicht eroberte, zerstörte er Aquinum und eroberte Venafrum, dessen Geistlichkeit nach Neapel floh.[16] Er hat auch das Kloster von Monte Cassino zerstört, dessen Mönche nach Rom flohen und das Originalexemplar der Regel des hl. Benedikt mitnahmen. Das Datum dieses Ereignisses ist unsicher. Die Jahre 570, 577, 580, 581 und 589 sind verschiedentlich angegeben worden. Aber alles, was man mit Sicherheit sagen kann, ist, daß es sich zwischen 570 und 590 ereignete.[17]

Die Bedrohung Roms in diesen Jahren war sehr ernst zu nehmen. Obwohl die Langobarden im Jahr 579 abzogen, ohne die Stadt zu erobern, blieben sie eine ständig drohende Gefahr. Ohne Hoffnung auf kaiserliche Hilfe schrieb Papst Pelagius II. im Jahr 580 an den fränkischen Bischof Aunacharius von Auxerre und forderte ihn dringend auf, die Frankenkönige dazu zu bewegen, der belagerten Stadt Rom zu Hilfe zu kommen.[18] Obwohl sie schließlich im Jahr 584 kamen, wurden sie von den Langobarden bestochen und zogen wieder ab.[19] Die

Bedrohung Roms blieb. Im Oktober 584 beschrieb Papst Pelagius II. in einem Brief an Gregor, der damals sein Gesandter in der Reichshauptstadt Byzanz war, genau die dortige Sachlage:[20]

„So groß sind das Unheil und die Drangsale, die wir durch die Treulosigkeit der Langobarden trotz ihrer feierlichen Versprechen erleiden, daß kein Mensch sie hinreichend beschreiben kann . . . Das Reich befindet sich in einer kritischen Lage. Wenn Gott nicht das Herz unseres allergnädigsten Herrschers bewegt, seinen Dienern das Mitleid zu zeigen, das er für sie empfindet, und ihnen einen Befehlshaber oder einen General zu bewilligen, sind wir verloren. Denn die Umgebung Roms ist ganz ungeschützt, und der Exarch schreibt, daß er für uns nichts tun kann, da er selbst das Gebiet um Ravenna nicht zu verteidigen vermag. Möge Gott dem Kaiser gebieten, uns schleunigst zu Hilfe zu kommen, ehe das Heer jener gottlosen Nation der Langobarden die Länder erobert haben wird, die immer noch einen Teil des Reiches bilden."

Der Brief des Papstes Pelagius II. enthält die erste bekannte Erwähnung des Exarchen von Ravenna. Kaiser Mauritius ergriff Maßnahmen, die im wesentlichen die Tatsache der Langobardeneroberung anerkannten, als er die Provinzregierung von Italien zum Exarchat umwandelte, nämlich zu einer militarisierten Grenzprovinz. Er befestigte das, was von Italien übriggeblieben war, zu einem Bollwerk der Verteidigung. Früher war der Gouverneur von Italien ein Präfekt; nun wurde er in den Rang eines Exarchen erhoben, der innerhalb der Provinz die höchste Zivil- und Militärmacht ausübte. Im Jahr 584 oder 585 wurde der dynamische und tüchtige General Smaragdus zum Exarchen ernannt; vielleicht war er der erste.[21] Er schloß sofort mit den Langobarden einen Waffenstillstand auf drei Jahre ab, um seine Position zu festigen.[22] Nach Ablauf des Waffenstillstandes haben seine Reichstruppen Classis zurückerobert. Jedoch wurde im Jahr 589 Smaragdus geisteskrank und durch Romanus als Exarch ersetzt. Die Ankunft des Romanus war das Signal für die lang erwartete Gegenoffensive des Reichs. Endlich hatte der Kaiser Truppen besorgen können. Er schickte den langobardischen Söldnerführer Nordulf und seine Truppen, die im Osten gedient hatten, nach Italien; sie stellten sich unter das Kommando des Exarchen. Ein Plan für einen gemeinsamen Angriff auf die Langobarden wurde mit den Franken vereinbart. Drei fränkische Kolonnen marschierten nach Italien hinein und eroberten und zerstörten viele Festungen. Exarch Romanus schrieb an König Childebert und dankte ihm dafür, daß er seine Armeen gesandt hatte, um Italien „zu befreien".[23]

Romanus begann sofort den eigenen Angriff im Po-Tal und eroberte Modena, Altinum und Mantua. Parma, Rhegium und Placentia wurden von ihren Langobardenherzögen übergeben; Gisulf, der Sohn des Herzogs Grasulf von Friaul, „ein junger Mann, der bestrebt war, zu beweisen, daß er besser sei als sein Vater" (wie Romanus es ausdrückte), trat mit seinem Heer zum Reich über.

Mehrere andere Grenzstädte wurden durch die Söldnerführer Nordulf und Osso für das Reich erobert.[24]

Trotzdem haben die Streitkräfte des Reichs die erwartete Vereinigung mit den Franken nicht zustande gebracht. Für die Franken erwies es sich als unmöglich, die Langobarden zu einer regelrechten Schlacht zu bringen, denn diese zogen sich in ihre befestigten Städte zurück und weigerten sich herauszukommen. Autaris selbst blieb in Pavia verschanzt. Nach drei Monaten befand sich das fränkische Heer durch Hungersnot und Ruhr in einem ernstlich geschwächten Zustand. Der fränkische Befehlshaber, Herzog Chedin, der sich in der Nähe von Verona aufhielt, schloß einen Waffenstillstand auf zehn Monate mit Autharis und zog sich aus Italien zurück.

Jede Seite gab der anderen die Schuld dafür, daß es den Franken und den kaiserlichen Truppen mißlang, ihre Streitkräfte zu vereinigen. Exarch Romanus schrieb verbittert an König Childebert und beklagte sich, er sei im Begriff gewesen, sich mit Chedin zu vereinigen.[25]

Mit der Unterstützung seiner Schiffe auf dem Fluß hätten sie dann Pavia belagern und Autharis gefangennehmen können, „dessen Gefangennahme der größte Siegespreis gewesen wäre". Er fuhr fort: „Hätten sie nur ein klein wenig Geduld gehabt, wäre Italien heute von jenem verhaßten Volk befreit und der ganze Reichtum des schrecklichen Autharis in ihre Schatzkammer gebracht worden. Denn der Feldzug hatte einen solchen Punkt erreicht, daß sich die Langobarden nicht einmal hinter den Mauern ihrer Städte vor den Franken sicher fühlten." Eindringlich empfahl er, daß König Childebert noch ein Heer unter würdigeren Führern schicken sollte. Er schlug vor, daß sie zur Erntezeit angreifen, damit die gesamte Ernte des Feindes zerstört werden könnte; sie sollten ihre Marschrouten und Termine mit den Reichstruppen verabreden und es unterlassen, die Stadt Rom zu plündern. Aber König Childebert hatte von Italien genug. Er schloß statt dessen mit den Langobarden einen Friedensvertrag ab. Autharis hatte also die schwerste Prüfung seiner Herrschaft, wenn auch unter Gebietsverlust, überstanden. Er starb am 5. September 590 zu Pavia. Man vermutete Vergiftung. Wahrscheinlich aber ist, daß er ein Opfer der Pest wurde, die wieder einmal in Italien wütete.[26]

Die Pest war genauso eine Realität des Lebens in Italien geworden wie die Langobarden; in der Tat fielen die Langobardeninvasionen mit der ersten großen Pestepidemie zusammen. Soweit man das anhand der verstreuten Hinweise berechnen kann, gab es die Pest von den vierziger Jahren des 6. Jahrhunderts bis zu den sechziger Jahren des 8. Jahrhunderts. Sie scheint ihren Ursprung in Äthiopien gehabt zu haben, von wo aus sie im Jahr 541 in Ägypten einfiel. Sie verbreitete sich wie ein Lauffeuer über den Osten und hat nach dem Chronisten Evagrius in den Jahren 542–544 an die 300.000 Menschen der Bevölkerung von Konstantinopel weggerafft. Aus der Feder des Historikers

Procopius, eines Augenzeugen des Pestausbruchs in der östlichen Hauptstadt, besitzen wir eine anschauliche Schilderung ihrer Auswirkungen:[27]

„Das Fieber war im Anfangsstadium bis zum Abend von einer so schwachen Art, daß es weder bei den Erkrankten selbst noch bei einem Arzt, der darauf stieß, einen Verdacht auf Gefahr schöpfen ließ ... Doch entwickelten sich am selben Tag oder am anderen Tag oder wenige Tage später Beulenpestschwellungen ... Bis zu diesem Punkt erging es allen, die von der Krankheit befallen wurden, mehr oder weniger gleichermaßen. Von da an jedoch ergaben sich deutliche Unterschiede ... Bei einigen erfolgte eine tiefe Schlafsucht, bei anderen ein heftiges Delirium, und in dem einen wie dem anderen Fall litten sie unter den bezeichnenden Symptomen der Krankheit. Denn diejenigen, die unter der Wirkung der Schlafsucht lagen, vergaßen alle, die ihnen vertraut waren, und schienen die ganze Zeit zu schlafen. Wenn jemand sie betreute, aßen sie, ohne dabei ganz wach zu werden. Andere aber wurden vernachlässigt, und diese starben bald aus Mangel an Nahrung. Diejenigen aber, die vom Delirium ergriffen waren, litten an Schlaflosigkeit und wurden Opfer einer verkehrten Einbildungskraft; denn sie hegten den Verdacht, daß Menschen auf sie zukamen, um sie zu vernichten; sie wurden aufgeregt und ergriffen laut schreiend die Flucht. Diejenigen, die sie betreuten, waren stets in einem Zustand der Erschöpfung und hatten es äußerst schwer ... In den Fällen, wo weder die Schlafsucht noch das Delirium auftrat, wurden die Beulenpestschwellungen brandig, und der Leidende, der den Schmerz nicht länger aushalten konnte, starb ... In einigen Fällen trat der Tod sofort ein, in anderen Fällen erst nach mehreren Tagen. Bei einigen brachen am ganzen Körper schwarze Pusteln auf, ungefähr so groß wie eine Linse; und diese blieben nicht einmal einen Tag lang am Leben, sondern starben sofort. Bei vielen erfolgte auch ohne sichtbaren Grund ein Auswurf von Blut, der sofort den Tod brachte."

Diesmal dauerte der Pestanfall vier Monate. Die Leute starben in großer Zahl. Leichen lagen haufenweise unbeerdigt auf den Straßen; der üble Geruch durchdrang die Stadt. Unmittelbar nach der Pest folgte die Hungersnot, und noch mehr Bürger wurden hinweggerafft. Das Leben der Reichshauptstadt kam buchstäblich zum Stillstand.

Dieselbe Krankheit mit denselben Symptomen und den gleichen katastrophalen Folgen erreichte im Jahr 543 den Westen. Danach verwüstete sie in etwa zehn aufeinanderfolgenden Wellen Italien und Frankreich, gewöhnlich mit einer Unterbrechung von mehreren Jahren zwischen den Ausbrüchen. Gregor berichtet über Einzelheiten einiger Phantasiebilder des Fieberwahns, der die Opfer der Pest befiel: Ein kleiner Junge, der im Leben oft böse war, sah die Boten des Teufels in der Gestalt von Negern kommen, um ihn mitzunehmen. Einem jungen Mönch in Gregors eigenem Kloster war zumute, als wenn ihn ein Drache verschlänge. Ein Soldat hatte auf dem Höhepunkt des Fiebers die bemerkenswerte Vision einer Totenbrücke, die einen schwarzen, rauchenden, widerlichen Fluß überspannte, die aber zu Herrenhäusern aus Gold inmitten grüner, lieblicher Felder führte. Diejenigen, die im Leben gut waren, gingen heil hinüber, diejenigen, die im Leben schlechte Menschen waren, wurden in die düsteren Gewässer hineingestürzt.[28]

Die Verwüstungen der Krankheit waren verheerend. In den neunziger Jahren des 6. Jahrhunderts zum Beispiel waren ihre Auswirkungen in Rom so schlimm, daß es kaum genug Männer gab, um die Stadtmauern zu bewachen; es gab kaum jemanden, Laie oder Kleriker, der stark genug war, seinen gewöhnlichen Dienst zu versehen.[29] Es besteht kaum Zweifel, daß die Pest ein Grund war, warum den Langobarden die Eroberung Italiens so leichtfiel. Der Historiker der Langobarden, Paulus Diaconus hat dies erkannt: „Die Römer hatten damals keinen Mut zum Widerstand, weil die Pest, die zur Zeit von Narses ausgebrochen war, sehr viele Menschen in Ligurien und Venetien weggerafft hatte."[30] Als Gregor von der Zerstörung Aquinums durch die Langobarden sprach, brachte auch er sie ausdrücklich mit der Pest in Verbindung.[31]

Der Ausbruch der Pest im Jahr 545 traf hauptsächlich Südfrankreich. Italien erlitt jedoch einen viel schwereren Anfall Mitte der sechziger Jahre des 6. Jahrhunderts während der Statthalterschaft von Narses, als Ravenna, Istrien, Ligurien und Rom heimgesucht wurden.[32] Da er unmittelbar nach dem Ende des Krieges gegen die Goten und am Vorabend der Langobardeninvasion erfolgte, war er doppelt schwer. Anfang der siebziger Jahre des 6. Jahrhunderts kehrte die Pest zurück; diesmal wurde sie von einer schweren Hungersnot begleitet, die dermaßen verheerend auf Italien wirkte, daß sich nach dem *Liber Pontificalis* viele Städte den angreifenden Langobarden ergaben, um die Härten der Not zu vermeiden.[33]

In den neunziger Jahren des 6. Jahrhunderts war die Pest wieder da, diesmal als Nachwirkung von noch nie dagewesenen Überschwemmungen, die in der Periode 589–591 Italien heimsuchten. Sie brachten einen Teil der Mauern von Verona zum Einsturz und überschwemmten große Teile Roms.[34] Nach Berichten von zeitgenössischen Augenzeugen wurden in der Nähe von Rom Tiere aus dem Meer ans Land geworfen.[35] Als unvermeidliche Folge hievon lebte die Pest zu Rom und zu Portus wieder auf. Bis September 591 hatte sie schon Narnia und von 592–593 die Ostküste erreicht, wo sie in einem Ausbruch, der genauso heftig wie zur Zeit Narses war, Ravenna und Istrien verwüstete.[36] Zu alledem kam eine außergewöhnliche Dürre, die während eines großen Teils des Jahres 591 Italien erfaßte; die hohen Temperaturen dürften die Ausbreitung der Pest nur beschleunigt haben.[37] Es gab kaum eine Erholungsfrist, bis sie wieder zurückkehrte. Im Jahr 598 überfiel sie Ravenna und die Ostküste und im Sommer des Jahres 599 Rom.[38]

Die Auswirkungen dieser epidemischen Krankheit müssen in ihrem Endergebnis erschütternd gewesen sein. Genaue Zahlen von Todesfällen werden selten angegeben, aber man schätzt, daß etwa ein Drittel der Bevölkerung weggerafft wurde.[39] Der erste Anfall der Pest erfaßte eine durch viele Kriegsjahre geschwächte Bevölkerung. Sie verursachte ihrerseits Hungersnot und Entvölkerung. Das waren die Vorboten der nächsten Pestepidemie. Es schien ein nicht endender Teufelskreis des Verfalls zu sein.

Die seelische Wirkung des scheinbar nicht endenden Angriffs von Pest und Krieg war unermeßlich. Für viele religiöse Menschen, einschließlich Gregors selbst, waren dies die biblischen Vorboten der Apokalypse. Es gab einen starken Anreiz zum Mönchtum, als Männer und Frauen in großen Zahlen sich von der Welt abkehrten und ins Kloster eintraten, um sich auf das Jenseits vorzubereiten. Für viele andere waren die fortwährenden Seuchen und Kriege ein mächtiger Antrieb zum primitiven Aberglauben.

Der bezeichnende Zustand des durchschnittlichen Menschen im Mittelalter war wie in der Spätantike der Zustand der Angst: Angst vor der Pest, Angst vor der Invasion fremder Heere, Angst vor dem Steuereinnehmer, Angst vor der Hexerei und der Magie, vor allem Angst vor dem Unbekannten. Obwohl im Westen seit zwei Jahrhunderten die Verehrung des einen Gottes offiziell die Verehrung der vielen Götter ersetzt hatte, behielten die alten Götter ihre Macht über die Gemüter zumindest innerhalb der ländlichen Bevölkerung. In den ländlichen Gebieten Westeuropas war der heidnische Glaube weit verbreitet und verwurzelt. Das Christentum war die Religion der Städte und der Feudalschicht; eine Ironie vielleicht in Anbetracht der Tatsache, daß es als eine umstürzlerische Religion der niederen Gesellschaftsschichten angefangen hatte. Die Obrigkeit, die oberen Gesellschaftsschichten, die Gebildeten bekannten sich im allgemeinen zum christlichen Glauben. Das Heidentum war großenteils aus den Städten vertrieben worden, wo die Gewalt der weltlichen und der kirchlichen Obrigkeit stark war und wo man sich dem Gesetz nicht entziehen konnte.

Die sentimentale Zuneigung eines Teils der römischen Bevölkerung, einschließlich des Adels, zum letzten überdauernden heidnischen Fest der „Lupercalia", bei dem halbnackte, in Ziegenfelle gekleidete Jünglinge durch die Straßen liefen und die Frauen mit Ruten schlugen, um ihnen Fruchtbarkeit zu verleihen, rief im Jahr 495 den Zorn von Papst Gelasius hervor. Er gab solchen Überbleibseln des Heidentums die Schuld für den Verfall Roms. Von da an verschwanden die „Lupercalia" bald. Sie wurden durch das christliche Fest „Mariä Reinigung" am selben Jahrestag ersetzt.[40]

Immerhin wurde Anfang des 6. Jahrhunderts eine Gruppe von Zauberern unter der Führung eines Senators namens Basilius in Rom entdeckt. Ihr Anführer entkam aus der Haft und suchte seine Zuflucht in einem Valerianischen Kloster, bis er entlarvt und nach Rom zurückgebracht wurde, wo er lebendig verbrannt wurde.[41] Hiernach gab es eine merkliche Abnahme von heidnischen Riten in den

Städten. Ab und zu tauchten sie dennoch auf, wie im Jahr 599, als es sich herausstellte, daß ein Priester in Rhegium ein Götterbild in seinem Haus hatte.[42]

Bei einer Betrachtung der Geistesverfassung des Volkes in dieser Zeit ist die Rolle „des Heiligen“ in der Gesellschaft von zentraler Bedeutung.[43]

Der einfache Mensch führte seine Sorgen, ob Krankheit oder schlechte Ernte oder Krieg, auf das Wirken von bösen Geistern zurück. Er suchte sie zu versöhnen, und er verehrte das, was nach seiner Meinung die Macht besaß, sie zu bekämpfen, seien es Bäume, Steine oder heilige Personen. Die Kirche vertrat die Auffassung, daß das Böse entweder ein göttliches Gericht sei, das mit Geduld ertragen werden mußte, oder aber das Werk des Teufels, „des alten Feindes“, der stets mit seinen Legionen umherging, für die unvorsichtige Menschheit Fallen stellte, Streit stiftete und die Rechtschaffenen in Versuchung führte und verhöhnte. Für gute Christen waren die Dämonen nichts anderes als die alten Götter, die der Mensch in den Zeiten seines Irrtums verehrt hatte und die jetzt als die Gehilfen des Antichristen entlarvt waren. Das ist der Grund, warum sie sich in einer von Gregors Erzählungen in ihrem alten Schlupfwinkel, einem verfallenen Apollotempel, versammeln.[44] Der Teufel war überall und konnte jede beliebige Gestalt annehmen, um sein böses Geschäft zu betreiben. Gregor berichtet darüber, wie der Teufel in der Gestalt einer Schlange, einer Amsel, eines schwarzen Jungen und eines schmutzigen Scheusals erschien. Man mußte also sehr vorsichtig sein, oder man hatte die bösen Folgen zu tragen. Einer unglücklichen Klosterfrau, die bei der Einnahme eines Imbisses ein auf einem Salatblatt sitzendes Teufelchen verschluckte, mußte es ausgetrieben werden.[45]

Für viele Menschen boten die geheiligten Praktiken des Heidentums die beste Abwehr gegen das Unglück, ob dies durch den Teufel, durch die Kräfte der Natur oder durch das Unbekannte verursacht wurde. Die uralten heiligen Stätten der heidnischen Kulte, die Haine, die Teiche und die Berggipfel, behielten ihre magische Kraft. Die Zauberer und Wahrsager, die nach geheimem Wissen und unchristlichen Riten weissagten, heilten und böse Geister austrieben, florierten. Durch das ganze Frühmittelalter hindurch verabschiedeten die Kirchenkonzile regelmäßige Erlässe gegen heidnische Praktiken. Die überlieferten Predigten von Bischöfen, die in Italien, Spanien und Gallien vom 5. bis zum 8. Jahrhundert gegen magische Riten und Praktiken kämpften (Maximus von Turin, Caesarius von Arles, Martin von Braga und Eligius von Noyon), berichten mit ähnlichen, manchmal mit den gleichen Worten über die Einzelheiten dieser Praktiken.[46] Sie zeigen, wie jeder Aspekt des Lebens auf dem Lande von den alten Bräuchen durchdrungen war, welche als Quellen übernatürlicher Kraft galten. Sie zeigen das ganze Ausmaß des Problems, dem die christliche Kirche gegenüberstand.

Die alten Wald-, Brunnen-, Fluß-, Berg- und Meeresgötter wurden immer noch verehrt. Brennende Kerzen wurden an heiligen Brunnen, an Bäumen und

Wegkreuzungen aufgestellt. Zauberformeln wurden an Bäumen aufgehängt, Lorbeerzweige über den Türen angebracht und Trankopfer auf den Herd ausgegossen. Mäusen und Motten wurden Opfergaben dargebracht, um sie von der Ernte fernzuhalten. Horoskope wurden aufgestellt, das Weissagen wurde praktiziert, um die Zukunft vorauszusagen. Magier und weise Frauen wurden in Krankheitsfällen um Rat gefragt. Amulette wurden getragen, und magische Kräutergetränke wurden unter rituellen Beschwörungen gemischt. Die Namen der alten Götter wurden im alltäglichen Gespräch angerufen, und die Tage der Woche waren immer noch nach ihnen benannt. Gewisse Tage wurden als Unglück verheißend betrachtet, Sonnenfinsternisse wurden gefürchtet. Zufälligen Begegnungen, falschen Schritten, dem plötzlichen Auffliegen von Vögeln oder dem Niesen eines Menschen wurden eine besondere Bedeutung beigemessen.

Vom Bedeutsamen bis zum Unbedeutenden wurde alles vom Heidentum beherrscht. Die Prediger wurden besonders durch die Feier des Jahresanfanges an den „Kalendarien" des Januar in Zorn gebracht, bei der es ein maßloses Schlemmen und Trinken, unzüchtiges Singen und Tanzen, das Austauschen von Geschenken und Fruchtbarkeitsriten gab, bei der Männer sich als Frauen oder als Tiere mit Fellen und Tierköpfen verkleideten. Die Prediger waren noch mehr aufgebracht, als in einigen Gegenden die Bauern diese Riten in den Gottesdienst übertrugen und ihn zu bacchantischen Zechgelagen umwandelten. In einigen Fällen hielt es der Ortspriester sogar für klüger, mitzumachen, als sich den Traditionen seines Ortes zu widersetzen. Der galizische Einsiedler, der hl. Valerius, berichtete in der zweiten Hälfte des 7. Jahrhunderts, daß er tief in der Nacht mitten im Wald auf eine von dem Ortspriester geleitete geheime heidnische Feier mit Gesang, kultischen Umzügen und gehörnten Tiermasken stieß.[47] Das Volk auf dem Land nahm sowohl an christlichen als auch an heidnischen Riten teil. Im Jahr 597 machte Gregor selbst der fränkischen Königin Brunhild dringende Vorstellungen: „Wir ermahnen Sie, Ihre übrigen Untertanen unter der Kontrolle der Disziplin davon abzuhalten, den Köpfen von Tieren zu opfern, da es uns zu Ohren gekommen ist, daß viele der Christen sowohl die Kirchen besuchen als auch – es ist schrecklich zu sagen – von der Verehrung der Dämonen nicht ablassen."[48]

Die schlauen Bauern haben einfach den Vorteil aus zwei verschiedenen Quellen übernatürlicher Macht gezogen, gleichsam in der Form einer doppelten Versicherung.

Obwohl es für Italien im 6. und im 7. Jahrhundert weniger an ausführlichen Zeugnissen gibt als für Gallien und Spanien, war die Situation offenbar die gleiche. Nicht alle Bauern waren Heiden: Vierzig von ihnen starben z. B. während des Einmarsches der Langobarden, weil sie sich weigerten, die Götzenbilder der Angreifer zu verehren.[49] Aber Cassiodorus nahm es als selbstverständlich an, daß die Bauern Heiden sind, und er forderte seine Mönche dringend auf, es als eine ihrer Aufgaben zu betrachten, die Bauern von der Verehrung der heiligen Haine abzubringen.[50] Der hl. Benedikt entdeckte oben auf Monte Cassino einen Apollotempel, wo heilige Haine waren und Opfer dargebracht wurden. Er fällte die Haine, zerschlug das Götzenbild und verwandelte den Tempel in eine Kapelle zu Ehren des hl. Martinus.[51] Das Volk der umliegenden Dörfer wurde durch unablässiges Predigen vom Götzendienst abgebracht und zum christlichen Glauben bekehrt.[52] Doch 50 Jahre später verehrten die Bauern der Campania noch immer heilige Bäume, was Gregor veranlaßte, Maßnahmen zu ergreifen, um diesen Baumkult zu beenden.[53]

Im Jahre 727 betrieben die Bauern in der Lombardei immer noch Baumkulte, weshalb König Liutprand gegen die Verehrung von Bäumen und Quellen und gegen die Institution der Wahrsager Gesetze erließ.[54]

Der Bauer blieb den Grundlagen des Lebens nahe, und sein Glaube spiegelte diese wider. Die Verehrung der griechisch-römischen Gottheiten, jener blassen und zivilisierten Ehebrecher und Ehebrecherinnen des Olymps, hatte die tieferen Urriten des Landmenschen bloß verdeckt. Schon seit der erste Pflug die erste Furche zog und der erste Same zum Licht emporwuchs, war seine Religion durch die regelmäßige Wiederkehr der Jahreszeiten, durch den nie endenden Kreislauf von Anbauen, Keimen und Ernten, durch die ewigen Wahrheiten von Geburt, Tod und Erneuerung, durch das Abwehren von bösen Mächten und die Versöhnung der wohltätigen Mächte der Fruchtbarkeit und der Ernte geprägt worden.

Alle Dekrete von Kirchenkonzilien oder die puritanischen Predigten einer Schar von begeisterten Predigern vermochten es nicht, das religiöse und seelische Profil der ländlichen Gesellschaft umzugestalten.

Es gab verschiedene Meinungen darüber, wie man mit den widerspenstigen Bauern verfahren sollte. Der hl. Caesarius von Arles wollte es ihnen mit der Rute austreiben: „Züchtige sie mit aller Strenge, so daß diejenigen, die sich um ihr Seelenheil nicht kümmern, die Wunden des Leibes fürchten sollen!" Der hl. Martinus von Braga war dafür, sie durch Überzeugung und logische Argumente zu gewinnen. Nach dem Ergebnis zu urteilen, hat keines von beiden gewirkt. Aber mancher Heiliger hat sich die „Sporen verdient", indem er die eine oder die andere Methode ausprobierte. Bischof Gallus von Clermont-Ferrand, Onkel des Gregor von Tours, entdeckte in der Nähe von Köln einen Heidentempel, der immer noch für Wunderheilungen und Fruchtbarkeitsriten benutzt wurde. Er steckte ihn in Brand und konnte sich vor der Wut der Bauern gerade noch retten.[55] Als die heilige Radegund, die fränkische Königin, unterwegs zu einem Festgelage auf einen ähnlichen Tempel stieß, befahl sie ihrer Gefolgschaft, ihn in Brand zu stecken. Diese mußte jedoch zunächst die aufgebrachten Ortsbewohner abwehren, ehe sie den Befehl ausführen konnte.[56] Der langobardische Säulensteher Wulfilach entdeckte, daß Bauern in der Nähe von Trier immer noch eine Statue der Diana bei Trinkgelagen verehrten. Durch Ermahnung überredete er sie, das Götzenbild zu zerstören.[57] Selbst wenn sie schon bekehrt waren, konnten Bauern abtrünnig werden. Am Ausgang des 6. Jahrhunderts stieß der hl. Kolumban zu Bregenz in Österreich auf eine zerfallene christliche Kapelle, die früher der hl. Aurelia geweiht war, die nun aber von den Bauern in ein heidnisches Heiligtum verwandelt worden war. Kolumban zertrümmerte die dort verehrten Götzenbilder aus Bronze und bekehrte die Bauern von neuem.[58]

Doch es gab einen anderen, subtileren Weg, mit dem Problem fertig zu werden. Über die Jahrhunderte hin hatte das Christentum gelernt, viele der offensichtlich heidnischen Festtage, Symbole, heiligen Orte und Gottheiten zu übernehmen. Es war die offizielle Politik der Kirche, Heidentempel zu christlichen Heiligtümern umzugestalten und ihre Feste in christliche Feiern zu verwandeln.[59] Dies wurde sowohl durch den hl. Augustinus von Hippo als auch durch Gregor den Großen selbst in seinen berühmten Anweisungen an Augustin von Canterbury gefördert. Quellenheiligtümer wurden nach christlichen Heiligen umbenannt. Viele Tempel wurden umgebaut und als Kirchen neu geweiht. Die berühmteste Umgestaltung war vielleicht die des Pantheons in Rom zur Kirche St. Maria ad Martyres durch Papst Bonifaz IV.[60] Durch Verfolgung konnten wohl die Widerstände des heidnischen Glaubens geschwächt werden, die äußeren Symbole konnten in das Gefüge des christlichen Glaubens eingebaut werden, und die nichtakzeptierten Riten konnten als „Werke des Teufels" verurteilt werden. Dennoch gelang es dem Christentum nicht, eine uralte und totale emotionale Weltorientierung so ohne weiteres auszulöschen. In einer Welt der Angst, wo Zaubersprüche, Magie, Weissagungen, Orakel und Amulette so viel Macht hatten, eröffnete die christliche Kirche eine andere Quelle der magischen Kraft, nämlich in der christlichen Heiligenverehrung und in der Verehrung der heiligen Reliquien.

Der Heilige als Vermittler zwischen Gott und den Menschen, als die Quelle übernatürlichen Schutzes und als Vorbild des wahren christlichen Lebens, des Leidens und des Opfers, spielte nun eine wesentliche Rolle. Die Heiligen wurden durch ihre Lebensbeschreibungen, der am meisten verbreiteten volkstümlichen Literatur des Mittelalters, deren große Zeit vom 6. bis zum 10. Jahrhundert dauerte, allgemein beliebt gemacht. Das war eine Literatur voll von Zeichen und Wundern, die Übersteigerung der heidnischen Kulte durch eine christliche Quelle übernatürlicher Macht, die bei den einfachen Menschen einen unmittelbar begreiflichen Anklang fand. Griechische Lebensbeschreibungen der asketischen Heiligen aus der ägyptischen Wüste waren in den ersten Jahren des 6. Jahrhunderts auf Bitten von Äbten und frommen Laien durch Dionysius Exiguus übersetzt worden. Mitte des 6. Jahrhunderts übersetzten die späteren Päpste Pelagius I. und Johannes III. die griechische Sammlung „*Leben der*

Väter" (Vita patrum), was die wachsende Nachfrage nach solcher Lektüre widerspiegelt.

Die Heiligen des Westens jedoch fanden in Gregor von Tours und Gregor dem Großen ihre Biographen. Sie waren Zeitgenossen, die über die Heiligen von Gallien bzw. von Italien schrieben, indem sie Geschichten sammelten, die von der Ortsbevölkerung erzählt und mündlich weitergegeben wurden. Gregor von Tours verfaßte acht Bücher der Wundererzählungen *(Liber in Gloria Martyrum Beatorum, Liber in Gloria Confessorum)* und das *„Leben des hl. Martin von Tours" (De Virtutibus Beati Martini Episcopi)*. Gregor der Große schrieb die sogenannten *„Dialoge" (Dialogi)* mit dem Untertitel *„Leben und Wunder der italienischen Kirchenväter"*. Das Buch des Papstes ist ein umfassender Bericht über die Wunder, die durch die heiligen Männer und Frauen des 6. Jahrhunderts in Italien bei ihren Kämpfen gegen das Böse, das Heidentum und das Unbekannte gewirkt wurden. Die Helden der *„Dialoge"* erwecken die Toten, heilen die Blinden, die Kranken, die Aussätzigen, die Verletzten, treiben Dämonen aus, machen dem Geisterspuk ein Ende, gebieten Bränden und Überschwemmungen Einhalt, retten bedrohte Gebäude, füllen leere Krüge mit Wein und Öl, haben prophetische Träume und Visionen und erleben göttliche Heimsuchungen. Der Heilige, ob Mönch, Bischof oder Kleriker, ersetzte das heidnische Orakel und den heidnischen Wahrsager als eine Quelle übernatürlicher Macht. Seine Heiligkeit kam von Gott, sie war die Folge seiner geistlichen und asketischen Lebensweise. In seinem Buch *„Wunder der seligen Märtyrer"* setzte Gregor von Tours ausdrücklich deren Wundertaten den sogenannten Wundern der griechischen und der lateinischen Mythologie entgegen: die Verwandlungen des Gottes Jupiter, die Entführung der Proserpina, die Flucht des Gottes Saturn, die er geringschätzig abtat.[61]

Die Überlegenheit der Macht der christlichen Heiligen über die der Heiden wird durch eine Geschichte in den *„Dialogen"* klar gezeigt:[62] Eine adelige Frau wird von einem Teufel besessen und zu den Zauberern des Ortes gebracht, die den Teufel austreiben. Aber Gott schickt eine Legion von Teufeln, die bewirken, daß sie schreit und sich vor Schmerz windet, bis man sie zum berühmten Geisterbeschwörer, Bischof Fortunatus von Todi, bringt, der alle Teufel von ihr austreibt. Die Geschichte sollte eine Warnung sein. Aber sie zeigt nebenbei, daß die Heimgesuchten zunächst zu den Magiern und nicht zu dem Priester Zuflucht nahmen. Es wird deutlich gemacht, daß die Magier zwar Macht haben, doch nicht so viel Macht wie der Priester, dessen Macht von Gott kommt. Nach dem *„Leben von Whitby"* wurden sogar gegen Gregor magische Kräfte angewendet.[63] Er exkommunizierte einen reichen Grundherrn in Rom, weil dieser sich von seiner Frau rechtswidrig scheiden ließ. Der Grundherr aber bezahlte zwei Zauberer, um den Papst beseitigen zu lassen. Sie stiegen auf einen erhöhten Platz und beschworen dort viele Teufel, die Gregors Pferd überfielen, als er zur Messe ritt. Doch Gregor machte das Zeichen des Kreuzes, trieb die Teufel aus, die Magier wurden blind. Sie enthüllten später die Wahrheit des Komplottes und wurden zum Christentum bekehrt. Die Magier hatten zwar Macht, doch Gregor war vom Heiligen Geist erfüllt und hatte größere Macht. Die Autorschaft Gregors des Großen war für die Heiligenbiographien entscheidend. Er hatte diese literarische Gattung nicht geschaffen, aber er hat sie fortgesetzt und ihr allerhöchste Billigung verliehen.

Die Reliquien der Heiligen waren eine weitere Quelle beträchtlicher magischer Kraft. Sie entsprechen der Leier des Orpheus, den Ambossen des Gottes Vulkanus und dem Schiff des Aeneas, den Kultgegenständen des alten römischen Glaubens. Der Besitz des Leichnams oder eines Teils des Leichnams eines Heiligen oder eines Märtyrers, oder selbst der Besitz eines Stücks seiner Kleidung, seiner Habseligkeiten oder der mit seinem Leiden verbundenen Gegenstände verlieh einer Stadt oder einem Dorf, wo sie aufbewahrt waren, eine beträchtliche Auszeichnung. Das wurde so hoch gewertet, daß Gregor die Bitte der Kaiserin Konstantina entrüstet ablehnte, das Haupt des hl. Paulus, eine der am meisten geschätzten Reliquien Roms, nach Konstantinopel für eine Kirche zu schicken, die sie erbaute.[64] Der Besitz von Reliquien wurde allmählich als unentbehrlich für die Weihe neuer Kapellen, Kirchen, Klöster und sogar bischöflicher Residenzen betrachtet, um sie zu Quellen übernatürlicher Kraft zu machen. Die päpstliche Kanzlei stellte daher eigene Formulare aus, um die Nachfrage nach Reliquien zu regeln.[65] Reliquien bewirkten häufig auch Wunder: Das Gewand des hl. Eutychius brachte eine Trockenzeit zu Ende, die Sandale des hl. Honoratus weckte einen toten Jungen auf, und die Tunika des hl. Vinzenz rettete die Stadt Saragossa vor einem belagernden fränkischen Heer.[66]

Was den Besitz von Reliquien betraf, konnte es natürlich kein anderer Ort mit Rom aufnehmen. Die römische Kirche hatte die Reliquien des hl. Petrus und des hl. Paulus, die Katakomben mit den irdischen Überresten unzähliger Märtyrer, aber auch noch andere Schätze wie den Rost des hl. Laurentius, ein Stück des echten Kreuzes Christi, die Ketten des hl. Petrus und des hl. Paulus. Diese Reliquien wurden ständig vermehrt. Gregor selbst schrieb an mindestens zehn Bischöfe mit der Bitte um Reliquien von Heiligen aus deren Diözesen.[67] Dies machte Rom zu einem lebendigen, ja vibrierenden Mittelpunkt übernatürlicher Macht und förderte einen Pilgerstrom aus der ganzen christlichen Welt. Herbergen wurden errichtet, um die Gläubigen unterzubringen. Als eine Pilgerschaft aus Irland sich im Jahr 633 in eine dieser Herbergen eintrug, stellte sie fest, daß ein Grieche, ein Ägypter, ein Skythe und ein Hebräer ebenfalls dort wohnten.[68] Es gab regelmäßig Führungen durch die Katakomben und Friedhöfe der Märtyrer.[69]

Die Grabstätten der Heiligen zu besuchen war ein Ziel der Pilger, eine Reliquie zu besitzen aber war ein anderes Ziel. Im Westen gab es ein allgemein anerkanntes Verbot für die Verlegung der Reliquien der Heiligen, es sei denn, um sie vor eindringenden Heiden oder Häretikern zu bewahren.[70] Es gab jedoch eine Möglichkeit, dieses Verbot zu umgehen. Das war die Praxis, Tuchstücke neben die Leichname der Heiligen hinzulegen, damit sie etwas von der Heiligkeit in sich aufnehmen, und diese Tuchstücke dann als Reliquien aufzubewahren.[71] Ihre übernatürlichen Kräfte wurden anerkannt, und nach einer Erzählung, die Papst Gregor der Kaiserin erzählte, wurden diese Kräfte durch Papst Leo den Großen tatsächlich bewiesen: Als eine Gruppe zweifelnder Griechen die übernatürliche Kraft solcher Tücher in Frage stellte, nahm Papst Leo eine Schere und durchschnitt das Tuch, das zu bluten anfing.[72] Spätere Päpste ließen zum Tragen solcher Reliquien geeignete Einfassungen herstellen, und zwar in der ansprechenden Form eines Kreuzes oder eines Schlüssels – zur Erinnerung an die Rolle des hl. Petrus, dem die Schlüssel des Himmelreiches übergeben wurden. Solche Reliquien konnten um den Hals getragen werden; manche enthielten Eisenspäne von den Ketten des hl. Petrus. Papst Gregor schickte mindestens vierzehn Stück davon an besonders bevorzugte Personen.[73]

Offensichtlich erwartete man von diesen Reliquien, daß sie Wunder wirken würden. Papst Gregor versicherte dem fränkischen König Childebert, als er ihm eine Reliquie schickte, daß sie ihn vor „allen Übeln" schützen würde.[74] Dem Patriarchen Eulogius von Alexandrien übersandte er ein Kreuz, das Teile der Ketten des hl. Petrus und des hl. Paulus enthielt. Diese Reliquie sollte eine doppelte Kraftquelle sein, als er erfuhr, daß das Sehvermögen des Patriarchen immer schwächer wurde. Er ließ ihm sagen: „Laß diese ständig auf deine Augen legen, denn viele Wunder sind durch dieses Geschenk gewirkt worden."[75]

Es ist keine Frage, daß man in den bedrohlichen Tagen gegen Ende des 6. Jahrhunderts die ganze Macht übernatürlicher Kräfte nötig hatte. In einer Predigt, die er im Jahr 590 hielt, bald nachdem er Papst wurde, hat uns Gregor seine eigene Schilderung dessen, was damals geschah, überliefert:[76] „Welches Glück gibt es noch auf der Welt? Überall sehen wir Krieg. Überall hören wir das Volk stöhnen. Unsere Städte sind zerstört, unsere Festungen sind erobert, unsere Felder sind verwüstet, das Land ist zu einer Wüste geworden. Auf dem Lande bleiben keine Einwohner, in den Städten kaum welche. Der kleine überlebende Menschenrest wird täglich und ohne Unterlaß unterdrückt. Doch die Geißel der göttlichen Gerechtigkeit findet kein Ende ... Wir haben gesehen, wie einige in die Gefangenschaft abgeführt, andere verstümmelt und andere getötet wurden. Welches Glück bleibt denn noch auf der Welt? Sieh, in was für eine erbärmliche Lage Rom, einst Herrin der Welt, versetzt worden ist. Ausgemergelt durch seine großen und unaufhörlichen Leiden, durch den Verlust seiner Bürger, durch den Ansturm des Feindes, durch die Häufigkeit der Zerstörung – so sehen wir also das Urteil vollstreckt, das vor langer Zeit über die Stadt Samaria durch den Propheten Ezechiel gefällt wurde."

Hier also ist eine Welt, in der sich die Finsternis vertieft, in der die Herrlichkeiten der Erde vergehen, wo man ringsum nur Wandel und Zerfall sieht. Es ist eine Welt, in der man gegenüber der unmittelbar bevorstehenden Apokalypse lediglich aushalten kann. Es ist eine Welt, in der alle Eigenschaften des römischen Verwalters, des Richters und des Großgrundbesitzers verlangt werden. Es ist aber auch eine Welt, wo Seelen zu retten, gute Werke zu tun und sich kasteien zu einem Geleitbrief für die ewige Glückseligkeit im Königreich der Heiligen werden können. Es ist eine passende Bühne für den Auftritt des „Konsuls Gottes“.

2. *Kapitel*

Gregors Jugendzeit

Über das Leben Gregors, ehe er Papst wurde, wissen wir wenig. Das genaue Datum seiner Geburt ist nicht sicher, aber es besteht allgemeine Übereinstimmung, daß er um 540 zu Rom geboren wurde.[1] Er wurde auf den Namen Gregor getauft, was an sich interessant ist, da es ein griechischer Name ist, der „Wachsamkeit" bedeutet und der dem lateinischen Vigilius entspricht. Er hebt sich scharf ab von den übrigen Namen aus seiner Familie, die uns bekannt sind (Felix, Gordianus, Palatinus), die durchaus lateinisch sind. Er spiegelt vielleicht die ausgeprägte Frömmigkeit seiner Familie wider und kommt von einem der griechischen Heiligen her, vielleicht von Gregor von Nyssa.

Gregor war der Sprößling einer reich begüterten und adeligen Familie.[2] Obwohl nichts darauf hinweist, daß er mit den ältesten und ruhmreichsten Patrizierfamilien – wie den Anicii und den Decii – verwandt war, ist es wahrscheinlich, daß seine Familie eine der berühmtesten war, die nach den Kriegen gegen die Ostgoten in Rom blieben. Sie besaßen einen Palast auf dem Caelius (Monte Coelio) und ausgedehnte Güter in Sizilien sowie Bauernhöfe in der Nähe von Rom selbst.[3] Die Familie war nicht nur gesellschaftlich sehr bedeutsam, sondern sie nahm auch im kirchlichen Bereich eine hervorragende Stellung ein. Gregor war ein Nachkomme von Papst Felix III., den er seinen *atavus*, d. i. Ururgroßvater, nennt. Er war ein Verwandter von Papst Agapitus; dieser war vielleicht ein Neffe von Felix III. und früher auf dem Caelius wohnhaft. Gregors Wahl für den Thron des hl. Petrus macht diese Familie vielleicht zur berühmtesten geistlichen Dynastie der damaligen Zeit. Nach Johannes dem Diakon war Gregors Vater Gordianus ein *regionarius*.[4] Johannes hat ein von Gregor selbst bestelltes Gemälde von seinen Eltern im Kloster St. Andreas beschrieben, auf dem Gordianus die Hand des hl. Petrus haltend dargestellt ist. Was Johannes mit *regionarius* meinte, ist nicht ganz klar. Verschiedene Deutungen sind vorgeschlagen worden. Die wahrscheinlichste Erklärung ist die, daß Johannes rückblickend Gordianus diesen Titel gab, den sein Amt zur Zeit des Johannes im neunten Jahrhundert getragen haben würde. Dann wäre damit der *defensor* gemeint. Gregor selbst war es, der als erster die *defensores* zu einem Kollegium zusammenschloß und dadurch das Amt eines Regionaldefensors schuf. Ein solches Amt, das die niederen Weihen zur

Voraussetzung hatte, wäre für Gordianus möglich gewesen. Es gibt mehrere uns bekannte Beispiele von reich begüterten Grundherren, die *defensores* waren.[5] Gregors Mutter Silvia war gleichermaßen fromm, und nach dem Tod ihres Gatten lebte sie in religiöser Zurückgezogenheit in der Cella Nova in der Nähe der Basilika des hl. Paulus, wo mehrere Mitglieder der Familie beigesetzt waren.[6] Auch andere Mitglieder von Gregors Familie sind bekannt: Seine drei Tanten väterlicherseits Tarsilla, Aemiliana und Gordiana lebten als Nonnen im eigenen Haus unter einer strengen, selbstauferlegten religiösen Disziplin. Die ersten zwei, die wegen ihrer Heiligkeit berühmt waren, starben, nachdem sie eine Vision ihres Ahnherrn Papst Felix hatten. Die jüngste, Gordiana, die sich immer gegen das religiöse Leben aufgelehnt hatte, verursachte dadurch einen Familienskandal, daß sie das religiöse Leben aufgab und ihren Gutsverwalter *(conductor)* heiratete. Traurig bemerkte Gregor nach diesem Ereignis: „Viele sind berufen, wenige aber auserwählt."[7] Gregors Tante mütterlicherseits, Pateria, wohnte in der Campania, geriet jedoch in eine wirtschaftlich schwierige Lage und erhielt im Jahr 591 eine päpstliche Geldbeihilfe von ihrem Neffen.[8]

Gregor hatte auch einen jüngeren Bruder, Palatinus, der den Titel eines *patricius* und den eines *vir gloriosus* erlangte. Er war Stadtpräfekt von Rom zur Zeit der Erhebung Gregors auf den päpstlichen Thron. Nachdem er jenes Amt niedergelegt hatte, wurde er mehrmals von Gregor zu Rate gezogen, wenn es um Angelegenheiten von hohem öffentlichen Rang ging, wie zum Beispiel um den Abschluß eines Friedensvertrages mit den Langobarden und die durch den Kaiser veranlaßte Untersuchung der Angelegenheiten des früheren Prätors von Sizilien.[9]

Der einzige direkte Beleg bezüglich Gregors Erziehung ist der Hinweis des Gregor von Tours, der durch spätere Biographen aufgegriffen und phantasievoll ausgeschmückt wurde, wonach Gregor „in der Grammatik, der Dialektik und der Rhetorik derart gewandt war, daß er darin in der ganzen Stadt keinem anderen nachstand".[10] Ob er der beste war oder nicht, Gregor erhielt sicherlich die klassische Bildung der Antike in einer der Schulen Roms. Wahrscheinlich war er einer der letzten, denen sie vermittelt wurde, da sich nach der byzantinischen Wiedereroberung Roms die alten Schulen auflösten.[11]

Die philosophische und wissenschaftliche Ausbildung hatte schon längst aufgehört. Die Vorstellung des Johannes des Diakons also, daß er in der Philosophie ausgebildet worden sei, ist offensichtlich unzutreffend.[12] Rom war jedoch immer noch das Studienzentrum für Rechtswissenschaft. Auf Grund der Zeugnisse von Gregors juristischem Sachwissen und seiner Vertrautheit mit dem Recht des Reiches scheint es wahrscheinlich, daß er auch das römische Recht studiert hat als Vorbereitung auf eine Laufbahn im öffentlichen Leben.

Während es reichlich Belege dafür gibt, daß Gregor die lateinischen Kirchenväter wie Augustin und Hieronymus kannte, aber auch die griechischen

Kirchenväter, die ins Lateinische übersetzt worden waren, haben die Gelehrten viel mühevolle Arbeit mit der Durchforschung seiner Werke aufgewendet, um herauszufinden, was für eine weltliche Bildung er sich erworben hatte. Sie sind zu dem Ergebnis gekommen, daß ihm Cicero, Vergil, Seneca und Juvenal bekannt gewesen sein mußten.[13] Er zeigte auch großes Interesse an den Naturwissenschaften, ebenso besaß er Kenntnisse in der Geschichte, der Arithmetik und der Musik.[14]

Gregors Latein war klar und korrekt, es entsprach der Praxis der Spätantike.[15] Aber er hatte keine Kenntnisse des Griechischen. Er selbst gab das mehrmals zu.[16] Als ein griechischer Mönch namens Andreas Predigten in griechischer Sprache fälschte und in Umlauf setzte, die angeblich von Gregor stammten, wies der Papst den Erzbischof Eusebius von Thessalonike an, sie ausfindig zu machen und zu vernichten, wobei er betonte, er könnte Griechisch weder lesen noch schreiben.[17] Diese Unkenntnis ist um so bemerkenswerter in Anbetracht der Tatsache, daß er als offizieller Vertreter des Papstes mehrere Jahre in Konstantinopel verbrachte. Aber das war schließlich auch bei Papst Vigilius und Papst Martin der Fall, auch sie haben nie Griechisch gelernt. In der Tat nahmen in der zweiten Hälfte des sechsten Jahrhunderts in Rom die griechischen Sprachkenntnisse merklich ab. Gregor bemängelte mehrmals, daß es an Dolmetschern und Übersetzern gefehlt habe.[18]

Eine Andeutung über den theologischen Nachteil, den Gregors Unkenntnis des Griechischen für ihn mit sich brachte, und einen beredten Beleg für die geringe Anzahl der in Rom zur Verfügung stehenden griechischen Werke, gibt uns eine einmalige Episode: Der Synodalbrief des kurz zuvor eingesetzten Patriarchen Cyriacus von Konstantinopel enthielt den über den Häretiker Eudoxius verhängten Kirchenbann. Gregor hatte nie von ihm gehört und konnte in Rom nichts über ihn erfahren. Im Jahr 597 schrieb er also an seinen Freund Eulogius von Alexandrien, mit der Bitte um Auskunft über Eudoxius. Eulogius schickte ihm bestimmte, sich auf den Häretiker beziehende Auszüge aus den Werken von Basilius, Gregor von Nazianz und Epiphanius.[19] Es war schon lange her seit den Tagen vor der Rückeroberung Roms, da noch der hochgebildete, zweisprachige Kreis des Boethius florierte und die Päpste Pelagius I. und Johannes III. vor ihrer Wahl ausgezeichnete Übertragungen der „Leben der Väter" aus dem Griechischen ins Lateinische vornahmen.[20]

Als Gregor das weltliche Leben aufgab und ein religiöses Leben zu führen begann, ließ er seine klassische Bildung hinter sich zurück. Bis vor kurzem war es die allgemein anerkannte Meinung, daß Gregor ein unerbittlicher Feind der klassischen Kultur gewesen sei. Das war immerhin eine Ansicht mit einem eindrucksvollen Stammbaum, der mindestens bis ins zwölfte Jahrhundert zurückreicht, als die grundlose Geschichte in Umlauf kam, Gregor habe die Bibliothek des Palatins und die des Kapitols verbrannt.[21] Diese Ansicht wird mit zwei Texten belegt. In einem Schreiben an seinen Freund Leander von Sevilla rechtfertigte Gregor den Stil seines Werkes *Magna Moralia* mit der Ablehnung der weltlichen Rhetorik:[22] „Ich habe es verschmäht, die Regeln der Komposition zu befolgen, die die Lehrer der weltlichen Gelehrsamkeit empfehlen. Wie dieser Brief selbst zeigt, versuche ich gar nicht, das Zusammenstoßen von Wörtern, ‚metacismus' genannt, oder die Unklarheit der Barbarismen zu vermeiden. Ich kümmere mich nicht um die Stellung, die Kraft oder die Bestimmungsfunktion von Präpositionen, denn ich halte es für ganz unerträglich, die Worte des göttlichen Orakels durch die Regeln des Donatus zu fesseln."

Noch maßgebender ist sein im Jahr 601 an Bischof Desiderius geschriebener Brief:[23] „Ein Bericht hat uns erreicht, den wir nicht ohne Scham erwähnen können, daß Sie gewissen Freunden Vorlesungen über weltliche Literatur halten. Dies erfüllt mich mit solchem Kummer und solch einem großen Widerwillen, daß meine frühere Meinung von Ihnen in Trauer und Schmerz verwandelt worden ist. Denn derselbe Mund kann unmöglich das Lob Jupiters und das Lob Christi singen. Überlegen Sie selbst, wie anstößig, wie abscheulich es ist, wenn ein Bischof Verse rezitiert, die sich noch nicht einmal dafür eignen, von einem religiösen Laien vorgetragen zu werden ... Sollte es sich hiernach herausstellen, daß die mir zugekommenen Informationen falsch waren und Sie sich den wertlosen Eitelkeiten der weltlichen Literatur nicht widmen, dann werde ich Gott danken, der es nicht zugelassen hat, daß Ihr Herz durch das gotteslästerliche Lob entsetzlicher Menschen verdorben wurde."

Auf den ersten Blick ist dies ganz und gar eine Verurteilung der weltlichen Gelehrsamkeit. Doch neuere Forscher haben dies in die richtige Perspektive gerückt mit dem Ergebnis, daß Gregors Standpunkt nach heutigem Wissen viel toleranter gewesen zu sein scheint.[24]

Gregors eigene Worte können in der Tat herangezogen werden, um die oben angeführten Auszüge in ihren wahren Zusammenhang zu stellen. In seinem *Kommentar zum ersten Buch der Könige,* der jetzt als sein Werk endgültig anerkannt ist, schreibt er:[25] „Obwohl die aus weltlichen Büchern zu gewinnende Gelehrsamkeit den Heiligen bei ihrem geistlichen Kampf nicht unmittelbar nützlich ist, gelangen die Menschen dennoch, wenn sie mit dem Studium der Heiligen Schrift verbunden ist, zu tiefgründigeren Kenntnissen der Schrift selbst. Die freien Künste sollten also gepflegt werden, damit wir durch sie genauere Kenntnisse des Wortes Gottes gewinnen. Aber die bösen Geister vertreiben das Verlangen nach Wissen aus den Herzen einiger, und zwar dermaßen, daß sie in Ermangelung der weltlichen Kenntnisse zu den erhabeneren Höhen der geistlichen Kenntnisse nicht gelangen können. Denn die Teufel wissen wohl, daß uns durch unsere Vertrautheit mit weltlicher Literatur in den geistlichen Kenntnissen geholfen wird ... Sind wir in den weltlichen Wissenschaften ungebildet, können wir die Tiefe des heiligen Wortes nicht ergründen."

Daraus geht eindeutig hervor, daß Gregor nicht gegen weltliche Gelehrsamkeit war, wo sie in den Dienst der geistlichen Bildung gestellt wurde. Er betrachtete sie einfach als niedriger in der Hierarchie des Wissens als die Weisheit der Gerechten *(sapientia justorum);* und diese hieß: Gott suchen. Desiderius hatte dadurch gegen diese Rubrik verstoßen, daß er weltliches Wissen um seiner selbst willen suchte. Eben deswegen wurde er verurteilt. Gregor selbst war durchaus bereit, es zu benutzen, wie er denn auch von seinen naturwissenschaftlichen Kenntnissen der Tiere und der Pflanzen Gebrauch machte, um eine allegorische Deutung des Buchs Ijob zu geben.

Gregor war nicht der einzige, der streng rhetorische Regeln ablehnte, wie sie der Grammatiker aus dem vierten Jahrhundert Donatus vertrat, der für Gregor die hohe Kultur einer diesseitigen Welt verkörperte. Obwohl Hieronymus, der Übersetzer der Vulgata, Donatus geschätzt hat, hatten andere Kirchenväter wie Augustin, Ambrosius und Cassiodorus ausdrücklich die christliche Wahrheit den Regeln der Grammatik vorgezogen.[26]

Gregor stellte sich fest in diese Tradition, als er in seinem Brief an Leander schrieb: „Diese Regeln sind auch nicht durch die Übersetzer irgendeiner autorisierten Version der Heiligen Schrift eingehalten worden.“ Gregors Einstellung war jedoch nicht nur negativ, sie bestand nicht nur aus Abneigung gegen die Affektiertheit, den Obskurantismus und den oberflächlichen Prunk der alten Rhetorik und aus seiner Präferenz für den Inhalt vor der Form. Er hatte auch eine positive Einstellung. Er suchte in den eigenen Predigten und öffentlichen Schriften einen einfachen, verständlichen und zwanglosen Stil populär zu machen, um seine religiöse Botschaft einer viel breiteren Hörerschaft und Leserschaft nahezubringen, als nur der gebildeten Elite der oberen Gesellschaftsschicht.

Sein einfacher, gerader und homiletischer Stil hatte gewiß nichts von der bombastischen Rhetorik des Bischofs Ennodius von Pavia, der vielleicht als Exponent der alten Formen im sechsten Jahrhundert gelten kann. In Gregors Werken fehlt es besonders an Zitaten aus klassischen Autoren. Gregor macht kein Hehl daraus, daß er die genormte Elitekultur aufgegeben hatte. In seinem Werk *Magna Moralia* rügte er daher die weltliche Weisheit und den weltlichen Stil.[27]

Es ist wahrscheinlich, daß Gregor nach erreichter Volljährigkeit einige Erfahrung in der Gutsverwaltung gewann. Die Güter der Familie waren ausgedehnt, und Gregors fachmännische Kenntnisse vieler Einzelheiten der Gutsherrschaft als Verwalter der päpstlichen Kirchengüter deutet auf eine frühere Erfahrung in diesen Dingen. Aber das früheste uns bekannte feststehende Datum aus seinem Leben ist das Jahr 573; das aber führt uns in den Bereich der Kontroverse. Es wird fast immer behauptet, daß Gregor im Jahr 573 Präfekt von Rom war. Aber der Beweis dafür beruht auf einem einzigen Hinweis in einem seiner Briefe,[28] wo er dem Erzbischof Konstantius von Mailand mitteilt, daß er einer von mehreren *Nobilissimi* sei, die eine Bürgschaft mitunterzeichneten, welche durch dessen Vorgänger Erzbischof Laurentius von Mailand dem Papst übergeben wurde und die „Drei Kapitel" ablehnte. Die zuverlässigste Handschriftentradition läßt die Version *gerens urbanam praeturam* gelten, obwohl es auch eine abweichende Version *praefecturam* gibt.[29] Bevorzugt man die bestbezeugte Version, dann würde dies heißen, daß Gregor Stadtprätor war. Das ist eine weniger bedeutsame Funktion als der Stadtpräfekt. Diese Ansicht ist gut belegt. Johannes der Diakon ist der Ansicht, daß Gregor Prätor gewesen war.[30] Eines der von Gregor in Sizilien gegründeten Klöster hieß das „Prätorianerkloster".[31]

Die Stadtprätur, eine der alten Stadtmagistraturen, wurde gewöhnlich von einem Adeligen verwaltet, der knapp über dreißig Lebensjahre zählte, wie Gregor es gewesen wäre. Diejenigen, die Gregors Prätur bestreiten, sagen, das Prätorenamt habe aufgehört zu existieren, weil es nach der byzantinischen Rückeroberung Roms dafür keinen Beweis mehr gibt. Doch Kaiser Justinian hatte den Senat und die Stadtmagistraturen wiederhergestellt. Daher ist das *argumentum e silentio* zu einem so frühen Zeitpunkt nach der Rückeroberung nicht ganz überzeugend. Gregors Brief hilft uns nicht viel. Sowohl der Präfekt als auch der Prätor hätte die Mailänder Bürgschaft mitunterzeichnen können.

Den Beweis für die Präfektur müßte eigentlich die spätere Laufbahn von Gregor bringen. Existierte die Prätur noch, dann kann sie nur eine nominelle gewesen sein. Boethius schrieb darüber in der ostgotischen Periode: „Es gab eine Zeit, da die Prätur ein Amt großer Macht war. Jetzt ist sie aber nicht mehr als ein leerer Titel und eine schwere Last auf den Taschen der Senatoren."[32] Damals ließ der Prätor noch Spiele für das Volk veranstalten. Nach der byzantinischen Rückeroberung blieb nicht einmal mehr diese Aufgabe. Man kann die Bekleidung eines solchen Amtes schwerlich mit Gregors offensichtlich hoher Stellung in Rom in Einklang bringen. Die Schnelligkeit, mit der er aus seinem Kloster geholt wurde, um Diakon zu werden, die Einstimmigkeit seiner Wahl und seine Beliebtheit als Erzdiakon, die Ernennung zum *apocrisiarios,* die gebieterische Haltung, wenn er mit weltlichen Beamten zu tun hatte, das Bild, das Gregor von Tours von ihm in seiner weltlichen Laufbahn zeichnet: „durch die Stadt schreitend, bekleidet mit Gewändern aus Seide und mit schimmernden Edelsteinen bestickt"; alles das deutet eher auf einen Präfekten als auf einen Prätor hin. Als oberster Verwalter Roms beaufsichtigte der Präfekt Gesetz und Ordnung, Versorgung und öffentliche Dienste, er war Präsident des Senats und der Gerichte. Dieser Hintergrund zeigt sich auch in Gregors päpstlicher Amtsführung: die detaillierte Kenntnis einer breiten Mannigfaltigkeit von weltlichen und kirchlichen Angelegenheiten, die Sorge um die Tüchtigkeit der Verwaltung, die Vorliebe für genaue Buchführung, das fortgesetzte Bitten um

Listen und Inventare. Alles das legt uns eher eine hohe Position in der Verwaltung nahe als nur einen niederen Dienst der Magistratur.

Nach welchen Kriterien Gregor handelte, kann man in der kleinen Homilie über die Ausübung der Macht sehen, die er an den obersten Heerführer des Reiches Leontius sandte:[33] „Es besteht dieser Unterschied zwischen den Königen der Barbarenvölker und dem römischen Kaiser, nämlich daß jene Sklaven als Untertanen haben, dieser aber freie Menschen. Und deshalb sollte bei allen Ihren Handlungen das erste Ziel sein, die Gerechtigkeit aufrechtzuerhalten, das zweite, eine vollkommene Freiheit zu bewahren. Sie sollen die Freiheit derer, über die zu richten Sie berufen sind, ebenso sorgfältig respektieren, als wenn sie Ihre eigene wäre. Und wollen Sie durch Ihre Vorgesetzten nicht ungerecht behandelt werden, so sollen Sie die Freiheit der Ihnen Untergeordneten achten."

Hier zeigt sich eine Gesinnung, die die Haltung der Senatoren in der Blütezeit der Republik prägte, mit den strengen und gerechten Worten eines wahren Römers ausgedrückt. In diesen Worten lebt die Tradition eines uneigennützigen und unparteiischen öffentlichen Dienstes weiter, die bis in die frühesten Tage der Größe Roms zurückreicht.

Wann Gregor das Amt der Stadtpräfektur antrat bzw. niederlegte, ist unbekannt. Es war nicht üblich, es für länger als ein paar Jahre zu bekleiden. Gregor war verhältnismäßig jung für die Präfektur. Es ist also wahrscheinlich, daß er sie nicht lange vor oder nach der Periode 572–574 innehatte. Kurze Zeit nach der Niederlegung des Amtes ist er Mönch geworden. Im Vorwort zu seinem Werk *Magna Moralia* sprach Gregor ganz offen von seiner Bekehrung: „Lange und weit habe ich die Gnade der Bekehrung hinausgeschoben. Selbst nachdem ich von Himmelssehnsucht angeweht war, habe ich es doch für besser erachtet, mich mit weltlichem Gewand zu bedecken. Schon war mir geoffenbart, was ich bei der ewigen Liebe suchen sollte, aber die alteingeborene Gewohnheit hielt mich gefesselt, so daß ich die äußere Lebenshaltung nicht änderte. Und da mich mein Sinn noch zwang, der irdischen Welt vermeintlich nur dem Schein nach zu dienen, wurde ich, was schlimmer ist, mit dem Geist dort festgehalten. Schließlich, da ich gerne all diese Unannehmlichkeiten vermeiden wollte, suchte ich den Hafen des Klosters auf."

Gregors lange Periode des Schwankens zwischen dem weltlichen und dem mönchischen Leben und seine Rückkehr ins öffentliche Leben sollten auf sein Denken einen tiefgreifenden Einfluß ausüben. Sie werden ihn veranlassen, sich über die Stellung des zwischen der *vita activa* und der *vita contemplativa* geteilten Menschen Klarheit zu verschaffen.[34]

Seine Entscheidung wurde wahrscheinlich unmittelbar durch den Tod seines Vaters und die Tatsache, daß er die Familiengüter erbte, veranlaßt. Es ist ebenso wahrscheinlich, daß sein Entschluß, in den geistlichen Stand einzutreten, damit zusammenfiel, daß seine Mutter sich in das Kloster Cella Nova zurückzog.

Gregor gründete sieben Klöster: Sechs auf den Familiengütern in Sizilien und das siebente im Haus der Familie auf dem Caelius, das das Kloster St. Andreas wurde, in das er selbst als Mönch eintrat. Gregor von Tours sagt: „Er vermachte diesen Klöstern so viel Land, wie ausreichte, ihren täglichen Bedarf zu bestreiten. Was er sonst hatte, verkaufte er samt seinem ganzen Haushalt und verteilte den Erlös unter die Armen."[35]

Dies entspricht nicht ganz der Wahrheit, denn Gregor behielt Eigentum genug, um dem Kloster St. Andreas im Jahr 587 eine weitere Schenkung zu machen.[36] Wie Caspar bemerkt, ist dies nicht wörtlich zu nehmen, sondern eher als eine feierliche Erklärung, daß er die mönchische Lebensform begonnen hat.[37] Dies wird gewöhnlich um 574–575 datiert, was zu der bekannten Chronologie von Gregors Laufbahn passen würde.

Die umstrittenste Frage bezüglich des Übertritts Gregors zum mönchischen Leben ist die, ob er Abt von St. Andreas wurde oder nicht. Nirgendwo sagt Gregor, daß er es wurde. Der erste, der dies behauptet, ist Johannes der Diakon, der angab, daß Gregor als Mönch unter Hilario und Maximianus diente und später selbst als Abt gewählt wurde.[38] Für Hilario gibt es sonst keine Belege. Johannes meint vielleicht Valentio, den Gregor in den *Dialogen* erwähnt als „meinen hochwürdigsten Abt".[39] Die meisten späteren Historiker folgten hierin Johannes dem Diakon und erklärten, daß Gregor bei seiner Rückkehr aus Konstantinopel Abt wurde. Doch wenn man das Beweismaterial aus der damaligen Zeit betrachtet, zeigt sich, daß dies unmöglich ist. Johannes hat wahrscheinlich angenommen, daß Gregor aufgrund der Erzählungen in den *Dialogen* Abt war, wo er als einer erscheint, der mit Autorität handelt. Einmal hat er zum Beispiel den Prior zu sich kommen lassen und ihm Befehle erteilt.[40] Dieser Anspruch auf Autorität wäre seiner besonderen Stellung als Gründer des Klosters angemessen. Gregor verhielt sich tatsächlich wie der Eigentümer des Andreasklosters, das er oft als „mein Kloster" erwähnt.[41]

Cassiodorus scheint zu Vivarium eine ähnliche Stellung innegehabt zu haben – als ein Mitglied der Gemeinschaft, das, obwohl nicht Abt, doch als Gründer eine besondere Stellung einnahm. Das Zeugnis des Johannes wird auch dadurch verdächtig, wenn wir feststellen, daß er den Beweis absichtlich verfälscht. In einem an Rusticiana geschriebenen Brief erzählt Gregor von mehreren Wundern, die die Mönche des Andreasklosters erlebt hatten und über die ihm der amtierende Abt berichtet hatte. Als Johannes diese Geschichte wiedergibt, macht er Gregor zum amtierenden Abt.[42]

Es scheint ziemlich klar, daß Gregor bei Errichtung seines Klosters Valentio als dessen ersten Abt ernannte, der Abt eines Valerianischen Klosters gewesen war, bis er beim Einmarsch der Langobarden die Flucht ergriff. Valentio hätte die nötige Erfahrung und Würde für das Amt gehabt.[43] Als Gregor die Reise nach Konstantinopel antrat, nahm er mehrere der Mönche mit sich. Einer davon,

Maximianus, wurde im Jahr 584 durch Papst Pelagius II. zurückgerufen, um Abt zu werden. Wahrscheinlich war dies nach dem Tod von Valentio, dessen Amtszeit also etwa zehn Jahre gedauert haben dürfte.[44] Maximianus war im Jahre 587 immer noch Abt, als Gregor seine Schenkung machte, auch noch im Jahre 590, als Gregor Papst wurde. In den im Jahr 593 geschriebenen *Dialogen* stellt Gregor fest, daß Maximianus „eine lange Zeit“ Abt war.[45] Wir wissen, daß Maximianus im Jahr 591 Bischof von Syrakus wurde, und es scheint ziemlich sicher zu sein, daß er von 584 bis zu diesem Zeitpunkt ununterbrochen Abt war. Für Gregor bleibt also kein Platz in der Reihenfolge der Äbte. Daß er einmal als Abt amtiert haben soll, kann man nur als eine spätere, wenn auch durchaus verständliche Erfindung betrachten.[46]

Wir wissen wenig über die Form des mönchischen Lebens, die zu St. Andreas praktiziert wurde. Früher war man der Meinung, daß die Regel des hl. Benedikt dort befolgt wurde. Aber diese Ansicht stammt von der Annahme, daß Benedikts Regel sofort und allgemein in den Klöstern des Westens angenommen worden sei. Diese Annahme wurde durch die moderne Forschung größtenteils entkräftet.[47] Es wird heute angenommen, daß Regeln für bestimmte Klöster und nicht für den allgemeinen Gebrauch verfaßt wurden, obwohl einige – zum Beispiel die Regel des hl. Basilius – so berühmt wurden, daß sie von mehreren Klöstern nachgeahmt oder mit Veränderungen übernommen wurden.

Gewisse Grundsätze wurden jedoch von fast allen Klöstern angenommen, und diese galten ohne Zweifel auch zu St. Andreas. Das Kloster wurde als eine in sich abgeschlossene, von der Welt entfernte Gemeinschaft betrachtet, wo die Mönche ein gemeinschaftliches Leben führten, kein Privateigentum besaßen und die Regeln der Armut, der Keuschheit, des einfachen Lebens, des Gehorsams dem Abt gegenüber und der Treue in der Berufung befolgten. Sie wurden aufgefordert, ihre Zeit mit der Lektüre der Heiligen Schrift und mit der Betrachtung des Wortes Gottes zu verbringen. Alle diese Grundsätze wurden durch das kaiserliche Gesetzbuch genehmigt, das von Justinian veröffentlicht wurde und das Gregor selbstverständlich sehr geläufig gewesen sein dürfte.[48]

Die Regeln für Gregors Kloster wurden wahrscheinlich von ihm selbst und dem ersten Abt Valentio abgefaßt. Valentio war aus der Valerianischen Gruppe von Klöstern hervorgegangen, die im sechsten Jahrhundert von Equitius gegründet wurden. Die Regeln haben wahrscheinlich etwas von der dortigen Praxis widergespiegelt, obwohl wir nicht wissen, worin sie eigentlich bestanden. Es ist anzunehmen, daß Gregor von der Regel des hl. Basilius wußte, die in den griechischen Klöstern in Rom befolgt wurde. Man hat gemeint, daß er auch die „Regel des Meisters“ kannte, die berühmte Vorläuferin der Regel des hl. Benedikt.[49]

Es ist schwer zu glauben, daß die Schwerpunkte der Regel Benedikts zu St. Andreas nicht in Gebrauch waren. Gregor kannte und schätzte die Regel des hl. Benedikt sehr. Er bewunderte Benedikt dermaßen, daß er dessen Wundern ein ganzes Buch der *Dialoge* widmete. Er hatte vier Schüler von Benedikt kennengelernt und mit ihnen gesprochen, die später selber Äbte geworden waren: Konstantinus und Simplicius, nacheinander Äbte von Monte Cassino; Valentinianus, Abt des Laterانklosters in Rom; Monoratus, Abt von Subiaco. Es ist keineswegs ausgeschlossen, daß er sogar Monte Cassino besucht hat.[50]

Die Regel des hl. Benedikt sah ein dem Dienst Gottes gewidmetes Leben vor.[51] Dieser Dienst hatte drei Formen: Askese, Gottesdienst und Arbeit. „Trägheit ist der Feind der Seele", lautet die erste Devise Benedikts. Er stellte daher eine Tagesordnung für den Mönch auf. An erster Stelle stand des *Opus Dei,* die genaue Ordnung des Gottesdienstes und des Chorgebets, das zu bestimmten Tageszeiten verrichtet wurde. Es gab zwei Arten von Arbeit: die Handarbeit und die beschauliche Arbeit. Zur Handarbeit gehörte, die Felder und Gärten zu bestellen, das Kloster in Ordnung zu halten, die Kranken zu pflegen und notwendige Gebrauchsartikel herzustellen. Beschauliche Arbeit bedeutete, die Bibel und die Kirchenväter zu lesen und Betrachtung zu halten.

Der Mönch sollte sein Leben lang im Kloster bleiben. Sein Lebensstil unter Benedikts Regel war zwar streng, aber nicht übermäßig hart. Es gab eine vegetarische Kost, ein Frühaufstehen und kein Baden, aber es gab keine härenen Hemden, keine Geißelungen, keinen Hunger und keine Regel des totalen Stillschweigens. Den Mönchen wurden hinreichendes Bettzeug und warme Kleidung, Schuhe und Strümpfe, acht Stunden ununterbrochenen Schlafes und ein bescheidenes Maß an Wein gestattet. Sie sollten sich mit Würde und Anstand benehmen und nutzloses Geschwätz unterlassen *(taciturnitas et parcitas).* Die Demut wurde über alle anderen Tugenden erhoben. Sie wurde wegen der Notwendigkeit des bedingungslosen Gehorsams dem Abt als dem Haupt des Klosters gegenüber sehr betont. Die Macht des Abtes war absolut: „Alles muß nach dem Willen des Abtes geschehen", schrieb Benedikt. Er „vertritt Christus", indem er alle Aspekte des Lebens im Kloster kontrolliert und die Arbeit der Mönche leitet. Er sollte „aufgrund verdienstvollen Lebens und der Lehre der Weisheit gewählt werden", keusch, nüchtern, rücksichtsvoll und barmherzig sein. Er wurde ermutigt, Macht und Verantwortung auszuüben. Es wurde ihm zum Beispiel geraten, die Methoden von Disziplinarverfahren zu variieren, um den Einzelfällen angemessen zu sein; etwa den einen gut zuzureden, bei den anderen körperliche Züchtigung anzuwenden. Der Abt war wahrhaftig eine Mischung aus einem biblischen Patriarchen und einem römischen Familienvater.

Der Vorrang der Demut, das Bild des Abtes, die Bedeutung der Lektüre der Heiligen Schrift und der Väter, die Betrachtung, die Notwendigkeit der Askese, die lebenslange Verpflichtung – das sind Aspekte der Regel, die auch bei Gregor Anklang gefunden hätten.[52] Aber es gibt auch gewisse Unterschiede. Gregors strenge Ordnung des Fastens ging weit über alles hinaus, was von Benedikt vorgeschrieben wurde; sie erinnert an die von den ägyptischen Mönchen praktizierte radikale Askese. Außerdem war Monte Cassino ein ländliches Kloster, St. Andreas ein Stadtkloster, was eine unterschiedliche Praxis und andere Schwerpunkte bedeutet hätte. Bei Gregors Lebensstil ist anzunehmen, daß zu St. Andreas die Auslegung der Bibel und das beschauliche Gebet an erster Stelle standen. Es war wahrscheinlich in diesen Jahren, wo Gregor den Mönchen seine Vorlesungen über das Buch der Sprüche, die Bücher der Könige, die Propheten, das Hohe Lied und den Heptateuch gehalten hat, die zur gleichen Zeit durch den Mönch Claudius, dem späteren Abt von Classis, niedergeschrieben wurden.[53]

Die Eigenschaften, die Gregor bei den Mönchen seines Klosters suchte, kann man vielleicht aus den Bemerkungen in den *Dialogen* erschließen, die er über die mönchischen Vorbilder aus St. Andreas machte:[54] Antonius wird beschrieben als „gewissenhaft und fleißig in der Befolgung der klösterlichen Disziplin, ein Schüler der Heiligen Schrift, der darin nicht wissenschaftliche Belehrung, sondern Reuetränen suchte". Merulus „hatte die Gabe der Tränen und des Almosengebens, nie verstummte der Psalmengesang in seinem Mund, außer wenn er sich Speise und Schlaf gönnte". Johannes „führte ein durch Demut, Sanftmut und Ernst gekennzeichnetes Leben". Das waren also die Lebensweisen und die Eigenschaften, die zu St. Andreas am meisten geschätzt wurden.

Eine andere Geschichte aus den *Dialogen* zeigt uns jedoch eine härtere Seite Gregors bei der strengen Anwendung der Klosterregel der Armut:[55] Einer der Mönche zu St. Andreas war ein Arzt namens Justus, der Gregor bei dessen immer häufigeren Krankheitsanfällen pflegte. Als Justus selbst erkrankte und sah, daß es mit ihm zu Ende ging, verriet er seinem Bruder Copiosus, der auch Arzt war, daß er in seiner Medizinkiste drei Goldmünzen versteckt hatte. Copiosus fand sie auch. Als aber Gregor die Sache herausbekam, befahl er, daß Justus von allen Brüdern gemieden werden sollte. Keiner im Kloster durfte zu ihm gehen oder ihm helfen. Und wenn er sterben würde, sollte sein Leichnam zusammen mit den drei Münzen auf einen Misthaufen geworfen werden, wobei die versammelten Mönche rufen sollten: „Zur Hölle mit dir und deinem Geld!" Als Copiosus ihm von dieser von Gregor angeordneten Behandlung erzählte, starb Justus vor Kummer. Gregors Härte in dieser Situation paßte schlecht zu einem, der selber mindestens dreizehn Jahre, nachdem er Mönch wurde, immer noch mehrere Landgüter besaß.

Gregor hat immer empfunden, daß die als Mönch in St. Andreas verbrachten Jahre seine glücklichsten waren. Als er von dort wegging und in die Welt zurückgeholt wurde, dachte er mit großem Bedauern an sie zurück.

Später sagte er:[56] „Traurig denke ich zurück, wie glücklich ich einst im Kloster war, wie ich in der Betrachtung alles Wandelbare und Hinfällige hoch überragte, um nur an Himmlisches zu denken; wie meine Seele, wenngleich im Körper zurückgehalten, die Grenzen des Fleisches überschritt, wie sie sogar den Tod selbst liebgewann als den Eingang zum Leben. Jetzt aber muß ich mich wegen des Hirtenamtes mit den Anliegen der Weltleute befassen, und mich, nachdem ich eine so herrliche Ruhe genossen, mit dem Staub irdischer Beschäftigung bedecken lassen. So erwäge ich denn, was ich zu tragen habe, erwäge, was ich verlor. Denn siehe, jetzt bin ich ein Spielball der Wellen eines weiten Meeres, und das Schiff der Seeleute wird von den Wogen eines heftigen Sturms hin und her geworfen. Und wenn ich mich des früheren Lebens erinnere, ist es mir, als ob ich rückwärts blickte und aufseufzend nach dem Gestade schaute."

Sein Aufenthalt im Kloster wurde jedoch jäh unterbrochen. Er wurde vom Papst aufgefordert, St. Andreas zu verlassen und sich zum Diakon weihen zu lassen. Damit wurde er zu einem der höheren Verwalter der römischen Kirche. Eigentlich wollte er das klösterliche Leben nicht aufgeben, aber es wurde ihm klargemacht, daß es seine Pflicht war und daß die Kirche ihn brauchte.[57] So gesehen, konnte er sich nicht weigern. Wir wissen nicht mit Sicherheit, welcher Papst ihn gerufen hat oder in welchem Jahr dies war. Die einzige unter den frühen Quellen, die es erwähnt, ist Johannes der Diakon, der sagte, daß es Benedikt I. war. Da es keinen gegenteiligen Beweis gibt, haben die meisten späteren Kommentatoren dies akzeptiert, in der Annahme, daß es sich um das Jahr 578 handelt.[58] Aber im Vorwort zu seinem Werk *Magna Moralia*[59] deutet Gregor selbst an, daß er eigens dazu aus St. Andreas weggezogen wurde, um *apocrisiarios* zu werden, was bedeuten würde, daß Papst Pelagius II. es war, der ihn geweiht hatte. Eine derart dramatische Ernennung würde sicherlich in die kritische Lage passen, die Pelagius bei seiner Wahl vorfand. Ich neige also zur Annahme, daß Papst Pelagius II. es war und nicht Papst Benedikt I.

Am 30. Juli 579 starb Papst Benedikt I., als die Langobarden eben Rom belagerten. Sein Nachfolger wurde sofort gewählt und eingesetzt, ohne das Eintreffen der üblichen kaiserlichen Bestätigung abzuwarten. Der neue Papst Pelagius II., obwohl in Rom geboren, war der Sohn eines Goten namens Winigild. Obgleich Pelagius II. durch seinen berühmten Nachfolger überstrahlt worden ist, scheint er ein kraftvoller und aktiver Mann gewesen zu sein, genau der richtige Herrscher für die damalige Zeit. Er war ein furchtloser Verteidiger des römischen Primats, den er dem gallischen Bischof Aunacharius von Auxerre und dem Patriarchen Johannes („dem Asketen") von Konstantinopel gegenüber fest behauptete. Er nahm die Versuche wieder auf, das Schisma von Istrien zu beenden, um das sich Rom seit dem Einmarsch der Langobarden nicht mehr gekümmert hatte.[60] Er ersann einen Plan, die Verfahrensmethode bei der Wahl des Primas von Numidien im Interesse des Glaubens zu ändern.[61] Er fing an, Reformen in die zu laxe sizilianische Kirche einzuführen, aufgrund der Berichte, die von seinem dortigen Rektor, dem Diakon Servusdei, eingesandt wurden.[62] Insbesondere befahl er die strenge Durchsetzung des Zölibats für Subdiakone.[63] Er befaßte sich mit einem bescheidenen Bauprogramm, wobei er das Haus seiner Familie in ein Altersheim umbauen ließ, eine Kirche auf dem Friedhof des hl. Hermes an der Via Salaria baute, das Grab des hl. Petrus mit silbernen Platten neu deckte und umfangreiche Reparaturen und Änderungen an der Basilika des hl. Laurentius unternahm.[64] Dies gab der Stadt einen großen moralischen Auftrieb, wie eine zeitgenössische Inschrift aus der Basilika in Erinnerung ruft, indem sie den „wunderbaren Glauben" bezeugt, der Pelagius inspirierte, dies alles unter den Schwertern der Barbaren zu bauen.[65] Nicht die geringste seiner Leistungen war der Entschluß, Gregor als seinen Botschafter *(apocrisiarios)* nach Konstantinopel zu entsenden. Wahrscheinlich hat Gregor gegen Ende des Jahres 579 Rom verlassen, um nach der Reichshauptstadt zu reisen, und zwar in Begleitung einer weiteren Senatsmission, die zum Ziel hatte, den Kaiser auf die kritische Lage Roms aufmerksam zu machen.[66] Es war eine ausgezeichnete Wahl, denn als ehemaliger Stadtpräfekt war Gregor natürlich gewohnt, mit der Reichsregierung in deren Sprache zu sprechen. Auch hatte er Freunde im Emigrantenkreis der römischen Adeligen in Konstantinopel, die Zutritt zu wichtigen Kreisen besorgen konnten. Ein Hauptanliegen von Papst Pelagius II. war es, für Rom Hilfe zu erhalten. Er suchte sie beim Exarchen von Ravenna, beim fränkischen König, wie auch beim Kaiser. Wenn einer die Reichsregierung zum Handeln bringen könnte, dachte Pelagius, so war das Gregor.

Gregor nahm eine Gruppe von Mönchen aus St. Andreas mit nach Konstantinopel, in deren Gemeinschaft er im Placidia-Palast, der amtlichen Residenz des päpstlichen *apocrisiarios,* wohnte. Ihre Gesellschaft war ihm ein großer Trost, und er war überzeugt, daß ihr Entschluß, ihn zu begleiten, von Gott eingegeben worden war:[67] „. . . damit ich durch ihr Beispiel wie durch ein Ankertau immer am ruhigen Ufer des Gebets festgehalten werde, wann immer ich durch die Wellen weltlicher Angelegenheiten unaufhörlich hin und her geworfen werden sollte. Denn zu ihrer Gesellschaft nahm ich meine Zuflucht vor dem hohen Seegang und vor den Wogen irdischer Beschäftigung wie zu dem sichersten Hafen. Und obwohl jenes Amt, das mich aus dem Kloster herausbrachte, durch die mit ihm verbundenen Geschäfte die Ruhe meines früheren Lebens zerstörte, war ich trotz ihrer Gesellschaft von Gefühlen des täglich erneuerten Bedauerns *(compunctio)* beseelt."

Gregor bildete einen engen Freundeskreis von Geistlichen, zu denen auch der Mailänder Nuntius Konstantius, der frühere Patriarch Anastasius von Antiochien und der spanische Bischof Leander von Sevilla zählten. Leander insbesondere wurde ein enger Freund. Er und Gregor waren ungefähr gleichaltrig, beide waren Mönche, beide stammten aus frommen aristokratischen Familien, beide waren Theologen und Exegeten. Sie teilten die gleiche Weltanschauung und den gleichen Lebensstil. Obwohl sie sich nie wieder treffen sollten, nachdem Gregor nach Rom zurückgekehrt war, hegte Gregor immer die wärmsten Gefühle für ihn, wie er ihm im Jahr 591 schrieb: „Ich trage Dein Bildnis in mein Herz eingeprägt.“[68] Es geschah zum Teil auf Drängen von Leander, zum Teil auf Verlangen seiner Mönche, daß Gregor seine Ausführungen über das Buch Ijob begann, ein sehr umfangreiches Werk der biblischen Exegese, das schließlich in fünfunddreißig Büchern unter dem Titel *Magna Moralia* veröffentlicht und Leander gewidmet wurde. Zur Zeit seines Aufenthaltes in Konstantinopel hatte Gregor den ersten Teil in der Form von Vorlesungen gehalten. Bis zum Zeitpunkt seiner Rückberufung jedoch hatte er die Arbeit noch nicht zum Abschluß gebracht; später schrieb er in Rom die zweite Hälfte.[69]

Sein Streit im Jahr 582 mit dem Patriarchen Eutychius von Konstantinopel ist vielleicht die bekannteste Episode seines Aufenthaltes.[70] Der Patriarch verfaßte eine Abhandlung über die Auferstehung, in der er erklärte, daß bei dem Jüngsten Gericht und der darauffolgenden Auferstehung unsere Körper stofflos werden würden. Gregor bestritt dies und behauptete, daß die Auferstehung Christi bewies, daß der Körper immer noch anfaßbar sein würde. Der Streit zwischen den beiden Männern wurde dermaßen erbittert, daß, wie Gregor in seinem Werk *Magna Moralia* schrieb, „wir anfingen, mit der größten Abneigung voreinander zurückzuschrecken“. Die Situation wurde schließlich so ernst, daß der Kaiser selbst intervenierte und alle drei sich anschickten, vertraulich die Sache gründlich zu erörtern. Als der Kaiser zum Schluß Gregor recht gab und beschloß, daß das Buch von Eutychius verbrannt werden sollte, waren sie durch die Anstrengung ihres Streits dermaßen erschöpft, daß nach dieser Begegnung mit dem Kaiser sowohl Gregor als auch Eutychius gesundheitlich zusammenbrachen. Gregor wurde von einem Fieber erfaßt und erkrankte schwer, doch er erholte sich. Eutychius jedoch starb, und mit ihm starben seine Ideen, die nach seinem Tod keine Unterstützung mehr fanden. Nachfolger des Eutychius als Patriarch wurde Johannes IV., der „Faster“, ein Kappadokier, dessen strenge Lebensweise Gregor gefiel und mit dem er befreundet wurde.

Aber der Hauptzweck von Gregors Aufenthalt im Osten war es nicht, die Bibel zu studieren und sich an theologischen Kontroversen zu beteiligen, sondern Rom Hilfe zu verschaffen. Dazu wurde er von Pelagius dringend angehalten.[71] Wir müssen vermuten, daß er fortwährend suchte, des Kaisers Aufmerksamkeit auf diese Angelegenheit zu lenken. Doch bei allem Wohlwollen hatte Kaiser Tiberius Constantinus einfach keine Truppen für italienische Abenteuer übrig. Ebensowenig hatte sie sein Schwiegersohn, der kluge und gewissenhafte Mauritius, der ihm im Jahr 582 auf den Thron nachfolgte. Mehr konnte Mauritius nicht tun, als seinen General Smaragdus als Exarchen nach dem Westen zu schicken, in der Hoffnung, daß dieser die dürftig vorhandenen Befestigungsanlagen instandsetzen könnte und den Franken große Geldsummen zahlen würde, um sie dazu zu bringen, die Langobarden anzugreifen und damit der Reichsprovinz Entlastung zu schaffen. Immerhin knüpfte Gregor fleißig freundschaftliche Beziehungen mit vielen der bedeutendsten Leute am kaiserlichen Hof, und diese sollten ihm später nützlich sein. Er ist mit der Ehefrau von Mauritius, Kaiserin Konstantina, mit dessen Schwester Theoctista und dessen Vetter, Bischof Domitianus von Melitene, besonders gut ausgekommen. Auch mit Philippicus, dem Schwager des Kaisers, mit dem Hofarzt Theodorus und mit den Generälen Narses und Priscus trat er in nützliche Verbindungen ein. Das alles fand seinen Höhepunkt darin, daß er bei der Taufe von Theodosius, dem im Jahr 584 geborenen ältesten Sohn des Kaisers, Pate stand.[72]

Um das Jahr 586 wurde Gregor nach Rom zurückgerufen, er wurde wahrscheinlich als *apocrisiarios* durch den Diakon Honoratus ersetzt. Er nahm seine Verpflichtungen als Diakon am Lateranpalast wieder auf, wohnte jedoch weiterhin in St. Andreas. Ihm wurde jetzt von Papst Pelagius II. die heikle Aufgabe erteilt, mit den istrischen Schismatikern über die Beendigung der Spaltung zu verhandeln. Pelagius hatte ungefähr 585 einen ersten Annäherungsversuch gemacht, indem er den Bischof Redemptus (wahrscheinlich aus Ferentis) und Abt Quodvultdeus mit einem versöhnlichen Brief zu den istrischen Bischöfen sandte und sich entschuldigte, daß er nicht eher geschrieben hatte, wofür er der politischen Lage die Schuld gab.[73] Die Lage war durch den vom Exarchen Smaragdus zustande gebrachten Waffenstillstand erleichtert worden, der es Pelagius ermöglicht hatte, den Kontakt herzustellen, in der Hoffnung, daß die Spaltung überwunden werden könnte. Pelagius erklärte, daß er an den vier allgemeinen Konzilien festhalte, wobei er es taktvoll vermied, das umstrittene fünfte Konzil zu erwähnen. Er forderte die istrischen Bischöfe dringend auf, eine Abordnung nach Rom zu entsenden, um die Unterschiede zwischen ihnen gründlich zu erörtern.

Die Istrianer haben wohl eine Abordnung nach Rom geschickt, aber mit einer unfreundlichen Antwort, die keine Zugeständnisse machte und die einfach alle Argumente für die „Drei Kapitel" wiederholte. Pelagius antwortete ihnen, „eher traurig als verärgert", mit einem Brief, in dem er sagte, er habe nicht verstanden, wovon sie redeten.[74] Er hatte ihren Gesandten die sogenannten anstößigen Stellen in der Abschrift des fünften Konzils gezeigt und sie mit ihnen durchgenommen, wobei er alle Schwierigkeiten erläuterte. Jetzt zitierte er aus Cyprian, aus Augustinus und aus Leo dem Großen, um die Istrianer dazu zu bringen, ihren Standpunkt aufzugeben. Er forderte sie dringend auf, Gesandte entweder nach Rom oder nach Ravenna zu schicken, wo sie ihre Probleme mit Beauftragten des Papstes erörtern konnten. Aber die istrischen Bischöfe lehnten es ab, die Angelegenheit weiter zu besprechen, und schickten eine anmaßende und kompromißlose Erklärung ihres Glaubens nach Rom, die zu verstehen gab, der Papst könnte sie annehmen oder fallen lassen.

An dieser Stelle übergab Pelagius die Angelegenheit an Gregor,[75] der im Auftrag des Papstes eine ernste Antwort schrieb: „Ich habe Euch bisher Worte voll Sanftmut geschrieben und habe eher durch Gebet als durch Ermahnung versucht, Euch auf den richtigen Weg zu führen ... Aber jetzt sehe ich mit kummervollem Erstaunen, wie weit Ihr es zu treiben wagt, indem Ihr auf die eigene Weisheit vertraut, und ich muß mir selbst gestehen, daß mein Beispiel ohne Wirkung auf Euch geblieben ist." Darauf folgte eine ausführliche allegorische und exegetische Widerlegung ihres Standpunktes. Aber es wurde damit ebensowenig erreicht, wie mit der ersten Initiative des Papstes Pelagius. Trotzdem blieb Gregor von der Wirkung dieses Dokumentes überzeugt. Sechs Jahre später sandte er ein Exemplar an jeden der istrischen Bischöfe, forderte sie auf, es zu studieren, und meinte, sie würden davon so überzeugt sein, daß sie zum Glauben zurückkehren würden.[76] Daß auch dieser dritte Brief sie nicht bewegte, wurde wahrscheinlich dem Exarchen Smaragdus durch den Papst selbst berichtet. Denn jetzt griff der Exarch selbst ein, und zwar zum Schrecken der Istrianer.

Im Jahr 588 begab sich Smaragdus auf die Insel Grado und verhaftete den Erzbischof Severus, drei seiner Bischöfe und einen älteren *defensor* und brachte sie unter Bewachung nach Ravenna. Sie wurden ein Jahr lang festgehalten und schließlich gezwungen, sich mit Erzbischof Johannes von Ravenna zu einigen, der das fünfte Konzil anerkannte und mit dem Papst uniert war. Danach durften sie nach Grado zurückkehren. Doch weder das Volk noch die anderen istrischen Bischöfe wollten sie unter sich aufnehmen. Die Lage wurde auf einer zu Marano abgehaltenen Synode geklärt, auf der Severus und seine Gefährten ihren Widerruf annullierten und bei den Bischöfen wieder aufgenommen wurden. Kurze Zeit danach wurde Exarch Smaragdus geisteskrank und nach Konstantinopel versetzt. Zu seinem Nachfolger als Exarch wurde Romanus ernannt.[77] Die Spaltung dauerte also an.

Das Jahr 589 war durch Naturkatastrophen gekennzeichnet. Außergewöhnliche und unheilvolle Überschwemmungen verwüsteten Norditalien. Im Herbst erreichten sie Rom. Der Tiber trat über die Ufer und überschwemmte einen Teil der Stadt, wobei die päpstlichen Vorratshäuser zerstört wurden und mehrere alte Kirchen einstürzten.[78] Unmittelbar nach den Überschwemmungen folgte die Pest; unter ihren ersten Opfern war Papst Pelagius II., der am 8. Februar 590 starb. Ebenso wie bei der Wahl von Pelagius selbst war nun der päpstliche Thron in einer Zeit der Krise, ja der Katastrophe vakant geworden. Bei der darauf folgenden Wahl wandten sich die Wähler (der Klerus, der Adel und das Volk) einstimmig an Gregor.

Obwohl er nach den Dienstjahren der jüngste Diakon war, war sein Ruf offenbar sehr groß. Er verkörperte die Verbindung von persönlicher Heiligkeit – sein mönchischer Lebensstil und die Neigung zum Fasten – mit der Erfahrung in öffentlichen Angelegenheiten sowohl als Stadtpräfekt wie auch als *apocrisiarios*. Er war der richtige Mann für diese Situation. Aber so wie er sich dagegen gesträubt hatte, St. Andreas verlassen zu müssen, um Diakon zu werden, setzte er sich nun zur Wehr gegen die Erhebung auf den päpstlichen Thron, was ein Wohnen zu St. Andreas unmöglich machen würde. Er schrieb an den Kaiser und bat ihn, es abzulehnen, die Wahl zu bestätigen. Aber der Brief wurde durch Gregors Bruder, den Stadtpräfekten Palatinus, abgefangen und vernichtet. Dieser ersetzte ihn durch einen anderen Brief, der von der einstimmigen Wahl Gregors zum Papst Gregor I. berichtete. Der Kaiser bestätigte die Wahl ordnungsgemäß.[79]

In der Zwischenzeit wurde, wie es der Brauch verfügte, die Stadt vom Erzpriester, vom Erzdiakon, vom *primicerius notariorum* und vom designierten Papst verwaltet. Gregor ergriff sofort Maßnahmen, um den Folgen der Pest entgegenzuwirken. Er hielt eine Predigt in der Basilika St. Johannes im Lateran und erklärte, die Pest sei eine Strafe Gottes. Er forderte das Volk auf, Buße zu tun und seine Sünden zu bereuen. Er ordnete an, daß das Volk drei Tage lang beten und Psalmen singen sollte. Am Ende dieser Zeit veranstaltete er einen großen Bittgang in der ganzen Stadt, bei dem sieben Prozessionen von sieben verschiedenen Kirchen auszogen, um sich an der Basilika St. Maria Maggiore zu treffen. Nach der Überlieferung traten diese Prozessionen am 25. April den spektakulären Marsch an. In der ganzen Stadt erklang des „Kyrie eleison", der Papst predigte immer wieder während des Zuges und das Volk betete laut beim Gehen. Im Laufe des Bittgangs fielen nicht weniger als achtzig Leute durch die Pest tot um. Es war ein rührendes und spektakuläres Glaubensbekenntnis angesichts der entsetzlichen Verwüstungen der Seuche: ein treffender Hinweis auf die jetzt beginnende Regierung Gregors.[80]

Die kaiserliche Bestätigung der Wahl Gregors traf ein und die Vorbereitungen für seine Weihe wurden getroffen. Gregor von Tours, dessen Diakon Agiulf zu der Zeit in Rom gewesen war und über das berichtete, was er gesehen hatte, erzählt, daß Gregor flüchten wollte: „Als dieser sich aber zu verbergen suchte, wurde er ergriffen, fortgeschleppt und zur Kirche des heiligen Apostels Petrus gebracht. Dort wurde ihm die bischöfliche Weihe erteilt und er wurde zum Papst der Stadt Rom eingesetzt."[81]

Dies hat sich am 3. September 590 ereignet. Aus Gregors Widerstreben entwickelten die Darsteller von Heiligenleben eine spätere, aber unhistorische Legende, in der er einige Kaufleute dazu überredete, ihn in einem Wasserfaß aus der Stadt zu schmuggeln: Er verbarg sich drei Tage lang in einer Höhle, doch in der dritten Nacht verriet ein Lichtstrahl sein Versteck und er wurde vom Volk ergriffen und geweiht.[82] Da Gregor von Tours jedoch ganz eindeutig berichtet, daß Gregor schon bei der Vorbereitung auf die Flucht ergriffen wurde, muß man diese Geschichte ablehnen.

Die Echtheit von Gregors Widerwillen, das Amt zu übernehmen, ist jedoch über allen Zweifel erhaben. Seine frühesten Briefe sind voll von ängstlichen Klagen über die harte Notwendigkeit, die ihn auf den Thron des hl. Petrus gebracht hat.[83] In seinem Brief an Prinzessin Theoctista kommt seine seelische Verfassung am deutlichsten zum Ausdruck:

„Unter dem Vorwand der bischöflichen Würde bin ich in die Welt zurückgeführt und mit mehr Sorgen belastet worden, als ich jemals als Laie war. Ich habe die erhabenen Freuden meiner Einsamkeit verloren. Während ich nach außen emporgekommen zu sein scheine, bin ich innerlich abgefallen. Deshalb gräme ich mich darüber, daß ich vom Antlitz des Schöpfers vertrieben bin. Täglich war ich bemüht, mich über die Welt und das Fleisch zu erheben, alle sinnlichen Vorstellungen vom Auge des Geistes fernzuhalten und die himmlischen Freuden geistig zu schauen . . . Denn der erhebt sich über die Höhen der Erde, wer auch das, was vor dieser Welt erhaben und herrlich erscheint, in der Seele verachtet und von sich stößt. Aber plötzlich bin ich von diesem Höhepunkt durch den Sturm dieser Prüfung herabgeschleudert worden. Ich bin in Furcht und Zaghaftigkeit gefallen, denn wenn ich auch für mich selbst nichts fürchte, so fürchte ich doch sehr für die mir Anvertrauten. Von den Wogen des Geschäfts bin ich hin und her geworfen und durch seine Stürme überwältigt . . . Nach den erledigten Geschäften möchte ich wieder in meine inneren Gedanken zurückkehren, aber ich kann es nicht, denn ich bin abgelenkt durch den törichten Aufruhr äußerer Gedanken. Die Schönheit des beschaulichen Lebens habe ich geliebt, aber durch ein mir verborgenes Gericht bin ich mit dem aktiven Leben vermählt worden . . . Sieh, der allergnädigste Herr und Kaiser hat befohlen, daß der Affe ein Löwe sein soll. Nun kann man freilich nach seinem Befehl den Affen einen Löwen heißen, aber er kann kein Löwe werden. Deshalb muß er alle meine Fehler und Nachlässigkeiten nicht mir, sondern seiner Güte zuschreiben, da er das Amt der Stärke einem Schwachen übertragen hat.“

Er brauchte den ganzen Winter, um sich zu erholen. Bis zum Januar 591 jedoch hat er sich mit seinem Amt abgefunden. Er schrieb an Erzbischof Natalis von Salona: „Ich habe die Last dieser Würde sehr ungern auf mich genommen. Da ich aber dem Urteil Gottes nicht Widerstand leisten konnte, habe ich mich zu einer tröstlichen Haltung emporgeschwungen.“[84] In dieser tröstlichen Verfassung ist er dann auch an die Arbeit gegangen.

3. Kapitel

Charakter und Lebensauffassung

Was war das für ein Mann, der nun das Amt antrat, das man später als eines der hervorragendsten Pontifikate des frühen Mittelalters betrachten wird? Es ist außergewöhnlich für diese Periode, daß wir uns in etwa ein Bild davon machen können, wie Gregor aussah. Denn nach seinem Tod bestellten die Mönche von St. Andreas ein Porträt von ihm, das im neunten Jahrhundert immer noch vorhanden war und von Johannes dem Diakon beschrieben wurde:[1]

„Seine Figur war von einer normalen Größe und gut gebaut. Sein Gesicht war nicht so schmal wie das seines Vaters und auch nicht so rund wie das seiner Mutter, so daß es bei einer gewissen Fülle von einer angenehmen Länge zu sein schien. Sein Bart, ähnlich wie der seines Vaters, war nur mäßig lang und hatte eine gelbbraune Farbe. Er war ziemlich kahl und hatte mitten auf der Stirn zwei kleine, nach rechts gedrehte Löckchen. Der Schädel war rund und groß, sein dunkles Haar war lockig und hing bis zur Mitte des Ohrs herunter; seine Stirn war hoch, seine Augenbrauen lang und gewölbt. Seine Augen hatten dunkle Pupillen und, obwohl nicht groß, hatten sie unter vollen Augenlidern einen offenen Blick. Seine Nase, vom Ansatz seiner gebogenen Augenbrauen dünn und gerade, war um die Mitte breiter, ein klein wenig Adlernase, und an den Nasenlöchern geweitet. Sein Mund war rot, die Lippen voll und unterteilt; seine Backen waren gut geformt und sein Kinn trat angenehm aus den Kiefern hervor. Seine Hautfarbe war dunkel und frisch, anders als sie später wurde, da sie ungesund aussah. Sein Gesichtsausdruck war gütig; er hatte schöne Hände, mit langen spitz zulaufenden Fingern, zum Schreiben gut geeignet."

Über Gregors Charakter und Temperament haben wir das Zeugnis seiner Zeitgenossen und Biographen und seiner eigenen Schriften. Das erste, was auffällt, ist seine Tapferkeit. Schmerzen waren für Gregor eine unvermeidbare Tatsache des Lebens. Die ganze Zeit seines Pontifikats war er fast ununterbrochen krank. Und sein Leiden wuchs, je länger seine Amtszeit dauerte. Seine strenge Askese hatte seine Gesundheit unterminiert und sein Verdauungssystem zerstört, so daß er ein Opfer des Fiebers wurde, das jeden Sommer Rom heimsuchte. Sein Zeitgenosse Gregor von Tours bezeugte das: „Seine Enthaltsamkeit vom Essen, seine Nachtwachen, seine Gebete, die Strenge seines Fastens waren derart, daß sein geschwächter Magen den Körper kaum ernähren konnte."[2]

Anscheinend hat seine Askese mit dem Beginn des mönchischen Lebens angefangen. Zu dem Zeitpunkt, da er in Konstantinopel war, war der Schaden schon angerichtet worden und seine Gesundheit nicht mehr wiederherzustellen. Über die Zeit dort und über die Umstände, unter denen er das Werk *Magna Moralia* verfaßte, schrieb Gregor:[3]

„Es wurde in einem Krankheitszustand vorgetragen. Denn wenn der Körper durch Krankheit geschwächt und der Geist ebenfalls niedergeschlagen ist, werden unsere Bemühungen, uns auszudrücken, gleichfalls schwach. Schon seit mehreren Jahren leide ich an häufigen Schmerzen in den Gedärmen. Da meine Magenkräfte versagt haben, fühle ich mich dauernd schwach; und ich stöhne unter dem Druck aufeinanderfolgender Anfälle des schleichenden Fiebers."

Es wird daher wenig verwundern, daß er sich für sein größtes exegetisches Werk vorgenommen hat, die Leiden und die Geduld Ijobs zu erläutern. Obwohl er sich über seinen Gesundheitszustand im klaren war, versuchte Gregor gar nicht, bei seiner Rückkehr nach Rom das Fasten einzuschränken. Er erzählte, er sei einmal in seinem Kloster so krank gewesen, daß er immer wieder ohnmächtig wurde und dachte, es ginge mit ihm zu Ende. Aber er bestand darauf, zu Ostern zu fasten.[4] Ein andermal litt er so sehr unter Magenkrämpfen, daß die Mönche ihn gezwungen haben, Speise zu sich zu nehmen, um ihm das Leben zu retten.[5] Johannes der Diakon erzählt die liebenswürdige Geschichte von Gregors Mutter Silvia, die so sehr um den Gesundheitszustand ihres Sohnes besorgt war, daß sie ihm aus ihrer religiösen Abgeschiedenheit eine Portion frischen Gemüses auf einem silbernen Präsentierteller schickte.[6] Während seines mönchischen Lebens konnte er wegen seines schlechten Gesundheitszustandes keinen seiner exegetischen Vorträge niederschreiben.[7]

Es überrascht vielleicht, daß er sich trotz seines geschwächten Zustandes die Pest nicht zugezogen hat. Aber im Jahr 591 war er zu krank, um seine Homilien über die Evangelien persönlich vorzutragen. Sie mußten durch die päpstlichen Notare vorgelesen werden.[8]

Im Juli 591 und im August 593 erkrankte er wieder, wahrscheinlich am Sommerfieber.[9] Der Sommer war eine besonders schlimme Jahreszeit für ihn, wie er selbst zugab: „Der Sommer, der meinem Körper gar nicht gut bekommt, hat mich eine lange Zeit daran gehindert, zu Euch über das Evangelium zu sprechen."[10] Aber wie sein Fieberanfall nach der Debatte mit Eutychius zeigt, war er auch anfällig bei Überanstrengung. Es kann sein, daß die mit der Übernahme des päpstlichen Amtes verbundene Anstrengung etwas mit seiner damaligen schlechten Gesundheit zu tun hatte. Gregor selbst war sich im klaren über den Zusammenhang zwischen seinem seelischen Zustand und seiner körperlichen Gesundheit. In einem Brief an Johannes von Ravenna vom Juli des

Jahres 592 schrieb er: „In dem Augenblick, als Ariulf vor den Toren Roms wütete und mordete, wurde ich von einer derartigen Schwermut ergriffen, daß ich einen Anfall von Gallenfieber erlitt.“

In den nächsten Jahren jedoch hatte sich sein Gesundheitszustand anscheinend nicht weiter verschlechtert, bis er sich zusätzlich zu seinen übrigen Beschwerden auch die Gicht zuzog, die ihn bis zu seinem Tode quälen sollte. Im August 599 schrieb er an seinen Leidensgefährten Leander von Sevilla: „Ich bin von beständigem und heftigem Schmerz gefoltert.“[11] Im Jahr 598 wurde Gregor bettlägrig und danach hat er während der restlichen Amtszeit das Bett nur selten verlassen. Seine Briefe aus den Jahren 598 bis 604 berichten von den qualvollen Einzelheiten seiner Beschwerden.[12] Im August 599 schrieb er den Patriziern Italica und Venantius, daß er jeden Tag den Tod erwarte.[13] Im Juni 600 schrieb er an den Patriarchen Eulogius von Alexandrien:[14]

„Im vergangenen Jahr habe ich die freundlichen Schreiben Eurer Heiligkeit empfangen, konnte aber wegen der Heftigkeit meiner Krankheit bis jetzt nicht darauf antworten. Denn schon fast zwei Jahre sind es, daß ich an das Bett gefesselt bin und so arge Gichtschmerzen erleide, daß ich mich kaum an Festtagen für drei Stunden erheben kann, um die hl. Messe zu feiern. Sogleich aber zwingt mich dann der heftige Schmerz, mich wieder niederzulegen, um meine Pein mit Seufzen ertragen zu können. Bisweilen ist der Schmerz mäßig, bisweilen unerträglich, niemals aber so mäßig, daß er verschwindet, nie so unerträglich, daß er den Tod bringt.“

Bis Februar 601 hatte sich sein Zustand ernstlich verschlechtert, als er an Marinianus von Ravenna schrieb:[15] „Schon lange Zeit währt es, daß ich mich nicht mehr vom Bett erheben kann. Bald quält mich der Gichtschmerz, bald breitet sich im ganzen Körper zugleich mit dem Schmerz ich weiß nicht was für ein Feuer aus, und es geschieht häufig, daß zu gleicher Zeit Hitze und Schmerz mich plagen und Leib und Seele darunter erliegen. Wie viel andere Bedrängnisse ich aber außer den erwähnten Krankheitszuständen leide, das kann ich gar nicht erzählen. Ich sage nur kurz, daß ich so von schlechten Säften angesteckt bin, daß das Leben mir zur Qual wird und ich sehnsüchtig den Tod erwarte, den ich für das einzige Heilmittel für meine Seufzer halte.“

Schon ab Februar 603 bat er die mit ihm im Briefwechsel Stehenden, darum zu beten, daß der Tod ihn von seinen Schmerzen und Lasten befreien möge.[16] Im Dezember 603 teilte er der Königin Theodelinda mit, daß er *in extremis* liege: „Ein so großes Gichtleiden hatte mich befallen, daß ich nicht nur nicht diktieren, sondern kaum noch reden konnte, wie Eure Gesandten auch erfahren haben.“[17] Im März 604 war er tot.

Es ist aufschlußreich, daß Gregor wie alle ständig Kranken von körperlichen Leiden und deren Behandlung fasziniert war. Ein ganzes Kapitel der *Regula Pastoralis* ist ihrer allegorischen Erklärung gewidmet.[18] Medizinische Ausdrücke und Anspielungen finden sich zerstreut in seinen Schriften. Sie sind ohne Zweifel von dem alexandrinischen Arzt übernommen, der ihn ständig betreute.[19] Er war auch in rührender Weise um die schlechte Gesundheit seiner Freunde und Mitbischöfe tief besorgt. Als Marinianus von Ravenna erkrankte und anfing, Blut zu spucken, konsultierte Gregor sämtliche in Rom zur Verfügung stehenden Ärzte und schickte ihre Gutachten nach Ravenna.[20] Als er hörte, daß Eulogius von Alexandrien langsam erblindete, sandte er ihm eine Wunder wirkende Reliquie.[21] Als er erfuhr, daß Bischof Ecclesius von Clusium krank war und durch die Kälte litt, schickte er ihm einen warmen Mantel.[22] Dieser Hintergrund ist es auch, der die Geschichte durchaus glaubhaft macht, daß Gregor einen Langobardenherrscher dadurch zugunsten Roms beeinflußte, daß er diesem eine Milchdiät verschrieb, die seine Magenbeschwerden heilte.[23]

Gregors Krankheitsgeschichte verleiht den Anweisungen zur Ermahnung der Kranken in seiner *Regula Pastoralis* einen zusätzlichen Nachdruck: „Die Kranken sind zu ermahnen, sich um so mehr als Kinder Gottes zu fühlen, je mehr er sie mit der Zuchtrute schlägt“ ... „Man muß die Kranken zur Tugend der Geduld ermahnen.“[24] Hier haben wir im Kern seine Auffassung über das eigene Leiden: Es ist eine Strafe Gottes für die Sünde, es soll mit Geduld und ohne zu klagen getragen werden. Hier haben wir wieder das Bild Ijobs.

Trotz dieser lähmenden Last der Krankheit arbeitete Gregor unermüdlich in allen Tätigkeitsbereichen, in der Verwaltung wie in der Diplomatie, als Verfasser von exegetischen und liturgischen Werken, beim Predigen und in der kirchlichen Organisation. Wie es bei Paulus Diaconus heißt: „Er hat nie geruht, sondern war immer damit beschäftigt, für das Volk zu sorgen oder eine der Kirche würdige Schrift zu verfassen oder durch die Gnade der Beschauung die Geheimnisse des Himmels zu erforschen.“[25] Und doch gab es Zeiten, wo selbst seine unermüdliche Pflichttreue ihm angesichts seiner Schwächung und seiner körperlichen Qual keine Stütze mehr zu geben vermochte. Von November 599 bis Februar 600 wurden keine Papstbriefe diktiert. Und im Sommer des Jahres 600 schrieb er an Eulogius von Alexandrien wie auch an Maximus von Salona und entschuldigte sich, daß er erst nach langer Verzögerung auf ihre Briefe antworte wegen seiner Krankheit.[26] Er brauchte zwei Jahre, um auf die ausführlichen Fragen zu antworten, die ihm Augustinus von Canterbury sandte. Das kann man gewiß auch seinem Gesundheitszustand zuschreiben. Ungeachtet dessen hat er ununterbrochen bis zu seinem Tod gearbeitet. Er bemühte sich um den Frieden mit den Langobarden und um das Seelenheil der Christen, damit er einmal in sein Haus gerechtfertigt eintreten könne.

Über seine Tapferkeit und seinen Fleiß ist sicherlich seine Demut zu stellen. Einer der Schlüssel zu seiner Weltanschauung ist die Verbindung von Primat und Demut. Er nannte sie „die Mutter und die Hüterin der Tugenden“ und „die Wurzel des Guten“.[27] Sowohl die *Regula Pastoralis* als auch das Werk *Magna*

Moralia sind von ihr erfüllt. Seite für Seite wird der Leser zur Niedrigkeit ermahnt. Gregor hat denn auch die Annahme des Titels „Ökumenischer Patriarch" durch Johannes den Faster bemängelt, und zwar deshalb, weil er damit gegen die gebotene Demut des bischöflichen Amtes verstoße. Er hat die Häresie angegriffen, weil sie auf dem Stolz beruhe und weil die Häretiker meinten, sie seien bessere Kenner der Glaubenslehre als die Kirchenväter.[28] Gregor selbst unterstrich dadurch seine Verpflichtung zur Demut, daß er Bischof Augustinus von Hippo nachahmend die Bezeichnung „Diener der Diener Gottes" annahm, als er noch Diakon war, und sie als Papst beibehielt.[29] Nach seinem Tod wurde sie umgehend in die offizielle Titulatur des Papstes aufgenommen.[30]

Seine Bescheidenheit bezüglich seiner Schriften stimmt mit dem Grundsatz der Demut überein. Es ist ersichtlich, daß diese Schriften durch seine Jünger wie Marinianus von Ravenna und Claudius von Classis mit Begeisterung verbreitet wurden. Das wollte Gregor aber nicht; einmal weil es dazu führen könnte, daß man ihn der Eitelkeit bezichtigte, und zum anderen, weil er fürchtete, seine Lehrmeinungen könnten durch den Gebrauch mangelhafter Texte verfälscht werden. Als er erfuhr, daß Johannes von Syrakus seine Schriften in Anwesenheit von Fremden bei Tisch vorlesen ließ, verbot er es und schlug vor, statt dessen die alten Kirchenväter zu verwenden.[31] Er freute sich, daß der Präfekt von Afrika, Innocentius, um ein Exemplar des Werkes *Magna Moralia* gebeten hatte, meinte jedoch, daß er mehr von einer Lektüre des Augustinus profitieren würde.[32] Marinianus von Ravenna machte er einen ähnlichen Vorschlag, als dieser um ein Exemplar der *Homilien über Ezechiel* bat.[33] Er war auch dagegen, daß Marinianus beim Gottesdienst das Werk *Magna Moralia* vorlesen ließ, weil es umstritten war, und schlug stattdessen den *Kommentar zu den Psalmen* vor. Er wollte nicht, daß der *apocrisiarios* Anatolius dem Kaiser ein Exemplar der durch Anastasius von Antiochia ins Griechische übersetzten *Regula Pastoralis* schenkte.[34] „Ich will nicht, so lang ich noch lebe, daß das, was ich gesagt habe, den Menschen leicht zugänglich gemacht wird", sagte er. Er hat auch nach dem Tod des Claudius von Classis dessen Mitschrift seiner exegetischen Vorlesungen über das Alte Testament eingezogen, damit sie korrigiert werden könnte.[35]

Trotz dieser vielgerühmten Demut konnte Gregor bisweilen reizbar und schlecht gelaunt sein, zweifellos infolge seiner Krankheit. Seine harten Worte machten Oportunus, der später als Bischof von Aprutium vorgeschlagen wurde, sehr unglücklich. Sie veranlaßten Pretiosus, den Prior von St. Andreas, aus Rom zu flüchten und bei Maximian, seinem ehemaligen Abt und damaligen Bischof von Syrakus, Zuflucht zu suchen.[36] Der Jubel, mit dem er die Nachricht vom Tod des Kaisers Mauritius empfing, und die strenge Behandlung des sterbenden Mönches Justus haben gleichfalls seine Apologeten in Verlegenheit gebracht.

Auch wenn das denkwürdige Wortspiel, das angeblich Gregor beim Anblick der blonden Sklavenjungen aus England sagte: „*Non Angli, sed Angeli*", fast mit Sicherheit unecht ist, hatte Gregor doch einen Sinn für Humor. Aber er war von einer bitteren, sarkastischen Art, sie zieht sich in scharfer Form durch seine Briefe. Niemand war davor sicher. An den Kaiser schrieb er: „Meine Herren haben mich einen Narren genannt. Ich muß ein Narr sein, hier zu bleiben und das zu ertragen, was ich unter den Schwertern der Langobarden zu erleiden habe."[37] Dem Patriarchen Johannes von Konstantinopel schrieb er: „Hast Du es mit Deinem berühmten Fasten so weit gebracht, daß Du nicht mehr imstande bist, die Wahrheit zu sagen?"[38] In einem Brief, in dem Natalis von Salona wegen seiner üppigen Gastmähler getadelt wird, schrieb er: „Ihr habt zur Verteidigung Eurer Gastmähler das Gastmahl Abrahams erwähnt, bei dem er, wie die Hl. Schrift bezeugt, drei Engel bewirtet haben soll. Im Hinblick auf dieses Beispiel werden auch wir Euch wegen eines Gastmahls nicht tadeln, so lange Ihr an Engeln Gastfreundschaft übt."[39]

Es ist sehr ehrlich, wie er zugibt, daß er eine Schwäche für Plauderei habe:[40] „Wegen meiner Stellung komme ich oft mit weltlichen Personen zusammen und muß notwendigerweise in der Beherrschung meiner Zunge etwas nachlassen. Denn wenn ich in einer Haltung strenger Abgeschiedenheit beharre, weiß ich, daß die Schwächeren mich meiden werden. Dann kann ich sie nie zu dem Ziel hinführen, das zu erreichen ich ihnen wünsche. Und so geschieht es, daß ich oft ihrem Geplauder geduldig zuhöre. Da ich jedoch selbst auch nur ein schwacher Mensch bin und allmählich in das Gespräch hineingezogen werde, merke ich bald, daß mir die Plauderei, der ich zunächst ungern Gehör schenkte, Spaß macht, und zum Schluß schwelge ich darin, wo zu fallen ich anfangs gefürchtet hatte."

Gregor war von Natur aus konservativ, eine autoritäre und legalistische Persönlichkeit, ein Römer von altem Schrot und Korn, ein Staatsbeamter und Hausvater (pater familias). Alles, was er tat, ist von diesem Bild geprägt, das jedoch in subtilerer Weise die enge Verflechtung von *Christianitas* und *Romanitas* erkennen läßt. Da ist seine strenge Forderung nach Gerechtigkeit für alle, selbst für Juden. Hinsichtlich der Juden schrieb er: „Wie es den Juden nicht gestattet sein kann, sich mit ihren Synagogen mehr herauszunehmen, als ihnen das Gesetz erlaubt, so darf ihnen auch kein Rechtsnachteil in dem widerfahren, was ihnen gesetzlich zusteht."[41] Die christliche Grundlage seines Denkens zeigt sich in seinem Befehl an den sizilianischen Rektor Peter: „Gib alles zurück, was widerrechtlich genommen wurde, und wisse, daß Du mir großen Gefallen verschaffst, wenn Du eher Verdienste im Himmel als irdische Reichtümer sammelst."[42] Sein Konservatismus, der sowohl in einer anerzogenen *Romanitas* als auch in einem gesunden Mißtrauen des katholischen Westens gegen die Griechen wurzelt, zeigt sich in seiner entrüsteten Zurückweisung des Gerüchts, daß Rom Gebräuche der byzantinischen Liturgie übernommen habe.[43]

Sowohl christliche als auch römische Wurzeln kann man gleichermaßen in seiner Überzeugung erkennen, daß die Disziplin aufrechterhalten werden müsse: „Da es richtig ist, die Menschen durch Disziplin von unerlaubten Taten abzuhalten, und da es heilsam ist, Unmäßigkeiten Einhalt zu gebieten, muß das Strafsystem sorgfältig eingehalten werden. Denn wird es vernachlässigt, so gerät alles in Unordnung, wobei der eine das zerstört, was der andere durch Beobachtung der Disziplin aufgebaut hat."[44] Diese Auffassung betraf die Kirche, die Gesellschaft im allgemeinen und auch die Familie, wie die Ermahnungsgeschichte in den *Dialogen* zeigt, die den zu nachgiebigen Vater tadelt: Der fünf Jahre alte Sohn eines bekannten Römers, der durch seinen Vater gänzlich verwöhnt worden war und der die Gewohnheit hatte, gegen Gottes Majestät zu lästern, wurde im Jahre 590 von der Pest befallen. Nachdem er im letzten Todeskampf den Namen Gottes gelästert hatte, starb er laut schreiend: „Mohren sind gekommen und wollen mich forttragen." Die Mohren waren natürlich die Henker der Hölle, die seine Seele ins ewige Feuer wegtrugen.[45] So gehen alle unartigen Kinder verloren. – Aber Gregors *Romanitas* und *Christianitas* waren viel mehr als nur eine Sache des persönlichen Temperaments und der persönlichen Auffassung. Sie machten eine ganze Lebensphilosophie aus, die seine Ansichten über Kirche, Staat und christliche Gesellschaft bestimmte. Und ihr wenden wir uns nun zu.

4. Kapitel

Gregors Weltanschauung

Es ist offensichtlich, daß Gregors Verpflichtung seinem Glauben gegenüber, seine *Christianitas,* total war. Sie prägte alles, was er tat und sagte. An zweiter Stelle nach seiner *Christianitas* und mit dieser eng verbunden steht seine *Romanitas,* die sich sowohl auf die Stadt als auch auf das Reich bezog. Sie war kein bloß sentimentaler Lokalpatriotismus, sondern sie war die Treue zu einem Ideal. Gregor liebte die zerbröckelnde, entvölkerte, von Krankheit geplagte Stadt, wo rings um ihn herum so viel an die christliche Vergangenheit sowie an das alte Kaiserreich erinnerte. Rom war die Stadt der Kaiser und der Apostel, deren Weltanschauung sich verflochten, um die *Sancta Res Publica,* das „Heilige Reich", zu bilden, dessen Zwillingsmerkmale *Romanitas* und *Christianitas* waren. Auch wenn es schon längst aufgehört hatte, die Hauptstadt zu sein, war Rom das Symbol dieser mystischen Vereinigung. Es war die Stadt der in der ganzen christlichen Welt berühmten Kirchen und Basiliken, des Laterans und des Vatikans, der Wunder wirkenden Grabstätten und Reliquien von unzähligen Heiligen und Märtyrern, deren Blut den christlichen Glauben mit dem Boden des heidnischen Reiches fest verband. Aber es war auch die Stadt des Forum Romanum, des Kolosseums, des halbleeren Palatin-Palastes, wo Gregor als Papst bei der Einsetzung der geheiligten Bildnisse des Kaisers und der Kaiserin in der Kapelle des hl. Caesarius den Vorsitz führte. Rom war das Symbol, das dem ganzen Reich seinen Namen gegeben hatte.[1]

Gregor hielt Rom als Stadt und als Reich konsequent die Treue. Er war sich des Niedergangs von Rom voll bewußt. Poetisch verglich er die Stadt mit einem alten Adler, der sein Gefieder verloren hatte. Traurig erklärte er: „Sieh, zu welch erbärmlichen Zustand Rom, einst die Herrin der Welt, heruntergekommen ist."[2] Doch ungnädig schrieb er an seine alte Freundin, die Patrizierin Rusticiana, die nach Konstantinopel ausgewandert war und die auf keinen Fall zur Rückkehr nach Italien überredet werden konnte: „Wie jemand von Konstantinopel so entzückt sein kann und Rom so vergessen kann, das verstehe ich nicht."[3] Trotz des eigenen Aufenthaltes in der Reichshauptstadt hatte Gregor offensichtlich kein Verständnis für eine Mentalität, die deren Herrlichkeit und Annehmlichkeiten und Macht dem fraglichen Privileg vorziehen konnte, in der historischen, wenn auch heruntergekommenen Stadt Caesars und des hl. Petrus zu wohnen.

Seine Liebe zu Rom und zum Römischen Reich wurde jedoch durch einen wesentlich lateinischen Patriotismus beeinflußt. Dies hatte vielleicht auch damit zu tun, daß Gregor sich weigerte, die griechische Sprache zu lernen. Denn er schrieb einmal an einen Briefschreiber in Konstantinopel: „Bitte grüße Dominica von mir. Ich habe auf ihren Brief nicht geantwortet, weil sie mir auf Griechisch schrieb, obwohl Latein ihre Muttersprache ist.“[4] Das deutet darauf hin, daß er das Griechische als eine minderwertige Sprache betrachtete – eine Ansicht, die einer umfassenderen Einstellung entsprang, wonach, wie Caspar festgestellt hat, Gregor griechischer Bildung „fremd, ja ablehnend gegenüberstand“.[5] Von Zeit zu Zeit schleicht sich ein tiefes Mißtrauen gegenüber der Glattheit, der List und der Unzuverlässigkeit der Griechen in Gregors Schriften ein, das fast einem Rassenvorurteil gleichkommt. Dies war besonders der Fall bei Dingen, die sich auf den Glauben bezogen. Er benachrichtigte Narses darüber, daß griechische Exemplare der Akten des Konzils von Ephesus wegen verschiedener Einschübe unzuverlässig seien, wohingegen die lateinischen Versionen fehlerfrei seien.[6] Er rügte öffentlich die Annahme des Titels „Ökumenischer Patriarch“ durch Johannes den Faster, weil er aus einer verwerflichen Tradition byzantinischer Häresien komme: „Wir wissen tatsächlich, daß mehrere Bischöfe von Konstantinopel in den Strudel der Häresie geraten und nicht nur Häretiker, sondern Erzhäretiker geworden sind.“[7] Dieselbe Kontroverse brachte auch seine Verstimmung über die italienische Situation zum Überkochen: „Da wir keineswegs durch (die Griechen) gegen die Schwerter unserer Feinde verteidigt werden können, da wir ob unserer Liebe zum Reich Gold und Silber, Sklaven und Kleidung verloren haben, ist es mehr als schändlich, daß wir durch sie auch noch den Glauben verlieren sollen. Denn jenem bösen Wort zuzustimmen, heißt nicht mehr und nicht weniger als den Glauben verlieren.“[8]

Aber dieses Mißtrauen den Griechen als Volk gegenüber hat seine Liebe zur Reichsidee und zum Kaisertum nicht beeinträchtigt, wie wir sehen werden. Der eine Faktor jedoch, der jeden Aspekt seines Denkens in sozialen, politischen, theologischen und kirchlichen Angelegenheiten beherrschte, war ohne Zweifel das nahe bevorstehende Ende der Welt. Dies war keine theoretische Meinung, sondern eine durch sein persönliches Erleben bedingte praktische Überzeugung. Alles, was er um sich herum sah, bestärkte seine Überzeugung: die Pest, der Einmarsch der Langobarden, der bauliche Verfall Roms; das waren die von der Bibel vorausgesagten Zeichen. „Die Welt wird alt und grau und eilt dem herannahenden Tod entgegen“, erklärte er.[9] Seine Schriften sind voll von Hinweisen auf diese Überzeugung.[10] Er schrieb zum Beispiel an König Aethelbert von Kent:[11] „Wir ersehen aus den Worten des allmächtigen Herrn in der Heiligen Schrift, daß das Ende der gegenwärtigen Welt schon nahe ist und das Reich der Heiligen bald kommen wird, um nie mehr zu enden. Bei herannahendem Weltende aber stehen viele Dinge bevor, die früher nicht vorgekommen sind: auffallende Veränderungen in der Luft, schreckliche Zeichen am Himmel, mit der Jahreszeit nicht übereinstimmende Witterung, Krieg, Hungersnot, Krankheiten, Erdbeben an verschiedenen Orten ... Deshalb gehen dem Weltende diese Zeichen voraus, damit wir um unsere Seelen besorgt sind, die Stunde des Todes allzeit erwarten und durch gute Werke uns wohl vorbereiten auf das Kommen des Richters."

An den Mailänder Klerus schrieb er:[12] „Sehet, schon erblicken wir, wie alles auf der Welt zugrunde geht, wovon wir aus der Hl. Schrift wissen, daß es zugrunde gehen wird. Die Städte sind verwüstet, die Festungen geschleift, die Kirchen zerstört, niemand findet sich mehr, der das Land bebaut. Selbst gegen uns wenige, die wir übrig geblieben sind, wütet das Schwert der Menschen, abgesehen von den göttlichen Strafgerichten. Wir haben also jene Leiden der Welt vor Augen, von denen wir längst hörten, daß sie kommen würden ... Da also alles zugrunde geht, so müssen wir erkennen, daß nichts geblieben ist, was wir geliebt haben. Sehet darum auf den heranrückenden Tag des ewigen Richters mit achtsamen Herzen und kommet seinen Schrecken durch Buße zuvor. Waschet mit Tränen alle Sündenflecken ab. Besänftigt den Zorn, der mit ewiger Strafe droht, durch zeitige Bußklage. Denn wenn unser gütiger Schöpfer zum Gericht kommt, so wird er mit um so größerer Barmherzigkeit uns trösten, je mehr er bemerkt, daß wir uns selbst wegen unserer Fehler gezüchtigt haben."[13]

Diese bemerkenswerte apokalyptische Vision hatte tiefgründige Folgen für sein Denken. Das nahe bevorstehende Weltende beherrschte sein Denken, und seine Schriften sind von der drängenden Not erfüllt, sich darauf vorbereiten zu müssen. Wie Claude Dagens bemerkt hat: „Es ist nicht nötig, sein Werk nach einer Philosophie der Geschichte, nach einer Theologie der letzten Tage oder nach einer methodischen Darlegung der Lehre von den letzten Dingen zu durchforschen. Da finden ganz einfach seine Überzeugungen hinsichtlich des Weltendes und der Verpflichtungen der Kirche, die auf die Rückkehr Christi und das Kommen seines Königreiches wartet, ihren Ausdruck."[14]

Den Kern von Gregors Denken bildet die *cura animarum,* um die Seelen auf die zweite Ankunft Christi vorzubereiten. Diese Vorbereitung schließt den Aufbau eines seelsorgerisch eingestellten Episkopats ein, der zum Predigen und Lehren ausgebildet ist: Also verfaßte er die *Regula Pastoralis.* Sie umfaßte ein Programm der missionarischen Tätigkeit, um die Heiden und Häretiker rechtzeitig vor dem Weltende zum wahren Glauben zu bekehren. Darum erfolgt die Aussendung der Missionare nach England und nach Sardinien. Die Seelsorge benötigte die klare Darlegung der geeignetsten Lebensweise für einen Christen, um den Stand der Vollkommenheit zu erreichen: Also schrieb er die *Dialoge,* die *Magna Moralia* und die *Homilien.*

Indem wir Gregors missionarische Tätigkeit in den Zusammenhang seines Denkens stellen, können wir ihr eine neue Dimension geben und ein für allemal die Kontroverse über ihren Zweck und Sinn entscheiden. Einige haben die Meinung vertreten, Gregor habe durch die Förderung der englischen Mission versucht, dem „Caesaropapismus" des byzantinischen Reichs zu entkommen und in dem im christlichen Glauben unter dem päpstlichen Rom geeinigten „barbarischen" Westen eine neue Machtbasis zu schaffen. Diese Ansicht ist überhaupt nicht mit seiner eschatologischen Grundeinstellung vereinbar. Sein Ziel war es ganz einfach, so viele Seelen wie möglich vor dem Weltende für Christus zu gewinnen. Darüber hinaus gab es für ihn hinsichtlich einer Machtausbreitung keinen Beweggrund.

„Angesichts des herannahenden Endes der gegenwärtigen Welt", schrieb Gregor, „tröstet der Herr den Kummer der hl. Kirche mit einer großen Seelenernte."[15] Die *Homilien über Ezechiel* stellen eine Wehklage über die Zerstörung Roms dar und zeigen, wie man darauf reagieren soll. Es leuchtet ein, daß für ihn Rom mit der Zivilisation schlechthin identisch und sein Niedergang ein Paradigma des herannahenden Endes der Menschheit war. Seine missionarische Tätigkeit war also die logische Erweiterung seiner Idee eines seelsorgerischen Episkopats. Er stellte sich einen *ordo praedicatorum* als eine Schule von Predigern vor: „Es ist sicher, daß Evangelisten und Lehrer in der Vergangenheit existierten. Aber sie leben auch heute noch mit Gottes Hilfe, denn wir wissen, daß ungläubige Menschen täglich zum Glauben bekehrt und die Gläubigen durch Lehrer im rechten Verhalten unterrichtet werden."[16]

Obwohl er bei den Kirchenvätern sehr bewandert war, zumindest bei denen, die ihm in lateinischer Sprache oder Übersetzung zugänglich waren, rührten seine Ansichten hauptsächlich von seiner persönlichen Erfahrung her: Als Mönch und Mystiker hatte er darüber nachgedacht, wie man am besten zu Gott kommt. Als Prediger und Moralist wollte er möglichst viele Menschen zur christlichen Lebensweise bekehren. Als patriotischer Römer hat er den Niedergang Roms miterlebt und daraus die Konsequenzen gezogen. Für Gregor galt durchaus der Ausspruch: „Lebe gemäß dem, was du lehrst!" Über den hl. Benedikt schrieb er anerkennend: „Dieser heilige Mann konnte nicht anders lehren, als er lebte." Das kann man auch von Gregor selbst sagen.[17]

Das wahre christliche Leben hieß also, Gott suchen. Es fing mit der „Gnade der Bekehrung" an. Das heißt nicht eine Bekehrung vom Heidentum zum Christentum, sondern vielmehr von einem weltlichen zu einem wahrhaft geistlichen Leben. Gregor hatte selbst den schmerzlichen Vorgang erlebt und sprach gewiß aus dieser Erfahrung, als er schrieb: „Es gibt in Wahrheit drei Stufen der Bekehrung: In der Anfangsstufe erleben die Bekehrten die Reize des Angenehmen, in der mittleren die Versuchungskämpfe, doch zum Schluß die Fülle der Vollkommenheit."[18]

War die wahre Bekehrung einmal erlangt, so nahm man als den nächsten Schritt auf dem Weg zu Gott einen Lebensstil der persönlichen und geistigen Demut an. Gregor sagte: „Denjenigen, die in der heiligen Kirche wahrhaft demütig und in der Wahrheit unterrichtet sind, wird bezüglich der himmlischen Geheimnisse beigebracht, sowohl einige Dinge zu verstehen, wenn sie betrachtet werden, als auch einige nicht verstandene Dinge zu verehren, damit sie das, was sie begreifen, verehren und dem, was sie noch nicht begreifen, mit Erwartung und mit Demut entgegensehen."[19]

Das Suchen hört nie auf und macht es notwendig, gewonnenes weltliches Wissen beiseite zu lassen: „Es ist die vollkommene Weisheit, alle Dinge zu wissen und doch in gewisser Weise das eigene Wissen nicht zu wissen. Obwohl wir die Gebote Gottes schon kennen, obwohl wir jetzt mit banger Aufmerksamkeit die Macht seiner Worte abwägen, obwohl wir die Dinge tun, die wir glauben verstanden zu haben, trotzdem wissen wir immer noch nicht, mit welcher Strenge diese Taten nachher geprüft werden. Auch schauen wir noch nicht das Angesicht Gottes und seine verborgenen Gründe." In kürzerer Form bringt er diese Geisteshaltung in seiner Beschreibung des hl. Benedikt zum Ausdruck: „Mit Wissen unwissend und in Weisheit ungelehrt."[20] Dies wiederum stellt Gregors Einstellung weltlichem Wissen gegenüber in die richtige Perspektive. Dieses Wissen ist geringer als die Bibel und die Kirchenväter, doch nicht ohne Wert, wenn es dem Suchen dient. Das geistliche Leben, das ein guter Christ führen sollte, umfaßt gute Werke und Abtötung des Fleisches (Selbstverleugnung, Selbstdisziplin, Askese). Auf dem Gipfel des Baumes der Erkenntnis jedoch steht die Beschauung. Gregor war einer der großen Mystiker des Westens, der ganz davon überzeugt war, daß die Beschauung der beste und reinste Weg zur Erlangung der ewigen Wahrheit sei. Er widmete ihrer Bedeutung eine ganze Predigt, in der er sagt: „Das Beglückende der Beschauung ist ganz großer Liebe würdig, denn sie trägt die Seele über sich hinaus, sie erschließt himmlische Dinge und zeigt, daß irdische Dinge zu verachten sind. Den Augen des Geistes offenbart sie geistliche und verbirgt sie leibliche Dinge."[21]

Dom Cuthbert Butler hat Gregors Auffassung der Mystik zusammengefaßt, wie sie in dessen Schriften erläutert ist: „Sie ist ein Kampf, in dem der Geist sich von den Dingen dieser Welt befreit und seine ganze Aufmerksamkeit auf geistliche Dinge richtet. Dadurch erhebt er sich über sich hinaus, und kraft einer großen Anstrengung steigt er empor zu einer flüchtigen Wahrnehmung des ‚unbegrenzten Lichtes' wie durch einen Spalt. Dann fällt er erschöpft in seinen normalen Zustand zurück, um durch die Übung der Werke des aktiven Lebens seine geistliche Kraft wiederherzustellen, bis er zur rechten Zeit noch einmal seine Kräfte für einen neuen Akt der Beschauung anspannen kann."[22]

Diese Form der Mystik umfaßt weder Visionen noch Offenbarungen, sondern ist einfach der Versuch, den Geist vom Fleisch zu befreien. Ihre

Ergebnisse waren Selbsterkenntnis, Demut und der Sieg über das Fleisch. Ihr Grundprinzip war: „Je mehr heilige Männer in der Beschauung fortschreiten, umso mehr verachten sie das, was sie sind, und erkennen, daß sie nichts oder fast nichts sind.“[23] Diejenigen erlangten geistliche Macht, die durch diese Methoden das wahre christliche Leben gelernt hatten. Das äußere Zeichen dieser geistlichen Macht waren Wundertaten. Die Macht Gottes offenbarte sich durch heilige Männer, um die Bekehrung der Menschen zu fördern. Gregor schrieb seine *Dialoge,* um diesen Weg allgemein bekannt zu machen. Bezeichnenderweise schickte er ein Exemplar der Langobardenkönigin Theodelinda, die als Katholikin die Schismatiker der „Drei Kapitel“ unterstützte.[24] Das ist auch der Grund, warum Gregor sich darüber freute, daß Augustin von Canterbury in England Wunder wirkte als eine wichtige Hilfe bei der Christianisierung des Landes.[25]

Offensichtlich schaffte man am wirksamsten die Voraussetzungen, unter denen dieses wahrhaft geistliche Leben erlangt werden konnte, indem man sich von der Welt in ein Kloster zurückzog. Nachdem er Papst wurde, erklärte Gregor, daß er in seinem Kloster seinen Geist durch Gebet dauernd angespannt halten konnte.[26] Im Vorwort zu den *Dialogen* hat er sich hierüber ausführlich ausgelassen: „Meine arme, von der Arbeitslast verwundete Seele denkt zurück, wie glücklich sie einst im Kloster war, wie alles Hinfällige weit unter ihr lag, wie sie alles Wandelbare hoch überragte, und wie sie, wenngleich im Körper zurückgehalten, dennoch die Grenzen des Fleisches in der Betrachtung überschritt.“[27]

Doch trotz dieser großen Liebe zum mönchischen Leben wurde Gregor davon abgezogen und als Papst in ein öffentliches Leben mit sehr vielfältigen Bindungen versetzt. Dies schuf eine tiefe Spannung in ihm, welche die Diskrepanz gegensätzlicher Gefühle neu aufleben ließ, die er erlebt hatte, als er zum erstenmal daran dachte, die Welt zu verlassen. Es ist bezeichnend für ihn, daß er versuchte, dieser Spannung durch seine Schriften Ausdruck zu verleihen und sie damit zu überwinden.

Er bestimmte die beiden Lebenswege als *vita activa* und *vita contemplativa* und beschrieb sie ausführlich:[28] „Es gibt zwei Lebensweisen, in denen der allmächtige Gott durch sein heiliges Wort die Menschen unterrichtet: das aktive Leben und das beschauliche Leben. Das aktive Leben besteht darin: den Hungernden Brot schenken, den Unwissenden das Wort der Weisheit beibringen, die Abirrenden korrigieren, den hochmütigen Nachbarn auf den Weg der Demut zurückrufen, die Kranken betreuen, jedem nach seinem Bedürfnis geben, den uns Anvertrauten den Lebensunterhalt verschaffen. Das beschauliche Leben jedoch besagt: die Liebe zu Gott und zum Nächsten mit ganzer Seele festhalten, von äußerer Aktivität ausruhen und einzig dem Verlangen nach dem Schöpfer anhängen, so daß der Geist nun nichts mehr tun mag, sondern nach

Überwindung aller Sorgen glühend danach verlangt, das Angesicht des Schöpfers zu schauen. So ist er schon imstande, die Last des vergänglichen Fleisches leidend zu ertragen und mit ganzem Verlangen danach zu trachten, sich mit den Hymnen singenden Chören der Engel zu vereinigen, sich unter die Himmelsbewohner zu begeben und sich seiner Unvergänglichkeit vor Gottes Angesicht zu freuen.“

Die *Regula Pastoralis* befaßte sich großenteils mit der Beschreibung, wie die beiden Lebensweisen miteinander in Einklang zu bringen sind. Am Ende kommt Gregor zum Ergebnis: Während das beschauliche Leben das begehrenswertere von beiden ist, ist das aktive Leben unumgänglich, ja sogar notwendig, um den Menschen zu dienen. Christus hatte beides in sich verkörpert. Die Teilnahme am aktiven Leben entgegen dem inneren Verlangen nach dem idealen und vollkommenen beschaulichen Leben war für ihn tatsächlich eine notwendige Unterwerfung des eigenen Ich, ein Beweis fundamentaler Demut. Es könnte niemand ein besseres Beispiel der beiden Lebensweisen als Gregor selbst geben. Doch er wäre nicht menschlich gewesen, hätte er nicht von Zeit zu Zeit die Tatsache beklagt, daß das aktive Leben so viel von seiner Zeit auf Kosten des beschaulichen Lebens in Anspruch nahm.

Geistlich betrachtet war das Weltende ein mächtiger Ansporn dafür, um das christliche Leben zu lehren, zu predigen und zu leben, ob es das rein beschauliche und ideale war oder die manchmal notwendige Mischung aus dem aktiven und dem beschaulichen Leben. Doch das Weltende beeinflußte auch sein soziales Denken. Es überrascht nicht, daß in Gregors Vorstellung von Gesellschaft die Ideen der Demokratie und der Gleichheit überhaupt nicht vorkommen. Er war tief in den paulinischen Geboten bezüglich der Annahme der weltlichen Gesellschaftsstruktur und der Autorität der weltlichen Herrscher verwurzelt. Hier haben sich *Romanitas* und *Christianitas* wieder gegenseitig gestärkt. Beispiele dafür geben uns Gregors Anweisungen an die Bischöfe bezüglich der Belehrung von Sklaven und Herren:[29]

„Sklaven muß man in der einen Weise, Herren in der anderen Weise ermahnen: die Sklaven so, daß sie zu jeder Zeit die Niedrigkeit ihres Standes beachten; die Herren jedoch derart, daß sie die eigene Natur nicht außer acht lassen, in der sie den Sklaven gleich geschaffen sind. Die Sklaven sollen ermahnt werden, ihre Herren nicht zu verachten, da sie Gott beleidigen, wenn sie durch anmaßendes Verhalten gegen seine Ordnung verstoßen. Die Herren sind ebenfalls zu ermahnen, sich nicht hochmütig in Anbetracht der Gabe Gottes zu verhalten; sie sollen nämlich anerkennen, daß diejenigen, die sie sich aufgrund deren Standes unterworfen halten, wegen der gemeinsamen Natur dennoch ihresgleichen sind. Die Sklaven sind zu ermahnen, sich als die Diener der Herren zu betrachten. Die Herren sind zu ermahnen, anzuerkennen, daß sie Mitdiener unter Dienern sind.“

Damit ist alles schon gesagt. Jeder in der Gesellschaft soll auf die ihm angemessene Demut achten: Sklaven sollen nicht vergessen, daß sie Diener ihrer Herren sind. Herren sollen nicht außer acht lassen, daß sie Diener Gottes sind. Alle Menschen sind ihrer Natur nach gleich. In der Gesellschaft jedoch gehören sie verschiedenen Ständen an, die beachtet werden sollen, da sie von Gott gutgeheißen worden sind: „Die Natur gebiert alle Menschen gleich, doch aufgrund ihrer unterschiedlichen Werte stuft eine geheimnisvolle Fügung die einen niedriger ein als die anderen. Diese Verschiedenheit der Stände, die eine Folge der Sünde ist, ist durch den Ratschluß Gottes richtig bestimmt. Da nun jeder Mensch nicht in gleicher Weise durch das Leben geht, soll der eine über den anderen herrschen."[30] Im Leben der Laien wie im Leben der Kirche gibt es also eine Hierarchie. Doch über beiden steht Gott.

Gregor selbst war sehr froh, wenn er Sklaven befreien konnte, besonders wenn sie in den geistlichen Beruf eintreten wollten. Sein Freilassungsbrief enthält die hochtönende Erklärung: „Es ist eine heilsame Tat, wenn denjenigen, welche die Natur ursprünglich frei geschaffen hat, die aber vom Recht der Völker dem Joch der Sklaverei unterworfen wurden, durch die Gabe der Freilassung die Freiheit zurückgegeben wird, in der sie geboren wurden."[31] Dies war jedoch kein allgemeiner Grundsatz. Die Freiheit mag wohl eine Tatsache der Natur gewesen sein, aber die Sklaverei war eine Tatsache des sozialen Lebens. Sowohl das Kirchenrecht wie auch das Zivilrecht haben es Sklaven verboten, ohne die Erlaubnis ihrer Herren die Priesterweihe zu empfangen oder in ein Kloster einzutreten. Die römische Kirche und die Klöster unterhielten große Belegschaften an Sklaven. Die römische Kirche kaufte Sklaven und der Papst schenkte regelmäßig seinen Freunden Sklaven.[32] Der Papst befahl auch durchwegs, daß entlaufene Sklaven ihren Herren wieder übergeben werden.[33] Zu einer Zeit der gesellschaftlichen Unruhe war es unentbehrlich, die allgemein geltende Gesellschaftsstruktur aufrechtzuerhalten, damit ihr Zusammenbruch nicht ins Chaos führte. Die Aufrechterhaltung der Sklaverei, meinte Gregor, sollte jedoch durch Demut und christliche Nächstenliebe gemäßigt werden.

Wie das Klassensystem so war ebenso das Königtum Gottes Wille. Weltlichen Herrschern sollte man gehorchen, selbst wenn sie böse Menschen waren: „Denn die Taten der Vorgesetzten sollen nicht kritisiert werden, auch wenn sie mit Recht als tadelnswert erachtet werden ... Denn wenn wir uns gegen diejenigen vergehen, die über uns gesetzt sind, verstoßen wir gegen die Ordnung dessen, der sie über uns gesetzt hat."[34] Dafür gab es gute moralische Gründe: „Niemand, der einen solchen Herrscher erduldet, soll den tadeln, den er erduldet. Denn daß er der Macht des bösen Herrschers untertan ist, das hat er zweifellos selbst verdient. Er soll also eher die eigene Übeltat als die Ungerechtigkeit des Herrschers tadeln."[35] Gregor sagte weiter, daß gute Herrscher böse werden könnten, um ihre Untertanen wegen deren Sünden im Namen Gottes zu strafen: „Selbst wenn das Verhalten von Herrschern mit Recht getadelt wird, sind Untertanen dennoch verpflichtet, sie zu achten, auch dann, wenn sie ihnen mißfallen.“[36]

Es gab eine praktische wie eine theoretische Rechtfertigung für Gregors Bestätigung der weltlichen Hierarchie. Bei der Durchführung seiner Geschäfte vertraute er sehr auf gute Beziehungen zu Staatsbeamten, Adeligen und militärischen Befehlshabern. Er ließ es sich angelegen sein, seine Rektoren den maßgebenden örtlichen Stellen zu empfehlen, seien es byzantinische Gouverneure in Afrika und Dalmatien oder fränkische Könige und Königinnen in Gallien. Er gab an Peter, dem Rektor von Sizilien, genaue Anweisungen, wie er sich gegenüber dem sizilianischen Prätor verhalten sollte. Diese Anweisungen geben wahrscheinlich Gregors allgemeine Auffassung über die Beziehungen zwischen kirchlichen und weltlichen Beamten wieder: „Ich wünsche, daß der Adel und der ruhmreiche Prätor Dich wegen Deiner Demut lieb gewinnen, und nicht wegen Deines Stolzes verabscheuen. Und doch, wenn Du sie etwa gegen Arme eine Ungerechtigkeit verüben siehst, so erhebe Dich alsbald über Deine Demut. Du sollst ihnen unterwürfig sein, solange sie recht handeln, aber Du sollst ihr Gegner sein, wenn sie Böses tun.“[37] In der subtilen Mischung aus persönlicher Demut, Ehrerbietung gegen die Obrigkeit und Kirchenpflicht zeigt sich hier eine für Gregor bezeichnende Weisung. Doch Gregor war keineswegs blind gegenüber dem Lauf der Welt. So hat er ebenfalls seinen Rektor angewiesen, den Listenführern des Heeres *(scribones)* und den Beamten des Prätors kleine Geldgeschenke zu machen, um sie gegenüber päpstlichen Landgütern und Angestellten wohlwollend zu stimmen.[38]

So wie er die Aufrechterhaltung der weltlichen Hierarchie unterstützte, aus denselben Gründen und mit denselben Mitteln glaubte Gregor auch, die kirchliche Hierarchie erhalten zu müssen. Als Julian der *Scribo* bei ihm für den exkommunizierten Erzbischof Maximus von Salona Fürsprache einlegte, antwortete er:[39]

„Wird in weltlichen Ämtern die von unseren Ahnen überlieferte Ordnung und Disziplin beobachtet, wer kann es dann dulden, daß die kirchliche Ordnung durch dreiste Anmaßung zerstört wird? Oder wer kann solchen Berichten keine Beachtung schenken und durch ungehörige Entschuldigung ihre Besserung hinausschieben wollen? . . . Denn wenn wir, was Gott verhüte, kirchliche Sorge und Macht vernachlässigen, dann zerstört Trägheit die Disziplin, und den Seelen der Gläubigen wird Schaden zugefügt, wenn sie solche ihnen von ihren Hirten gegebene Beispiele vor Augen haben.“

Dies bringt uns zu der viel diskutierten Frage des päpstlichen Primats. Obwohl dessen Durchsetzung durch Gregor noch später eingehend untersucht wird, ist es notwendig, ihn bereits hier in den Zusammenhang seines Denkens zu stellen. Der höchste kirchliche Rang war der eines Patriarchen. In der christlichen Kirche gab es fünf Patriarchate: Konstantinopel, Antiochia, Alexandrien, Jerusalem und Rom. Schon früh wurde Rom ein Primat des Alters zuerkannt. Der päpstliche Primat wurde anfangs auf der Tatsache begründet, daß das Papsttum seinen Sitz in der Hauptstadt des römischen Reichs hatte, gemäß dem Organisationsgrundsatz der christlichen Kirche, wonach der weltliche Status auch den kirchlichen Status bestimmt. Aber diese Begründung für den päpstlichen Primat wurde geschwächt, als die Reichshauptstadt im Westen zunächst nach Mailand und dann nach Ravenna verlegt wurde. Der Primat Roms wurde noch fraglicher, als das Westreich zu existieren aufhörte und Konstantinopel die einzige und unbestrittene Reichshauptstadt wurde. Um die Fortsetzung des Primats für Rom zu rechtfertigen, wurde das Papsttum gezwungen, eine alternative Grundlage dafür zu entwickeln. Diese neue Grundlage, die im vierten und fünften Jahrhundert deutlich zum Ausdruck gebracht wurde, unterstrich die petrinische und apostolische Basis, die hohe Stellung des hl. Petrus als des Fürsten der Apostel, dem die Schlüssel des Himmelreichs übergeben wurden, die Texte des Evangeliums, in denen Christus die Kirche in seine Obhut stellte.[40]

Von dieser Zeit an wurde der Kult des hl. Petrus emsig vorangetrieben. Schon zur Zeit Gregors sagten die Leute, sie wollten „Petrus besuchen", und meinten damit, daß sie nach Rom wollten. Der Vorrang des Petrus und im Zusammenhang damit das von ihm begründete Papsttum wurden hervorgehoben in der Liturgie, durch Pilgerfahrten zu seiner Grabstätte, die durch aufeinanderfolgende Päpste verschönert wurde, in der ehrfurchtsvollen Feier seines Festes, in dem von den Päpsten an ihn gerichteten Bittgebet um seinen Schutz für Rom gegen Goten und Langobarden, in der besonderen Wirksamkeit seiner Reliquien. Belege dafür kann man in verschiedenen Quellen finden, etwa in den Gebeten im *Sakramentarium* Leos des Großen, in den Inschriften im Vatikan und in Arators Epos *De Actibus Apostolorum,* in dem Petrus der unbestrittene Heros ist. Dieses Epos wurde den Gläubigen in der Kirche St. Petrus ad Vincula feierlich vorgetragen.[41]

Dies brachte es unweigerlich mit sich, daß Rom mit Konstantinopel, dem nun nach der alten Ordnung der Primat zugestanden hätte, in Widerstreit geriet. Das Konzil von Chalcedon verfügte, daß Konstantinopel als das neue Rom Statusgleichheit mit dem alten Rom genießen sollte – ein Kanon, der durch Papst Leo den Großen verworfen wurde. Justinian entschied den Streit jedoch, indem er verfügte, daß Konstantinopel der zweite Platz in der kirchlichen Hierarchie nach Rom gebühre. In der Tat hat Konstantinopel nie eine höhere Stellung als Rom erstrebt. Das Petrusamt und die Apostolizität als Grundlage des Primats von Rom wurden bald durch die Ostkirche und den Kaiser anerkannt. Aber die Anerkennung des Primats von Rom als Akt der Ehrerbietung ist eine Sache, seine praktischen Implikationen sind jedoch eine ganz andere Sache.

Was hat der Primat für praktische Auswirkungen? Erstens, Rom betrachtet den Primat als Mittel zur Verteidigung des Glaubens, wie er durch das Konzil von Chalcedon auf der Grundlage des *Tomus* von Papst Leo definiert wurde. Das Papsttum widersetzte sich ganz entschieden allen Versuchen, an der Entscheidung von Chalcedon zu rütteln. Einmal hat es deshalb die Beziehungen zu der Kirche von Konstantinopel fünfunddreißig Jahre lang unterbrochen (das Akazianische Schisma), als seine Entscheidung nicht akzeptiert wurde. Diese Auffassung des Papsttums wurde von Gregor geteilt. Seine Begründung für die Notwendigkeit eines apostolischen Vikars als Haupt der Hierarchie Galliens kann ebenso gut auf ihn selbst angewandt werden: „Damit die Reinheit des katholischen Glaubens, d. h. des Glaubens der vier heiligen Synoden, unter Gottes Schutz mit größter Gewissenhaftigkeit bewahrt wird. Und wenn sich unter Unseren Brüdern und Mitbischöfen ein Streit erhebt, so soll er durch Unseren Stellvertreter kraft seiner Gewalt mit weiser Mäßigung geschlichtet werden."[42]

Zweitens versuchte Rom die Annahme des Grundsatzes der endgültigen päpstlichen Gerichtsbarkeit in kirchlichen Fragen zu erwirken. Das Konzil von Sardica verfügte im Jahr 343, daß Rom eine Berufungsgerichtsbarkeit genießen sollte. Im Westreich stand die Aussicht für die Annahme dieses Grundrechtes günstig, denn Rom war das einzige westliche Patriarchat und seine Ansprüche fanden die Unterstützung aufeinanderfolgender weströmischer Kaiser, die ihren Höhepunkt im Erlaß des Kaisers Valentinian III. (445) fand. Dieser erklärte, daß „nichts gegen die römische Kirche bzw. ohne ihre Autorität getan werden darf".

Immer wieder unterstrichen die Päpste ihre Rechte der Gerichtsbarkeit im Westen. Papst Innozenz I. (401–417) erklärte, daß die Autorität Roms vorherrschen müsse, da „offensichtlich in ganz Italien, in Gallien, Spanien, Afrika und Sizilien und auf den Inseln dazwischen niemand sonst Kirchen gegründet hat, außer diejenigen, die der ehrwürdige Petrus oder seine Nachfolger als Bischöfe eingesetzt haben".[43] Um diese Autorität wirksam zu machen, richtete der Papst Vikariate bei den Metropolitansitzen von Gallien, Spanien und Illyricum ein. Historisch betrachtet scheint also die Anerkennung des Primats von Rom im Westreich gesichert, weil kein anderes Bistum seinen Patriarchenstatus bestreiten konnte. Aber das Römische Reich im Westen brach zusammen. Die Königreiche der „Barbaren", die es ersetzten, bekannten sich ihrerseits zum arianischen Glauben und kümmerten sich nicht um die Rechte der katholischen Hierarchie. Einige dieser Könige verfolgten sogar die Katholiken. Kaiser Justinian hat die Reichsherrschaft in Afrika, in Italien und in einem Teil von Spanien wiederhergestellt. In Gallien und später in Spanien haben die „Barbaren"-Könige dem Arianismus abgeschworen und sich zum katholischen Glauben bekehrt.

Wie verhielt es sich nun in dieser Situation mit dem Primat des Papstes? Die Belege deuten darauf hin, daß die „Barbaren"-Herrscher und die katholischen Hierarchien ihrer Reiche Rom eine vorsichtige Ehrerbietung entgegenbrachten. Doch das war nicht viel mehr als ein Lippendienst. Denn es muß der Verdacht bestanden haben, daß die römische Kirche, die doch in der Reichsprovinz von Italien lag, bei ihrem Umgang mit den „Barbaren"-Reichen politisch nicht unparteiisch war.

Im sechsten Jahrhundert gibt es nur einen bekannten Fall, wo eine Berufung aus dem Merowingischen Gallien in Rom eingelegt wurde. Das hat sich in der Amtszeit von Papst Johannes III. ereignet. Das Ergebnis kann kaum jemandem in Gallien Vertrauen in die Wirksamkeit des Systems gegeben haben. Zwei Brüder, Salonius und Sagittarius, wurden Bischof von Embrun bzw. Bischof von Gap. Gregor von Tours berichtet: „Als sie jedoch das Bistum erlangt hatten und nun ihrem eigenen Willen folgen durften, fingen sie an, mit Raub, Blutvergießen, Mord, Unzucht und anderen Verbrechen wie wahnsinnig zu wüten." Die Folge war, daß sie durch ein Bischofskonzil abgesetzt wurden. Aber sie baten König Guntram von Burgund um die Erlaubnis, in Rom Berufung einzulegen. Guntram war ihnen geneigt und gewährte ihre Bitte. Sie kamen vor den Papst Johannes III. und behaupteten, sie seien zu Unrecht abgesetzt worden. Johannes aber befahl, sie in ihre Stellen wieder einzusetzen. Dieser Befehl wurde von König Guntram ohne Verzug ausgeführt.[44]

Papst Pelagius II. unterstrich den Primat, als er bei Bischof Aunacharius von Auxerre Hilfe für das belagerte Rom suchte: „Es hätte sich eher geziemt, wenn Ihr anderen Glieder der katholischen Kirche, in dem einen Leib unter der Führung des einen Hauptes zusammengebunden, mit Eurer ganzen Kraft herbeigeeilt wäret, um unseren Frieden und unsere Verpflichtung in der Einheit des Hl. Geistes zu stützen."[45] Doch es war vergebens. Realistisch setzte sich Gregor sehr begrenzte Ziele, die sich gänzlich innerhalb der Grenzen der Tradition befanden: die Bekehrung der Heiden und der Häretiker, die Ausrottung von kirchlichen Mißständen, besonders der Simonie, die Aufrechterhaltung der Berufungsgerichtsbarkeit von Rom innerhalb der Reichsprovinzen. Es ist aber interessant festzustellen, als Gregor je eine Abschrift des Reichsgesetzes über eine Begrenzung des Klostereintritts an die Metropoliten seines Bereichs sandte, erging diese nur an die Bischöfe in Italien, Sizilien, Sardinien, Griechenland und auf dem Balkan, nicht aber nach Afrika. Das deutet darauf hin, daß sein Einfluß selbst innerhalb des Reichs minimal war.[46]

Gregors Verhalten gegen andere Kirchen sowohl im Osten als auch im Westen ist vielleicht in seinem Brief an Erzbischof Dominikus von Karthago am besten zusammengefaßt:[47] „Wie wir unsere eigenen Rechte verteidigen, so halten wir auch die Rechte aller Einzelkirchen aufrecht. Ich gebe keinem aus Begünstigung mehr, als ihm gebührt, und mache keinem aus ehrsüchtigem

Antrieb streitig, was ihm von Rechts wegen zukommt. Ich verlange danach, meine Brüder in allem zu ehren. So suche ich jeden mit Ehren zu überhäufen, soweit ihm nicht das Recht eines anderen im Wege steht."

Wo sie mit der Ostkirche zu tun hatten, haben die Päpste oft die Autorität der Gerichtsbarkeit Roms unterstrichen; zum Teil, so vermute ich, um die Ostkirche daran zu erinnern, nicht nach Überlegenheit zu streben. Papst Gelasius zum Beispiel erklärt unzweideutig: „Die Stimme Christi, die Überlieferungen der Väter und die Autorität der Canones bestätigen, daß Rom immer über die Gesamtkirche urteilen darf."[48] Ob dieses Recht der Gerichtsbarkeit jedoch wahrgenommen wurde oder nicht, hing anscheinend von der Person und von den Umständen ab. Seine Wahrnehmung war gewißt selten und im allgemeinen geschah das nur, wenn angeklagte Kleriker sich als den letzten Ausweg an Rom wandten.[49]

Was Gregors Auffassung vom Papsttum betrifft, gibt es keinen Zweifel, daß er den Primat im selben Sinn und im selben Umfang beanspruchte wie seine Vorgänger. Als er im Jahr 595 an Kaiser Mauritius schrieb, erläuterte er ihn in aller Klarheit und getreu der Lehre:[50] „Wer immer das Evangelium kennt, dem ist es klar, daß durch das Wort des Herrn dem heiligen Apostel Petrus, dem Fürsten aller Apostel, die Sorge für die ganze Kirche übertragen worden ist. Siehe, er empfängt die Schlüssel des Himmelreichs, ihm wird die Binde- und Lösegewalt übertragen, die Sorge für die ganze Kirche und das Vorsteheramt über sie werden ihm anvertraut."

In seinen Briefen werden die apostolische Grundlage und der petrinische Auftrag des Papsttums wiederholt unterstrichen, der Primat wird immer wieder klar dargelegt: „Es ist sicher, daß der apostolische Stuhl kraft göttlicher Anordnung den Vorrang vor allen übrigen Kirchen besitzt." „Wer kann bezweifeln, daß die Kirche von Konstantinopel dem apostolischen Stuhl untertan ist..."[51]

Gregors Worte und Taten haben Anlaß zu zwei entgegengesetzten Auslegungen seiner Weltanschauung gegeben, die beide untersucht werden müssen. Die erste ist die, daß Gregor die Idee einer päpstlichen Monarchie förderte, insbesondere dort, wo er es mit dem Westen zu tun hatte.[52] Das wäre jedoch überhaupt nicht mit dem zu vereinbaren, woran Gregor glaubte. Wenn Gregor den Ausdruck *principatus* gebraucht, um den Primat zu beschreiben, dann darf man daraus nicht ableiten, er habe als Papst die Rolle eines Fürsten beansprucht. Es unterstrich vielmehr die Rolle des Petrus als des Hauptapostels. Gregor nennt Petrus regelmäßig als *„Princeps Apostolorum"*; er ist der erste, der seit Leo dem Großen dies durchwegs tat. Es war der *principatus* des Petrus, der die Grundlage für den päpstlichen Primat schuf.

Für Gregor waren beide Ausdrücke untereinander austauschbar.[53] Er hat sich jedoch sehr bemüht, die Demut sowohl des Petrus als auch seiner

Nachfolger, der Päpste, zu unterstreichen: „Derjenige, der in der Macht des Apostolats der erste war, war auch in der Demut der erste“, sagte Gregor.[54] Dieser Grundsatz der Demut beherrschte seine Beziehungen zu Königen und Bischöfen, so wie er auch seine persönliche Lebensphilosophie bestimmte. „Wenn nicht die Gerichtsbarkeit eines jeden Bischofs gewahrt bleibt, wird die Folge sein, daß die kirchliche Ordnung durch diejenigen zerstört wird, die sie aufrechterhalten sollten“ ... „Ich suche keine Ehre, die die Ehre meiner Brüder schmälern könnte“ ... „Wenn ein Bischof sagt, daß er dem apostolischen Stuhl untertan ist, so weiß ich von keinem, der ihm nicht untertan wäre, wenn er sich schuldig gemacht hat. Aber wo keine Schuld diese Unterwerfung verlangt, sind alle durch das Gesetz der Demut gleich“... „Es sei fern von mir, gegen die Anordnungen meiner Vorgänger für meine Mitbischöfe in den Einzelkirchen zu verstoßen. Denn ich würde Unrecht tun, wenn ich die Rechte meiner Brüder verletzen wollte“.[55] Es sei vielmehr durch Demut als durch Herrschen möglich, die Einheit der Universalkirche zu erhalten, meint Gregor.[56]

Die andere Auffassung ist die, daß es Gregor weder im Osten noch im Westen gelungen sei, die Anerkennung des Primats durchzusetzen (eine sehr fragliche Behauptung). Infolgedessen habe er den Plan gefaßt, das Prinzip der Herrschaft durch das Prinzip der Demut in der kirchlichen Organisation zu ersetzen.[57] Diese Auffassung wird mit der ständigen Betonung der Demut und mit dem Argument für einen dreigeteilten Primat belegt, das Gregor in seinem Briefwechsel mit den Patriarchen von Antiochia und Alexandrien anscheinend vorbrachte.

Während der Kontroverse bezüglich des Titels „Ökumenischer Patriarch“ schrieb Gregor an Anastasius von Antiochia und Eulogius von Alexandrien. Er argumentierte so: Da Antiochia durch den hl. Petrus und Alexandrien durch einen Jünger von Petrus gegründet wurde, hätten beide Diözesen am Petrusamt und an der römischen Apostolizität teil: „Da es also nur der eine Stuhl ist, auf dem sich jetzt nach göttlicher Anordnung drei Bischöfe befinden.“[58] Dies ist kein wesentlich neues Prinzip, denn nachdem Gregor die Erklärung bezüglich des dreiteiligen Petrusamtes machte, schränkte er sie sofort klug ein, indem er innerhalb des Petrusamtes eine Hierarchie schuf. Er sagte, Petrus habe Alexandrien „geziert“ *(decoravit),* indem er seinen Schüler Markus dort als Bischof einsetzte. Antiochia habe er „gestärkt“ *(firmavit),* indem er selbst diesen Stuhl sieben Jahre lang innehatte. Rom aber habe er „erhöht“ *(sublimavit),* weil er dort seine späteren Tage verbrachte und auch gestorben sei.[59] Die klare stillschweigende Folgerung ist die, daß Rom auch im Petrusamt den Vorrang behält.

Im umfangreichen Korpus der Schriften Gregors wird diese Idee nirgendwo sonst erwähnt. Sie wird mehr als aufgewogen durch seine häufigen Behauptungen bezüglich des römischen Primats. Dagegen spricht auch sein heftiger

Angriff auf den Titel „Ökumenischer Patriarch", den er offensichtlich als einen Angriff auf den Primat Roms betrachtete. Dagegen spricht auch, daß er die Berufung zweier Priester der Ostkirche, Johannes und Athanasius, mit Erfolg nach Rom gezogen hat. Das ist ein deutlicher Erweis für die Berufungsgerichtsbarkeit Roms. Die Idee des dreiteiligen Petrusamtes kann man also nur als taktischen Zug in der Kontroverse um den Titel „Ökumenischer Patriarch" betrachten, um dadurch die Unterstützung der anderen Patriarchen des Ostens zu gewinnen, indem ihnen zu verstehen gegeben wird, daß sie ähnlich wie Rom in Wirklichkeit Konstantinopel überlegen seien und daß der Titel des Patriarchen Johannes für sie ebenso wie für Rom eine Beleidigung bedeute.

Es gibt auch klare Aussagen in Gregors Schriften, die der Idee widersprechen, daß die Demut die Hierarchie ersetzen sollte. Im Jahr 595 ernannte Gregor Virgilius, den Erzbischof von Arles, zum päpstlichen Vikar in Gallien. In einem Brief an ihn rechtfertigte er den ihm übertragenen hierarchischen Vorrang:[60] „Dazu hat die göttliche Vorsehung verschiedene Stände und Rangstufen eingesetzt, damit sich durch die von den Niederen den Höheren erwiesene Ehrfurcht und durch die von den Höheren den Niederen zugewendete Liebe die Verschiedenheit zu einem Gewebe der Eintracht umgestalte und so die Verwaltung der einzelnen Ämter am besten möglich werde. Denn die Gesamtheit könnte sonst auf keine Weise bestehen, würde sie nicht durch die Hierarchie in der Verschiedenheit zusammengehalten. Daß aber die Geschöpfe nicht in vollständiger Gleichheit leben und regiert werden können, das lehrt uns das Beispiel der himmlischen Heerscharen. Denn da es Engel und Erzengel gibt, so sind sie offenbar nicht gleich, sondern, wie Ihr wißt, unterscheidet sich der eine vom anderen nach Macht und Rang. Wenn sich also selbst unter denen, die ohne Sünde sind, offenbar jene Verschiedenheit zeigt, welcher Mensch sollte sich dann nicht gerne dieser Ordnung unterwerfen, der auch die Engel, wie man weiß, unterstellt sind."

Daraus geht eindeutig hervor, daß Gregor im Bereich der Hierarchie und der Gerichtsbarkeit nicht so sehr an die Demut *per se* glaubte, als vielmehr an die Demut in der Ausübung der durch die Bibel, die Canones der Konzilien oder der kirchlichen Überlieferung übertragenen Macht. Er war auch bereit, die Demut preiszugeben, wenn die fundamentalen Überlieferungen bzw. Glaubenssätze in Frage gestellt wurden.

Obwohl die Päpste die höchste Spitze der katholischen Kirche waren, waren sie auch Staatsbürger des römischen Reiches. Dies brachte sie dauernd in Verlegenheit, wie in ihrer Lage die *Christianitas* und die *Romanitas* miteinander in Eintracht zu bringen seien. Dieses Dilemma wurde erst mit dem Fall des Exarchen von Ravenna im Jahr 751 gelöst. Denn die herrschende Auffassung von der Gesellschaft war die von zwei gleich wichtigen Körperschaften: dem Römischen Reich und der christlichen Kirche. Beide waren von göttlicher

Fügung, doch mit wesentlich verschiedenen, wenn auch sich ergänzenden Aufgabenbereichen. Das christlich-römische Reich, die *Sancta Respublica*, stellte eine Fusion von zwei Elementen dar, die sich im Falle der Eintracht stärkten und vereinten, die aber im Falle der Zwietracht beim Papsttum eine Identitätskrise hervorriefen.

Unter Konstantin wurde die Rolle des Kaisers in der Kirche festgelegt. Nach der christlich-römischen Theorie des Königtums war der Kaiser für das Wohl seiner Untertanen – einschließlich ihres geistlichen Wohls – vor Gott verantwortlich. Damit war es seine Pflicht, die Einheit des wahren Glaubens zu wahren. Aber es war nicht Aufgabe des Kaisers, die Lehre zu definieren, wie Konstantin selbst zugab, als er dem Konzil von Nicäa (325) sagte:

„Ihr seid Bischöfe (Aufseher) für alle inneren Angelegenheiten der Kirche, ich bin Bischof für alle äußeren Angelegenheiten der Kirche." Die Kirche, deren Amtsträger ihre Macht ebenfalls von Gott erhielten, entschied über die Lehre, und der Kaiser setzte sie dann durch. Der konkrete Ausdruck dieser Übereinkunft waren die ökumenischen Konzilien der Kirche, die vom Kaiser einberufen wurden und bei denen er den Vorsitz führte, die jedoch selbst über die Lehre entschieden. Die Rolle des Kaisers war es, diese Lehrentscheidung durchzusetzen, die Häresie auszurotten und die kirchliche Disziplin aufrechtzuerhalten. Es wurde schon darauf hingewiesen, daß der Kaiser den Primat Roms innerhalb der kirchlichen Hierarchie anerkannte. Aber es stimmt ebenfalls, daß in jeder anderen Sache, außer der Lehre, die Kirche mit ihren Päpsten und Patriarchen dem Römischen Reich untertan war. Eintracht und Zusammenarbeit waren die Grundgedanken idealer Beziehung zwischen der christlichen Kirche und dem christlichen Kaiser.[61] So lange der Papst und der Kaiser sich damit zufrieden gaben, eine Arbeitsteilung aufrechtzuerhalten, war die Beziehung fruchtbar. Während des fünften und sechsten Jahrhunderts jedoch suchten aufeinanderfolgende Kaiser einen radikal neuen Weg einzuschlagen: die Änderung der Lehre durch kaiserlichen Erlaß, ohne sich dafür an die Konzilien der Kirche zu wenden. Es war eine Politik, die später eine schwere Krise in den Beziehungen zwischen Papst und Kaiser hervorrufen wird.

Papst Gelasius hat das päpstliche Dilemma genau zusammengefaßt, als er sagte: „Als geborener Römer liebe, ehre und verehre ich den römischen Kaiser. Und als Christ wünsche ich, daß derjenige, der nach Gott verlangt, dabei von der Kenntnis der Wahrheit begleitet sei."[62] Das ist eine Definition, die Gregor gutgeheißen hätte. Es gab Zeiten, wo das Papsttum die beiden Elemente unmöglich miteinander in Einklang zu bringen vermochte! Aber das war nicht seine Schuld. Nie war es der Papst, immer der Kaiser, der das Verhältnis trübte, als er anfing, etwas an dem Übereinkommen von Nicäa zu ändern. Rom reagierte jedesmal, nicht indem es versuchte, die Beziehungen zwischen Kirche und Reich neu zu definieren, sondern indem es die Rückkehr zu der früher getroffenen Vereinbarung forderte und das Wesentliche des Abkommens von Nizäa unterstrich.[63] In Gregors Amtszeit hat der Kaiser keinen Versuch gemacht, das traditionelle Verhältnis zu ändern, und im Osten gab es keine Häresie zu bekämpfen. Trotzdem kam es gelegentlich vor, daß Gregors *Romanitas* und seine *Christianitas* zueinander in Widerspruch standen. Als guter Römer und als guter Christ jedoch hat er sich immer um den Ausgleich bemüht.

Seine Grundauffassung über weltliche Herrscher findet ihren Ausdruck in der oft zitierten Stelle in der *Regula Pastoralis,* wo er ganz deutlich erklärt, daß man dem weltlichen Herrscher, und sei er ein noch so schlechter Mensch, gehorchen muß.[64] Wer nicht gehorcht, der beleidigt Gott und stört die von Gott verfügte Ordnung auf Erden. Das war eine Auffassung, die dem Denken von Paulus und Augustinus genau entsprach und die mit Gregors eigener hierarchischen Überzeugung übereinstimmte. Daß Gregor sich als Untertan des Reiches betrachtete, geht ganz eindeutig aus seiner Treueerklärung an den Kaiser hervor:[65]

„Vor dem allmächtigen Gott wird schuldig, wer in all seinem Tun und Reden gegen die erhabensten Kaiser nicht aufrichtig ist. Was nun mich betrifft, den unwürdigen Diener Eurer Frömmigkeit, so nehme ich bei dieser Vorstellung weder als Bischof noch als Untertan kraft der Staatsgesetze das Wort, sondern mit dem Recht, das mir als Privatperson zukommt, weil Du, erhabenster Kaiser, schon damals mein Herr gewesen bist, als Du noch nicht der Herr aller warst ... Was bin ich, der ich so zu meinem Herrn rede, anderes, als Staub und Asche?"

Gregor hielt sich im einzelnen an das Konstantinische Abkommen und gab zu, daß es die Pflicht des weltlichen Herrschers sei, die Kirche zu schützen und die Einheit des Glaubens zu wahren. In einem Brief an Kaiser Mauritius hat er die Rolle des Kaisers mit aller Deutlichkeit zusammengefaßt:[66]

„Unser allerfrömmster und von Gott eingesetzter Herr läßt sich unter den übrigen schwerwiegenden kaiserlichen Sorgen auch die Erhaltung der Liebe unter den Bischöfen mit dem Ernst geistlichen Eifers angelegen sein, in der ebenso frommen wie richtigen Erwägung, daß niemand über das Irdische zu regieren vermöge, der nicht auch das Göttliche zu behandeln versteht, und daß der Friede des Reichs vom Frieden der ganzen Kirche abhänge. Denn welche menschliche Kraft, welcher auch noch so starke Arm von Fleisch und Blut würde es wagen, gegen den erhabenen Gipfel Eures allerchristlichen Kaisertums die gottlosen Hände zu erheben, wenn alle Priester in Eintracht durch ihr Gebet und ihr Leben für Euch zum Erlöser bitten? ... Gott hat es unserem allerfrömmsten Herrn eingegeben, die Kriegserschütterungen dadurch in Schranken zu weisen, daß er zunächst in der Kirche Frieden stiftet und sich würdigt, die Herzen der Bischöfe zur Eintracht zurückzurufen. Das ist auch mein Wunsch, und so viel an mir liegt, leiste ich den durchlauchtigsten Befehlen Gehorsam."

Diese und ähnliche Erklärungen in Gregors Schriften sind keine leere Rhetorik, die den päpstlichen Wunsch nach einer Befreiung vom Reich oder nach einer Monarchie für Rom verbirgt. Das sind klare und positive Äußerungen einer festen Überzeugung. Es ist offensichtlich, daß diese Überzeugung seine Worte und Entscheidungen trägt: die freie und bedingungslose Annahme dieser zweifachen päpstlichen Identität als Primus der katholischen Kirche und als Untertan des römischen Kaisers. Damit erweist sich die Rede von einer „byzantinischen Gefangenschaft" des Papsttums als Unsinn. Denn Gregor und die anderen Päpste der kaiserlichen Zeit waren überzeugte Untertanen und keine Sklaven des Römischen Reiches.

Trotz des klaren Ausdrucks seiner Weltanschauung wurde Gregor, wie alle großen Männer, auch in entgegengesetzte Richtungen gezogen. Durch seine Worte und Handlungen, durch sein Lebensbild ziehen sich auch die Fäden konkurrierender Ideale. Persönlich wurde er zwischen der *vita activa* und der *vita contemplativa* hin und her gerissen. Im öffentlichen Leben gerieten seine *Romanitas* und seine *Christianitas* gelegentlich in Widerspruch. Die unaufhörliche Suche nach einem Ausgleich dieser unterschiedlichen Orientierung macht das ruhelose Innere seines Wesens aus.

5. Kapitel

Der Gregorianische Hof

Gregors persönliches Ethos und sein Lebensstil waren, wie gezeigt wurde, die eines Mönches. Nach dem Zeugnis von Johannes dem Diakon war er entschlossen, selbst als Papst denselben Lebensstil beizubehalten. Er trug einfache Mönchskleidung und vermied den päpstlichen Aufwand.[1] Er aß mäßig und gönnte sich lediglich den Luxus eines Lieblingsweins, *cognidium*, eine Retzina, die er extra aus Alexandrien einführen ließ.[2] Johannes sagt auch, daß Gregor in Gemeinschaft mit seiner bevorzugten *familia* von Mönchen und Klerikern im Lateranpalast ein klösterliches Leben führte. Johannes sagt sogar: „Zu Gregors Zeit glich die römische Kirche der Kirche unter der Führung der Apostel oder der Kirche von Alexandrien während der Leitung des hl. Markus."[3] Spätere Historiker haben dies deswegen in Frage gestellt, weil es in anderen zeitgenössischen Quellen nicht erwähnt wird. Doch die Indizien für die Ansicht des Johannes sind in der Tat sehr stark.

Aus Gregors eigenem Zeugnis wissen wir, daß er als *apocrisiarios* in Konstantinopel zusammen mit einigen Mitbrüdern aus St. Andreas ein gemeinschaftliches Leben führte.[4] Er schätzte ihre Gesellschaft als „ein Ankertau", womit er „immer an dem ruhigen Ufer des Gebets festgehalten wurde, wann immer ich durch die Wellen weltlicher Angelegenheiten unaufhörlich hin und her geworfen werden würde". Im Jahr 595 verfügte Gregor, daß die Laiendienerschaft vom Lateranpalast ausgeschlossen werden sollte.[5] „Als eine Folge der Nachlässigkeit hat sich ein schändlicher Brauch durchgesetzt, nämlich daß Laien die Päpste selbst in der Intimsphäre ihrer Kammern bedienen. Und während das Leben eines Bischofs doch immer seinen Jüngern als Beispiel dienen sollte, weiß der Klerus im allgemeinen nichts von seinem Privatleben, das aber seiner Laiendienerschaft bekannt ist." Es wurde also verordnet, daß „gewisse Personen aus den Reihen des Klerus und der Mönche ausgewählt werden, die den Papst in seiner Schlafkammer bedienen sollen, damit das Privatleben des Herrschers von den Männern gesehen wird, die an dem, was sie sehen, ein Beispiel nehmen und daraus einen Gewinn ziehen mögen". Gregor gab Augustinus von Canterbury den Rat, mit seinem Klerus in apostolischer Einfachheit ein gemeinschaftliches Leben zu führen.[6] Damit man dies nicht als einen besonderen Rat für einen Missionsbischof abweist, können wir schließlich einen von Gregor an Bischof

Maximian von Syrakus geschriebenen Brief zitieren, in dem er um eine Geschichte für seine *Dialoge* bat.[7] Er sagte, er hätte dies auf Drängen seiner „Mitbrüder" hin getan, „die bei mir im Hause wohnen" *(„fratres mei qui mecum familialiter vivunt")*. Es deutet also alles darauf hin, daß Gregor zusammen mit einigen seiner Mönche im Lateranpalast ein gemeinschaftliches Leben führte.

Aber die Folgen dieses Lebensstils gehen über das persönliche Verhalten weit hinaus und reichen in den breiten Bereich der päpstlichen Verwaltung hinein. Aus Beweisfragmenten über die Amtszeiten von Gregor und seinen Nachfolgern geht klar hervor, daß Gregors Vorliebe für das klösterliche Leben auch im Bereich der Personalpolitik zur Geltung kam. Infolge seiner Tätigkeiten wurde eine konkurrierende mönchische Machtbasis in der römischen Kirche geschaffen, die eine ernste Herausforderung für die bisher unbestrittene Vorherrschaft klerikaler Gruppen bedeutete.

Zunächst müssen wir die Mitglieder des päpstlichen Hofes um Gregor anführen, eine eng zusammengeschlossene Gruppe von Vertrauten, die seine Ideale teilten und die im eigentlichen Sinne „Gregorianer" genannt werden können. Den Anhaltspunkt bietet die Erwähnung von Johannes dem Diakon, daß Gregor sämtliche Laien aus seinen Räten entfernte und nur die klügsten Kleriker als seine Hausgenossen auswählte.[8] Johannes führt acht Hausgenossen auf: vier Kleriker (Peter der Diakon; die Notare Aemilianus und Paterius, Johannes der *defensor)* und vier Mönche (Maximianus, Abt von St. Andreas und später Bischof von Syrakus; Marinianus , ein Mönch von St. Andreas und später Erzbischof von Ravenna; Claudius, ein Mönch von St. Andreas und später Abt von St. Johannes und Stephan in Classis; Probus, Abt von St. Andreas und Lucia in Rom). Diese Liste kann mit dem päpstlichen Register verglichen werden.

Die höchste Stufe der klerikalen Verwaltung war das Amt des Diakons. Johannes erzählt uns, daß das Diakonat zur Zeit der Wahl Gregors mit neunzehn Mitgliedern das normale Maß überschritt und daß Gregor selbst bloß drei neue Diakone geweiht hat: Bonifacius, Epiphanius und Florentius.[9] Dies stimmt mehr oder weniger mit den Angaben im *Liber Pontificalis* überein, der zeigt, daß zwischen 561 und 590 vierundzwanzig Diakone geweiht wurden. Die Sterblichkeitsziffer muß außerordentlich niedrig gewesen sein, wenn im Jahr 590 neunzehn davon immer noch lebten. Aber die Tatsache, daß Gregor nach dem *Liber Pastoralis* lediglich fünf Diakone weihte, im Vergleich zu den dreizehn Diakonen von Johannes III. in einer Amtszeit von vergleichbarer Länge, und daß die zwei unmittelbaren Nachfolger Gregors überhaupt keine Diakone weihten, dürfte dies bestätigen.[10] Außerdem waren mehrere Diakone alte Männer, wie Gregor selbst sagte, als er dem Kaiser Phocas mitteilte, daß er einen neuen Diakon geweiht habe, der das vakant gewordene Amt eines *apocrisiarios* übernehmen würde, weil die anderen entweder zu alt oder mit anderen Verpflichtungen zu sehr in Anspruch genommen seien.[11]

Die Liste von Gregors Diakonweihen im *Liber Pontificalis* ist der Liste von Johannes dem Diakon vorzuziehen. Denn wir wissen von mindestens vier durch Gregor geweihten Diakonen. Zweifelsohne stand ihm Peter am nächsten, den er „mein liebster Sohn" nannte. Gregor sagt von ihm, daß er ein vertrauter Freund aus den frühesten Tagen der Jugend und sein Genosse bei der Erforschung der Heiligen Schrift gewesen sei.[12] Dies deutet sehr darauf hin, daß Peter seine kirchliche Laufbahn in der Zeit von 574 bis 578 in St. Andreas begonnen hatte, als Gregor dort war. Anscheinend verließ er das Kloster zur gleichen Zeit wie Gregor und trat in die kirchliche Verwaltung ein. Denn während der Amtszeit von Papst Pelagius II. hatte er den Dienstgrad eines *defensor* und unternahm eine Sondermission nach Ravenna.[13] Bei der Wahl Gregors auf den päpstlichen Thron war er schon Subdiakon. Er wurde durch Gregor ausgewählt, um das Amt des Rektors und päpstlichen Vikars in Sizilien miteinander zu verbinden. Das deutet klar auf seine hohe Stellung im inneren Führungskreis hin.

Im Juli 592 wurde Peter aus Sizilien zurückberufen. Doch er war nicht in Ungnade gefallen, wie einige Kommentatoren meinten.[14] Die Schlußfolgerung, die auf den an ihn geschriebenen Briefen des Papstes und auf der fortwährenden Aufforderung, noch mehr zu tun, beruht, Peter sei ein schwacher und ungeeigneter Rektor gewesen, ist unhaltbar. Die Häufigkeit der Vorwürfe gibt uns einen Maßstab für die Größe der Aufgaben, die Petrus zu erfüllen hatte. Gregor konnte so viel tadeln, weil er Peter so gut kannte. Peters Rückberufung ist alles andere als ein Zugeständnis des Mißerfolges. Seine Ernennung war in erster Linie eine Art Notmaßnahme gewesen. Nach seiner Rückberufung wurde das Patrimonium in zwei Ämter geteilt, was darauf hinweist, daß es jetzt schon zu groß war, als daß es von einer Person verwaltet werden konnte. Und weit entfernt davon, in Ungnade gefallen zu sein, wurde Peter für sein Bemühen durch den Papst gelobt. Es wurde ihm gestattet, den nächsten Rektor von Syrakus zu wählen. Er selbst wurde zum Diakon befördert.[15]

Nach seiner Rückkehr nach Rom hört man wenig von Peter, aber gelegentliche Hinweise im päpstlichen Register deuten darauf hin, daß er hoch in der Gunst des Papstes blieb. Gregor stellt ihn als seinen Gesprächspartner in den in den Jahren 593–594 verfaßten *Dialogen* dar.[16] Bezüglich des Streits um das *pallium* von Ravenna wurde er zu Rate gezogen.[17] Im Jahr 598 wurden er und der *consiliarius* Theodor mit der Leitung einer Sonderabteilung beauftragt, welche die aus Sardinien eintreffende Flut von Beschwerden bearbeitete.[18] Der letzte Hinweis auf Peter stammt vom Juli 599, als Gregor dem Bischof Aregius von Gap eine Dalmatika schickte und erklärte, daß er die Bitte des Bischofs vergessen habe, bis Peter ihn daran erinnerte. Hier tritt Peter wieder einmal als Vertrauter auf.[19]

Eine von Johannes dem Diakon überlieferte Geschichte sagt, daß Peter Gregor überlebte.[20] Als im Todesjahr von Gregor eine große Hungersnot über das Land kam, gab eine gegnerische Gruppe der überreichlichen Großzügigkeit des verstorbenen Papstes die Schuld für die allgemeine Notlage. Das Volk war sehr aufgebracht und ging daran, Gregors Bücher zu verbrennen. Aber der Diakon Peter, Gregors *familiarissimus*, kam dazwischen, um sie davon abzubringen. Er erzählte dem Volk, daß diese Werke direkt von Gott eingegeben seien. Als Beweis dafür bat er Gott, ihm das Leben zu nehmen. Und sofort fiel er tot um.

Inwieweit diese Geschichte der Wahrheit entspricht, ist sehr schwer zu sagen. Gewiß gab es zur Zeit des Todes von Gregor eine Hungersnot. Es ist nicht unwahrscheinlich, daß es einen Volksauflauf gegeben hat, der sich vielleicht in den Versuch zuspitzte, Gregors Bücher zu verbrennen, und der durch das Dazwischentreten von Peter wieder beruhigt wurde. Wenn Peter bald danach starb, dann kann es durchaus zutreffen, daß all diese Ereignisse zu einem wirksamen „Schauspiel“ zusammengefaßt wurden. Wie auch immer er gestorben sein mag, wir können Peters Laufbahn ziemlich ausführlich verfolgen. Sie gibt einen faszinierenden Einblick in den Menschentyp, den Gregor in seinem Kreis am meisten schätzte.

Unter Gregor war das Amt des *apocrisiarios* ausschließlich dem Diakonat anvertraut. Das war eine sehr wichtige Stellung, deren Inhaber das Vertrauen des Papstes in hohem Maß genossen haben mußten. Als Gregor gewählt wurde, war der Diakon Honoratus der amtierende *apocrisiarios*. Im Oktober 590 wird er zum erstenmal namentlich erwähnt. Daß dabei Empfehlungsschreiben oder irgendein Hinweis auf eine jüngste Ernennung fehlt, deutet darauf hin, daß er der im Amt behaltene Gesandte des Papstes Pelagius II. war.[21] Wahrscheinlich ist er mit dem Notar Honoratus zu identifizieren, der im Jahr 584 mit Briefen für den damaligen *apocrisiarios* Gregor durch Papst Pelagius II. nach Konstantinopel gesandt wurde.[22] Ein aus demselben Jahr stammender Brief des Frankenkönigs Childebert bittet Honoratus darum, durch seine Unterstützung den fränkischen Gesandten in Byzanz dabei zu helfen, einen dauerhaften Frieden zwischen dem Oströmischen Reich und den Franken zu sichern.[23] Dies deutet an, daß Honoratus kein bloßer Bote, sondern eine hochrangige Person war. Es ist nicht unwahrscheinlich, daß Honoratus bei Gregors Rückberufung nach Rom um das Jahr 586 in Byzanz zurückblieb oder mit dem Rang eines Diakons zurückgesandt wurde, um das Amt des *apocrisiarios* zu übernehmen.

Im September 591 wurde der Erzdiakon Laurentius abgesetzt und durch Honoratus ersetzt.[24] Einige haben gesagt, daß der neue Erzdiakon unmöglich der *apocrisiarios* gewesen sein konnte, denn zur Zeit der Absetzung war er immer noch in Konstantinopel. Doch ein vom Juni des Jahres 595 stammender Brief Gregors an Johannes den Faster wirft etwas Licht darauf.[25]

Unter Hinweis auf die Einstellung seines Vorgängers gegenüber dem Gebrauch des Titels „Ökumenischer Patriarch“ schrieb er:

„Mein Vorgänger Pelagius seligen Andenkens hat schon ernste Schreiben an Eure Heiligkeit gesandt. In diesen hat er die Akten der Synode, die bei Euch wegen unseres ehemaligen Bruders und Mitbischofs Gregor gehalten wurde, um jenes abscheulichen Namens der Selbstüberhebung willen für nichtig erklärt und dem Archidiakon, den er der Sitte gemäß an den kaiserlichen Hof gesandt hatte, verboten, Eurer Meßfeier zu assistieren.“

Der Hinweis auf das Gerichtsverfahren gegen Gregor von Antiochien läßt die zur Erörterung stehenden Ereignisse im Jahr 588 ansetzen. Einige Kommentatoren haben angenommen, der Hinweis betreffe den damaligen Erzdiakon Laurentius. Doch in Anbetracht der Natur seiner Verpflichtungen, die seine Anwesenheit in Rom nötig machten, ist es offensichtlich unwahrscheinlich, daß Laurentius *apocrisiarios* war. Außerdem hätte Gregor, wenn er auf Laurentius hingewiesen hätte, ihn dann *„quondam archidiaconus“* genannt. Daß jede derartige Einschränkung fehlt, deutet darauf hin, daß Gregor auf den Mann hingewiesen hat, der zur Zeit Erzdiakon war, der aber früher *apocrisiarios* gewesen war. Stimmt das, dann müssen wir annehmen, daß Honoratus *in absentia* zum Erzdiakon ernannt wurde. Nach seiner Rückberufung nach Rom hört man nichts mehr von ihm.

Der Nachfolger des Honoratus als *apocrisiarios* war der toskanische Diakon Sabinian, ein Kleriker, der langsam, aber sicher seinen Weg die Beförderungsleiter hinauf bis zur Erlangung des Diakonats gemacht hatte. Im Juli 593 wurde er zum *apocrisiarios* ernannt. Er stand mitten in der Kontroverse bezüglich des Titels „Ökumenischer Patriarch“. Im Sommer des Jahres 597 wurde er nach Rom zurückberufen.[26] Man hört nichts mehr von ihm, bis er im Jahr 604 zum Papst gewählt wurde. Im Jahr 593 wurde er wahrscheinlich aufgrund seines Alters und seiner Erfahrung ausgewählt. Er wurde nicht durch Gregor zum Diakon geweiht und war anscheinend kein Mitglied seines inneren Kreises.

Sabinians Nachfolger jedoch gehörte zum inneren Kreis. Im Juli 597 ernannte Gregor den Diakon Anatolius zum *apocrisiarios*.[27] Offensichtlich zählte er zu den vertrautesten Ratgebern Gregors, denn im Jahr 590 wurde ihm die neugeschaffene feste Stelle eines Verwalters des päpstlichen Palastes übertragen. Danach war er stets an der Seite des Papstes gewesen.[28] Der letzte von Gregor an Anatolius geschriebene Brief stammt vom Februar 601.[29] Bis Januar 602 war er schon tot; er starb auf seiner Dienststelle in Konstantinopel.[30]

Während der übrigen Regierungszeit von Kaiser Mauritius gab es in Konstantinopel keinen päpstlichen Vertreter. Das war ohne Zweifel eine Folge der Kontroverse um den Titel „Ökumenischer Patriarch“, in der der Kaiser für seinen Patriarchen Partei ergriffen hatte. Im Juli 603 schrieb Gregor an den neuen Kaiser Phocas, entschuldigte sich dafür, daß die Stelle des *apocrisiarios* unbesetzt geblieben war, und erklärte, daß sich jeder fürchtete, nach Konstantinopel zu gehen, solange Mauritius lebte. Da nun Mauritius nicht mehr da war, hatte Gregor den *primicerius defensorum* Bonifatius zum Diakon befördert und als *apocrisiarios* in den Osten entsandt.[31]

Gregor hatte eine hohe Meinung von Bonifatius, „mir wegen seiner seit langer Zeit bestehenden Pflichttreue wohlbekannt; in seiner Lebensweise, in seinem Glauben und seiner sittlichen Haltung bewährt". Etwas von der früheren Laufbahn des Bonifatius ist bekannt. Im Februar 591 tritt er zum erstenmal als ein *defensor* auf, den Gregor mit der Überbringung seiner *synodica* an den Patriarchen von Konstantinopel beauftragte.[32] Im März 598 wurde er zum *primicerius defensorum* ernannt, ein Amt, das er bis zu seiner Beförderung zum Diakonat innehatte.[33] Wie lange er in Konstantinopel geblieben ist, wissen wir nicht. Aber im Jahr 607 war er in Rom zurück und wurde als Nachfolger von Sabinian zum Papst mit Namen Bonifatius III. gewählt.

Außer den *apocrisiarios* kommen drei weitere Diakone in den Quellen vor, von denen mindestens zwei von Gregor persönlich geweiht wurden. Der erste ist Epiphanius, der zum erstenmal im Mai 595 aufscheint, als Gregor an den isaurianischen Abt Elias schreibt, um ihm mitzuteilen, daß er, wie gebeten, dessen „Sohn" (ein bevorzugter Mönch) zum geistlichen Stand zugelassen und ihn zum Diakon geweiht habe.[34] Aber er könne ihn nicht nach Isauria zurückschicken, da der Geweihte in der Kirche bleiben müsse, in der er die Weihe empfangen habe. Anscheinend war es die klösterliche Lebensform des Epiphanius, die Gregor veranlaßt hatte, den Besucher aus Isauria für sein Diakonat zu behalten. Danach scheint er nur zweimal im päpstlichen Register auf; einmal interessanterweise, wo er im Auftrag Gregors an Eulogius von Alexandrien schrieb, wahrscheinlich weil er im Gegensatz zu Gregor griechisch schreiben konnte.[35]

Der zweite Diakon ist Florentius, auf den es einen einzigen Hinweis gibt. Im Jahr 598 verwaltet der Diakon Florentius in Rom eine Herberge, das *xenodochium Aniciorum*.[36] Die Belege weisen auf diesen Florentius hin, der mit dem Subdiakon Florentius identisch ist, der im Jahr 592 aus Neapel floh, um der Bischofsweihe zu entgehen, nachdem er dorthin als vorgeschlagener Schützling Gregors gesandt worden war.[37] Daß er nach Rom zurückkehrte, ergibt sich aus einer in den *Dialogen* erzählten Geschichte von dem valerianischen Priester Florentius, der versuchte, den hl. Benedikt von Nursia zu vergiften. Jener wird als „*avus nostri subdiaconi* Florentii" beschrieben.[38] Da die *Dialoge* im Jahr 593–594 geschrieben wurden, kann man daraus schließen, daß Florentius zu dieser Zeit wohlauf war und in Rom lebte. Im Jahr 593 gibt es also in Rom einen Subdiakon und im Jahr 598 einen Diakon Florentius. Die Feststellung von Johannes dem Diakon, daß Gregor einen Florentius zum Diakon weihte, verbindet die beiden miteinander. Seine Flucht aus Neapel wurde ihm wohl nicht zum Vorwurf gemacht, da die dortigen Verhältnisse besonders gefahrvoll waren. Offensichtlich hatte man Vertrauen zu ihm, sonst wäre er nicht für das Bistum von Neapel ausgewählt worden.

Während der Diakon Peter Gregors engster Berater war, war der Diakon Bonifatius zweifellos der höchste Beamte des Papstes. Wir dürfen ihn nicht mit dem *apocrisiarios* gleichen Namens verwechseln. In den *Dialogen* beschreibt Gregor den valerianischen Priester Stephan als *„huius nostri Bonifacii diaconi et dispensatoris ecclesiae agnatione proximus"*.[39] *Dispensator,* wörtlich „Zahlmeister", bedeutet wahrscheinlich, daß Bonifatius der päpstliche Schatzmeister war. Im November 598 sehen wir ihn in dieser Eigenschaft handeln, als Gregor dem Bischof Johannes von Syrakus befiehlt, an Bischof Basilius von Capua, der damals in Sizilien war, zehn Pfund Gold auszuzahlen. Eine entsprechende Summe war durch die Patrizier Flora und Cethegus zu diesem Zweck in Rom an Bonifatius übergeben worden.[40] Aber die drei anderen Hinweise auf Bonifatius im päpstlichen Register zeigen, daß er auch als eine Art „Staatssekretär" gehandelt und dessen Verpflichtungen mit dem Amt eines Schatzmeisters verbunden hat. Diese Verbindung brachte ihm sowohl große Erfahrung als auch großen Einfluß, was sich in seiner Wahl zum Papst im Jahr 608 als Nachfolger von Bonifatius III. widerspiegelt. Im Juni 591 antwortet Gregor auf einen Brief des korsischen Rektors Symmachus, dessen Probleme ihm Bonifatius mitgeteilt hatte.[41] Im September 593 schreibt Gregor an Erzbischof Konstantius von Mailand bezüglich des Schismas der ligurischen Bischöfe, worauf ihn auch Bonifatius aufmerksam gemacht hatte.[42] Im April 596 schreibt Gregor an den päpstlichen *apocrisiarios* in Ravenna Castorius und weist ihn an, das zu beachten, was ihm Bonifatius bezüglich des Streits um das *pallium* geschrieben hatte.[43] Diese drei Hinweise deuten zusammengenommen darauf hin, daß Bonifatius bei der päpstlichen Verwaltung eine wichtige Rolle spielte. Die einzigen anderen Diakone in Gregors Register sind Cyprianus, der als Rektor von Syrakus Peters Nachfolger war, und Servusdei, der Vorgänger von Peter, der 598 schon gestorben war.[44] Es scheint einsichtig, anzunehmen, daß von allen Diakonen, die zur Amtszeit Gregors tätig waren, die oben angeführte Gruppe den Kern des inneren Kreises bildete.

Was nun die Notare betrifft, werden zwei von Johannes angeführt: Aemilianus und Paterius. Ihre hervorragende Stellung in den päpstlichen Räten hatten sie wohl dem Umstand zu verdanken, daß sie den Papst bei seinen Verpflichtungen ständig unterstützten. Gregor diktierte Aemilianus seine *Homilien über die Evangelien.* Ihm diktierte auch der Abt Probus, auch ein Vertrauter des Papstes, seine Bitte um die Erlaubnis, ein Testament zu machen.[45]

Offensichtlich hatte Aemilianus die Stelle eines bevorzugten Privatsekretärs inne. Aber noch bevorzugter war Paterius. Ihm diktierte der Papst Ernennungs- und Freilassungsbriefe.[46] Er stellte einen Band gesammelter Auszüge aus den

Werken des Papstes her.[47] Irgendwann zwischen den Jahren 597 und 599 wurde er zum *secundicerius notariorum* ernannt, dem unmittelbaren Stellvertreter des *primicerius* in der Hierarchie des päpstlichen Sekretariats.[48]

Paterius' Vorgänger in der Stelle eines *secundicerius* war Exhilaratus. Er wird zweimal im päpstlichen Register erwähnt. Im September 594 teilte Gregor dem *apocrisiarios* Sabinian mit, daß er daran denke, Exhilaratus bezüglich des Todes von Bischof Malchus nach Konstantinopel zu senden, dessen Mordanstiftung Gregor beschuldigt wurde. Da die Angelegenheit jedoch inzwischen abgeschlossen wurde, hatte Gregor dagegen entschieden.[49] Später ging Exhilaratus aber doch nach Konstantinopel, vielleicht um Sabinian dessen Rückberufung mitzuteilen.[50]

Die *Dialoge* geben uns einen Anhaltspunkt für die Herkunft von Exhilaratus. Dort erzählt Gregor die Geschichte von einem Sklavenjungen, der von seinem Herrn geschickt wurde, um dem hl. Benedikt von Nursia zwei Gefäße voll Wein zu bringen.[51] Der Junge versteckt eines davon für sich selbst. Benedikt, der dies ahnt, warnt ihn davor, daraus zu trinken; er soll es zuerst aufmachen. Das tut er, und eine Schlange kriecht heraus. Der Junge wird als „*noster Exhilaratus puer*" („unser Exhilaratus als Junge") beschrieben. Gregor fügt hinzu, daß Peter ihn als Mönch kannte. *Noster* wird im allgemeinen gebraucht, um einen von Gregors Klerikern zu kennzeichnen. In einem Brief an Sabinian wird Exhilaratus auch „*noster Exhilaratus*" genannt. Anscheinend war Exhilaratus auch einer jener Mönche, die in die päpstliche Verwaltung kamen und die Gregor umgaben. Wenn Exhilaratus als noch nicht Zwanzigjähriger dem hl. Benedikt in den vierziger Jahren des sechsten Jahrhunderts begegnete, dann wäre er bis 598 schon über siebzig Jahre alt gewesen. Das wäre ein nicht unangemessenes Alter für die Stelle eines *secundicerius notariorum.* Nach dieser Auslegung ist er nach seiner Begegnung mit dem hl. Benedikt Mönch geworden. Später verließ er das Kloster, um in die Verwaltung der römischen Kirche einzutreten, wo er über die Stelle eines Notars zu einem hohen Dienstgrad gelangte. Es ist schwer zu sagen, ob die Beförderung des Paterius zum *secundicerius* bedeutete, daß Exhilaratus *primicerius* geworden ist oder daß er gestorben ist. Während der Amtszeit Gregors gibt es nur einen Hinweis auf einen *primicerius notariorum.* Dieser betrifft Gaudiosus, der einer der Fachleute war, die im Jahr 593 bezüglich des *pallium* von Ravenna zu Rate gezogen wurden.[52]

Noch ein Notar hebt sich im päpstlichen Register ab, nämlich Pantaleon, den man vielleicht am besten als den päpstlichen „Feuerwehrmann" beschreibt. Im Jahr 593 wird er nach Sipontum geschickt, um die Verführung der Tochter eines Diakons durch den Neffen des Bischofs zu untersuchen.[53] Im Jahr 598 wird er nach Sizilien gesandt, um Kirchengeräte einzusammeln, die durch flüchtige Kleriker gestohlen und rechtswidrig verkauft worden waren.[54] Im Jahr 600 ist er in Genua, um die Wahl eines neuen Erzbischofs von Mailand zu beaufsichtigen.[55] Schließlich finden wir ihn im Jahr 603 wieder in Sizilien; diesmal untersucht er den Geldmißbrauch bei den Kirchengütern von Syrakus.[56]

Abgesehen vom *primicerius* Bonifatius hebt sich unter den *defensores* nur einer ab, nämlich Johannes, dem im Jahr 603 die sehr delikate Aufgabe anvertraut wurde, die Berufungen von zwei abgesetzten spanischen Bischöfen anzuhören.[57] Er ist auch möglicherweise der *defensor* Johannes, der geschickt wurde, um die Auslösung des Bischofs Fortunatus von Fanum zu beaufsichtigen. Der Name Johannes ist allerdings zu weitverbreitet, als daß wir dies mit Sicherheit daraus folgern können.[58] Aber die spanische Aufgabe war ihm zu wichtig, als daß Gregor einen anderen als den Vertrautesten seiner Vertreter damit beauftragt hätte.

Schließlich gibt es unter den päpstlichen Beamten, die Gregor nahestanden, einen Laien, den *consiliarius* Theodor, *vir magnificus et eloquentissimus*. Er war Rechtsberater des Papstes, war jedoch weder reich noch mächtig. Denn im Jahr 593 schenkte ihm Gregor einen sizilianischen Sklavenjungen, weil er keine Dienerschaft hatte. Gregor wollte ihn für seine Diensttreue belohnen.[59]

Sein verhältnismäßig bescheidener Status steht in bemerkenswertem Gegensatz zum Status des *consiliarius* von Papst Vigilius, Saturninus, einem Mann von hohem Senatorenrang. Dies entspricht dem Wunsch Gregors, in der kirchlichen Verwaltung keine mächtigen Laien mit anderen Interessen zu haben, die möglicherweise mit ihrer Pflicht der Kirche gegenüber in Widerspruch stehen könnten.

Aus dem päpstlichen Register ist bekannt, daß die vier Mönche, die durch Johannes den Diakon unter den Vertrauten Gregors aufgeführt sind, hohe Vertrauensstellen bei ihm innehatten. Drei von ihnen waren aus St. Andreas. Zwei wurden zu Bischöfen von Schlüsselbistümern ernannt: im Jahr 591 Maximianus zu Syrakus und im Jahr 595 Marinianus zu Ravenna. Zu einem Zeitpunkt vor 595 wurde Claudius Abt von St. Johannes und St. Stephanus zu Classis.[60] Mit anderen Worten, bis 595 hatten drei seiner vier mönchischen Vertrauten Rom endgültig verlassen. Ihre Stelle als Vertrauter des Papstes wurde durch Probus übernommen, den Neffen des verstorbenen Bischofs Probus von Reate. Jener ist die Quelle von vier Geschichten in den *Dialogen*.[61] Er hatte schon mehrere Jahre in religiöser Abgeschiedenheit gelebt, als Gregor ihn zum Abt von St. Andreas und St. Lucia ad Renati ernannte, *subito spiritu revelante*, das heißt durch einen Akt der Gönnerschaft.[62]

Später wurde Probus nach Jerusalem geschickt, um dort eine Herberge für Pilger zu errichten. Im Jahr 598 wurde er für die delikate Aufgabe ausgewählt, den Friedensvertrag mit König Agilulf auszuhandeln.[63] Zu diesen bekannten Vertrauten kann man auch Caesarius, den Abt von St. Petrus ad Baias in Sizilien zählen. Er war noch einer von jenen Klerikern, die der Papst als „*nostri*“ bezeichnete und den er Bischof Johannes von Syrakus empfahl.[64] Wahrscheinlich war er auch ein Alumne von St. Andreas.

Durch ihre Amtstätigkeit bedingt blieben die Bischöfe meistens in ihren Diözesen. Es gab jedoch zwei, die anscheinend das besondere Vertrauen Gregors genossen – abgesehen von denjenigen, deren Wahl er selber bewerkstelligte. Da war Bischof Secundinus von Tauromenium, dem Gregor zwei Bände seiner *Homilien* zur Korrektur und zur Kommentierung schickte und dem er im Laufe seiner Amtszeit viele wichtige Untersuchungen und Vermittlungen anvertraute; ein Zeichen für das Vertrauen, das Gregor seinem Urteil beigemessen hat.[65] Wahrscheinlich ist er der Bischof Secundinus (Diözese nicht genannt), der im Jahr 595 gesandt wurde, um die Beschuldigungen gegen den Erzbischof Anastasius von Korinth zu untersuchen. Gregor erklärte sich sehr zufrieden darüber, wie Secundinus die Sache durchgeführt hatte. Er schrieb dem neuen Erzbischof Johannes von Korinth über ihn: „Die uns seit langem wohlbekannte Unparteilichkeit und Besorgtheit unseres Bruders und Mitbischofs Secundinus wird noch einmal durch den Inhalt Deiner Briefe offenbar."[66] Es ist interessant, daß Secundinus der einzige sizilianische Bischof ist, der der Synode des Jahres 595 beiwohnte.[67]

Der andere einflußreiche Bischof war Felix von Portus, den Gregor als *„vir vitae venerabilis"* beschrieb. Er steuert für Gregor drei Geschichten für die *Dialoge* bei, und im Jahr 599 schenkte ihm Gregor einen Sklaven.[68] Er ist möglicherweise mit Bischof Felix von einer unbekannten Diözese zu identifizieren, der im Jahr 594 mit dem besonderen Auftrag nach Sardinien geschickt wurde, den heidnischen Glauben auszurotten.[69] Wir wissen nicht, ob dieser Bischof ein Mönch war, obwohl zwei der drei Geschichten, die Felix für Gregor besorgte, von Mönchen handeln. Es war die übliche Politik Gregors, Männer mit einer mönchischen Ausbildung in die Mission zu schicken.

Es gibt noch eine letzte Informationsquelle, die uns einen Einblick in den Kreis um Gregor gewährt. Die *Dialoge* bestehen aus Geschichten, die Gregor über mehrere Jahre von Freunden und Kollegen gesammelt hatte. Man kann diese Quellen in mehrere verschiedene Gruppen einteilen. Drei dieser Gruppen sind für eine Erörterung seines Beraterkreises belanglos: Die erste umfaßt diejenigen, die vor seiner Erwählung auf den päpstlichen Thron schon verstorben sind.[70] Die zweite besteht aus den alten Männern, die Gregor wegen ihrer Erinnerungen an Heilige und Märtyrer aussuchte.[71] Die dritte ist eine Handvoll prominenter Laien.[72] Abgesehen von diesen Männern sind die Quellen ausschließlich kirchliche Personen und können zu zahlenmäßig fast gleichen Teilen eingeteilt werden: zwanzig Mönche und sechzehn Priester, Bischöfe und verschiedene Kleriker. Unter diesen befinden sich die Namen der schon festgestellten Vertrauten des Papstes: Maximianus von Syrakus, der Diakon und *dispensator* Bonifatius, der Abt Probus und Felix von Portus.[73] Diesen kann man den Diakon Epiphanius hinzufügen, der eine Geschichte für die *Homilien* beitrug.[74] Es ist eine interessante Tatsache, daß Gregor regelmäßige Besuche von verschiedenen Klerikern empfing: Der nursianische Priester Sanctulus besuchte ihn jedes Jahr. Bischof Venantius von Luna war zu Besuch bei ihm, als er die *Dialoge* verfaßte. Abt Fortunatus von Balneum Ciceronis besuchte ihn regelmäßig.[75] Doch am aufschlußreichsten ist die Tatsache, daß von den Klerikern, die ihm Informationen besorgten, lediglich fünf aus dem römischen Klerus stammen. Dies bekräftigt den Eindruck, daß der Papst eine kleine und ziemlich fest zusammengefügte Gruppe um sich versammelte, den inneren Kreis seiner Ratgeber.

Wenn man alle Belege zusammenfaßt, dann läßt sich eine Gruppe von etwa zwölf Personen vermuten, deren Zusammensetzung sich im Laufe von Gregors Amtszeit änderte. Von den von Johannes dem Diakon aufgeführten vier Mönchen war nach 595 lediglich Probus in Rom. Durch die Art ihrer Verpflichtungen bedingt dürften der *defensor* Johannes und der Notar Pantaleon viel Zeit außerhalb von Rom verbracht haben. Die vertrauten Bischöfe können nur von Zeit zu Zeit in Rom gewesen sein. Den Kern des päpstlichen Kreises bildete jene Gruppe von Amtsträgern, die Gregor aufgebaut hatte und der er durch Beförderung sein Vertrauen bezeigte. Es war eine Gruppe, die offenbar seine Lebensanschauung und seine Neigungen teilte und die man mit gutem Grund eine gregorianische Schule nennen darf. Das sind die Diakone Anatolius und Bonifatius, die mit den neugeschaffenen Ämtern eines *vicedominus* und eines *primicerius defensorum* betraut wurden; dann ein zweiter Diakon Bonifatius, *defensor* und „Staatssekretär"; dann Peter, Epiphanius und Florentius, die Gregor bekanntlich zu Diakonen weihte; und die drei Notare Exhilaratus, Aemilianus und Paterius.

Zwei Merkmale dieser Gruppe bekräftigen die schon angedeutete Richtung der Personalpolitik Gregors. Laien fehlten darin. Abgesehen von seinem Bruder Palatinus war der *consiliarius* Theodor der einzige Laie, der im päpstlichen Kreis einen Einfluß ausübte. Durchwegs werden Männer mit einer mönchischen Herkunft oder mönchischen Lebenseinstellung deutlich bevorzugt. Soweit man feststellen kann, waren die Diakone Peter und Epiphanius sowie der *secundicerius* Exhilaratus Mönche, ehe sie ihre Laufbahn in der päpstlichen Verwaltung begannen. Der *dispensator* Bonifatius zeigte später starke mönchische Neigungen. Dieser innere Kreis spiegelt also die Lebenseinstellung des Papstes wider, indem er mönchische Einfachheit mit Verwaltungserfahrung verbindet; die ideale Mischung aus der *vita activa* und der *vita contemplativa*. Seine Bedeutung geht jedoch weit über eine persönliche Vorliebe hinaus. Er kennzeichnet den entschlossenen Versuch, die päpstliche Machtstruktur nach mönchischen Grundsätzen umzugestalten und als deren Mittelpunkt die päpstliche Hausgemeinschaft statt einer beginnenden klerikalen Verwaltung zu sehen.

Die andere Seite von Gregors mönchischer Lebensweise ist die ernste Zurechtweisung, die er am Anfang seiner Amtszeit der klerikalen Verwaltung verabreichte. Im September 591 wurde bei einer feierlichen Zeremonie am Lateran in Anwesenheit des gesamten Klerus der Erzdiakon Laurentius „wegen des Stolzes und anderer Verbrechen" seines Amtes enthoben.[76] Dies geschah kurze Zeit, nachdem Laurentius für die päpstliche Nachfolge zugunsten des jüngeren Gregor übergangen worden war und er seine Macht durch die Schaffung der festen Stellung eines *vicedominus* geschmälert gesehen hatte. Sein „Stolz" dürfte fast mit Sicherheit in der Äußerung seiner Verstimmung über die Wende der Lage bestanden haben. Wenn man noch den Ausschluß von Laien aus dem Lateran und die Einrichtung einer mönchischen Hausgemeinschaft im päpstlichen Palast bedenkt, dann wird ersichtlich, daß sich zwischen dem päpstlichen Kreis und der bisherigen klerikalen Verwaltung allmählich eine Kluft entwickelte. Nach Gregors Tod wird ein Rückschlag von seiten der Kleriker zu erwarten sein. Der *Liber Pontificalis* läßt uns einen faszinierenden hin und her wechselnden Kampf verfolgen zwischen dem bisherigen klerikalen Establishment und der Gruppe der „Gregorianer", die den päpstlichen Thron für Bonifatius III., Bonifatius IV. und Honorius I. sicherte. Diese Päpste suchten das gregorianische Programm weiterzuführen, das die Förderung des Mönchtums und die Schaffung einer hausgemeinschaftlichen Verwaltung nach dem klösterlichen Vorbild umfaßte, aber ebenso eine Verpflichtung, die englische Mission zu unterstützen. Das war eine Politik der engen Zusammenarbeit mit den Reichsbehörden bei der Erhaltung der Provinz und eine Verpflichtung gegenüber der neuen durch die *Dialoge* und die *Homilien* dargestellten Form des Wissens, die – einfach, schlicht und dem breiten Volk zugänglich – einen totalen Bruch mit der alten hohen Kultur einer geistigen und theologischen Elite bedeutete.

Nach dem Tod Gregors jedoch wurde der Diakon Sabinian, der Kandidat der Klerikerpartei, zum Papst gewählt. Seine Grabschrift beglaubigt ihm: „Er hat die Papstkrone nicht als Ergebnis sofortigen Ruhms erhalten, sondern dieser heilige Mann hat sie dadurch verdient, daß er seinen Weg die klerikale Leiter hinauf machte."[77] Hier wird vielleicht Gregor der stillschweigende Vorwurf gemacht, daß er direkt aus seinem Kloster zum Diakonat und von da zum päpstlichen Thron aufgestiegen ist.

Es wird von Sabinian berichtet, daß „er die Kirche mit Klerus füllte".[78] Das besagt nicht die Weihe zusätzlicher Priester, denn Sabinian hat keine geweiht. Es besagt die Umkehrung der Politik Gregors, die den päpstlichen Hof mit Mönchen gefüllt hatte. Die Rückberufung der Kleriker war nur Teil einer allgemeinen antigregorianischen Reaktion. Man hat Gregor dafür verantwortlich gemacht, daß bei seinem Tod die Stadt von einer Hungersnot heimgesucht wurde. Die aufgebrachte Menschenmenge versuchte sogar, seine Schriften zu verbrennen. Es ist kein Wunder, daß bei der Wahl eines Nachfolgers ein Kandidat der Gegenpartei aufgestellt wurde.[79]

Doch Sabinian selbst sollte bald den Wankelmut des Volkes erfahren. Seine kurze Amtszeit war durch Unglück gekennzeichnet: ein Neubeginn des Krieges mit den Langobarden und eine Verschärfung der Hungersnot. Sabinian wurde beschuldigt, mit dem Korn Schiebergeschäfte gemacht zu haben, weil er den Inhalt der päpstlichen Speicherkammern verkaufte, statt ihn zu verschenken.[80] Das Volk kehrte zu Gregor zurück und die Legende erzählt, daß Sabinian deswegen starb, weil der Geist Gregors ihm einen Fußtritt an den Kopf verabfolgte, weil dieser das Korn nicht kostenlos verteilt habe.[81] Im Februar 606, auf der Höhe seiner Unbeliebtheit, starb Sabinian. Sein Leichenzug mußte einen Umweg außerhalb der Stadtmauern machen, um unfreundlichen Demonstrationen zu entgehen.

Die Gregorianer waren also wieder einmal im Vorteil, und der ehemalige *primicerius defensorum* und *apocrisiarios* Bonifatius wurde als Bonifatius III. gewählt. Doch nach einer Amtszeit von nur acht Monaten (Februar bis November 607) starb er. Der neue Papst, Bonifatius IV., war wieder ein Gregorianer, ehemaliger Diakon und *dispensator*. Seine Grabschrift spricht davon, daß er „die Verdienste und Beispiele seines Meisters Gregor" nachahmte.

Er traf Anordnungen für die englische Kirche. Seine mönchische Neigung aber ist daran zu erkennen, daß er sein Haus in ein Kloster verwandelte und eine große Synode in Rom abhielt, um das Leben und den Frieden der Mönche zu regeln.[82] Aber die Amtszeit von Bonifatius IV. war ähnlich wie die des Sabinian eine Periode des ungemilderten Unglücks in der Form von Hungersnot, Überschwemmungen und Pest. Die unvermeidliche Folge war ein Mißerfolg der Gregorianer bei der nächsten Papstwahl. Als Bonifatius im Mai 615 starb, wurde Deusdedit als sein Nachfolger gewählt. Bezüglich Deusdedit ist die Tatsache bemerkenswert, daß er Priester war und dies vierzig Jahre lang. Er ist bekanntlich der erste Priester seit Johannes II. im Jahr 533, der auf den päpstlichen Thron gewählt wurde. Dieser Bruch mit der Tradition des Diakonatmonopols auf den päpstlichen Thron, die sich im sechsten Jahrhundert entwickelt hatte, überrascht nicht, wenn man bedenkt, daß im Jahr 615 das Diakonat größtenteils von der gregorianischen Auffassung geprägt war. Die Diakone wurden ausschließlich von Gregor I. und Bonifatius IV. geweiht, die Päpste dazwischen hatten keine Diakone geweiht. Wollte die antigregorianische Partei einen Kandidaten aufstellen, so mußte sie sich folglich an die Priester wenden. Der von ihr ausgewählte Kandidat brachte dieselben Voraussetzungen mit wie Sabinian damals. Deusdedits Grabschrift unterstreicht die Tatsache, daß er seit seiner Kindheit in der Kirche aufgewachsen war und ihr gedient hatte. Über die klerikalen Sympathien Deusdedits gibt es keinen Zweifel. Der *Liber Pontificalis* berichtet über ihn: „Er hat den Klerus sehr geliebt und die Priester und Kleriker in ihre früheren Stellungen wieder eingesetzt."[83] Dies bestätigt die in der Präferenz seiner Vorgänger enthaltene, jedoch nirgends ausdrücklich erwähnte Tatsache, daß Bonifatius IV. doch die hausgemeinschaftliche mönchische Verwaltung Gregors wieder eingeführt und in der Tat „die Beispiele seines Meisters Gregor nachgeahmt hatte".

Deusdedit machte nun das Umgekehrte: Er weihte vierzehn Priester, die ersten, die seit dem Tod Gregors die Priesterweihe empfingen. Er führte die Tradition ein, daß der Papst bei seinem Tod dem Klerus große Vermächtnisse hinterließ.

Im November 618 starb Deusdedit, und sein Nachfolger Bonifatius V. setzte die klerikale Reaktion fort. Der *Liber Pontificalis* sagt: „Er hat den Klerus geliebt." Er traf ähnliche großzügige testamentarische Verfügungen, und seine Gesetzeserlässe unterstrichen die Aufrechterhaltung von klerikalen Vorrechten.[84] Nach dem Tod von Bonifatius im Oktober 625 jedoch ist das Pendel wieder zu den Gregorianern zurückgeschwungen. Denn die Amtszeit von Deusdedit und von Bonifatius war in der Stadt Rom durch Krankheit, Aufstände und erneuten Krieg mit den Langobarden gekennzeichnet. Vom neuen Papst Honorius I., einem Aristokraten und Verwalter nach echter gregorianischer Art, heißt es in seiner Grabinschrift, daß er dem Beispiel Gregors gefolgt sei. In fast jeder Phase seiner Amtszeit findet man Nachahmungen des gregorianischen Programms. Er hat sein römisches Wohnhaus in der Nähe des Laterans in ein Kloster umgestaltet, das wie das Kloster Gregors dem hl. Andreas gewidmet wurde. Als seinen „Staatssekretär" ernannte er einen griechischen Mönch, den Abt Johannes Symponus. Und zum erstenmal wurde es schriftlich aufgezeichnet, daß ein Kloster von der bischöflichen Kontrolle ausgenommen wurde, als er Bobbio unmittelbar von Rom abhängig machte. Er verordnete ein umfangreiches Erziehungsprogramm für den Klerus, dessen Bildungsniveau in erschreckendem Maß zurückgegangen war. Er suchte die erlahmende englische Mission neu zu beleben, indem er Birinus entsandte, um die westlichen Sachsen zu bekehren. Er traf auch organisatorische Maßnahmen für die Diözese von York. In seinen nach England geschriebenen Briefen unterstrich er stets den gregorianischen Ursprung der englischen Kirche und ermutigte König Edwin von Northumbrien, die Werke Gregors zu lesen. Das steht in merklichem Gegensatz zu den nach England geschriebenen Briefen des klerikalen Papstes Bonifatius V., in denen Gregor überhaupt nicht erwähnt wird. Er trieb die Abneigung Gregors gegen das schwer verständliche Philosophieren in der Theologie auf die Spitze, indem er jene, die dies praktizierten, als „quakende Frösche", die das breite Volk irreführten, verhöhnte.[85]

Honorius war vielleicht der größte der gregorianischen Päpste. Aber er war auch der letzte. Im Oktober 636 starb er, ohne dem Klerus Vermächtnisse zu hinterlassen. Seine Verurteilung als Häretiker auf dem ökumenischen Konzil im Jahr 680 besiegelte die Zurückweisung der gregorianischen Linie. Nach dem Tod von Honorius sicherte die klerikale Richtung ihren Einfluß auf das

Papsttum infolge der Entwicklung der Ereignisse. Das Hochkommen der monotheletischen Häresie im Osten brachte eine neue Welle der theologischen Spekulation mit sich und unterstrich die dringende Berechtigung der „quakenden Frösche“, um die wesentlichen Fragen des Glaubens zu erörtern. Als Rom und Konstantinopel wieder einmal miteinander stritten, schwand auch der Versuch der Mönche, sich die Kontrolle der päpstlichen Verwaltung zu sichern. Bereits im achten Jahrhundert waren die Klöster weit davon entfernt, eine alternative Machtbasis zur klerikalen Verwaltung zu schaffen. Die großen Basiliken wurden mit Mönchen versehen, die unter dem Schutz einer von Klerikern beherrschten päpstlichen Verwaltung Almosen spendeten. Die klerikale Kontrolle war so sicher geworden, daß der Klerus im Jahr 672 die Wahl von Adeodatus als Papst zulassen konnte. Er war der erste Mönch seit Gregor, der dieses Amt bekleidete. Doch er war ganz anders als Gregor. Er verbrachte seine Amtszeit damit, Geschenke zu verteilen, die Gehälter sämtlicher Kleriker zu erhöhen. Er suchte keineswegs zu dem gregorianischen Programm zurückzukehren.[86]

6. Kapitel

Zentrale Verwaltung I: Krieg, Finanzen, Versorgung

Gregors Regierung veranschaulicht genau die Entwicklung, wie die Päpste, ohne es eigentlich zu wollen, allmählich die unangefochtenen Herren von Rom wurden. Es gab natürlich eine weltliche Regierung in Rom: Der Stadtpräfekt kontrollierte weiterhin die Stadtverwaltung mehr oder weniger so wie zur Zeit, als Gregor selbst dieses Amt bekleidete. Der Vikar verkörperte die Autorität des prätorianischen Präfekten. Es gab eine Belegschaft von Staatsbeamten mit ihren Ämtern im Palast auf dem Palatin. Ein Militärgouverneur, gewöhnlich ein Herzog *(dux)* oder ein *magister militum,* war für die Verteidigung verantwortlich. Aber die Hauptinteressen und die Hauptsorgen der Provinzregierung waren in Ravenna konzentriert. Meistens, zum Beispiel in den entscheidenden Bereichen von Verteidigung und Versorgung, mußte die Stadt Rom selber sehen, wie sie damit zurechtkam. Mehr und mehr wandten sich die weltlichen Beamten an den Papst, dem sämtliche wirtschaftliche und geistliche Mittel der Kirche zur Verfügung standen, mit der Bitte um Hilfe, Unterstützung und sogar um Führung. Das immer größer werdende Engagement des Papsttums in weltlichen Angelegenheiten bedeutete eine starke zusätzliche Belastung für den Papst. Schon der Krieg gegen die Langobarden und die damit verbundenen Probleme (Flüchtlinge, Lösegelder, erzwungene kirchliche Neuorganisation) hatten die Verpflichtungen und Geschäfte des Papstes und der päpstlichen Verwaltung beträchtlich vermehrt. Mit Recht konnte Gregor kurz nach seiner Wahl bemerken: „Welche lärmende Schar von weltlichen Angelegenheiten mich jedoch in meiner Stellung quält, das kann ich gar nicht mit Worten ausdrücken; Ihr könnt es aber aus der Kürze meines Briefes schließen."[1] Hier bei der bewegten, komplizierten und sehr verschiedenartigen Arbeit der zentralen Verwaltung sehen wir die beiden Eigenschaften Gregors erfolgreich zur Geltung kommen: Seine erhabene *Romanitas* steht im Dienst seiner demütigen *Christianitas;* vor der Menschlichkeit beugt das Gesetz das Knie; bürokratische Tüchtigkeit beschleunigt die Verteilung von Almosen; Rom bleibt durch den heiligen Petrus dem Kaiser erhalten.

Die Grundverschiedenheit der Auffassung zwischen dem Papst und dem Exarchen von Ravenna bezüglich der Verteidigung Roms wurde noch mehr verschärft durch den offensichtlichen Ärger des Exarchen Romanus über das, was er als unbefugte Einmischung Gregors in seine Angelegenheiten betrachtete. Die Kluft zwischen dem päpstlichen Rom und dem kaiserlichen Ravenna war während der Amtszeit des Romanus eines der besonders ernsten Probleme, denen Gregor in der ersten Hälfte seiner Regierung gegenüberstand. Schrieb er von den Bürden, die er zu tragen hatte, dann verband er stets die Langobarden mit der Provinzregierung. Er schrieb an den verbannten dalmatinischen Bischof Sebastian von Rhisinum in den Osten:[2]

„Was wir, heiligster Bruder, in diesem Lande von der Person Eures Freundes, des Herrn Romanus, erleiden, das können wir gar nicht mit Worten ausdrücken. Ich sage nur kurz, daß seine Bosheit gegen uns über das Langobardenschwert geht, so daß die Feinde, die uns töten, wohlwollender erscheinen als die Reichsbeamten, die uns durch ihre Bosheit, ihre Erpressungen und ausgedachte Hinterlist zugrunde richten. Welche Mühe, welches Leiden es nun in sich schließt, zu gleicher Zeit die Sorge für Klöster und Volk auf sich zu haben, über die Hinterlist der Feinde sorgfältig zu wachen und dabei auch immer argwöhnisch gegenüber der Falschheit und Bosheit der Bevollmächtigten des Reiches zu sein – das wird Eure Brüderlichkeit um so richtiger sich vorstellen können, je aufrichtigere Liebe Ihr zu mir, der ich dieses leide, in Euch traget."

Gregors Verwicklung in weltliche Tätigkeiten begann mit seiner Amtszeit und wurde mit den Jahren immer größer, wobei sie den Ärger und die Feindseligkeit von Romanus verstärkte. Das allernächste und dringendste Problem war die Verteidigung Roms, das durch Pest und Krieg entvölkert mit einer viel zu schwachen Besatzung versehen war. Das Fehlen einer starken Besatzung byzantinischer Truppen oder eines aktiven Gouverneurs in der Stadt und die Zusammenziehung der Streitkräfte des Reiches um Ravenna und die Verteidigungslinie zwischen Ravenna und Rom drängte den Papst unweigerlich in den Mittelpunkt des Geschehens und zwang ihn, sowohl die finanziellen Mittel als auch das Prestige der Kirche für die Interessen des Reichs einzusetzen. Auch wenn seine Aktivitäten in diesem Bereich an anderer Stelle eingehend untersucht werden, soll hier darauf hingewiesen werden, daß Gregor bei der Aushandlung von Verträgen und Waffenstillständen, bei der Besoldung der Truppen, bei der Leitung der militärischen Aktionen von Reichsgenerälen, sogar bei der Ernennung einstweiliger Befehlshaber für bedrohte Außenposten stets eine führende Rolle spielte. Die Kirche hat ihren Teil voll beigetragen. Selbst die Klöster wurden verpflichtet, Männer für die Bewachung der Stadtmauern herzugeben, obwohl Gregor davor haltmachte, Soldaten in Frauenklöstern einzuquartieren.[3] Seine Sorge um die Sicherheit der Reichsterritorien erstreckte sich aber bald über Rom hinaus auch auf andere Gebiete Italiens. Er befaßte sich mit Verteidigungseinrichtungen für Korsika, Sardinien und Kampanien.[4] In einem Brief an Rusticiana in Konstantinopel hat Gregor, wie es sich gehört, seine erfolgreiche Bewahrung Roms vor der feindlichen Eroberung dem Schutz des hl. Petrus zugeschrieben: „Ihr sollt aufmerksam darauf sehen, wie groß der Schutz des Apostelfürsten Petrus in dieser Stadt ist, in der wir ohne große Bevölkerung und ohne militärische Unterstützung so viele Jahre lang durch Gottes Hilfe von Schwertern unversehrt bewahrt worden sind."[5]

Aber seine Bemühungen haben ihm von seiten der Reichsobrigkeit, auch vom Kaiser selbst keinen Dank, sondern Verleumdung eingebracht, und zwar dermaßen, daß seine berühmte Geduld auf eine harte Probe gestellt wurde. Es ist jedoch wichtig zu unterstreichen, daß Gregor nichts von alledem unternahm, um die päpstliche Macht zu vergrößern. Er hat es nicht einmal bereitwillig getan, sondern er tat es sehr ungern, weil es ihn von seiner Hauptaufgabe im seelsorglichen und geistlichen Bereich ablenkte. Er wurde ganz einfach durch äußere Notwendigkeit dazu gezwungen. Das geht aus seinen Anmerkungen in den *Homilien* eindeutig hervor:[6]

„Wie kann ich überlegen, was meine Mitbrüder nötig haben, und dafür sorgen, daß die Stadt vor den Schwertern des Feindes beschützt wird, Vorsichtsmaßregeln treffen, damit das Volk durch einen plötzlichen Angriff nicht vernichtet wird, und trotzdem gleichzeitig das ermahnende Wort zum Heil der Seelen voll und ganz verkünden? Um von Gott zu reden, brauchen wir den inneren Frieden und müssen frei von Sorgen sein."

Und weiter: „Seit ich die Bürde eines Hirtenamtes übernommen habe, kann sich meine Seele nicht mehr mit Leichtigkeit sammeln, denn sie befindet sich unter einer Menge von Sorgen zerstreut. Ich bin gezwungen, mich einmal mit den Angelegenheiten der verschiedenen Kirchen oder mit den Bedürfnissen von Klöstern zu befassen, dann wieder das Verhalten des einen oder des anderen Menschen zu überprüfen. Es gibt Zeiten, da ich mich mit weltlichen Angelegenheiten befassen, den durch die Barbareneinfälle verursachten Schaden beheben und versuchen muß, die Wölfe daran zu hindern, die mir anvertraute Herde zu vernichten ... Zu Zeiten muß ich mit Leuten, die mir als Plünderer bekannt sind, Nachsicht haben, damit die Nächstenliebe bewahrt wird."

Aber es war nicht bloß die sich hieraus ergebende Ablenkung von geistlichen Dingen, um die er sich Sorge machte, er sorgte sich auch darum, was diese Tätigkeiten die päpstliche Schatzkammer kosteten. So teilte er der Kaiserin Constantina mit: „Zu ein und derselben Zeit muß die Kirche ihren Klerus, ihre Klöster, ihre Armen, das Volk unterhalten und dazu noch die Langobarden voll bezahlen."[7] Die kostenbewußte Stimme des ausgebildeten Verwalters verstärkt die tiefempfundenen Wehklagen des in den Schlingen der Welt verstrickten geistlichen Predigers.

Ebenso wichtig wie militärische Macht im Kampf um die Erhaltung Roms war die Versorgung der Stadt. Gar oft während des Einmarsches der Langobarden wurden Städte durch Hungersnot zur Übergabe gezwungen, sie wurden nicht militärisch erobert. Von entscheidender Bedeutung war insbesondere die

Kornversorgung. Im Jahr 595 entschuldigte sich Gregor beim Kaiser dafür, daß er mit Agilulf Frieden schloß, mit der Begründung, daß das Korn schon zu Ende gewesen sei.[8] Gregor engagierte sich also weiterhin aktiv für die Lebensmittelversorgung im allgemeinen, insbesondere für die kostenlose Kornspende der Regierung – die *annona.* Justinians *Pragmatische Sanktion* hatte die Fortsetzung der durch Theoderich gemachten Kornspende angeordnet. Sie wurde bis Anfang des siebenten Jahrhunderts fortgeführt. Das Getreide der Regierung war eine hochwichtige Waffe im Verteidigungsarsenal. Eine der ersten Amtshandlungen Gregors als Papst war es, an den Prätor Justinus von Sizilien (der Hauptquelle des Korns) zu schreiben und ihn dringend aufzufordern, dafür zu sorgen, daß ausreichende Lieferungen für die öffentlichen Speicher nach Rom erfolgten. Es hatte einen Streit zwischen Justinus und dem *vir magnificus* Citonatus, wahrscheinlich dem *praefectus Annonae,* gegeben, wobei der Prätor behauptete, daß schon mehr als der Pflichtteil geliefert worden sei. Infolgedessen hielt er die Kornverfrachtung auf. Das war aber zu einer Zeit, als die päpstlichen Kornspeicher durch Überschwemmung vernichtet wurden und die Stadt von der Hungersnot bedroht war. Gregor griff also ein, um Justinus dringend aufzufordern, schnell zu handeln. Denn sonst „wird nicht ein Mensch, wer er auch sei, sondern das ganze Volk zusammen ums Leben gebracht".[9] Im Februar 599 forderte Gregor den Rektor Romanus von Syrakus auf, den Reichsvertretern behilflich zu sein, die nach Sizilien geschickt worden waren, um Korn für die öffentlichen Vorratshäuser einzukaufen.[10] Im April 599 entstand noch eine sehr widrige Lage. Aus irgendeinem Grund wurde ein Teil des Korns des Reiches in kirchlichen Lagerhäusern gespeichert und im Auftrag der Regierung durch kirchliche *defensores* ausgeteilt. Doch Cyridanus, der gerade erst zum Leiter der Versorgungsabteilung ernannt worden war und anscheinend von Sizilien aus operierte, erklärte, die kirchlichen Beamten seien der Unterschlagung verdächtig. Er befahl, das Korn ihrer Kontrolle zu entziehen und ihre Kontobücher zu beschlagnahmen. Es sieht wie ein gekünstelter Vorwand aus, um Korn aus der Stadt Rom abzuziehen und es anderswo im Reich zu verwenden. Im folgenden Jahr hatte Gregor in der Tat Anlaß, sich beim prätorianischen Präfekten Johannes von Italien zu beschweren, weil dieser Korn aus den *diaconia,* den Verteilungslagern des kirchlichen Korns, in Neapel entfernt hatte.[11] Anscheinend ist es Praxis gewesen, daß Reichsbeamte, wenn es ihnen an Korn mangelte, rechtswidrig kirchliches Getreide beschlagnahmten. Gregor protestierte heftig bei Cyridanus und warnte auch vor den Folgen des Abzugs von Korn aus der Stadt Rom. Er sagte, die Kirche könne für die Folgen keine Verantwortung übernehmen.[12]

Die staatliche Kornversorgung brach nach Gregors Tod zusammen. Daher überrascht es nicht, daß die Kirche immer mehr mit der Ernährung des Volkes befaßt wurde. Sie hatte am Tiber eigene Kornspeicher, die jeden Herbst mit

Korn von den Kirchengütern in Sizilien beliefert wurden. Die Kirche hatte also einen eigenen Lebensmittelverteilungsdienst als Teil ihres Fürsorgeprogramms. In der Vergangenheit hatte die römische Kirche gelegentlich in Notzeiten aus den eigenen Kornspeichern die ganze Stadt versorgt; zum Beispiel unter Papst Gelasius I., als Winterstürme zur See die Ankunft von Kornladungen verhinderten, oder unter Papst Vigilius, als die Stadt durch die Goten eingeschlossen wurde. Immer mehr wurde die Kirche, eher als das Reich, als die Quelle der Lebensmittelversorgung betrachtet. Im August 591 befahl Gregor dem sizilianischen Rektor Petrus, fünfzig Pfund Gold für den Kauf von zusätzlichem Korn auszugeben, es bis zum folgenden Februar in Sizilien zu speichern, von wo es nach Rom verschifft werden sollte. Denn in der Umgebung von Rom war die Ernte sehr schlecht gewesen und eine Hungersnot war fast unvermeidlich.[13]

Im Jahr 604 gab es eine schwere Hungersnot. Wegen eines außergewöhnlich kalten Winters gab es eine sehr schlechte Weinernte. Die Kornernte war ein Mißerfolg, sie wurde zum Teil durch Mäuse, zum Teil durch den Mehltau vernichtet. In der darauf folgenden Krise verkaufte Gregors Nachfolger Sabinian, wie wir sahen, das Korn der Kirche, statt es zu verschenken. Er wurde dadurch dermaßen unbeliebt, daß nach seinem Tod der Klerus aus Angst vor Unruhen es nicht wagte, seinen Leichnam durch die Stadt zu tragen.[14] Dies zeigt, wie sehr das Volk nun auf die Kirche wegen ihrer Kornspende rechnete. Im Laufe des siebenten Jahrhunderts entstand in der Stadt eine Reihe von Diakonsklöstern, die insbesondere der Lebensmittelversorgung gewidmet waren. Mehrere von ihnen wurden auf den Stellen der alten Verteilungszentren des Reiches errichtet, womit sie die Übernahme dieser ihrer Funktion anzeigten.[15]

Gregor kümmerte sich auch um die Wasserversorgung. Obwohl die *Pragmatische Sanktion* die Ernennung eines römischen Adeligen für die Leitungen *(comes formarum)* angeordnet hatte, der die Wasserleitungen der Stadt überwachen sollte, waren sie schändlich vernachlässigt worden. Im Jahr 602 schrieb Gregor: „Sie sind dermaßen vernachlässigt worden, daß sie, wenn man nicht besser auf sie achtet, in Kürze ganz verfallen werden.“ Er empfahl also eindringlich die Ernennung des *vir clarissimus* Augustus, den er als tatkräftig und gewissenhaft kannte, zum *comes formarum,* der sich mit ihrer Reparatur befassen sollte.[16]

Gregor wollte keine Gegnerschaft zum weltlichen Beamtentum. Stets suchte er einen vernünftigen *modus vivendi.* Er schrieb an die Beamten und gewann sie für den Schutz von Klerikern.[17] Er gab ihnen Geschenke.[18] Sein Ideal war es, zwischen klerikalen und weltlichen Zuständigkeitsbereichen streng zu unterscheiden. Dennoch unterstrich er die Notwendigkeit, daß klerikale Verwalter in weltliche Angelegenheiten eingreifen sollten, wann immer sie Unrecht oder Unterdrückung feststellten.[19] Er tat es selber, wodurch er dann auch mit den Gouverneuren von Sizilien und Sardinien in Konflikt geriet. Zu Anfang seiner

Amtszeit sah Gregor, daß der Prätor Justinus die sizilianischen Bischöfe hinderte, die Insel zu verlassen, um der jährlichen Synode am Fest des hl. Petrus in Rom beizuwohnen, und daß er die Kirche immer wieder belästigte. Gregor schrieb umgehend und suchte dabei aus ihrer früheren Freundschaft – wahrscheinlich in Konstantinopel – einen Vorteil zu ziehen, indem er ihn dringend aufforderte, zum allgemeinen Wohl mit dem Papst in Eintracht zusammenzuarbeiten.[20] Doch das Problem mit Justinus blieb bestehen. Dieser weigerte sich weiterhin, den Bischöfen zu erlauben, Sizilien zu verlassen. Ohne nun viel Aufhebens zu machen, traf Gregor unauffällig andere Vorkehrungen. Im Jahr 591 wurde verordnet, daß sein sizilianischer Vikar jährliche Synoden in Sizilien abhalten sollte und daß alle drei Jahre die Bischöfe nach Rom zu kommen hätten. Im Jahr 597 wies er die Bischöfe an, in Zukunft alle fünf Jahre zu kommen. In diesem Jahr sollten sie jedoch kommen, ohne es den Prätor wissen zu lassen, falls er sie zu hindern versuchte.[21]

In Sardinien war die Lage viel ernster. Sie war so ernst, daß Erzbischof Januarius von Caralis im Sommer 591 nach Rom reiste, um die Hilfe des Papstes zu gewinnen. Theodor, der Gouverneur von Sardinien, hatte eine Schreckensherrschaft eingeleitet, wobei er durch rechtswidrig erpreßte Abgaben den Armen Geld abrang und diejenigen verprügelte und einsperrte, die sich ihm widersetzten. Gregor schrieb sofort an seinen Vertreter in Konstantinopel, den Diakon Honoratus, und befahl ihm, dem Kaiser die Beschwerden der Provinzbewohner vorzutragen und ihn daran zu erinnern, daß er im Jahr 589 dem vorherigen Gouverneur von Sardinien, Edentius, befohlen hatte, mit ähnlichen Praktiken aufzuhören. Gregor schrieb auch an den unmittelbaren Vorgesetzten von Theodor, den Exarchen Gennadius von Afrika, um ihn dazu zu bewegen, seinen Untergebenen in Schranken zu halten.[22]

Die einzigartige kirchliche Stellung des Papstes sowie das Ansehen und die moralische Autorität, die damit verbunden waren, machten ihn deutlich zu derjenigen Person, an die sich unterdrückte Provinzbewohner wandten. Unvermeidlicherweise fing also der Papst an, als Verfechter italienischer Interessen gegenüber gesetzwidrigen Handlungen von Reichsbeamten hervorzutreten. Das war eine Rolle, die der Papst bis zum Sturz des Exarchen spielen sollte. Man kann daraus jedoch keineswegs einen Widerwillen gegen den *status quo* oder den Wunsch nach einer Trennung vom Reich ableiten.

Im Jahr 595 schrieb Gregor an die Kaiserin Constantina über die skandalöse Lage der Dinge auf den Inseln. In Sardinien ließ sich der Gouverneur für Geld die Erlaubnis zu Götzenopfern abkaufen und forderte die Opfersteuer sogar von getauften Heiden. Als ihm darüber Vorhaltungen gemacht wurden, gestand der Gouverneur ganz offen, daß er nur durch solche Abgaben sein *suffragium,* die Summe, die er zur Erlangung seiner Stelle gezahlt hatte, aufbringen könnte. In Korsika wurden die Einwohner durch so große Geldforderungen erdrückt, daß

Eltern die eigenen Kinder in die Sklaverei verkauften, um das nötige Geld zu bekommen. Andere flohen sogar aus Verzweiflung zu den Langobarden. In Sizilien machte sich der *chartularius* Stephanus so vieler Untaten der Unterdrückung und Beraubung schuldig, daß sie ein ganzes Buch füllen würden. Gregor forderte die Kaiserin dringend auf, möglichst bald die Angelegenheiten vor ihren Gatten zu bringen. Er schloß:[23]

„Ich weiß wohl, daß er sagen wird, alle Steuererträgnisse aus den genannten Inseln werden uns zur Kostendeckung für den Bedarf Italiens geschickt. Aber ich bemerke dazu, daß er den Kummer der Unterdrückten innerhalb seines Reiches stillen soll, auch wenn infolgedessen weniger Geld nach Italien geschickt wird. Denn vielleicht gereichen deshalb so viele Gelder unserem Lande nur sehr wenig zum Nutzen, weil sie unter Sünde aufgebracht werden. Möchte also der allergnädigste Kaiser befehlen, daß in Zukunft nichts mit Sünde eingenommen werde. Denn ich bin überzeugt, auch wenn weniger Geld eingenommen wird, werden die Interessen des Staates durchaus gefördert werden. Und wenn wir uns dann auch mit geringeren Mitteln behelfen müssen, so ist es doch besser, daß wir dieses zeitliche Leben verlieren, als daß Ihr daran gehindert sein würdet, zum ewigen Leben zu gelangen."

Doch im Jahr 603 beschwerten sich die Sardinier wieder über schwere Unterdrückung. Gregor gab dem Rektor Vitalis die Erlaubnis, deren Beschwerde nach Konstantinopel zu bringen.[24]

Gregor war gerne bereit, generell für die Unterdrückten einzutreten. Er half in besonderen Fällen, wie zum Beispiel, als sich die Seifensieder von Neapel über ihre Unterdrückung durch den *palatinus* Johannes beschwerten. Doch war Gregor nicht gewillt, Fälle außerhalb seiner Gerichtsbarkeit zur Kenntnis zu nehmen.[25] Er weigerte sich zum Beispiel, über einen ihm vorgebrachten Fall zu befinden, für den von Rechts wegen der militärische Befehlshaber von Neapel Maurentius zuständig war.[26] Er wies den Rektor Romanus von Sizilien an, das kirchliche Patronatsrecht mäßig auszuüben, besonders in Bestechungsfällen, damit die Kirche nicht mitbelastet werde.[27]

Man appellierte an den Papst nicht nur um Hilfe gegen die Unterdrückung, sondern es gab auch Leute, die päpstliche Unterstützung bei der Förderung ihrer Laufbahn suchten. Gregor war sehr vorsichtig bei der Empfehlung von Kandidaten für ein hohes Amt, denn die Folgen eines Mißbrauchs konnten das Papsttum belasten. Als er zum Beispiel gebeten wurde, Bonitus für die Prätur von Sizilien zu empfehlen, weigerte er sich, indem er taktvoll sagte, er wollte Bonitus keine so große Bürde auferlegen.[28]

Als der Patrizier Venantius dreißig Pfund Gold nach Konstantinopel schickte, um die Exkonsulswürde zu kaufen, ohne vorher die entsprechenden Dienstgrade oder Ämter innegehabt zu haben, bat er um Gregors Unterstützung. Klugerweise wies Gregor seinen *apocrisiarios* Honoratus an, alles Mögliche zu tun, um die Abwicklung der Angelegenheit zu beschleunigen, ohne jedoch dabei Gregors Namen zu erwähnen.[29] Sein übliches Verfahren bei Empfehlungsschreiben war es, wie er dem ehemaligen Konsul Leontius versicherte, daß er sie keinem jemals gab, ohne dabei ausdrücklich zu erklären, dem Empfohlenen solle die Gunst nur insofern erwiesen werden, als die Gerechtigkeit dies zuließ.[30] Seine Empfehlungsschreiben konnten sicherlich mißbraucht werden, so zum Beispiel als der Vikar Johannes mit Papstbriefen unterwegs nach Genua war und diese dazu mißbrauchte, um Geld vom Erzbischof Constantius von Mailand zu erpressen. Als Gregor davon erfuhr, erklärte er, sie seien ganz entschieden nicht dafür bestimmt gewesen.[31]

Nichts veranschaulicht klarer die hervorragende Stellung des Papsttums gegenüber der weltlichen Obrigkeit als die Reaktionen von Regierungsbeamten der Provinzen, die vor einer Untersuchung ihrer Buchführung standen. Im Jahr 591 suchte der ehemalige Präfekt Maurilio Schutz in einer Kirche von Ravenna, um nicht dem prätorianischen Präfekten Georg von Italien seine Kontobücher vorlegen zu müssen. Gregor wies Erzbischof Johannes von Ravenna an, ihn vor Unterdrückung zu schützen.[32] Noch offensichtlicher war die Panik, die unter den Beamten des Reiches ausbrach, als im Jahr 598 ein Generalinspektor des Reiches, der ehemalige Konsul Leontius, in Sizilien eintraf und die Beamten vorführen ließ. Gregor, der ehemalige Präfekt von Rom, und der Vikar Crescentius suchten beide Schutz in einer Kirche von Rom. Nun fiel es dem Papst zu, für sie bei Leontius zu vermitteln. Der ehemalige Präfekt wurde schließlich dazu überredet, nach Sizilien zu reisen und seine Kontobücher vorzulegen. Er tat dies erst, nachdem Gregor persönlich versprochen hatte, alles in seiner Macht Stehende zu tun, um ihm zu helfen, und nachdem der Vertreter von Leontius sein Wort darauf gegeben hatte, daß er nicht zu Schaden kommen werde.[33] Gregor schrieb dann auch an seine besonderen Freunde in Sizilien, die Bischöfe Johannes von Syrakus, Donatus von Messina und Secundinus von Tauromenium, sich dafür einzusetzen, daß Leontius sein Wort hielt und der Expräfekt Gregor nicht zu Schaden käme.[34] Auch Crescentius wurde überredet, unter ähnlichen Bedingungen seinen Zufluchtsort zu verlassen. Gregor schrieb noch einmal an Johannes von Syrakus und bat ihn, auch jenen zu beschützen.[35]

Aber darüber hinaus wurde Gregor selbst in einen derartigen Vorgang verwickelt, als er den *vir clarissimus* Laurentius schickte, um die Kontobücher des verstorbenen *numerarius* Bonifatius vor einem höheren Beamten, einem Vikar oder einem Präfekten, zu erläutern. Bonifatius hatte der Pilgerherberge des hl. Petrus einen Teil seines Eigentums vermacht. Gregor wollte, daß die Kirche diesen Teil behielt.[36] Er zog Johannes von Syrakus und den Rektor Romanus dafür heran, um Laurentius Hilfe zu leisten. Er wies Romanus an, eine Bürgschaft *(cautio)* mit dem Inhalt zu verschaffen, daß die Angelegenheit, war sie einmal entschieden, nicht wieder aufgenommen werden konnte.[37]

Die Befürchtungen dieser weltlichen Beamten waren durch das Schicksal des ehemaligen Prätors Libertinus von Sizilien durchaus berechtigt. Ungeachtet der Tatsache, daß Gregor in einem Brief den guten Ruf seiner Regierungstätigkeit energisch verteidigte, wurde Libertinus der Unterschlagung öffentlicher Gelder für schuldig befunden und zu einer so hohen Geldstrafe verurteilt, daß er wirtschaftlich zugrunde gerichtet wurde. Er wurde noch dazu ausgepeitscht. Leontius sandte an Gregor eine Abschrift von der *cautio* des Libertinus, in der gezeigt wurde, daß er ein sehr hohes *suffragium* versprochen hatte, um das Amt zu bekommen, und daß er sich nur durch Unterschlagung von Geldern für seine Ausgaben schadlos halten konnte. Der Papst antwortete, daß er im Hinblick darauf über die Angelegenheit von Libertinus nichts mehr sagen wolle. Doch er mißbilligte die Auspeitschung sehr, die sowohl heftig als auch unangemessen war.[38] Hier handelt Gregor also fast als ein Schutzherr von höheren weltlichen Beamten, der in ihrem Namen mit den führenden Reichsbeamten verhandelt und das Ausmaß seines Einflusses und seines Prestiges zeigt.

Abgesehen von dieser wachsenden Verwicklung in weltliche Angelegenheiten hatte sich die normale kirchliche Tätigkeit des Papsttums durch den Krieg gewaltig ausgeweitet. Ohne Zweifel als Antwort auf die Unterdrückung der kirchlichen Verwaltungsstruktur unternahm Gregor Reformen in der Zentralverwaltung. Obwohl diese Reformen offensichtlich zentral gesteuert wurden, ist leider wenig davon in das päpstliche Register durchgesickert. Dennoch können wir einen Überblick über seine Reformen geben.

Der Einmarsch der Langobarden und seine Folgen hatten die Arbeit der *defensores*, der päpstlichen Vertreter in den Regionen, schwierig gemacht. Zusätzlich zu ihrer herkömmlichen Aufgabe, die Interessen und das Eigentum der Kirche zu schützen, waren sie jetzt vor allem mit Flüchtlingsproblemen, mit dem Loskauf von Gefangenen und mit der Behandlung von Verstößen gegen die Disziplin beschäftigt. Also faßte sie Gregor in ein Kollegium, eine *schola*, zusammen und verlieh ihnen den formellen Status einer Körperschaft, wie die Diakone und die Notare sie besaßen. Ein *primicerius* wurde zum Haupt der *schola* ernannt, und an sieben höhere *defensores* wurde der Titel *regionarius* verliehen, wodurch sie den anderen *scholae* gleichgestellt wurden.[39]

In ähnlicher Weise entwickelte Gregor bei der vergrößerten Arbeitslast der Patrimonial-Rektoren ein Wechselsystem im Interesse der Leistungsfähigkeit der Verwaltung. Er verbot den Besitz mehrerer Ämter und versetzte die Rektoren von Zeit zu Zeit, um zu verhindern, daß sie zu nachlässig werden.[40]

Als er sah, daß einige Diakone, die früher Kantoren gewesen waren, ihre Verwaltungsaufgaben und geistlichen Verpflichtungen zugunsten des Singens vernachlässigten, verbot er dies und ordnete an, daß in Zukunft Kantoren nicht bloß auf Grund ihrer schönen Stimme, sondern auch aufgrund ihrer Lebensführung und ihrer geistlichen Berufung ausgewählt werden.[41]

Gregor schuf auch das permanente Amt eines *vicedominus* für die Verwaltung des Lateranpalastes. Im Jahr 545 hatte Papst Vigilius, als er nach Konstantinopel aufbrach, den Priester Ampliatus als *vicedominus* eingesetzt, um den Lateranpalast in seiner Abwesenheit und vielleicht auch in Abwesenheit des Erzdiakons zu verwalten. Aber im Jahr 590 machte Gregor dies zu einer festen Einrichtung und ernannte dazu den Diakon Anatolius.[42] Das hatte eine über die bloße Verwaltung hinausreichende Bedeutung, und zwar deswegen, weil es eine Schmälerung der Macht des Erzdiakons und folglich der Macht der klerikalen Ämter bedeutete.

Gregors eigenes Engagement in der Verwaltung umfaßt alle Bereiche. Von seinen 854 uns überlieferten Briefen befassen sich viele sehr ausführlich und detailliert mit Verwaltungsfragen. Der Papst dürfte seinen Notaren viele dieser Briefe diktiert haben. Außerdem dürfte es eine Menge Formularbriefe gegeben haben, die nur der Unterschrift des Papstes bedurften: Gesuche um den Tausch oder die Verpachtung von päpstlichen Grundstücken; Gesuche um die Erlaubnis, Kapellen, Baptisterien, Altäre, Kirchen zu bauen bzw. zu reparieren; Bitten um heilige Reliquien; Bekanntmachungen von vakant gewordenen Bischofsämtern, von Bischofswahlen und der Zusammenlegung von Diözesen; Urkunden der Sklavenverschenkung, des Sklavenverkaufs und des Sklaventausches; Einladungen zu Bischofssynoden; Anordnungen bezüglich der Beförderung und der Unterbringung von päpstlichen Eilboten; Anweisungen an Rektoren und so weiter. Die päpstliche Kanzlei war das Zentrum dieser Aktivität. Die Notare dürften mit ihren Urkundenbündeln einen Teil des päpstlichen Arbeitstages in Anspruch genommen haben.

Eine der wichtigsten Kraft- und Machtquellen des Papsttums war dessen Besitz. Die Geldwirtschaft bildete einen bedeutenden Betätigungsbereich des Papstes. Das Einkommen der Kirche rührte von verschiedenen Quellen her: hauptsächlich von dem Patrimonium des hl. Petrus, aber auch von Vermächtnissen und Schenkungen. Gregors Register führt verschiedene Beispiele von Schenkungen der Gläubigen an: Der Kaiser Mauritius und seine Schwester, Prinzessin Theoctista, schenkten dreißig Pfund Gold; eine ausgewanderte römische Adelige, Rusticiana, schenkte zehn Pfund; und der Leibarzt des Kaisers gab eine unbestimmte Summe.[43] Oft wurden diese Gelder für bestimmte Zwecke zurückgelegt, z.B. für den Loskauf von Gefangenen oder für die Unterstützung der Armen. Doch Gregor war nicht bereit, auf Kosten anderer Nutzen zu ziehen. Als ihm Bischof Johannes von Syrakus Geld für die Unterstützung der Armen in Rom schickte, erteilte ihm Gregor eine Rüge mit dem Hinweis, daß in Anbetracht der Menge der Armen in Syrakus die Summe zu groß sei.[44]

Nach alter Tradition wurden die Einkünfte der römischen Kirche in vier Teile eingeteilt, eine unter der Bezeichnung *quadripartitum* bekannte Einteilung. Sie wurden für den finanziellen Unterhalt des Papstes, für den Unterhalt der Kleriker, für die Instandhaltung kirchlicher Gebäude und für Almosen bestimmt.[45] Die römische Kirche besaß jedoch offensichtlich beträchtliche finanzielle Reserven, denn im Jahr 593 konnte sie 500 Pfund Gold beibringen, um die Langobarden abzufinden.[46]

Es war das übliche Verfahren Gregors, das Viertel für den Klerus je nach Verdienst zu verteilen. Johannes der Diakon beschreibt die Zeremonie der Klerusbesoldung folgendermaßen:[47]

„Gemäß dem Hauptbuch *(polyptycum)* von Gelasius, an das er sich anscheinend sehr genau hielt, machte er die Einkünfte aller Kirchengüter und Ländereien zu Geld. Nachdem er sämtliche Beamte der Kirche, des päpstlichen Palastes, der Klöster, der kleineren Kirchen, der Friedhöfe, der Diakonate, der Pilgerherbergen sowohl innerhalb als auch außerhalb der Mauern Roms versammelt hatte, bestimmte er nach dem Hauptbuch (nach dem die Verteilung immer noch gemacht wurde), wie viele *solidi* aus den oben erwähnten Zahlungen aus Gold und Silber jeder bekommen sollte. Die auf diese Weise bestimmten Summen wurden viermal im Jahr verteilt, nämlich zu Ostern, am Fest der Apostel (29. Juni), am Fest des hl. Andreas (30. November) und am Jahrestag der eigenen Bischofsweihe (3. September). Außerdem war er gewohnt, früh am Morgen des Ostertages in der Basilika des Papstes Vigilius zu sitzen, in deren Nähe er wohnte, und mit den Bischöfen, Priestern, Diakonen und anderen Standespersonen den Friedenskuß auszutauschen. Bei dieser Gelegenheit schenkte er jedem von ihnen einen *aureus*. Am Fest der Apostel und am Jahrestag der eigenen Bischofsweihe schenkte er ihnen eine Geldsumme sowie Kleider aus ausländischem Stoff und nach ausländischem Muster.

Nach Gregor war jedoch das Almosengeben der Hauptzweck der päpstlichen Finanzen. Johannes der Diakon nennt ihn „den klügsten Familienvater Christi“ *(prudentissimus paterfamilias Christi)*. Gregor nennt sich selbst „den Verwalter des Eigentums der Armen“.[48] Er war der Meinung, daß die päpstlichen Ländereien sozusagen durch die römische Kirche für die Armen verwaltet wurden. Das Geld und die Güter der Kirche wurden also in einem endlosen Strom von Zuwendungen, Mietermäßigungen, Unterstützungen und Almosenspenden verteilt. Gregor war der erste Papst, der diese karitative Tätigkeit in ein System brachte. Johannes der Diakon berichtet, daß zu seiner Zeit im Lateranarchiv immer noch ein unter Gregor zusammengestellter, umfangreicher Band existierte, der Namen, Anschrift, Geschlecht und Beruf von allen umfaßte, die päpstliche Spenden erhielten, sowie die Höhe der erhaltenen Spenden.[49] Er gibt keine weiteren Einzelheiten daraus wieder, „aus Angst, er könnte damit die Leser langweilen“. Aber das päpstliche Register enthält eine Fülle von Informationen über Gregors karitative Tätigkeit. Aus allen Volksschichten gab es Männer und Frauen, die ihm ihren Lebensunterhalt verdankten. Selbstverständlich gab es Subsidien für Klosterfrauen, Mönche und Priester,[50] insbesondere für 3000 geflüchtete Nonnen in Rom, denen jährlich achtzig Pfund Gold und ein Vorrat an Bettwäsche geschenkt wurden.[51] Für die Blinden gab es die jährliche Lebensmittelversorgungen in Form von Korn, Bohnen und Wein.[52] Heruntergekommene Adelige erhielten Renten: unter ihnen ein ehemaliger städtischer *defensor,* ein Rechtsanwalt, oder der geflüchtete Gouverneur von Samnium, der in Sizilien in Armut lebte.[53] Seine eigene Tante Pateria versorgte er mit Geld, um die Schuhe ihrer Dienerschaft zu bezahlen. Dem ehemaligen Prätor Libertinus, der sein Vermögen verloren hatte, schenkte er zwanzig Kleider für dessen Diener.[54] Adeligen Frauen gab er Geld und Lebensmittel in verschiedenen Mengen.[55]Er hat die Schulden gestrichen, die der verstorbene Rektor von Tibur der Kirche schuldete, denn hätte er sie eingetrieben, wären dessen Söhne bankrott geworden.[56] Er befahl, die Söhne des syrischen Kaufmanns Cosmas freizulassen, die der päpstliche Rektor Cyprianus von Sizilien zum Pfand für eine Schuld als Sklaven hatte festnehmen lassen.[57] Er schickte der an Hunger leidenden Stadt des Bischofs Zeno, wahrscheinlich in Sizilien, 2000 *modii* Weizen.[58] Im allgemeinen dienten diese Spenden der Linderung echter Not. Aber Gregor war auch bereit, Renten zu zahlen, um die Bekehrung sowohl vom „Drei-Kapitel"-Schisma als auch vom Judentum zu erleichtern.[59]

Noch einmal berichtet Johannes der Diakon ausführlich über die karitative Tätigkeit des Papstes in Rom, die einen beweglichen Mahlzeitendienst, diskrete Geschenke an den niederen Adel sowie die Berücksichtigung des Standesunterschieds bei der Abstufung der Almosenspenden zeigt:[60]

„Am ersten Tag eines jeden Monats verteilte er an die Armen allgemein jenen Teil der kirchlichen Einkünfte, der in Form von Naturalien hereinkam: Korn zu seiner Jahreszeit sowie Wein, Käse, Gemüse, Schweinefleisch, Rindfleisch, Fisch und Öl wurden also durch diesen Familienvater des Herrn sehr diskret verteilt. Bürgern von Rang schenkte er jedoch farbige Stoffe und andere feinere Waren als Zeichen der Anerkennung. Die Kirche wurde also als Versorgungsquelle für die ganze Gemeinschaft betrachtet... Außerdem schickte er jeden Tag durch eigens für diesen Dienst ernannte Boten gekochte Lebensmittel an die Kranken und Schwachen in den Straßen und Gassen sämtlicher Stadtviertel. An diejenigen von höherem Rang, die sich schämten, zu betteln, schickte er vom eigenen Tisch eine Schüssel, die als Geschenk vom hl. Petrus an ihrer Tür abgegeben wurde. Und das tat er, ehe er selbst sich zu Tisch setzte. Es gab also keinen einzigen Gläubigen in Rom, der die Güte dieses Bischofs, der liebevoll die Bedürfnisse aller befriedigte, nicht erlebte."

Hier sehen wir die Grundlage der Anstrengungen, die das Papsttum über das folgende Jahrhundert allmählich erweiterte, bis es buchstäblich für die Ernährung der ganzen Bevölkerung verantwortlich war.

Anders als einige seiner Vorgänger war Gregor kein Baupapst. Mit Recht bemerkt Paulus Diakonus: „Andere Päpste widmeten sich dem Bauen von

Kirchen und deren Ausschmückung mit Gold und Silber. Obwohl Gregor diese Pflicht nicht gänzlich vernachlässigte, war er doch davon ganz in Anspruch genommen, Seelen zu gewinnen. Und alles Geld, dessen er habhaft werden konnte, wollte er ausgeben und für die Armen verwenden."[61] Gregors Bauunternehmungen beschränkten sich hauptsächlich auf das Grab des hl. Petrus. Er ließ das Grab mit 100 Pfund Gold bedecken und einen dachartigen Überbau *(ciborium)* aus Silber über dem Petrusaltar errichten.[62] Er ließ aus den päpstlichen Gütern in Bruttium Holz für die Reparatur der Dächer der Petrus-Basilika und der Paulus-Basilika schicken.[63] Er vermehrte die Zahl der Kirchen Roms einfach dadurch, daß er zwei arianische Kirchen wieder für den katholischen Gottesdienst weihte: Die eine in Suburra wurde der sizilianischen Heiligen Agatha von Catana, die andere neben dem Merulanpalast dem beliebten St. Severin von Noricum geweiht.[64] Da scheint jedoch die bescheidene Grenze seines Bauprogramms gewesen zu sein.

Die beträchtliche, durch die Langobardeneinmärsche verursachte soziale und wirtschaftliche Verwirrung hat eine Reihe ganz neuer Probleme geschaffen, die der Papst anpacken mußte. Laien und Kleriker sind vor den einmarschierenden Horden in alle Himmelsrichtungen geflohen. Die päpstliche Verwaltung mußte plötzlich eine Fertigkeit entwickeln bei der Behandlung von allerlei Flüchtlingsproblemen: beim Loskauf von Gefangenen und den damit verbundenen Komplikationen sowie beim Treffen von Vorkehrungen für Kirchen und Klerus in den Kriegszonen. Sizilien, der entfernteste und sicherste Zufluchtsort, nahm viele Flüchtlinge auf. Gregors Register berichtet über die Anwesenheit von Flüchtlingen in Sizilien aus so verschiedenen Orten wie Tauriana und Myria in Bruttium, Canusium in Apulien, Formiae und Misenum in der Campania, Grumentum in Lucanien, Larinum in Samnium und aus der Provinz Valeria.[65] Sie zählten zu allen Ständen, von Reichsbeamten bis zu notleidenden Mönchen. Zahlreiche geflüchtete Mönche und Nonnen trafen aus verschiedenen Gegenden Italiens in Rom ein. Mehrere der Mönche von St. Andreas waren Flüchtlinge aus Valeria.[66] Wo immer es möglich war, versuchte Gregor, die Flüchtlinge in bestehende Klostergemeinschaften einzugliedern. Er richtete mehrere Gemeinschaften von geflüchteten Mönchen und Nonnen in leerstehenden Häusern ein, die der Kirche gehörten.[67] Aber es blieben immer noch an die 3000 Klosterfrauen, die Gregor aus päpstlichen Geldern unterstützen mußte, was die Größe des Problems ahnen läßt.[68]

An erster Stelle befaßt sich der Papst mit Disziplin, Ordnung und Moral sowie mit der Versorgung der Flüchtlinge. Das ist der eine Grund für die Erweiterung seiner karitativen Tätigkeiten. Auch mit dem Zusammenbruch der Disziplin mußte er fertig werden. Das päpstliche Register berichtet zum Beispiel, daß eine Nonne vom geflüchteten Sohn eines lucanischen Bischofs verführt und geschwängert wurde, oder geflüchtete Kleriker aus Formia sich rechtswidrig beim Klerus von Syrakus einschrieben. Dies war zu einer Zeit, da die eigene Stadt Kleriker dringend nötig hatte.[69] Viele Männer und Frauen aus verschiedenen Gegenden nahmen zur Insel Eumorphiana Zuflucht, sodaß die dortige Mönchsgemeinschaft beunruhigt und der Versuchung ausgesetzt war. Dies veranlaßte Gregor zu der Anordnung, daß sämtliche Frauen von dieser Insel und von den übrigen unter der Gerichtsbarkeit der römischen Kirche stehenden Inseln entfernt und an andere Zufluchtsorte gebracht wurden.[70]

Ein besonderes Problem ergab sich daraus, daß geflüchtete Kleriker Kirchengerät verkauften, um zu überleben. Gregor wollte das möglichst verhindern, weil die Zerstreuung des Kirchengeräts es um so schwieriger machen würde, aufgegebene Bistümer wieder einzurichten. Als er erfuhr, daß drei geflüchtete Kleriker aus Venafrum Meßgewänder und Kelche aus ihrer Kirche an einen Juden verkauft hatten, befahl er, daß das kirchliche Eigentum wieder zurückerworben und den Klerikern eine Buße auferlegt werden sollte.[71] Er hat auch Maßnahmen ergriffen, um das Kirchengerät des aufgegebenen Bistums von Compulteria vom Sohn des verstorbenen *defensor* der römischen Kirche wiederzubekommen, der es ursprünglich in seine Obhut genommen hatte.[72]

In Sizilien, wo so viele Kleriker einen Zufluchtsort suchten, war die Zerstreuung von Kirchengerät und Kirchenmöbeln besonders schlimm. Im Oktober 593 befahl Gregor dem Rektor Cyprianus, das alles wieder einzusammeln und in sicherem Gewahrsam bei den sizilianischen Bischöfen zu hinterlegen, bis der Friede zurückgekehrt sei und es den Kirchen, denen es ursprünglich gehörte, wieder zurückgegeben werden konnte. Er sollte eine genaue Liste von dem Eingesammelten und dessen Aufbewahrungsort anlegen.[73] Im Mai 598 forderte Gregor den römischen Notar Pantaleon, der sich in besonderer Mission in Sizilien aufhielt, dringend auf, die gleichen Maßnahmen zu ergreifen.[74] Bischöfe, die weite Territorien auf dem Festland verwalteten, in denen sich verlassene Kirchen befanden, erhielten ähnliche Anweisungen.[75]

Es gab jedoch einen Umstand, wo Gregor bereit war, den Verkauf von Kirchengerät zu billigen, nämlich um Geld für den Loskauf der Gefangenen von den Langobarden aufzubringen. War bei den Bischöfen das Bargeld knapp und gab es während eines Langobardenangriffs schwere Verluste an Gefangenen, dann genehmigte Gregor den Verkauf des Kirchengeräts. Im November 596 erhielt Bischof Fortunatus von Fanum eine solche Genehmigung, obwohl Gregor darauf bestand, daß der römische *defensor* Johannes bei der Durchführung des Geschäfts anwesend sei, um dafür Gewähr zu leisten, daß alles seine Richtigkeit habe.[76] In ähnlicher Weise erhielt Faustinus, Notar der Kirche von Myria in Bruttium, fünfzehn Pfund Silber aus dem Besitz der myrianischen Kirche, das zu Messina in Sizilien hinterlegt wurde, um seine Töchter loszukaufen.[77]

Das Loskaufen der Gefangenen überließ Gregor jedoch nicht der Initiative des einzelnen, es blieb eines seiner Hauptanliegen. Er war der festen Überzeugung, daß der Loskauf von Katholiken eine rechtmäßige Verwendung des Kirchengeldes war. Er forderte stets die Bischöfe dringend auf, nicht nur Leute der eigenen Diözese loszukaufen, sondern auch die jenigen zu entschädigen, die sich selbst losgekauft hatten.[78] Im Jahr 597 wurden Geldspenden der kaiserlichen Familie dafür verwendet, viele Gefangene aus Crotona loszukaufen, die das Jahr zuvor in die Hände der „abscheulichen Langobarden" gefallen waren.[79] Gregor schickte sogar den römischen Priester Valerianus nach Nordafrika, um italienische Gefangene zu kaufen, die auf den dortigen Sklavenmärkten verkauft wurden.[80]

Bezeichnenderweise hat Gregor dieses Problem mit geschäftsmäßiger Tüchtigkeit angepackt. Im April 596 schrieb er an seinen Rektor Anthemius in der Campania und beschwerte sich darüber, daß dieser es versäumte, Gefangene loszukaufen. Er teilte ihm mit, daß er dabei sei, den *vir magnificus* Stephanus mit einer Summe Geldes zu schicken, das Anthemius dafür verwenden sollte, um Gefangene – sowohl Freie als auch Sklaven – loszukaufen.[81] Loskaufen sollte Anthemius jene freien Männer, die zu arm waren, sich selbst loszukaufen, dann die Sklaven von Freien, die von ihren Herren nicht freigekauft werden konnten, sowie die Sklaven der Kirche. Er sollte eine Liste mit Namen, Wohnort, Beruf und Herkunftsort der losgekauften Gefangenen aufstellen, desgleichen eine Liste der bei dem Unternehmen ausgegebenen Geldsummen. Diese Listen sollten nach Rom geschickt werden. Gregor forderte Anthemius dringend auf, die Gefangenen möglichst billig loszukaufen. Seine Anweisungen zeigen also eine kluge Verbindung von reiner Wohltätigkeit, von Standesbewußtsein, Väterlichkeit, Beamtentüchtigkeit und klugem Geschäftssinn, die einen großen Teil seiner Verwaltung kennzeichnet.

Derselbe Sinn für Ordnung in der Verwaltung bestimmte auch seine Aktivitäten für die Kriegszonen, jene unruhigen Gegenden, die zwischen dem Reichsgebiet und dem Langobardengebiet lagen. Während der Langobardenzeit hörten mindestens zweiundvierzig Diözesen auf zu existieren. Das spiegelt sich in den Bischofsweihen wider. In den dreizehneinhalb Jahren seiner Amtszeit weihte Gregor zweiundsechzig Bischöfe, wohingegen in Amtszeiten von verhältnismäßig gleicher Länge in ruhigeren Zeiten Honorius I. (625–638) einundachtzig und Sergius I. (687–701) siebenundneunzig Bischöfe weihte. Gregor unternahm jedoch maßgebende Schritte, um die noch gebliebenen Diözesen zu organisieren. In jenen durch die Langobarden besonders schlimm verwüsteten Provinzen mußte Gregor notgedrungen Semivikariate einrichten, indem er mehrere Diözesen unter einem einzigen Bischof zusammenfaßte. Lucanien wurde durch die Langobarden offensichtlich sehr schwer getroffen, obwohl es anscheinend nicht fortdauernd besetzt war. Es scheint zwischen der Reichsprovinz von Bruttium und dem Langobardenherzogtum von Benevento eine Pufferzone geblieben zu sein.

Von keiner der sieben Diözesen, die vor Gregors Amtszeit in Lucanien existierten, wird berichtet, daß sie während seiner Amtszeit besetzt war. Nur ein einziger Brief im ganzen päpstlichen Register ist an einen lucanischen Bischof geschrieben. Er wurde im Juli 592 an Bischof Felix von Acropolis gesandt.[82] Da keine Diözese mit dieser Bezeichnung im päpstlichen Register steht, ist die wahrscheinlichste Erklärung die, daß der Bischof von Paestum seine Residenz in die in der Nähe liegende Reichsfestung von Acropolis verlegt hatte. Gregor beauftragte ihn von dort aus mit einer erweiterten Visitation über die Nachbardiözesen, denn der Brief ernannte ihn zum Visitator von Blanda Julia, Velia und Bixentum. Interessanterweise hat er ihn nicht aufgefordert, Bischofswahlen zu veranstalten. Ihm wurde die Erlaubnis gegeben, wo nötig Priester zu weihen, und es wurde ihm befohlen, die kirchliche Disziplin aufrechtzuerhalten und das verstreute Kirchengerät einzusammeln. Es ist offensichtlich, daß die lucanische Hierarchie zusammengebrochen war. Gregors Maßnahmen konnten nur den Status quo aufrechterhalten. Die Tatsache, daß die Visitation von Felix nur den lucanischen Küstendiözesen galt, läßt vermuten, daß sich die Diözesen im Binnenland Consilinum, Grumentum und Potentia, die im Register nicht erwähnt sind, im Einflußbereich der Langobarden befanden.

Ein ähnliches Bild der Verwirrung und der Verlassenheit findet man in Apulien, wo von fünfzehn früher bezeugten Diözesen nur noch eine besetzt ist, nämlich die wichtige Küstenfestungsstadt von Sipontum. Die Stadt ist Sitz eines Bischofs, eines päpstlichen Rektors und eines Reichsmilitärgouverneurs. Im Jahr 591 ernannte Gregor den Bischof Felix von Sipontum zum Visitator von Canusium, wo kein Klerus übriggeblieben war.[83] Er wies ihn an, zwei Priester einzusetzen, um die nötigen kirchlichen Dienstleistungen zu verrichten. Mit keinem Wort erwähnte er jedoch eine Bischofswahl. Im Juli 593 wurde Felix angewiesen, mit den päpstlichen Notaren Bonifatius und Pantaleon zusammenzuarbeiten, um das Eigentum anderer sich in Sipontum befindlicher Kirchen zu inventarisieren.[84] Der Gebrauch der Mehrzahlsform in diesem Brief bestätigt das Bild von Sipontum als die letzte Zufluchtsstadt in Apulien, wohin das Kirchengerät vieler vor dem Feind verlassener Kirchen in sicheren Gewahrsam gebracht wurde.

Anderswo, in ungeschützten Grenzgebieten, wurden kleinere Gruppen von verlassenen Diözesen mit noch florierenden Bistümern vereinigt. In der Campania wurde die Diözese von Atella mit mehreren verwaisten Nachbarbistümern vereinigt.[85] Welche Diözesen das waren, ist nicht bekannt. Am wahrscheinlichsten kommen die Küstendiözesen von Suessa, Forum, Popilii und Volturnum in Frage. Von ihnen ist keine im päpstlichen Register bezeugt. Sie bildeten eine Linie zwischen Minturnae und Cumae, die beide selbst mit anderen

Bistümern vereinigt waren. Infolge der Absetzung des Bischofs Benenatus von Misenum wurde Cumae von seinem Bistum getrennt und mit Atella vereinigt.[86] Weiter nördlich wurden mehrere bischofslose Nachbardiözesen unter Bischof Ecclesius von Clusium gestellt.[87]

Bischöfe, deren Diözesen Schauplatz kriegerischer Auseinandersetzungen waren, wurden dazu ermutigt, ihren Bischofssitz auf einen sicheren Ort, meistens innerhalb der Mauern einer Reichsfestung, zu verlegen. Im Jahr 592 wurde Bischof Johannes von Velitrae angewiesen, seinen Sitz nach Arenata ad St. Andream zu übertragen, da Velitrae zu ungeschützt war. Wahrscheinlich wurde die Diözese von Urbs Vetus, die im Jahr 596 ohne Priester war, nach der Festung Balneum Regis verlegt, wo zum erstenmal im Jahr 600 ein Bischof aufscheint.[88] Bistümer an der Grenze, die infolge feindlicher Handlungen viel Bevölkerung und den Klerus verloren hatten, die jedoch im Machtbereich des Reiches geblieben waren, wurden oft formell mit Nachbardiözesen vereinigt und in den meisten Fällen von Reichsgarnisonen geschützt. Daraus ergab sich, daß ein einziges klerikales Amt in zwei Städten Dienst tun mußte. Wahrscheinlich wurden auch die kriegsgeschädigten Finanzen beider Städte zusammengefaßt. Diese Verfahren wurden tatsächlich derart verbreitet, daß die päpstliche Kanzlei einen derartigen Formularbrief entwarf.[89] Im Jahr 590 wurde also Minturnae mit Formiae vereinigt; im Jahr 592 Cumae mit Misenum, Fundi mit Terracina und Tres Tabernae mit Velitrae. Im Jahr 593 wurde St. Anthimus in Cures mit Homentum und im Jahr 598 Interamna mit Narnia verbunden.[90] Bezeichnenderweise hatten Formae, Terracina, Narnia und Misenum Reichsgarnisonen. Anscheinend wurden die meisten dieser Zusammenlegungen unmittelbar nach den feindlichen Vormärschen der Langobarden unter Ariulf und Agilulf in den ersten Jahren von Gregors Amtszeit getroffen.

Als Städte bzw. ganze Regionen durch die Reichsarmeen von den Langobarden zurückerobert wurden, unternahm Gregor sofort Schritte, um die klerikale Hierarchie wiederherzustellen. Im Jahr 599 zum Beispiel teilte ein Reichsgeneral Aldio, *magister militum,* Gregor die Rückeroberung einer nicht genannten Stadt mit und bat ihn, dafür Priester und Diakone zu weihen. Gregor beauftragte Bischof Venantius von Luna, den nächsten katholischen Bischof, mit der Weihe und forderte ihn dringend auf, dabei zu helfen, dort mit einem Verkündigungsprogramm die Erneuerung des katholischen Glaubens zu beginnen. Wahrscheinlich war dies die Stadt Faesulae, denn im Mai desselben Jahres besuchten ein Priester und ein Diakon aus Faesulae Bischof Venantius, den sie um Geld baten, um ihre zerstörten Kirchen zu restaurieren. Gregor genehmigte ihnen die Zahlung von zwanzig *solidi,* sagte jedoch, daß Venantius das Kirchengerät der Kirche von Faesulae, das bei ihm in sicherem Gewahrsam hinterlegt worden war, noch behalten sollte, bis der Frieden endgültig hergestellt sei und keine Gefahr einer Rückeroberung der Stadt durch den Feind bestehe.[91]

Noch auffallender war im Jahr 598 die Rückeroberung eines Großteils von Picenum Suburbicarium durch einen massiven militärischen Vorstoß von der Reichsgrenzstadt Ancona aus nach Süden. Das hatte zur Folge, daß Firmum, Asculum, Interamna Praetuttianorum (Aprutium) und Auximum durch Reichstruppen neu besetzt wurden und daß wahrscheinlich die Herrschaft des Reiches bis Camerinum und Nursia im Osten ausgedehnt wurde. Firmum war seit 580, als es bei der Überrennung von Picenum erobert wurde, in den Händen der Langobarden gewesen. Bischof Fabius von Firmum war mit dem Kirchengerät nach Ancona geflohen, wo er einen Teil seines Schatzes dafür verwendete, um gefangene Mitglieder seines Klerus, z. B. den Kleriker Passivus, dessen Ehefrau, ihre beiden Söhne Demetrianus und Valerianus, loszukaufen. Bischof Fabius war jedoch im Exil verstorben. Gregor mußte also jetzt völlig neu anfangen, die Hierarchie von Picenum wieder einzurichten. Im Dezember 598 ernannte er den Bischof Serenus von Ancona zum Visitator von Auximum, „wo eine lange Zeit schon seelsorgliche Betreuung fehlte", und er forderte die Wählerschaft dringend auf, einen neuen Bischof zu wählen.[92] Ob das auch geschehen ist, wissen wir nicht. Doch in Firmum wurde ein Bischof gewählt, der Kleriker Passivus. Dieser wurde praktisch päpstlicher Vikar für das ganze Gebiet. Er forderte das Kirchengerät von Firmum aus Ancona zurück. Aber der Diakon Serenus, der es verwaltete, weigerte sich, es herauszugeben, bis Passivus nach Rom reiste, um die Hilfe des Papstes zu gewinnen.[93] Die Wiederherstellung der Verbindungen mit Rom nach einer so langen Zwischenzeit veranlaßte die Söhne von Passivus, die beide jetzt Kleriker der Kirche von Firmum waren, die gesetzliche Lage hinsichtlich des Lösegeldes, das für sie ausgezahlt worden war, zu klären. Der Papst teilte ihnen mit, daß sie für die Rückzahlung des Geldes nicht haftbar seien.[94]

In Picenum fing man wieder an, Kirchen zu bauen. Im Jahr 598 baute Valerianus, der Sohn des Bischofs, zu Firmum eine dem hl. Sabinus geweihte Kapelle. Und Gregor ermächtigte Bischof Chrysanthus von Spoleto, ihn mit Reliquien der Heiligen zu versorgen. Der Befehlshaber der Reichsgarnison zu Aprutium, General Anio, baute eine dem hl. Petrus geweihte Kapelle. Gregor ermächtigte Passivus, sie einzuweihen und einen Priester für ihren Dienst zu ernennen. Im Jahr 602 beauftragte Gregor den Bischof Passivus, ein wiederum dem hl. Sabinus (einem Lieblingsheiligen des Ortes) geweihtes Kloster einzuweihen, das der Diakon Proculus auf dem eigenen Gut zu Asculum gebaut hatte.[95] Daß Passivus aufgefordert wird, diese Einweihungen zu Asculum und zu Aprutium vorzunehmen, unterstreicht die Tatsache, daß es in der Nähe von Firmum keinen Bischof gab. Dies bestätigt das aus dem päpstlichen Register entstehende Bild einer langen Periode der Langobardenbesatzung und der sich daraus ergebenden Durchlöcherung der katholischen Hierarchie.

Im Jahr 602 war Asculum immer noch ohne Bischof. Anscheinend hatte Aprutium jedoch genügend Bevölkerung angezogen, um einen Bischof zu verdienen. Denn es war ohne Zweifel durch die Anwesenheit einer Reichsgarnison gesichert. Daß aber kein Klerus überlebte, wird durch Gregors Bereitwilligkeit bezeugt, hier sein oft wiederholtes Verbot der Wahl von Laien zum Bischof aufzuheben. Denn im Jahr 601 ermächtigte er Passivus, dem frommen Laien Oportunus die Tonsur und kurze Zeit danach die Bischofsweihe zu erteilen.[96]

Die Erneuerung der Hierarchie war sehr wichtig, um die kirchliche Disziplin wiederherzustellen, die während der langen Periode der Langobardenbesatzung sehr gelitten hatte. Aus vielen Berichten erfuhr Gregor, daß Priester, die im Gebiet von Nursia überlebt hatten, mit „ausländischen", vermutlich mit langobardischen Frauen zusammenlebten. Im Jahr 603 schickte er also den *defensor* Optatus, die dortige Lage zu untersuchen und darüber zu berichten. Er bat die dortigen Reichsbefehlshaber Romanus, Gattulus und Uvintarit um Hilfe, welche mit ihren Streitkräften an der Grenze zwischen dem Reich und dem verkleinerten Herzogtum von Spoleto stationiert waren.[97] Er wies den *defensor* Optatus an, solche Priester, die mit langobardischen Frauen zusammenlebten, dem nächsten katholischen Bischof, nämlich Chrysanthus von Spoleto, auszuliefern, damit er sie nach dem Kirchenrecht bestrafe.[98] Chrysanthus wurde ebenfalls aufgefordert, diesen Mißstand unter dem eigenen Klerus abzuschaffen. Da er in der Hauptstadt des Herzogtums war und da auch die Hilfe der Reichsgeneräle erbeten wurde, scheint die frühere Provinz von Nursia sich über die Grenze des Herzogtums Spoleto ausgedehnt zu haben. Optatus mußte sich bei der Durchführung seines Auftrages über diese Grenze bewegen. Alle Belege weisen darauf hin, daß der Papst maßgebende und umfassende Schritte unternahm, die katholische Kirche in Picenum zu erneuern.

Daß Chrysanthus von Spoleto in den Disziplinarauftrag des *defensor* Optatus hineingezogen war, wirft die Frage auf, in welchem Unfang die katholische Hierarchie im Zentrum des Herzogtums von Spoleto überlebt hatte. Es besteht kein Zweifel, daß viele katholische Priester und Mönche aus Umbrien und Valeria geflohen sind, als die Langobarden einmarschierten, und daß viele Grenzbistümer zu existieren aufhörten. Es ist aber auch klar, daß durch persönlichen Charakter und äußere Umstände bedingt ein Teil der katholischen Hierarchie durchgehalten hat. Das auffallendste Beispiel hierfür ist der Priester Sanctulus von Nursia.[99] Seinem Ruf als Wundertäter verdankte er unter den abergläubischen Langobarden sein Überleben. Seine „Wunder" waren eigentlich nur vernünftige Handlungen. Als Sanctulus einige Langobarden, die an einer Ölpresse arbeiteten, um ein wenig Öl bat, ärgerten sie sich, weil sie für sich selbst nicht genügend herausholen konnten. Sanctulus ließ sich also Wasser bringen, das er segnete und auf die Presse ausgoß, worauf Öl hervorströmte. Offensichtlich hatte die Presse geklemmt und mußte befeuchtet werden, um sie wieder in Gang zu setzen. Die Langobarden erklärten aber, es sei ein Wunder. Seine Lage wurde aber prekär. Nachdem Sanctulus einem gefangenen Diakon zur Flucht verholfen hatte, entschlossen sich die Langobarden, ihn zu enthaupten. Der Scharfrichter, der von seinen „Wundern" gehört hatte, „erstarrte" und vermochte ihn nicht zu töten. Die Langobarden waren dermaßen beeindruckt, daß Sanctulus sie dazu überreden konnte, ihre sämtlichen Gefangenen freizulassen. Danach verrichtete er unbehelligt seine Arbeit, baute die zerstörte Kirche des hl. Laurentius wieder auf und besuchte jedes Jahr Gregor in Rom bis zu seinem Tod im Jahr 593. Das ist ein interessanter Hinweis auf die Art der Verbindungen zwischen dem besetzten und dem unbesetzten Italien. Wahrscheinlich waren es einzelne Ereignisse dieser Art, die das Überleben einiger Kleriker innerhalb der besetzten Gebiete sicherten.

Ein ähnlicher wunderbarer Vorgang bewirkte, daß in Spoleto selbst ein katholischer Bischof überlebte.[100] Ein arianischer Bischof traf dort kurz nach der Eroberung durch die Langobarden ein und verlangte vom katholischen Bischof eine Kirche, in der er seinen Gottesdienst halten konnte. Als der katholische Bischof es ablehnte, erklärte der Arianer, er beabsichtige, in die Pauluskirche in der Nähe seiner Wohnung einzuziehen. Als es Nacht wurde, schloß der Wächter der Kirche die Türen ab, löschte die Lampen und versteckte sich. Am anderen Morgen erschien der arianische Bischof mit einer großen Gefolgschaft und wollte die Türen niederreißen. Plötzlich flogen die Türen auf, die Lichter brannten hell. Der arianische Bischof aber erblindete und mußte in seine Wohnung zurückgeführt werden Dieses Ereignis hatte zur Folge, daß die Langobarden es künftig unterließen, katholische Kirchen zu entweihen. Das alles hat sich während der Regierungszeit des langobardischen Gründerherzogs Farwald ereignet. Anscheinend ergab sich daraus ein befriedigender *modus vivendi* zwischen Katholiken und Arianern. Mit der Thronbesteigung Ariulfs jedoch, der Heide war, gab es um das Jahr 590 anscheinend wieder eine Umwälzung. Wahrscheinlich erklärt dieses Ereignis die plötzliche Flucht des Mönches Bonifatius, der jahrelang friedlich in Spoleto lebte, jetzt aber überstürzt nach Rom floh, wo er in das Kloster St. Andreas eintrat und Gregor die Geschichte von dem arianischen Bischof erzählte.

Es kann sein, daß es dieser Herrscherwechsel und die sich daraus ergebende Verschiebung des Gleichgewichts der Mächte innerhalb des Herzogtums waren, die zu den in der *Vita S. Cethei* beschriebenen Ereignissen führten.[101] Nach der Beweislage zu urteilen, ist dies eine mündliche Überlieferung, die erst einige Generationen später niedergeschrieben wurde. Eine Geschichte wird erzählt, die ganz und gar mit der bekannten damaligen Lage übereinstimmt: Bischof Cethegus von Amiternum war einer jener Kleriker, denen es gelang, den ersten Einmarsch der Langobarden zu überleben und in seiner Diözese durchzuhalten. In den ersten Jahren von Gregors Amtszeit jedoch übernahmen zwei Langobardenherzöge, die Brüder Umbolus und Alahis, die Stadt Amiternum und unterdrückten sie hart. Ihre Ankunft fiel anscheinend mit dem Machtwechsel in der Hauptstadt zusammen. Da er ihre Grausamkeit nicht ertragen konnte, floh Cethegus schließlich nach Rom. Nach einiger Zeit gingen die Bürger zum Herzog von Spoleto und baten ihn um die Erlaubnis, ihren Bischof aus Rom zurückzuholen. Der Herzog gewährte sie ihnen, was möglicherweise mit der zwischen Rom und Spoleto herrschenden freundlichen Atmosphäre zusammenhängt. Sie ist seit dem im Jahr 592 zwischen Gregor und Ariulf abgeschlossenen Vertrag gegeben. Nach Cethegus' Rückkehr nach Amiternum jedoch überwarfen sich Umbolus und Alahis. Dieser strebte die ungeteilte Macht über die Stadt an. Er setzte sich insgeheim mit dem Reichsbefehlshaber Verilianus zu Hortona, der nächsten byzantinischen Festung, in Verbindung. Beide planten einen Angriff auf die Stadt. Danach sollte vermutlich Alahis als Lehensmann des Reiches die Stadt behalten, wie Herzog Maurisio die Stadt Perusia behalten hatte. Der Angriff erfolgte um Mitternacht, aber die Reichsstreitkräfte wurden zurückgeschlagen. Am anderen Tag entdeckten die Bürger an den Mauern in der Nähe der Thomaskirche aufgestellte Leitern. Alahis, in dessen Stadtteil die Kirche lag, wurde gefaßt und es wurde ihm die Folter angedroht, weil er sich mit den Byzantinern verschworen hatte. Als Bischof Cethegus sich für Alahis verwendete, um ihn zu retten, beschuldigte ihn Umbolus der Beteiligung an der Verschwörung. Das Endresultat war, daß sowohl Alahis als auch Bischof Cethegus hingerichtet wurden.

Diese Ereignisse sind wahrscheinlich zu einer Zeit vor dem allgemeinen Friedensvertrag aus dem Jahr 598 vorgefallen. Denn nach diesem Datum gibt es plötzlich einen regen Briefwechsel zwischen Gregor und dem katholischen Bischof von Spoleto, der vor 598 überhaupt nicht im päpstlichen Register aufscheint. Wahrscheinlich war er bis zu diesem Zeitpunkt der einzige katholische Bischof, der innerhalb des langobardischen Herzogtums sein Amt ausübte. Gregor setzte sich mit keinem anderen Bischof in Verbindung. Die geographische Reichweite der Aufgaben von Chrysanthus zeigt, daß er eine ähnliche Rolle wie Passivus in Picenum spielte. Chrysanthus von Spoleto war wahrscheinlich nicht derselbe Bischof, der mit dem arianischen Bischof zu tun hatte. Doch ohne Zweifel war es die Wirkung jenes Vorfalls, daß Spoleto eine regelmäßige Nachfolge im Bischofsamt ermöglicht wurde. Die Unterzeichnung der *generalis pax* ermöglichte Gregor, die ersten Schritte zu unternehmen und die Überreste der zerstörten Hierarchie innerhalb des Herzogtums zu ordnen. In diesem Zusammenhang sind fünf Briefe an Chrysanthus erhalten geblieben.[102] Im November 598 wurde er angewiesen, Reliquien der Heiligen Hermes, Hyacinthus und Maximus in der Marienkirche zu Reate zu hinterlegen. Dies geschah auf Ersuchen des Diakons Paulus, anscheinend des ältesten dort noch lebenden Klerikers. Im Juni 603 wurde er beauftragt, dem *defensor* Optatus bei dessen Aufgabe zu helfen, die Priester von Nursia zu reformieren. Diese Tatsachen zeigen, daß im südlichen Teil des Herzogtums wohl einige Priester, jedoch keine Bischöfe überlebten. Das ist wohl der Grund dafür, warum Chrysanthus in diese Probleme hineingezogen wurde.

Im Juni 599 wurde Chrysanthus zum Visitator von Mevania ernannt. Gregor forderte ihn auf, einige für das Bischofsamt geeignete Personen zu finden oder einige Priester für die Stadt zu weihen. Denn eine Abordnung von Klerikern hatte ihm berichtet, daß es weder in der Stadt noch in der Umgebung Priester gab und daß infolgedessen niemand da war, der die Messe lesen konnte. Im Jahr 591 hatte Gregor den Priester Honoratus mit der Verwaltung von Mevania beauftragt, wo ein Bischof fehlte. Doch Honoratus war seitdem verstorben, jetzt aber blieb nur noch eine Handvoll Kleriker übrig.[103] Die Ernennung eines Priesters zum Verwalter eines Bistums ist ein sehr ungewöhnliches Verfahren. Dies zusammen mit der später erfolgten Visitation durch Chrysanthus von Spoleto läßt vermuten, daß Mevania eine Langobardengrenzstadt war, zu der kein italienischer Bischof von der Reichsseite her Zugang hatte.

Im November 598 wurde Chrysanthus angewiesen, Reliquien für die Kapelle des hl. Sabinus zu Firmum zu übergeben. Im Februar 599 schließlich setzte Gregor den Bischof Chrysanthus über die Beschwerde des Priesters und Abtes Valentinus in Kenntnis, wonach Mönche seines Klosters, die wegen irgendeines Vergehens exkommuniziert wurden, in die Diözese von Spoleto geflohen waren und dort die heilige Kommunion empfingen.

Chrysanthus sollte dafür sorgen, daß das aufhörte. Leider wissen wir nicht, ob das Kloster sich innerhalb oder außerhalb des Gebiets der Langobarden befand. Es könnte das eine oder das andere zutreffen, denn es gibt bekannte Fälle, wo Leute in das Gebiet der Langobarden flohen, um den Folgen von auf Reichsgebiet verübten Verbrechen zu entkommen.[104] So oder so zeigt die Flucht der Mönche eine stark verbesserte Verbindung zwischen Rom und Spoleto.

Diese Erleichterung der Verbindung wird noch einmal in einem im Januar 599 an Anthemius, den Rektor von Campania, geschriebenen Brief bezeugt.[105] Stephanus, der Abt von St. Markus zu Spoleto, hatte sich darüber beschwert, daß ein dem Kloster durch Papst Benedikt I. übertragenes Landgut rechtswidrig durch die Vertreter der römischen Kirche in Besitz genommen wurde. Gregor befahl Anthemius, die Sache zu untersuchen. Sollte er die Beschwerde für gerechtfertigt finden, dann sollte er das Gut zurückgeben. Dies ist eine bemerkenswerte Umkehrung. Denn Eleutherius, der vorherige Abt von St. Markus, war Jahre davor aus Spoleto geflohen, in St. Andreas eingetreten und hatte dort bis zu seinem Tod gelebt.[106] Entweder war nicht die ganze Gemeinschaft mit ihm geflohen oder das Kloster war später wieder aufgeblüht. Die Schwierigkeit in der Verbindung zwischen Rom und Spoleto vor dieser Zeit hatte bedeutet, daß das Kircheneigentum aus der Campania einfach durch die römische Kirche übernommen worden war. Jetzt aber gab es wieder eine blühende Gemeinschaft in St. Markus, die imstande war, ihre Rechte zurückzufordern, selbst innerhalb des Reiches. Diese Gruppe von Briefen zeigt nun die allmähliche Wiedergesundung des kirchlichen Lebens innerhalb des Herzogtums von Spoleto unter der Aufsicht von Bischof Chrysanthus und die Wiederherstellung regelmäßiger Verbindungen mit Rom. Dies entspräche einer Entwicklung, die im siebenten Jahrhundert immer stärker vor sich ging, als sich die Langobarden zum Katholizismus bekehrten. Da wurden ausgelöschte Diözesen wieder ins Leben gerufen, und katholische Bischöfe aus dem Gebiet der Langobarden beteiligten sich in immer größerer Zahl an den großen Synoden von 649 und 680 in Rom. Diese Entwicklung scheint bereits unter Gregor begonnen zu haben.

7. Kapitel

Zentrale Verwaltung II: Gesetz, Disziplin, Liturgie

Gregors natürlicher Konservatismus bezüglich Gesetz und Ordnung, Disziplin und Hierarchie wurde durch seine tiefe Überzeugung vom nahe bevorstehenden Ende der Welt noch gestärkt. Die Verfehlungen der Geistlichen waren nicht nur Untreue gegenüber ihren Verpflichtungen, sondern sie waren ein Schaden für die dringend notwendige Aufgabe, im Hinblick auf das zweite Kommen Christi Seelen zu retten. Es zählte also zu den ersten Pflichten des Papstes, die Disziplin aufrechtzuerhalten: „Wenn wir aus Nachlässigkeit übersehen, was manche sich rechtswidrig anmaßen, so bahnen wir anderen den Weg zu Exzessen.“[1]

Es gab bisher keine strenge Bestimmung über die Zuständigkeit des Kirchenrechtes oder des Zivilrechtes. Das Kirchenrecht befand sich erst in der Entwicklung. Seine Grundlage bildeten die Entscheidungen der Konzilien der Kirche, von denen verschiedene Sammlungen existierten, vornehmlich diejenige des Dionysius Exiguus, die in der römischen Kirche allgemein in Gebrauch war. Das Kirchenrecht umfaßte aber auch die richterlichen Entscheidungen des Papstes, die in den Archiven aufbewahrt wurden und ein Korpus von Präzedenzurteilen bildeten. Die Kaiser erließen Gesetze bezüglich der Disziplin und der Organisation der Kirche, und das Papsttum machte gerne von diesen Vorschriften Gebrauch. Als der *defensor* Johannes z. B. sich auf den Weg machte, um die von zwei spanischen Bischöfen eingelegte Berufung anzuhören, gab ihm Gregor als Unterlagen elf kaiserliche Gesetze mit.[2] Im allgemeinen wurde von kaiserlichen Gesetzen Gebrauch gemacht, wo es an kirchenrechtlichen Bestimmungen fehlte, gelegentlich jedoch wurden beide angewendet. Nach dem kaiserlichen Gesetz z. B. mußten Bischofswahlen innerhalb von sechs Monaten, nach dem Kirchengesetz jedoch innerhalb von drei Monaten abgeschlossen sein. Wir wissen, daß beide Bestimmungen angewendet wurden.

Trotz dieses Überlappens blieben beide Rechtssammlungen voneinander unterschieden, so daß die Kirche, wenn sie die Anordnungen des Zivilgesetzbuches übernahm, ihre charakteristische Eigenart nicht verlor. Die Beziehung zwischen *Romanitas* und *Christianitas* wird durch Gregors Handhabung des Gesetzes sehr gut veranschaulicht. Er hat das Gesetz dem Buchstaben nach angenommen, dessen Geist jedoch oft im Interesse der christlichen Nächstenliebe gemildert. Als eine im Sterben liegende Frau, eine Pächterin von Kirchengut, auf ihrem Sterbebett Vermächtnisse hinterließ, ohne ein richtiges Testament zu machen, verordnete Gregor, daß ihren Wünschen willfahren werden solle, obwohl sie keine gesetzlich bindende Kraft hatten.[3] Nach dem zivilen Gesetz war ein Erbe zu Strafe verpflichtet, wenn ihm sein Vater Besitztum vermachte, das ihm nicht gehörte. Doch Gregor forderte Bischof Donus von Messina dringend auf, seine Rechte auf einen Pokal aus Bernstein und auf einen Sklaven aufzugeben, die der verstorbene Vater dem Faustus *(vir eloquentissimus)* rechtswidrig vermacht hatte. Gregor sagte: „Wir wissen, daß Eure Brüderlichkeit nach dem Gesetz Gottes und nicht nach dem Gesetz der Welt lebt."[4] Als die Witwe Stephania dem Papst eine Bitte einreichte mit der Behauptung, sie sei deswegen in Not, weil ihr kleiner Sohn Calixenus das Haus seiner Großmutter in Catania deswegen nicht geerbt habe, weil diese es der römischen Kirche vermacht hatte, ordnete Gregor dem päpstlichen Rektor an, es ihr zurückzugeben, selbst wenn dadurch das Gesetz gegen die Veräußerung von Kirchengut verletzt werde.[5]

Gregor war mit dem Reichsgesetzbuch durchaus vertraut, wie man das von einem ehemaligen Stadtpräfekten erwarten kann. Vierundsiebzig ausdrückliche und vierundfünfzig indirekte Zitate aus dem Reichsgesetzbuch sind in seinen Schriften ausfindig gemacht worden. Daraus können wir folgern, daß Gregor gute Kenntnisse der Gesetze besaß und sein Augenmerk bei deren Anwendung darin bestand, sie durch Menschlichkeit und Wohlwollen zu mildern.[6]

In der eigenen richterlichen Tätigkeit zeigte Gregor römische Rechtsmentalität, Gewandtheit im Umgang mit dem Gesetz und den Wunsch, allgemeine Grundsätze aufzustellen und dazu besondere Rechte zu erlassen. So erklärte er, daß Anwendung von Gewalt eine unter ihrer Einwirkung vollzogene Handlung ungültig mache, daß ein Zeugnis nicht durch Folterung erpreßt werden dürfe, daß ein Urteil unverzüglich nach der Entscheidung des Falles gefällt werden solle, daß für die Kirche gestiftete Gelder nicht zu privaten Zwecken verwendet werden dürfen.[7] Er bestimmte bis ins einzelne die Rechte der *coloni:* Verheiratete Leute sollten nicht getrennt voneinander leben, damit die Familie nicht auseinandergerate; die Trauungsgebühr durfte nicht mehr als einen *solidus* betragen; ihre Vergehen sollten durch körperliche Züchtigung und nicht durch Besitzeinziehung bestraft werden; auch konnten sie Privatarbeit gegen Entgelt außerhalb des Bereiches der Kirchengebühr verrichten, wenn die Erlaubnis dazu gegeben wurde.[8]

Auch wenn er die Existenz der Sklaverei hinnahm, wollte er nicht dulden, daß Leute gegen ihre Rechte in den Stand der Sklaverei versetzt werden. Er ließ nicht zu, daß die Söhne einer befreiten Sklavin wieder zu Sklaven gemacht werden. Er war dagegen, daß mit Kirchengeld vom Feind losgekaufte Gefangene als Sklaven der Kirche betrachtet werden.[9] Das bedeutet Festigkeit gepaart mit Gerechtigkeit in allen Dingen, nach bester römischer Tradition.

Derselbe Geist liegt seinem Widerwillen gegenüber allem, was nach Bestechung riecht, zugrunde. Als Bischof Felix von Messina ihn brieflich um die Erlaubnis bat, die Besoldung seines Klerus zu verringern, und seine Bitte mit einem kostbaren Geschenk in Gestalt bestickter Gewänder unterstützte, lehnte Gregor die Bitte ab und schickte den Geldeswert der Gewänder zurück.[10] Als Adelige aus Sardinien ihm Korn als Geschenk zur Unterstützung einer Bitte zusandten, gab er es ebenfalls zurück.[11]

Wo es um kirchliche Disziplin ging, bestand Gregor auf der strengen Einhaltung herkömmlicher und kirchenrechtlich genehmigter Bräuche. Sein ausgeprägter Sinn für Gerechtigkeit erlaubte es ihm andererseits, gerade erst eingeführte Maßnahmen da und dort zu mildern. Bei der am 5. Juli 595 zu St. Peter abgehaltenen Synode gab er den Grundzug für seine Verwaltung an.[12]

Er führte sechs Maßnahmen ein, die die Strenge und die Demut kurz zusammenfassen, die das Leben des Klerikers kennzeichnen sollten: Weltliche *cubicularii* wurden vom Dienst im Lateran ausgeschlossen. Diakonen wurde verboten, sich unter Vernachlässigung ihrer sonstigen Verpflichtungen mit Gesang abzugeben. Grundbesitz für die Kirche durfte nicht mit Gewalt, sondern nur durch den Gerichtshof beansprucht werden. Dalmatiken durften künftig beim Leichenzug nicht über den Leichnam des Papstes gebreitet werden, und zwar wegen der Gepflogenheit des einfachen Volkes, diese an sich zu reißen und sie als heilige Reliquien zu verehren. Sklaven, die ins Kloster eintreten wollten, sollten eine Probezeit absolvieren; wurde ihr Verhalten gutgeheißen, sollten sie aus der Sklaverei befreit werden und ins Kloster eintreten können. Für die Priesterweihe, für die Verleihung des *pallium* oder die Ausstellung von Urkunden bezüglich dieser Handlungen durfte keine Gebühr verlangt werden. Gregor war ganz entschieden gegen „Nebenverdienste“. Papst Gelasius hatte es verboten, für die Taufe und die Firmung Gebühren einzutreiben. Gregor untersagte es, für die Beerdigung in geweihtem Boden, für die Trauung des niederen Klerus und die Verleihung des Schleiers an Frauen eine Gebühr zu verlangen.[13]

Die gleichen moralischen Prinzipien, die diesen Maßnahmen zugrunde liegen, kann man hinter manchen seiner Regierungsmethoden vermuten. Seit Papst Siricius (385–399) waren Bischöfe, Priester und Diakone und seit Leo dem Großen (440–461) waren auch Subdiakone zum Zölibat verpflichtet. In Süditalien jedoch wurde der Zölibat der Subdiakone nicht streng eingehalten. Im Jahr 588 hatte Pelagius II., der offenbar mit dieser Laxheit sehr unzufrieden war und die bedingungslose Gleichförmigkeit wollte, angeordnet, daß die sizilianischen Subdiakone entweder ab sofort ehelos leben oder von ihrem kirchlichen Amt suspendiert werden.[14] Gregor meinte, dieses Vorgehen sei ungerecht und unklug, da es zu unnötigem Ärger und Widerstand führen könnte. Im Jahr 591 hat er die Verordnung dahingehend gemildert, daß der

Zölibat für alle nach diesem Datum geweihten Subdiakone Pflicht wurde.[15] Er ordnete an, daß in Zukunft niemand Subdiakon werden durfte, wenn er nicht bereit war, ehelos zu leben, daß ferner diejenigen, die seit dem Eheverbot ehelos lebten, ermutigt werden sollten, weiterhin so zu leben, und daß schließlich diejenigen, die nicht gewillt waren, ehelos zu leben, im Amt bleiben durften, doch nicht befördert werden konnten. Er befahl, daß dieselben Regeln in Rhegium durchgesetzt werden sollten.[16]

Gregor bestand darauf, daß die Absetzung eines Klerikers vom geistlichen Stand als Strafe für ein Vergehen endgültig und bedingungslos sein müßte, da er der Überzeugung war, daß die Wiedereinsetzung solcher Männer die kirchliche Disziplin untergraben und dem moralischen Wohl der Gläubigen schädlich sein würde.[17] Diese Regel galt gleichermaßen für Bischöfe, Priester, Diakone und Subdiakone.[18]

Als er erfuhr, daß ein abgesetzter Priester gewagt hatte, die Messe zu lesen, ordnete er dessen Exkommunikation bis zum Tode an.[19] Zwischen abgefallenen Priestern und abgefallenen Mönchen machte er jedoch einen Unterschied. Der abgefallene Mönch konnte, ja sollte nach verrichteter Buße seinem Kloster zurückgegeben werden.[20] Der Unterschied lag darin, daß die Messe von Priestern zelebriert und daß das Sakrament dadurch besudelt wurde, wenn es von Verbrechern gespendet wurde. Die mönchische Berufung hingegen war keine priesterliche und Mönche durften nicht die Messe lesen.

Was die Einkünfte des Klerus betrifft, setzte Gregor die von Gelasius I.[21] verordnete vierfache Teilung des Kirchengutes durch. Ein Viertel davon war für den Klerus bestimmt. Doch die Aufteilung dieses Viertels war verschieden. Gregors eigene Methode war die Verteilung auf Grund des Verdienstes. Doch gingen z. B. in Catania überlieferungsgemäß zwei Drittel des Viertels für die Kleriker an die Priester und Diakone, das übrige Drittel an den niedrigen Klerus. Wo es wegen des Gehaltes Streit gab und Gregor um seine Vermittlung gebeten wurde, schlug er die eigene Methode als die beste vor; zum Beispiel als er wegen der Gehälter des ausgewiesenen Klerus von Capua und des Klerus von Palermo befragt wurde oder als sich der höhere Klerus von Catania darüber beschwerte, daß der Bischof dort die herkömmliche Verteilung umgekehrt hatte. Gregor hat auch die in Sizilien entstandene Praxis der Bischöfe verboten, neue Einkunftsquellen für sich zu behalten und lediglich die herkömmlichen Einkünfte durch Vierteilung *(quadripartitum)* zu verteilen.[22]

Angesichts der Unruhe und der Verwirrung, die in Italien herrschten, war es wichtiger denn je, die Disziplin aufrechtzuerhalten. Unter Gregor wurden die päpstlichen Rektoren immer mehr zu „Augen und Ohren“ des Papstes und zu den ausführenden Agenten seiner Politik und seiner Prinzipien in den Provinzen. Eine ihrer besonderen Aufgaben war es, das Verhalten der Bischöfe zu überwachen. So berichtete Gregor von Hadrian, dem neuernannten Rektor von

Syrakus: „Wir haben ihn beauftragt, falls er erfährt, daß unsere ehrwürdigen Bruderbischöfe irgendwelche Unregelmäßigkeiten begangen haben, diese zunächst vertraulich und maßvoll zu ermahnen, und wenn sie sich nicht bessern, uns sofort die Sache zu berichten."[23] Ein Rundschreiben an die Rektoren, das ebenfalls Sizilien und den Süden betraf, befahl ihnen, sich von Frauen, angeblich ihren Haushälterinnen, zu trennen.[24]

Gregor hat auch den Rektor Anthemius dringend aufgefordert, die Bischöfe Kampaniens zusammenzurufen, um ihnen einen offiziellen Verweis zu erteilen: „Es ist uns berichtet worden, daß die Bischöfe Kampaniens derart nachlässig sind, daß sie uneingedenk der Würde und Art ihres Amtes weder ihren Kirchen noch ihren Söhnen die Sorge väterlicher Wachsamkeit zuwenden. Sie kümmern sich nicht um die Klöster und beschützen auch nicht die Unterdrückten und die Armen."[25]

Er ließ es sich besonders angelegen sein, die existierenden Privilegien der Kirche und insbesondere die spezifischen Privilegien der römischen Kirche zu erhalten; dies nicht nur deswegen, weil jede Veränderung schlecht sei und das Herannahen des kosmischen Chaos beschleunige, sondern auch aus dem besonderen Grund, daß die widerrechtliche Aneignung von Privilegien des römischen Klerus den hierarchischen Vorrang Roms beeinträchtigen würde. Es gab auch ein persönliches Element für seine Abneigung gegen Hochmut und Ehrgeiz. Als der Diakon Liberatus von Caralis danach strebte, gegen das Dienstaltersgesetz Archidiakon zu werden, verbot Gregor dies nicht nur, sondern er ordnete an, daß dieser die letzte Stelle unter den Diakonen einnehmen sollte wegen seines „verwerflichen Ehrgeizes".[26]

Im Jahr 598 schrieb Gregor an Johannes von Syrakus und bat ihn, ihm zu sagen, warum die Diakone von Catania *campagi* (Sandalen) trugen, was ausschließlich den Diakonen der römischen Kirche vorbehalten war.[27] Noch bedeutsamer war es, daß Gregor in den Palliumstreit von Ravenna verwickelt wurde – ein Streit, der die Wichtigkeit einer festen hierarchischen Struktur in Gregors Denken zeigt. Er kennzeichnet auch die wachsende Unzufriedenheit, mit der Ravenna, lange Zeit die Verwaltungshauptstadt Italiens, ihre untergeordnete Stelle in der italienischen Hierarchie betrachtete. Diese Unzufriedenheit wurde klugerweise durch Kaiser Justinian I. geschürt, der dadurch ein Gegengewicht zum Papsttum in Italien zu schaffen suchte. Das sollte später, im siebenten Jahrhundert, Frucht tragen, als Ravenna mit Unterstützung des Kaisers Konstans II. seine Unabhängigkeit *(autocephalia)* von Rom erklärte. Im Grunde war der Palliumstreit ein Warnzeichen für kommende Ereignisse. Das *pallium*, ein dreieckiges, mit Kreuzen geschmücktes Gewand aus Wolle und über den übrigen Bischofsgewändern getragen, wurde apostolischen Vikaren und anderen bevorzugten Bischöfen als Zeichen der Ehrung und der besonderen Gnade durch den Papst verliehen.[28] Sein Gebrauch wurde auf die hl. Messe beschränkt; es wurde verboten, es bei öffentlichen Umzügen zu tragen.[29] Es ist interessant zu wissen, daß es der Erlaubnis des Kaisers bedurfte, um das *pallium* außerhalb der Reichsgrenzen verleihen zu können.[30]

Das Problem mit Ravenna entstand kurze Zeit nach Gregors Bischofsweihe. Der amtierende Erzbischof von Ravenna war Johannes III., ein Römer von Geburt und vielleicht ein ehemaliger römischer Kleriker. Gregor erfuhr, daß Johannes das *pallium* nicht nur bei der hl. Messe trug, sondern auch bei feierlichen Umzügen durch die Stadt und bei Audienzen für Laien. Gregor wies den Notar Castorius, seinen *apocrisiarios* in Ravenna, an, Johannes zu ermahnen, von dieser Praxis abzulassen.

Castorius' Ermahnung veranlaßte Johannes dazu, an Gregor zu schreiben und seine Praxis auf Grund eines von Papst Johannes III. gewährten Privilegs zu rechtfertigen. Im Juli 593 antwortete Gregor, daß er das Archiv durchsucht und römische Kleriker befragt habe, die zur Zeit seiner Vorgänger Ravenna besucht hatten, eine Rechtfertigung dieses Anspruchs jedoch nicht gefunden hätte.[31] Also verbot er dem Erzbischof, das *pallium* außer bei der Messe zu tragen, es sei denn, daß dieser für seinen Anspruch dokumentarische Beweise erbringen könnte, was Gregor offensichtlich für unwahrscheinlich hielt. Johannes hatte Rom jedoch nicht nur durch das Tragen des *pallium* beunruhigt, er hatte auch seinen Klerus ermutigt, die Manipel anzulegen, was ebenfalls ein dem römischen Klerus vorbehaltenes Privileg war. Zusammengenommen bedeuten diese Handlungen eine eindeutige Bezeugung der hohen Stellung seiner Diözese durch den Erzbischof von Ravenna. Gregor wollte jedoch eine Konfrontation mit Ravenna vermeiden. Trotz des Widerspruchs des römischen Klerus und obwohl jeder Beweis dafür fehlte, daß ein solches Recht früher gewährt worden war, teilte Gregor dem Erzbischof Johannes mit, er sei bereit, das Tragen der Manipel für die ersten Diakone zu erlauben, wenn sie Johannes am Altar dienten.

In seiner Antwort beklagte sich Johannes III. darüber, daß Gregors Brief „Honig und Gift zugleich mit sich bringe".[32] Er behauptete, lediglich das getan zu haben, was durch die Privilegien seiner Kirche genehmigt sei, wovon er eine Abschrift beifügte. Er würde es sich nie anmaßen, gegen die Tradition zu handeln. Zudem hätte er immer die Autorität Roms unterstützt, was ihm beträchtliche Feindschaft eingebracht hätte. Johannes gewann auch die Unterstützung führender Laien, wie des Exarchen Romanus und des prätorianischen Präfekten Georg, die den Aufstieg Ravennas gegenüber Rom gerne unterstützten. Sie schrieben an Gregor zugunsten der Haltung von Erzbischof Johannes. Gregors Beziehungen zu dem Exarchen waren schon gespannt genug, und er war offensichtlich bestrebt, sie nicht weiter zu verschlechtern. Im Oktober 594 antwortete er also, daß er die Fachleute in Rom zu Rate gezogen hätte, und obwohl sie erklärt hätten, daß es dafür keinen Präzedenzfall gäbe, würde er, um Johannes' Betrübnis zu lindern, den Gebrauch des *pallium* für drei Gelegenheiten, nämlich bei den feierlichen Bittgängen am Geburtsfest des hl. Johannes des Täufers, des hl. Petrus und des hl. Apollinaris, erlauben, während dessen eine eingehendere Untersuchung von den Archivbeamten durchgeführt würde. Er war nicht bereit, mehr zu gestatten.[33]

Dann erfuhr jedoch Gregor, anscheinend durch Castorius, daß trotz dieser nachgiebigen Schreiben Erzbischof Johannes eigentlich Gregor hinter dessen Rücken verachte und verleumderische Geschichten über ihn erzähle. Gregor schrieb ihm zornig und rügte sein doppelgesichtiges Verhalten. Er forderte ihn dringend zur Demut auf und bemerkte finster, würden nicht die Langobarden die Verbindungen zwischen ihnen blockieren, so würde er mit aller Strenge handeln. Um jedoch gerecht zu sein, hatte er nach Konstantinopel geschrieben, um sich über den Gebrauch des *pallium* bei öffentlichen Bittgängen im Osten zu erkundigen.[34]

Am 11. Januar 595 starb Erzbischof Johannes. Mit großer Geschicklichkeit setzte Gregor die Wahl des Mönches Marinianus aus seinem eigenen Kloster St. Andreas zum Nachfolger durch. Er gewährte ihm den Gebrauch des *pallium* und forderte ihn dringend auf, es lediglich bei der hl. Messe und bei den feierlichen Bittgängen zu tragen, die Johannes III. gestattet waren.[35] Gregor dürfte sich gedacht haben, daß das Problem mit einem Schlag gelöst worden sei. Aber das war es keineswegs. Führende Laien verlangten weiterhin den Gebrauch des *pallium* bei allen Bittgängen. Im April 596 wies Gregor den Castorius an, die älteren Mitglieder des Klerus von Ravenna unter Eid zu befragen, was vor der Amtszeit Johannes III. die Praxis gewesen war.[36]

Daraus ist nichts geworden, denn Erzbischof Marinianus stimmte mit dem festen Standpunkt von Ravenna überein und schickte den Diakon Florentius, um Gregor mitzuteilen, daß der Erzbischof bei allen feierlichen Bittgängen das *pallium* zu tragen pflegte.

Aufgrund des vorhandenen Beweismaterials verwarf jedoch Gregor diesen Anspruch und wies Castorius noch einmal an, Erkundigungen einzuziehen.[37] Wie diese Sache endete, ist nicht bekannt. Wahrscheinlich zog sie sich, wie bei dem Streit um den „ökumenischen Patriarchen", ungelöst bis zum Tode Gregors hin. Der Erzbischof fuhr jedenfalls fort, das *pallium* nach Belieben zu tragen.

Gregors Bereitwilligkeit, Kompromisse zu schließen, spiegelt vermutlich die politische Lage wider, in der er es sich nicht erlauben konnte, sich der Reichsobrigkeit in Ravenna noch weiter zu entfremden. Einen Kompromiß mit denjenigen zu schließen, die ihre heilige Pflicht verrieten, kam für ihn freilich nicht in Frage. Er mußte sich mit vielen Einzelfällen von Vergehen befassen, von Bischöfen bis hinunter zu den niedrigen Klerikern. Seine Befugnisse auf diesem Gebiet waren sowohl kirchenrechtlich als auch zivilrechtlich genau umschrieben. Ein wegen Vergehen wie Häresie, Wucher, Simonie, Unzucht und Pflichtvergessenheit angeklagter Bischof sollte vom Erzbischof bzw. von einem durch diesen bevollmächtigten Bischof verhört werden. Um sicherzustellen, daß die kirchliche Disziplin nicht vernachlässigt werde, wurde der Erzbischof angewiesen, mindestens zweimal im Jahr den Klerus einzuberufen, um Rechtsfälle vorzunehmen, Statuten zu revidieren und anderes mehr. Für schuldig gewordene Bischöfe konnte die Strafe die Absetzung vom Amt oder die Amtsenthebung für eine Periode der Buße in einem Kloster sein.[38]

Sechs Fälle von Amtsenthebung in der Amtszeit Gregors sind bekannt: Demetrius von Neapel, Agatho von Lipari, Paulus von Tricola, Lucillus von Malta, Benenatus von Misenum und der ungenannte Bischof vom Forum Cornelii.[39] Zudem wurde Bischof Proculus von Nicotera zeitweise suspendiert.[40] Wir wissen nicht mit Sicherheit, welcher Verbrechen sie beschuldigt wurden. Lucillus war in die Veruntreuung kirchlichen Eigentums, Benenatus in die Unterschlagung ihm anvertrauter Staatsgelder verwickelt. Die Verbrechen des Demetrius sollen derart schwer gewesen sein, daß sie die Todesstrafe verdient hätten. Sehr bezeichnend bezüglich dieser Amtsenthebungen ist die Tatsache, daß sie alle fast nur Bischöfe des Südens betrafen. Das bestätigt das Bild weit verbreiteter Laxheit im Süden, das uns durch die Nichteinhaltung des Zölibats seitens der Subdiakone und die Nachlässigkeit der von Gregor gerügten Bischöfe der Campania gezeichnet wird. Wahrscheinlich entging Bischof Andreas von Tarentum der Amtsenthebung nur dadurch, daß er starb. Er hatte seinen Klerus mißhandelt, Konkubinen unterhalten und angeblich eine auf der Liste der kirchlichen Mildtätigkeit stehende Frau so schwer geschlagen, daß sie daran gestorben ist.[41]

Abgesehen von Amtsenthebungen mußte Gregor nachlässigen Bischöfen Verweise erteilen, um sie zur Besserung anzuhalten. Wieder sind es vornehmlich Bischöfe des Südens, die hier erscheinen: Paschasius von Neapel, der seine ganze Zeit mit Schiffbau verbringt; Basilius von Capua, der in Prozesse verwickelt ist; Pimenius von Amalfi, der der dauernden Abwesenheit beschuldigt wird, Felix von Sipontum, der so tut, als ob er die durch seinen Enkel begangene Vergewaltigung nicht wahrnehme.[42]

Das schwerwiegendste und am längsten dauernde Beispiel bischöflicher Unfähigkeit und schlechten Betragens bot der beschränkte alte Erzbischof Januarius von Caralis, unter dessen trauriger Herrschaft Sardinien ein Hauptunglücksgebiet wurde. Um die kirchliche Disziplin aufrechtzuerhalten, mußte ein Erzbischof nicht nur ein tüchtiger Metropolit sein, sondern auch den Maßlosigkeiten der Reichsbeamten, die in Sardinien besonders gravierend waren, wirkungsvoll Einhalt gebieten. In letzterem Zusammenhang begegnete Gregor zum erstenmal dem Erzbischof Januarius, als dieser im Jahr 591 nach Rom reiste, um sich über die strafbaren Vergehen des Herzogs Theodor von Sardinien zu beschweren.[43] Aber es dauerte nicht lange, bis Beschwerden über Januarius' eigene Verwaltung Rom erreichten. Schon bis August 592 war die lange Reihe von Beschwerden zu einer Flut geworden *(„tanta moles querimoniarum")*.[44] Besonders eine Beschwerde betrachtete Gregor als sehr schwerwiegend: die Exkommunikation des *vir excellentissimus* Isidor aus lauter Bosheit. Gregor schickte einen Sonderbeauftragten, den Notar Johannes, um sämtliche Fälle zu untersuchen, Schiedsrichter zu ernennen und deren Beschlüsse durchzuführen. Es war die erste von drei derartigen Missionen, die Gregor veranlassen sollte, der Anfang eines langen und zunehmend ärgerlichen Briefwechsels mit Januarius, den Gregor später als „alt und beschränkt" beschreiben wird.

Die Ankunft des Johannes in Caralis rief noch mehr Beschwerden und Verwirrungen hervor. Gregor sah sich genötigt, seinen Rektor Sabinus anzuweisen, Erzbischof Januarius, den Notar Johannes und die Hauptkläger nach Rom zu schicken, damit Rechtsfälle in seiner Gegenwart entschieden werden konnten.[45] Ob sie wirklich gekommen sind, ist nicht bekannt. Bis September 593 gab es jedenfalls einen weiteren Haufen Beschwerden zu erledigen, was einen langen Brief von Gregor veranlaßte.[46] Gregor beklagte sich darüber, daß Januarius die briefliche Autorität des Papstes benötige, um seine „Wankelmütigkeit" zu festigen. Er hatte es verabsäumt, die üblichen klerikalen Beamten zu ernennen, die sich mit den weltlichen Geschäften der Frauenklöster in Sardinien befassen, so daß „die Nonnen gezwungen sind, wegen Steuern und anderen Leistungen bei Beamten herumzulaufen, wegen Erfüllung der Steuerpflicht auf Landgütern und Landhäusern herumzuschwärmen und sich ungeziemend mit Männergeschäften abzugeben".

Gregor befahl dringend die sofortige Ernennung solcher Beamten, bestimmte die Strafen, die abgefallenen Nonnen auferlegt werden sollten, bestand darauf, daß zweimal im Jahr Synoden zur Zurechtweisung des Klerus abgehalten werden, wies Johannes an, damit aufzuhören, weggelaufene Sklaven ihren jüdischen Herren zurückschicken zu lassen, und ermahnte ihn, die testamentarischen Verfügungen bezüglich Klosterstiftungen auszuführen.

Nun trafen noch andere Berichte ein, denenzufolge der heidnische Glaube in Sardinien überhandnahm. Gregor entschied sich daher für eine zweite Mission. Im Jahr 594 entsandte er Bischof Felix und den Abt Cyriacus, um sowohl den heidnischen Glauben als auch den Erzbischof anzupacken. Die Berichte von Felix und Cyriacus zeigen, daß Nachlässigkeit und Verwirrung noch weit ärger waren.[47] Der Klerus verachtete den Erzbischof; der Archidiakon lebte offen mit Frauen zusammen; die weltliche Obrigkeit bedrückte die Kirche; die Verwaltung von kirchlichen Herbergen wurde vernachlässigt; Gebühren wurden für die Priesterweihe, für die klerikale Eheschließung und für das Nehmen des Schleiers eingetrieben; der Klerus machte Gebrauch von der Gönnerschaft von Laien; abgefallene Priester zelebrierten die Messe. Gregor, der für hierarchische Autorität immer empfindlich war, vermied es, direkt an die Bischöfe von Sardinien zu schreiben, damit er die Autorität des Januarius nicht unterminiere.

Statt dessen ordnete er dem Januarius an, diese Mißstände sofort anzupacken und seinen Bischöfen den Willen des Papstes in dieser Sache bekannt zu machen.[48]

Im Jahr 598 gab es wieder eine Menge von Rechtsfällen und eine weitere Sondermission, wobei der *defensor* Redemptus geschickt wurde, um dort Ordnung zu schaffen.[49] Bis Oktober 598 war Gregor sehr aufgebracht. In einem Schreiben rügte er öffentlich die gewaltsame und rechtswidrige Aneignung fremden Gutes durch Januarius, exkommunizierte dessen Ratgeber für zwei Monate und warnte, daß Januarius selbst der nächste sein könnte, es sei denn, daß er sich bessere. „Der Prediger des allmächtigen Gottes, der Apostel Paulus, sagte: ‚Tadle keinen Älteren!' Doch wenn ein Älterer der Jugend ein Beispiel zu ihrem Verderben gibt, soll ihm ein strenger Vorwurf gemacht werden. Eine so große Bosheit Deines hohen Alters ist Uns zu Ohren gekommen, daß, wären Wir nicht so menschlich, wie Wir eben sind, Wir Dich mit einem endgültigen Fluch treffen würden."[50]

Gregor richtete eine Sonderstelle in Rom ein, unter der Leitung des Diakons Peter und des *consiliarius* Theodor, die sich mit den Beschwerden aus Sardinien befassen sollten.[51] Das Problem blieb jedoch weiterhin bestehen: Eine jüdische Synagoge wurde entweiht; der Klerus vernachlässigte seine Pflichten; Laien plünderten Kirchengüter; der Klerus plünderte Klostergüter; klerikale Pächter flohen von den Kirchengütern; die Armen wurden unterdrückt.[52] Im September 603 war Januarius krank, altersschwach und total außerstande zu regieren. Gregor traf Maßnahmen, einigen der Mißstände abzuhelfen, indem er über ihn hinweg handelte. Die Verwaltung der kirchlichen Herbergen wurden dem Archidiakon von Caralis und dem *oeconomos* anvertraut. Der päpstliche Rektor Vitalis wurde angewiesen, das verlorene Kirchengut wieder einzufordern und die Beschwerden bezüglich der Unterdrückung der Armen durch die weltlichen Behörden nach Konstantinopel weiterzuleiten.[53] Es ist unwahrscheinlich, daß Januarius noch lange lebte, doch könnte er vielleicht Gregor auch knapp überlebt haben. Nirgends in der Provinz außerhalb Roms waren die Verhältnisse so im argen wie in Sardinien. Die dortige Situation zeigt jedoch, wie wichtig es war, einen guten Bischof in einer Schlüsseldiözese einzusetzen. Es hilft uns, Gregors Programm der Ernennungen durch Protektion für Schlüsselbistümer zu verstehen, was später untersucht werden wird.

Unter dem niedrigen Klerus gab es Verstöße gegen den Zölibat, Fälle von Homosexualität, Wucher, Gewalttätigkeit, Pflichtvergessenheit und von Selbstverstümmelung in der Nachahmung des Origines.[54] Größere Probleme gab es auch unter dem Klerus von Luna, mit denen Bischof Venantius nicht fertig werden konnte. Deswegen wurde Konstantius von Mailand zu ihm geschickt, um ihm zu helfen.[55] Das Problem mit laxen Klerikern wurde durch die Einmischung von Laien noch verschärft. Männer in hohen staatlichen Stellen neigten manchmal dazu, Kleriker zu schützen,[56] besonders in Ravenna. Gregors Bitte an den Exarchen, sich in kirchliche Rechtsfälle nicht einzumischen, weil eine derartige Handlung die klerikale Disziplin zerstöre, zeigt, wie stark diese Einmischung war.[57]

Ähnlich wie Papst Gelasius vor ihm war Gregor eifrig bestrebt, kirchliche und weltliche Zuständigkeitsbereiche streng abzugrenzen und, wo immer möglich, zu verhindern, daß Unsicherheiten bzw. Streit um Machtbefugnisse entstehen. Er forderte Bischöfe dringend auf, die Verwicklung in weltliche Angelegenheiten zu vermeiden, außer wenn sie durch die Notwendigkeit, die Armen zu schützen, dazu gezwungen seien.[58] Gregor verteidigte entschlossen das Asylrecht, betrachtete es jedoch nicht als Schutz für die Schuldigen, sondern als Mittel, um Unschuldigen Gerechtigkeit zu verschaffen.[59] Suchten Sklaven also Asyl, konnten sie nur dann ihren Herren zurückgegeben werden, wenn eine Begnadigung versprochen oder ein Gerichtsverfahren eingeleitet wurde.[60] Suchten freie Brüger Asyl, dann sollten die kirchlichen Behörden wiederum versuchen, für sie ein gerechtes Gerichtsverfahren in die Wege zu leiten, und ihnen, so lange sie darauf warteten, Schutz gewähren.[61]

Die Lage hinsichtlich klerikaler Prozesse war kompliziert. Bischöfe durften in keinem Fall vor ein weltliches Gericht gebracht werden. Der übrige Klerus war von weltlichen Gerichten ausgenommen, soweit es sich um kirchliche Anklagen und um kleinere strafbare Taten handelte. Er konnte jedoch vor ein weltliches Gericht gebracht werden, sofern es sich um größere Verbrechen (z. B. Mord) oder um zivile Streitfälle in Geldsachen mit Laien handelte, wenn der Laie nicht gewillt war, seine Zuflucht zum bischöflichen Gericht zu nehmen. Gregor war ständig bestrebt, die Immunität des geistlichen Standes in weltlichen Gerichtssachen zu wahren. Dudden faßt seine Politik kurz zusammen:[62]

„Wir finden, Gregor besteht oft darauf, daß Anklagen gegen Kleriker nur vor dem bischöflichen Gericht verhandelt werden dürfen. Dabei soll der Bischof selbst das Urteil fällen, oder wenn er der Voreingenommenheit verdächtig ist, soll er einen Bevollmächtigten ernennen, der dafür sorgt, daß die streitenden Parteien Schiedsrichter wählen und der Fall durch ein Schiedsverfahren korrekt entschieden wird. Während Gregor für das Recht des Bischofs kämpfte, bei Gerichtsverfahren gegen seinen Klerus den Vorsitz zu führen, forderte er die bischöflichen Richter dringend auf, die Angeklagten nicht durch quälende Verzögerungen oder lange Untersuchungshaft zu verbittern und dafür zu sorgen, daß das gefällte Urteil schnell ausgeführt werde."

Von Anfang an galt eines der Hauptinteressen und eine der Hauptverpflichtungen der Päpste der Liturgie, dem Rahmen des christlichen Gottesdienstes, der das Wesentliche der heiligen Handlungen enthielt und das ausmachte, was man jenen „Gemeinschaftssinn" genannt hat, der über die Zeit hinausreicht. Die Grundelemente der Liturgie, die Eucharistie, die Riten der Sakramente, das

Gemeinschaftsgebet und die Predigt, waren schon früher festgelegt worden. Bis zum Ende des fünften Jahrhunderts stand die Grundform des Gottesdienstes mehr oder weniger fest.[63]

Seit dem achten Jahrhundert jedoch ist Gregor eine größere liturgische Neuerung zugeschrieben worden, nämlich die Schaffung eines neuen und umfangreichen Sakramentariums (das *Sacramentarium Gregorianum*). Der ausführlichste Bericht darüber befindet sich in der von Johannes dem Diakon verfaßten Biographie aus dem neunten Jahrhundert.[64] Johannes sagt, daß Gregor eine große Revision des geltenden „Gelasianischen Sakramentariums" vornahm, wobei er die Gottesdienstordnung umänderte, ihnen einiges hinzufügte, sie verkürzte, vereinfachte und kodifizierte.

Johannes der Diakon hat keine Tradition erfunden, sondern diejenige Tradition weiter ausgebaut, die im achten Jahrhundert schon im Umlauf war, als Walafrid Strabo Papst Gregor die Schaffung eines Sakramentariums zuschrieb, als Papst Hadrian I. ein Exemplar jenes Sakramentariums an Karl den Großen schickte, das durch „unseren Vorgänger, den von Gott inspirierten Gregor", zusammengestellt wurde, und als Egbert von York behauptete, Augustinus von Canterbury hätte das „Gregorianische Sakramentarium" nach England gebracht.[65]

Aufgrund dieses Zeugnisses und der Existenz der handschriftlichen Sakramentarien, die das „Leoninum", das „Gelasianum" und das „Gregorianum" genannt werden, glaubte man jahrhundertelang, daß die römische Messe drei Entwicklungsstufen durchmachte, die jeweils mit der Amtszeit von Leo I., Gelasius I. und Gregor I. in Verbindung gebracht wurden. Als Ergebnis der Forschungsarbeit von Liturgiehistorikern der letzten fünfundsiebzig Jahre ist diese Ansicht nun weitgehend aufgegeben worden.

Liturgiegeschichte ist eine historische Disziplin, die gewissenhaft und genau arbeitet, die für manche esoterisch und faszinierend ist. Ihre Fachleute veröffentlichen die Ergebnisse ihrer Forschungsarbeit in Fachzeitschriften mit geheimnisvollen Titeln wie *Ephemerides Liturgicae* und *Sacris Eruditi*. Für den einfachen Laien ist es schwer, diese Geheimnisse zu ergründen. Ich möchte ihre allgemeinen Schlußfolgerungen in einen weiteren historischen Zusammenhang stellen, damit Gregors Rolle klarer erkannt werden kann. So weit ich es verstehe, ist der gegenwärtige Stand der Kenntnisse folgender:

Bis zum siebenten Jahrhundert gab es keine formellen, amtlichen, durch den Papst promulgierten Meßbücher. Vor jener Zeit war die liturgische Praxis fließend und *ad hoc*. Pergamentblätter *(libelli)*, die liturgische Gebete enthielten, wurden sowohl in den römischen Titularkirchen als auch im päpstlichen Archiv aufbewahrt. Diese wurden bei Bedarf für den Gottesdienst in den Kirchen verwendet, dessen Form mündlich tradiert wurde, jedoch nicht niedergeschrieben war.[66]

Jetzt ist bekannt, daß das früheste Sakramentarium, das sog. „Leoninum", das in einem einzigen Manuskript aus dem siebenten Jahrhundert existiert, kein amtliches, systematisch geordnetes und durch Papst Leo I. promulgiertes Meßbuch ist. Es ist eine Sammlung liturgischer Gebete, die um das Jahr 550 in Rom aus den verschiedenen Sammlungen in der Stadt zusammengetragen wurde. Eine annehmbare Hypothese wäre, daß die Sammlung durch das päpstliche Archiv unternommen wurde im Zuge eines Prozesses der Erneuerungen des Papsttums, nämlich nach Ende der gotischen Kriege und nach der Ankunft von Papst Pelagius I. aus dem Osten. Wir wissen, daß dieser Papst aktiv dabei war, unbesetzte Stellen in den Kirchen neu zu besetzen, zerstreutes Kirchengerät einzusammeln und Ordnung in die Angelegenheiten der Kirche zu bringen, die beträchtlich durcheinandergeraten war. Das Einsammeln von Gebetstexten aus verschiedenen Quellen würde durchaus mit diesen anderen Sammeltätigkeiten übereinstimmen.

Bis zum siebenten Jahrhundert war es anscheinend der Hauptbeitrag der Päpste, liturgische Gebete zu verfassen, die mit fast „juridischer Genauigkeit" und in einem eleganten rhetorischen Latein die Grunddogmen des christlichen Glaubens ausdrückten. Dieser Vorgang war jedoch fließend und fortlaufend, nicht festschreibend und fixierend. Gebete konnten verwendet, aufgegeben, erweitert, wiederbelebt werden. Besondere Gebete konnten unter dem Anstoß äußerlicher Geschehnisse verfaßt werden, wie die Gebete von Papst Vigilius, die die Belagerung Roms durch die Goten erwähnen, und das Gebet von Papst Gregor, das auf den Schrecken der Langobarden Bezug nimmt. Von Gelasius wissen wir, daß er einige Gebete Leos revidiert hat. Der Vorrat an Gebeten wuchs ständig. Das „Sakramentarium Leoninum" enthält folglich Gebete von Leo I., von Gelasius und von Vigilius. Siebenundneunzig Gebete sind allen drei Sakramentarien gemeinsam.[67]

Kommen wir nun zum „Gelasianischen" und zum „Gregorianischen" Sakramentarium, so befinden wir uns auf einem anderen Gebiet. Denn diese sind anders als das „Leoninum" mit festen Formen versehene, systematisch geordnete Sammlungen von Texten. Bezeichnend ist jedoch, daß diese beiden Sakramentarien ganz verschiedenen Zwecken dienen, was es von der inneren Struktur her unwahrscheinlich macht, daß das eine das andere verdrängte. Das *Gelasianum* existiert in einem einzigen Manuskript, das wahrscheinlich aus dem Kloster von Chelles in der Nähe von Paris stammt und um das Jahr 750 angesetzt wird. Obwohl es eingeschobene gallikanische Elemente enthält, ist der größere Teil davon eine geordnete Reihe von Gebetsformeln zur Verwendung in den römischen Titularkirchen; mit anderen Worten, es ist ein Meßbuch für Priester.[68]

Die früheste Version des *Gregorianum* ist ein Aachener Manuskript aus dem neunten Jahrhundert, das auf dem Sakramentarium beruht, das Papst Hadrian I.

an Karl den Großen schickte. Es ist ein eigens für den Papst verfaßtes Meßbuch, das gebraucht wurde, wenn der Papst selbst im Vatikan oder im Lateran die Messe zelebrierte oder wenn er an gewissen auf den Sonntag fallenden Festen und an jedem Tag während der Fastenzeit außer an Donnerstagen zu den sog. „Stationskirchen" in der Stadt ging, um dort die Messe zu feiern. Es ist also wahrscheinlich, daß während des siebenten Jahrhunderts das *Gregorianum* und das *Gelasianum* Seite an Seite existierten, und zwar zu verschiedenen Zwecken.

Aber wann und durch wen wurden diese Sakramentarien geschaffen? Wichtig ist hier der historische Hintergrund. Während der ersten Hälfte des siebenten Jahrhunderts gab es in Rom ein starkes Einströmen von Mönchen und Klerikern aus dem Osten, die vor dem arabischen Einmarsch und vor der Verfolgung durch die Monotheleten geflüchtet waren. Während der nächsten hundert Jahre sollten sie die beratenden Gremien der Päpste beherrschen und das eingeborene Element im römischen Klerus erdrücken. In ihrem Gefolge führte man in großem Umfang die Verehrung griechischer Heiliger, griechische Kirchenriten und sogar Institutionen der griechischen Kirche in Rom ein. Mancher verschlossene, dachlose Heidentempel lebte wieder auf, er wurde durch die Priester des christlichen Gottes renoviert und wieder eingeweiht. Kerzen brannten, Weihrauch stieg empor und das „Alleluia" ertönte durch die Säulenhallen und Vorhöfe. Ein überreiches Programm der Malerei, der Mosaikkunst und der Ornamentik, das zum großen Teil durch Künstler aus dem Osten ausgeführt wurde, verwandelte viele Kirchen Roms in byzantinische Kathedralen. Obwohl Latein die Sprache der amtlichen Dokumente blieb, wurde Griechisch häufig von Bischöfen bei Synoden und selbst von Priestern beim Gottesdienst gesprochen. Der *Ordo Romanus I.* berichtet, daß der Papst am Ostermorgen fragte: „Wie viele Kinder wurden auf Latein und wie viele auf Griechisch getauft?" Dies alles steht in krassem Gegensatz zur Amtszeit Gregors I., der entrüstet die Vorwürfe zurückwies, daß sich griechische Bräuche in die römische Liturgie einschlichen.[69]

Die stärkste Entwicklung zeigte sich vielleicht in der Einführung eines neuen päpstlichen Ritus, der nach dem byzantinischen Kirchen- und Hofzeremoniell gebildet wurde. Man hat ihn beschrieben als „ein starres Hofzeremoniell, das weder Abwechslung noch Improvisation von seiten der Assistenten zuließ, eine Ehrfurcht einflößende Feierlichkeit von Zeremonien und ein großartiger *(organum)* Chorgesang, die zu Symbolen päpstlicher Souveränität im Westen wurden, die aber die Gemeinde zu Zuschauern und Zuhörern werden ließen." Das unterscheidende Merkmal des alten römischen Stadtritus, der die römische Gemeinschaft versinnbildlichte und der jetzt ersetzt wurde, war es, daß sowohl die Gemeinde als auch der Klerus am Ritus teilnahmen. Der neue päpstliche Ritus schloß die Gemeinde aus und diente der Verherrlichung des Papstes.[70]

Dies ist der historische Hintergrund des formellen päpstlichen Sakramentariums. Er muß neben anderen Entwicklungen gesehen werden, die alle den Zweck hatten, jedem Aspekt der Liturgie eine feste Form zu geben und ihn genau zu regeln. Es gab das *capitulare evangeliorum,* eine Sammlung von ausgesuchten Lesungen aus den Evangelien für jeden liturgischen Festtag, dessen früheste Version aus dem Jahr 645 stammt.[71] Es gibt die *Ordines,* das sind Zeremonienbücher, die die immer komplizierteren rituellen Handlungen bei der Ankleidung des Papstes, bei der Regelung seines Einzugs und Auszugs, die Ordnung für Prozessionen und für das Küssen der Hände und der Füße des Papstes beschrieben. Das früheste von diesen Zeremonienbüchern stammt aus der zweiten Hälfte des siebenten Jahrhunderts.[72] Wir haben das sog. *„Gregorianische Antiphonar“,* das den Sängern ihren Teil beim Gottesdienst angab und das wahrscheinlich durch die neue, vom Papst Vitalian eingerichtete *schola* eingeführt wurde, um Sänger im päpstlichen Chorgesang auszubilden. Diese starke historische Evidenz spricht dafür, daß das „Gregorianische Sakramentarium“ ebenfalls aus der Mitte des siebenten Jahrhunderts stammt.

Was für eine Rolle bei alledem hat nun Papst Gregor gespielt? Es gibt einwandfreie Belege dafür, daß die Hadrianische Version des *Gregorianums* nicht von Gregor sein kann, denn es enthält Hinweise auf Feste und Kirchen, die erst nach Gregors Tod entstanden sind: z. B. das Fest der Erhöhung des wahren Kreuzes und der Jahrestag der Überführung der Reliquien von Leo I., die Sergius I. einführte; die durch Bonifatius IV. eingeführte Station St. Maria ad Martyres; die Stationen St. Hadrian, St. Andreas in der Nähe des Laterans und St. Lucia, die durch Honorius I. eingeführt wurden; und Gregors eigener Festtag. Auf der anderen Seite aber stammen 82 der 927 Gebete im Sakramentarium offensichtlich von Gregor.[73]

Aufgrund innerer Kriterien wurde argumentiert, daß Honorius I. der Kompilator des Sakramentariums war.[74] Das ist nicht unwahrscheinlich, denn Honorius hat sich alle Mühe gegeben, Rom zu neuem Leben zu bringen, indem er viele neue Kirchen baute und neue Kulte und Feste einführte. Doch das Datum ist vielleicht etwas früh angesetzt, wenn man die Datierung entsprechender liturgischer Entwicklungen in Betracht zieht. Mit Sicherheit kann man nur sagen, daß das päpstliche Sakramentarium im Jahr 683 schon existierte. Denn aus diesem Jahr haben wir eine in einem späteren Text eingebettete Version. Dies mag wohl eine Ausgabe sein, die Sergius I. revidierte, um seine zahlreichen liturgischen Neuerungen unterzubringen. Fast sicher gab es auch eine Revision durch Gregor II., der Stationsmessen an Donnerstagen in der Fastenzeit einführte und damit das päpstliche liturgische Jahr veränderte.[75] Daher kommt es wahrscheinlich, daß das Sakramentarium Gregor I. zugeschrieben wurde. Das ist eine einfache, aber verständliche Verwechslung mit Gregor II., der eine größere Revision des päpstlichen Sakramentariums gegen die Mitte des siebenten Jahrhunderts unternahm, um die Entwicklungen im päpstlichen Chorgesang und Ritus zu begleiten.

Diese Verwechslung der beiden Gregor kann es auch sein, die eine zweite Verwechslung verursachte, nämlich die Bezeichnung des Priestermeßbuches als „*Gelasianum*". Liturgiker des achten und des neunten Jahrhunderts, die wußten, daß das Meßbuch für Priester älter war als das Meßbuch des Papstes, und die glaubten, das Meßbuch des Papstes sei von Gregor I., dürften wohl den *Liber Pontificalis* genau angesehen und entdeckt haben, daß der letzte Papst vor Gregor I., dem man große liturgische Änderungen zuschrieb, Gelasius I. war. Daraus haben sie den augenfälligen falschen Schluß gezogen.

Was hat Gregor I. auf dem liturgischen Gebiet getan? Er verfaßte Gebete, wie seine Vorgänger es getan hatten, er unternahm kleinere liturgische Änderungen im Interesse der Vereinfachung und der Kürzung des Gottesdienstes: Dem Gebet *Hanc igitur* hat er etliche Worte hinzugefügt; er ordnete an, daß das Vaterunser vor statt nach dem Brechen des Brotes gebetet wird, daß das Alleluia auch zu anderen Zeiten als zur Osterzeit, auf die es früher beschränkt war, gesungen wird; er untersagte es den Subdiakonen, das Meßgewand zu tragen, wenn sie zum Altar zogen; er verbot den Diakonen, andere musikalische Teile des Gottesdienstes zu übernehmen, außer das Evangelium zu singen. In einem Brief an Johannes von Syrakus beschrieb er selbst diese Änderungen, wobei er die Präzedenzfälle für alle sorgfältig darlegte.[76] Darüber hinaus gingen anscheinend seine liturgischen Neuerungen nicht.

Die Tatsache, daß der *Liber Pontificalis* nicht feststellt, daß Gregor I. ein Sakramentarium einführte, ist kein zwingender Beweis dafür, daß er es nicht tat. Denn der *Liber Pontificalis* sagt nichts darüber, daß ein Papst ein Sakramentarium einführte. Aber das übrige Beweismaterial reicht gewiß dafür, überzeugend zu zeigen, daß Gregor I. ein päpstliches Sakramentarium nicht zusammengestellt hat. Sentimentale Leute halten immer noch an einer Gregorianischen Autorschaft fest, aber die Beweise weisen unabänderlich in eine Richtung weg von dieser Theorie.

Diese Schlußfolgerung entkräftet natürlich die Auffassung, daß Augustinus von Canterbury ein Gregorianisches Sakramentarium nach England hätte mitbringen können. Es gibt noch andere Beweise dafür, daß eine solche Auffassung unhaltbar ist. Gregors Brief an Augustinus, der den Brauch des gallikanischen Ritus gestattet, deutet an, daß dieser schon durch den fränkischen Hausgeistlichen von Königin Bertha nach England gebracht worden war. Zudem war man im siebenten Jahrhundert mit den stark romfreundlichen Tätigkeiten des hl. Wilfrid von Hexham, des hl. Bischofs Benedikt und des Erzkantors Johannes sowie mit der Ankunft des Theodor Tarsus als Erzbischof von Canterbury bemüht, römische Bräuche einzuführen. Das fand seinen Höhepunkt in der Erklärung der Synode von Cloveshoe im Jahr 747, wonach künftig der Gottesdienst ausschließlich nach dem römischen Ritus abgehalten werden sollte.[77]

Gregors Name ist auch mit dem „Gregorianischen Antiphonar" und dem „Gregorianischen Chorgesang" verbunden worden. Die Beweise dafür ähneln denen, aufgrund derer Gregor I. das Sakramentarium zugeschrieben wird. Egbert von York und Walafrid Strabo behaupteten, daß Gregor ein Antiphonar verfaßte. Johannes der Diakon bestätigte diese Behauptung, indem er aussagte, daß noch zu seiner eigenen Lebzeit ein echtes Exemplar davon existierte. Er fügte auch hinzu, daß Gregor eine *schola cantorum* für den Gregorianischen Chorgesang einrichtete.[78] Wiederum ist die früheste noch vorhandene Handschrift eine fränkische Schöpfung aus dem neunten Jahrhundert.

Die Lage des Antiphonars ist eigentlich genau dieselbe wie die des Sakramentariums. Wahrscheinlich war der Gregorianische Chorgesang der quasi-byzantinische Chorgesang, der in der zweiten Hälfte des siebenten Jahrhunderts entwickelt wurde, um den neuen päpstlichen Ritus zu begleiten.[79] Die Schlüsselamtszeit scheint diejenige von Papst Vitalian (657–672) zu sein. Wahrscheinlich war es Vitalian, der eine *schola cantorum* einrichtete, um den neuen päpstlichen Chorgesang zu lehren. Denn ihre Mitglieder waren als *vitaliani* bekannt. Das St. Gallener Manuskript von *Ordo XIX* aus dem achten Jahrhundert führt die Männer auf, die angeblich den Chorgesang ordneten bzw. vorschrieben: Damasus, Leo, Gelasius, Symmachus, Johannes I., Bonifatius II., Gregor I. und Martinus I., und dann drei Äbte Catolenus, Maurianus und Virbonus. Fast mit Sicherheit bezieht sich dies auf den Chorgesang des alten römischen Stadtritus, den der päpstliche Ritus später ersetzte. Das deutet an, daß die Päpste mindestens erst nach der Amtszeit von Martinus I. aufhörten, den städtischen Chorgesang neu zu ordnen. Es ist sogar möglich, daß *Ordo XIX* um das Jahr 675 durch Johannes, dem Erzkantor von St. Petrus und Abt des danebenliegenden Klosters von St. Martin, zusammengestellt wurde. Die drei zuvor genannten Äbte waren möglicherweise seine Vorgänger als Erzkantoren. Dies alles deutet an, daß es wie bei den liturgischen Gebeten auch beim Gesang fortwährend Neuordnungen gab, solange der städtische Ritus gegeben war. Doch nach der Amtszeit des Martinus und wahrscheinlich als Folge der Einrichtung der neuen päpstlichen *schola cantorum* durch Vitalian wurde eine feste und endgültige Form für den neuen päpstlichen Chorgesang erreicht. Die Schaffung eines formellen Antiphonars verkörperte diese Entwicklung. Dieses ist es fast mit Sicherheit durch Gregor II. zusammen mit dem Sakramentarium revidiert worden. Als Papst Hadrian I. über das Antiphonar schrieb, stellte er fest, daß es durch Papst Gregor verfaßt worden sei. Er nennt ihn aber „junior", was mit Sicherheit auf Gregor II. hinweist. Ohne Zweifel war es eine echte Handschrift dieses „Gregorianischen Antiphonars", die Johannes der Diakon sah. Doch auch hier gab es eine Verwechslung der Namen.

Trotz alledem ist es immerhin möglich, daß Gregor, der verhindern wollte, daß Diakone ihre Zeit mit Singen verbringen, doch eine *schola cantorum* einrichtete, wie Johannes meinte, aber nur für den städtischen Ritus.[80] Seine musikalischen Neuerungen müssen jedoch auf die zeitweise durchgeführten Umordnungen der musikalischen Texte begrenzt werden, die die Päpste gewöhnlich veranlaßten, solange der städtische Ritus gegeben war. Wenn irgendein Sakramentarium und Antiphonar einem Gregor zugeschrieben werden kann, dann ist es Gregor II.[81]

8. Kapitel

Verwaltung des Kirchengutes

Einer der berühmtesten Tätigkeitsbereiche Gregors liegt in der Verwaltung des Kirchengutes. Das päpstliche Register bezeugt eindrucksvoll die große Sorgfalt, mit der er die Güter der römischen Kirche verwaltete und die noch einmal jenen Hintergrund der Zivil- und Gutsverwaltung durchblicken läßt, der schon geschildert worden ist. Seine Durchführung dieser Verpflichtungen bietet einen der besten Beweise für die Synthese von *Romanitas* und *Christianitas,* die das Merkmal alles dessen war, was er tat. Romanitas kann man in der tüchtigen und sorgfältigen Ausübung seiner Funktion als Gutsherr der besten römischen Tradition erblicken. Das päpstliche Register zeigt immer wieder seine fast ängstliche Gerechtigkeit, seine den Einzelfragen geschenkte Aufmerksamkeit und die Beherrschung jedes der vielen Gesichtspunkte der Gutsverwaltung. Christianitas kann man in der Verwirklichung christlicher Nächstenliebe bei der Milderung der strengen Forderungen unbedingter Gerechtigkeit erblicken sowie im Zweck seiner Verwaltung des Kirchengutes. Er hat sie nicht als etwas betrachtet, das einen Gewinn für die Kirche einbringen sollte, sondern als etwas, das die Bedrängnisse und die Not der Armen zu lindern hatte.

Gregors Briefe geben das umfassendste und ausführlichste Bild über die päpstlichen Güter und deren Verwaltung im frühen Mittelalter wieder. Die Ländereien des Papsttums, im ganzen als das Patrimonium des hl. Petrus bekannt, verschafften der römischen Kirche eine der Haupteinnahmequellen.[1] Diese Ländereien waren über die Jahre durch Stiftung und Vermächtnis erworben worden, und zwar seit der gesetzlichen Bestätigung von Vermächtnissen an die Kirche im Jahr 321. Einer der frühesten und großzügigsten Wohltäter war die kaiserliche Familie, deren letzte große Stiftung möglicherweise die Ländereien der arianischen Kirche in Italien bildeten, die nach der Vernichtung des ostgotischen Königreichs beschlagnahmt und im Jahr 554 der katholischen Kirche übergeben wurden.

Den größten Teil erhielt die Kirche von Ravenna, aber Rom muß auch Vorteile davon gehabt haben. Es waren sicherlich arianische Kirchen mit eigenen Stiftungen in Rom vorhanden, die an das Papsttum übergingen.[2] Abgesehen hiervon gab es einen regelrechten Strom von Schenkungen durch weniger berühmte, aber gleich wohlgesinnte Personen. Gregors Register zeigt, daß die Patrizierin Campana der römischen Kirche ihre römische Wohnung mit Gartenanlagen, daß der Priester Felicianus der römischen Kirche einen Garten in Rom und der Notar Primigenius der römischen Kirche ein Drittel seines sizilianischen Gutes vermachte.[3]

Wieviel an Einkommen diese Güter tatsächlich einbrachten, läßt sich schwer schätzen, wenn es auch einige Hinweise gibt. Nach dem Chronisten Theophanes hatten die im Jahr 729 durch den Kaiser Leo III. beschlagnahmten sizilianischen und kalabrischen Kirchengüter einen Wert von 250.000 *solidi*.[4]

In der Mitte des siebenten Jahrhunderts brachte Ravennas Patrimonium in Sizilien jährlich 31.000 *solidi*, 50.000 *modii* Weizen und sonstige Güter ein.[5] Das Patrimonium Roms wird viel größer gewesen sein, aber wahrscheinlich können wir die Erklärung Duddens noch immer nicht verbessern: „Es ist zumindest sicher, daß zu Beginn des siebenten Jahrhunderts die römische Kirche viele Hunderte von Quadratmeilen Land besaß und jährliche Einkünfte bezog, die mehrere hunderttausend Pfund betrugen."[6]

Gewiß, im Schicksal ihrer Ländereien gab es Schwankungen. Der Krieg und die Unruhen, die im sechsten Jahrhundert das italienische Festland heimsuchten, machten sich bei dem Patrimonium sehr bemerkbar. Zum Beispiel war das Patrimonium von Picenum, das unter Gelasius I. (492–496) auf einen Wert von jährlich 2160 *solidi* geschätzt wurde, bis zur Amtszeit von Pelagius I. (556–561) auf einen Wert von bloß jährlich 500 *solidi* gesunken; bis zur Amtszeit Gregors war es ganz geschwunden, es wurde durch die Einfälle der Langobarden verschlungen.[7]

Die Gotenkriege hatten den päpstlichen Ländereien empfindlichen Schaden zugefügt, die Einfälle der Langobarden hatten eine unheilvolle Wirkung auf sie. Innerhalb des von den Langobarden besetzten Gebiets überdauerte kein päpstliches Patrimonium. Das heißt, daß außer dem ganzen Patrimonium von Picenum auch Teile des Patrimoniums von Samnitum, Sabinum und Apulien verlorengingen. Auf einigen der übriggebliebenen Ländereien gab es einen starken Verlust an Bevölkerung. Gregor weist zum Beispiel auf die „wenigen Bauern" hin, die noch auf den Gütern von Callipolis geblieben waren. Bezeichnenderweise ergriff er kluge Maßnahmen, um dem abzuhelfen, indem er anordnete, daß die *coloni* von Callipolis nur den Pacht zahlen sollten, den ihnen ihre Mittel erlaubten, damit sich die Arbeitskräfte nicht noch mehr verringerten.[8] Das war ein Problem, das sich nicht allein auf Italien beschränkte. In Afrika gab es beträchtliche nicht bevölkerte päpstliche Landstriche. Der Exarch Gennadius von Afrika erwarb sich dadurch Gregors besonderen Dank, daß er sie mit Kriegsgefangenen bevölkerte.[9]

Bei Gregors Thronbesteigung gab es an die fünfzehn verschiedene Patrimonien, die das Patrimonium des hl. Petrus ausmachten. Vier von diesen befanden sich außerhalb des eigentlichen Italien, keines von ihnen anscheinend von größerem Umfang. In der Provence gab es ein kleines gallisches Patrimonium (*patrimoniolum*). Auf den ersten Blick könnten die 400 *solidi* Pacht, die Gregor im Jahr 593 aus Gallien erhielt, für ein sogenanntes *patrimoniolum* reichlich erscheinen, doch fast mit Sicherheit schließt diese Summe rückständige Pacht mit ein.[10] Mit dem Einkommen aus diesen Ländereien gab es ein Problem, weil die Pacht anscheinend mit am Ort geprägten Münzen bezahlt wurde, die sich nach Gewicht und Prägung von den amtlichen Reichsmünzen unterschieden. Um nun eine Abwertung zu vermeiden, waren die Päpste dafür, daß das Geld am Ort selbst ausgegeben werden sollte. Gregor schlug den Erwerb von warmer Kleidung für Flüchtlinge in Rom sowie den Kauf von englischen Sklavenjünglingen für den Dienst in den römischen Klöstern vor.[11]

Die römische Kirche besaß Landgüter in Nordafrika, hauptsächlich in Numidien, ein *patrimoniolum* in Illyricum und Ländereien in Sardinien und Korsika. Diese Inseln waren zwar im Bereich der patriarchalischen Gerichtsbarkeit des Papstes, standen aber unter der verwaltungsmäßigen Aufsicht des Exarchen von Afrika.[12] Die Bedeutung der päpstlichen Patrimonien außerhalb Italiens scheint vor allem politischer und nicht finanzieller Natur gewesen zu sein. Im Briefwechsel mit Sardinien und Korsika zum Beispiel wird bezüglich der Landgüter das rein Geschäftliche verhältnismäßig wenig erwähnt. Die dortigen päpstlichen Rektoren waren damit beschäftigt, den Ausschweifungen der Bischöfe Einhalt zu gebieten, auf die weltliche Obrigkeit ein wachsames Auge zu haben und Rom mit Informationen über die Leitung der katholischen Kirche zu versehen. Dies scheint in allen nicht-italienischen Patrimonien dasselbe Bild gewesen zu sein. Sie waren nützliche Stützen außerhalb des eigentlichen Italien, bezüglich des Einkommens war Rom jedoch nicht übermäßig auf sie angewiesen.

In Italien selbst lagen die Güter, die hauptsächlich das Geld einbrachten. Das kleinste päpstliche Patrimonium befand sich wahrscheinlich in den Cottischen Alpen, wo Gregor die Güter als *possessiuncula* beschrieb.[13] Die reichsten und umfangreichsten Ländereien waren in Sizilien. Alle Urkunden im *Liber Diurnus* bezüglich der Ernennung von Rektoren beziehen sich auf Sizilien, womit seine hervorragende Stellung angedeutet wird.[14]

Die häufigsten und ausführlichsten Briefe über patrimonialische Angelegenheiten im Gregorianischen Register sind an Sizilien gerichtet. Bis zur Amtszeit Gregors war das Patrimonium tatsächlich so groß geworden, daß der Papst es in zwei Rektorate einteilte, und zwar mit Verwaltungszentrum in Palermo und in Syrakus. Der Rektor von Syrakus war immer der Rangältere der beiden. Eine gewisse Ahnung von der Größe des sizilianischen Patrimoniums läßt sich aus der Tatsache gewinnen, daß sein Amtsbezirk die Güter sowohl in Catania, in Messina und in Agrigentum als auch in Syrakus selbst umfaßte.[15]

Campania war vielleicht das zweitbedeutendste Patrimonium, wo die Ländereien anscheinend groß genug waren, um die Plünderungen der Langobarden in deren Randgebieten zu verkraften. Mehrere andere ehemals bedeutende Patrimonien hatten jedoch weniger Glück. Das Patrimonium von Lucania und Bruttium wurde durch die umfangreiche Plünderung der Langobarden stark dezimiert. In Apulien und Calabrien herrschte die gleiche Situation, wo der Verlust des größten Teils von Apulien an die Langobarden den päpstlichen Rektor isoliert in Sipontum zurückließ, der dann auch keine Kontrolle über die Ländereien von Calabrien ausüben konnte. Nur Hortona und seine Umgebung blieben unter der Aufsicht des päpstlichen Rektors von Samnium. Das Sabinische Patrimonium wurde als das „Tiburtinische" bekannt, weil der Rektor seine Tätigkeit auf Tibur konzentrierte, nachdem ein Teil der Provinz an die Langobarden verlorenging.

In der Nähe von Rom selbst gab es das Appische Patrimonium, eine Gruppe Landgüter rings um die Appische Straße, die das Öl für die Lampen der römischen Kirchen lieferten; dann das Toskanische Patrimonium, das Landgüter rings um Blera umfaßte und das sicher innerhalb der Grenzen des Verwaltungsbezirks von Rom lag, wie sein Überdauern und seine Bezeugung unter Papst Zacharias zeigen. Schließlich gab es in Ravenna und in Istrien Landgüter, die von Ravenna aus durch einen Rektor verwaltet wurden, der zugleich als päpstlicher *apocrisiarios* am Hofe des Exarchen amtierte. Diese Stellung war eine hochwichtige, da sie es mit sich brachte, mit dem Exarchen, dem Erzbischof von Ravenna, den Langobarden und den istrianischen Schismatikern zu verkehren und ein wachsames Auge auf sie zu haben, die alle schwierig sein konnten, oft alle zur gleichen Zeit.[16]

Jedes Patrimonium war in einzelne Landgüter eingeteilt. Einige wurden durch die Kirche direkt bewirtschaftet. Die meisten wurden jedoch an Pächter vergeben: entweder auf Lebenszeit *(emphyteusis)* an sehr reiche Leute oder für eine begrenzte Zeit an Leute, die weniger reich waren *(conductores)*.[17] Zur Zeit Gregors gab es in Sizilien 400 *conductores*.[18]

Gregor war sehr besorgt bezüglich der Pachtordnung. Im August 591 teilte er dem sizilianischen Rektor Peter mit, viele Leute kämen nach Rom und suchten Landgüter und Inseln im Besitz der Kirche auf Lebenszeit zu pachten *(emphyteusis)*, was einigen bewilligt, vielen aber doch verweigert wurde.[19] Bei der Verpachtung auf Lebenszeit sollte man sehr vorsichtig sein und die Verwaltung des Pachtgutes genau überwachen. Die *scribones*, die Rekrutierungsoffiziere des Reiches, hatten als Pächter einen so schlechten Ruf, daß Gregor es absolut verbot, ihnen einen Pachtvertrag zu gewähren.[20]

Der Verwalter des Patrimoniums war ein vom Papst ernannter Rektor, dem der Papst das Amt nach Belieben entziehen konnte. Er wurde in Rom ernannt und legte am Grab des hl. Petrus einen Eid ab, die Interessen der Kirche zu verteidigen und die Armen zu schützen. Er erhielt Ernennungsurkunden, das Kontobuch des Gutes und ausführliche, seinen Bezirk betreffende Anweisungen vom Papst.[21] Empfehlungsbriefe wurden an Ortsbischöfe und an wichtige weltliche Beamte gesandt.[22] An die *coloni* und die *conductores* des Patrimoniums wurden ebenfalls Briefe geschickt, die ihnen Gehorsam gegen den neuen Rektor befahlen. Ein gutes Beispiel dafür ist der an die *coloni* von Syrakus anläßlich der Ernennung des *defensor* Romanus zum Rektor geschriebener Brief:[23]

„Wir möchten Euch davon in Kenntnis setzen, daß wir es für richtig halten, Euch in die Obhut unseres *defensor* Romanus zu geben. Wir befehlen Euch also, seinen Anordnungen, die er zur Förderung der Interessen der Kirche für richtig hält, bereitwillig zu gehorchen. Wir haben ihn ermächtigt, sollte jemand sich unterfangen, ungehorsam oder widerspenstig zu sein, diesen schwer zu bestrafen. Wir haben ihn auch angewiesen, alle der Kirche gehörenden, aber davongelaufenen Sklaven wieder aufzuspüren und alles von jemand rechtswidrig besetzte Land umsichtig, energisch und schnell wieder zurückzubekommen. Wir teilen euch weiter mit, daß ihm auf seine Verantwortung hin befohlen wurde, unter keinem Vorwand sich des Eigentums anderer rechtswidrig oder mit Gewalt zu bemächtigen."

Am Ende des Rechnungsjahres *(indiction)* im September schickte der Rektor seine Kontobücher zur Überprüfung nach Rom. Vor Gregor scheinen solche Überprüfungen unregelmäßig gewesen zu sein, was es einigen Rektoren des Pelagius I. ermöglichte, das Papsttum dadurch zu betrügen, daß sie ihre Kontobücher fälschten.[24] Es kann sein, daß Gregor der erste Papst war, der eine jährliche Überprüfung einführte.

Eine der Hauptaufgaben eines Rektors war selbstverständlich die eigentliche Verwaltung der patrimonialischen Ländereien. Die Rektoren trieben die Pacht ein, gewährten Pachtverträge und versorgten Rom mit Landprodukten wie Korn, Holz, Pferden und Öl. Es gab jedoch noch andere Aufgabenbereiche für sie. Ihnen oblag der Schutz der Unterdrückten, die Unterstützung der Armen und die Instandhaltung der kirchlichen Herbergen *(xenodochia)*. In Rechtsstreitigkeiten betreffs Sachen von geringerer Bedeutung traten sie häufig als Richter auf. Sie beaufsichtigten Bischofswahlen, hatten ein wachsames Auge auf bischöfliches Verhalten, brachten Mißstände in Kirchen, Klöstern und Krankenhäusern wieder in Ordnung, setzten kirchliche Disziplin durch und bekämpften die Häresie. Ein einziger im Juli 592 an Peter, den Rektor von Sizilien, geschriebener Brief gewährt einen guten Einblick sowohl in die Zuständigkeitsbereiche des Rektors als auch in die bis ins einzelne gehende Übersicht des Papstes.[25] Der Papst trifft geschäftsmäßige und ausgleichende Vorkehrungen bezüglich einer Menge verschiedenartiger Dinge. Er unterrichtet Peter über Auseinandersetzungen und Rechtsstreitigkeiten um Eigentum, über den Verkauf von nicht einträglichen Herden, über die Senkung der durch bekehrte Juden gezahlten Erbschaftssteuer, über Herbergenverwaltung, über die Auswahl seiner Untergebenen, über den Bau eines Klosters, über die Zahlung von Armenunterstützung und der Geldbeihilfe an einzelne Personen, über die Ausübung seines Einflusses bei dem Bischof von Syrakus im Falle von zwei bestimmten Personen, über die Schenkungen an Reichsbeamte, um ihren guten Willen gegenüber der Kirche zu sichern, über die Ausführung verschiedener Bestimmungen im Testament eines verstorbenen Geistlichen und die Besorgung von Pferden für die päpstlichen Ställe. Hier schleicht sich eine persönliche Note ein, als Gregor erklärt, daß die vorige Zustellung von Pferden unbefriedigend gewesen sei: „Ihr habt mir einen jämmerlichen Gaul und fünf gute Esel geschickt. Den Gaul kann ich nicht reiten, weil er so erbärmlich ist. Die Esel kann ich nicht reiten, weil sie eben Esel sind." Hier redet weniger der Papst als Vertreter des Heilands, als vielmehr der adelige Stand des römischen Konsuls. Die Demut hat also ihre Grenzen.

Dem Rektor stand eine große Beamtenschaft zur Verfügung. Er wurde durch einen Stab von *defensores* unterstützt. Das sind höhere Beamte, deren Bedeutung und Einfluß daran gemessen werden können, daß *pseudodefensores* auftraten, die behaupteten, vom Papst beauftragt zu sein, und die im Namen Roms rechtswidrige Handlungen verübten.[26] Einen Rang niedriger hatten die Verwalter und die Agenten *(actores* oder *actionarii)* inne, die die Tonsur erhalten mußten als Zeichen ihrer Herkunft und die mit Diplomen versehen wurden.[27]

Über die Tätigkeiten der Rektoren und der patrimonialischen Beamten mußte der Papst ein wachsames Auge haben und gut unterrichtet sein. Zum Mißbrauch gab es viele Gelegenheiten. Die Stellung der römischen Kirche als Gutsherr war sehr mächtig und ihr Name galt viel.

Es gab zahlreiche Beispiele der Autoritätsüberschreitung und der Verwendung eines Titels als Genehmigung zum Plündern. Der Papst befaßte sich mit Beschwerden bezüglich der Beschlagnahme von Geld, Sklaven, Land, Gütern und Häusern sogar aus dem Besitz von Klöstern und anderen Kirchen durch seine Vertreter.[28] Gregors Antwort war durchwegs die, falls die Beschwerden gerechtfertigt waren, mußte das Eigentum zurückgegeben werden: „Ich will nicht, daß der Schatz der Kirche durch unerlaubte Gewinne beschmutzt wird."[29] Stets unterstrich er seine Auffassung von der Rolle des Vertreters. Die Inbesitznahme der Söhne eines Mannes als Sklaven der römischen Kirche durch Authemius, den Rektor von Campania, veranlaßte Gregor, zornig an ihn zu schreiben: „Ihr solltet als unser Vertreter dort Euren Verpflichtungen nachkommen, nicht so sehr zum Wohl der Kirche, sondern vielmehr um den Bedürfnissen der Armen abzuhelfen und sie von jeder Unterdrückung zu befreien, unter der sie leiden."[30] Sein Grundsatz lautete: „So wie die Kirche das eigene Besitztum nicht vernachlässigen darf, so muß sie es auch unterlassen, das Eigentum anderer mit Raubgier an sich zu reißen."[31]

Der Widerspruch zwischen den Absichten der Rektoren (Gewinn) und dem Ziel Gregors (Gerechtigkeit) wird durch die Laufbahn des *defensor* Romanus genau veranschaulicht, der als Verwalter einer Herberge dafür getadelt wurde, daß er zu viel Zeit damit verbrachte, Geld zu verdienen, und nicht genug Zeit damit, es für die Armen auszugeben, dessen offensichtliche Tüchtigkeit ihm jedoch die Beförderung zum Rektor einbrachte.[32] Dann mußte ihm als Rektor nochmals dafür ein Verweis erteilt werden, daß er seine Befugnisse überschritt, indem er auf eigene Verantwortung gerichtliche Entscheidungen von Bischöfen aufhob. Dies stellte den päpstlichen Grundsatz der Hierarchie überhaupt in Frage. Gregor schrieb: „Wenn Ihr die rechtmäßigen Machtbefugnisse eines Bischofs nicht achtet, dann tut Ihr nichts anderes als jene kirchliche Ordnung zerstören, die aufrechtzuerhalten Euch besonders obliegt."[33] Es konnte also nicht davon die Rede sein, daß der Papst vermittels seiner Vertreter die Machtbefugnisse der Bischöfe zu beseitigen suchte. Er mußte stets auf der Hut sein, damit das Verhalten seiner Vertreter nicht zu diesem Ergebnis führte.

Anscheinend war es Papst Gelasius I., der die ersten Schritte unternahm, um das päpstliche Patrimonium als zusammenhängende Verwaltungseinheit einzurichten, denn aus seiner Amtszeit stammt das *Polyptycum*, das große Kontobuch des Patrimoniums. Im neunten Jahrhundert war es immer noch in Gebrauch. Auch Gregor weist in seinem Register darauf hin.[34] Es ergab sich wahrscheinlich aus einer groß angelegten Untersuchung der päpstlichen Ländereien, die durch die Notwendigkeit veranlaßt wurde, Kriegsschäden zu überprüfen.[35] Unter Gelasius I. gab es anscheinend doch kein regelmäßig funktionierendes Rektorensystem. Bis zur Amtszeit von Pelagius I. (556–561) gab es ein Rektorensystem, das voll funktionierte, das aber noch nicht ausschließlich mit Beamten aus Klerikern der römischen Kirche versehen war. Sowohl Ortsbischöfe als auch Laien übten in einigen Gebieten Rektorenbefugnisse aus.[36] Zu irgendeinem Zeitpunkt zwischen der Amtszeit von Pelagius I. und der Gregors wurde es gebräuchlich, daß römische Kleriker die italienischen Patrimonien verwalteten. Sie hatten ebenfalls ihre Tätigkeit über die einfache Gutsverwaltung hinaus erweitert und wurden „die Augen und Ohren des Papsttums" in den Regionen. Leider ist es nicht möglich, die Entwicklung der Machtbefugnisse und der Verpflichtungen der Rektoren zu verfolgen. Das Gregorianische Register bietet uns die erste Möglichkeit, die Beschaffenheit des voll entwickelten Rektorensystems abzuschätzen.

Es kann sogar sein, daß Gregor selbst die letzten Maßnahmen ergriff, um das italienische Rektorat zu einer ausschließlich römischen Einrichtung zu machen. Aber wie dem auch sei, Gregor führte sicherlich bedeutende Reformen im System ein. Gregor war vor allem entschlossen, sämtliche Patrimonien, nicht nur die italienischen, unter die Kontrolle von römischen Klerikern zu bringen. Wie Johannes der Diakon bemerkte, „ernannte Gregor tüchtige Männer seiner eigenen Kirche zu *rectores patrimonii*."[37] Dies war von besonderer Bedeutung in den außerhalb Italiens befindlichen Patrimonien, wo in einigen Fällen das nun zum erstenmal geschah. Denn es besteht kein Zweifel, daß Gregor diese Rektoren nicht in erster Linie als Gutsverwalter, sondern als im Ausland residierende Botschafter des Heiligen Stuhls betrachtete.

Das gallische Patrimonium war herkömmlicherweise immer von kirchlichen oder weltlichen Würdenträgern des Landes verwaltet worden.[38] Als Gregor den Thron des hl. Petrus bestieg, war Dynamius, der Gouverneur der Provence, päpstlicher Rektor.

Als dieser im Jahr 595 in den Ruhestand trat, hatte Gregor den neuen Gouverneur der Provence, Arigius, nicht zum Rektor ernannt. Er ließ Arigius solange das Patrimonium verwalten, bis der neue Rektor aus Rom eintraf.[39] Um sicherzugehen, daß Arigius aus der Vakanz des Rektorats keine Gewinne machte, wurde es ihm nicht gestattet, die Pacht einzutreiben. Die *conductores* wurden angewiesen, einen aus ihrer Reihe zu ernennen, der bis zur Ankunft des neuen Rektors die Pacht eintreiben und aufbewahren sollte.

Der neue Rektor war nun der römische Priester Candidus, den Gregor dem Wohlwollen der Königin Brunhild empfahl. Gregor wies darauf hin, daß es lange Zeit her sei, seitdem ein Mann der römischen Kirche gesandt wurde, um das Patrimonium zu verwalten. Candidus sei jetzt geschickt worden, „damit er imstande sei, das kleine Kirchengut, das bekanntlich zur Unterstützung der Armen benützt wird, wohl zu verwalten und ihm wieder zuzubringen, was ihm etwa entzogen worden ist."[40] Jemand, dem der Papst vertrauen konnte, war sicherlich nötig. Die Pacht, die durch den Erzbischof von Arles eingetrieben wurde, als er zehn Jahre zuvor Rektor gewesen war, war im Jahr 596 immer noch nicht an Rom weitergeleitet worden.[41] Das war allerdings nicht der einzige und möglicherweise nicht einmal der Hauptgrund, warum Gregor einen römischen Kleriker als Rektor in Gallien haben wollte. Das wird durch die Tatsache unterstrichen, daß gerade ein Priester und kein Vertreter der Verwaltungsbeamten auserwählt wurde. Die Aufgabe sollte vorwiegend eine missionarische sein. Der Rektor sollte versuchen, Gregors lange gehegten und letzten Endes doch erfolglos gebliebenen Plan voranzutreiben, eine große Synode in Gallien zustande zu bringen, um die Mißstände auszurotten, die in der dortigen Kirche weit verbreitet waren.

Gregors afrikanischer Rektor war der Notar Hilarus, der unter Papst Pelagius II. dasselbe Amt bekleidet hatte und der bei der Wahl Gregors zum Papst darin bestätigt wurde.[42]

Die wenigen im päpstlichen Register enthaltenen Hinweise auf seine Tätigkeiten zeigen sehr klar, daß er eine ähnliche Rolle wie Candidus in Gallien gespielt hat; nämlich auf vertrautem Fuß mit der weltlichen Obrigkeit bleiben, die kirchliche Disziplin überwachen, die Häresie und das Schisma bekämpfen.[43]

Der zur Zeit der Wahl Gregors amtierende Rektor von Dalmatien war der Ortsbischof Malchus, den wir im März 591 als Rektor handeln sehen, als er angewiesen wurde, den Bischof von Scodra dazu zu überreden, seinen Streit mit dem *consiliarius* Johannes einem Schiedsgericht zu unterwerfen.[44] Malchus wurde später des Verkaufs von kirchlichem Eigentum und sonstiger rechtswidriger Handlungen beschuldigt und nach Rom beordert, um sich vor Gericht zu stellen. Schließlich kam er nach Rom, und gegen Ende des Jahres 593 oder Anfang des Jahres 594 wurde er vor Gericht gebracht und für schuldig erklärt. Er starb jedoch am gleichen Tag, an dem der Urteilsspruch gefällt wurde. Dieser unglückliche Vorfall gab zu einem Gerücht Anlaß, das überall in Konstantinopel kursierte, Gregor habe ihn vergiften lassen; eine Geschichte, die zu widerlegen Gregor sich große Mühe gab.[45]

Die Amtsenthebung von Malchus ermöglichte es Gregor, den Subdiakon Antoninus, einen seiner eigenen Kleriker, als Rektor von Dalmatien einzusetzen.[46] Im März 592 trat er sein Amt an. Sein Rektorat wurde jedoch durch die Wahl zum Metropoliten von Salona beherrscht und schließlich beendet. Als gegen Ende des Jahres 593 bei der Einführung des antipäpstlichen Kandidaten Maximus Gewalttätigkeiten und Unruhen ausbrachen, floh Antoninus, der für sein Leben fürchtete, nach Rom zurück. Danach gab es während des lange dauernden Streits zwischen Gregor und Maximus keinen in Salona wohnhaften Vertreter des Papstes. Das wird durch die Tatsache bezeugt, daß während dieser Zeit Gregor direkt an die dalmatischen Bischöfe schreiben mußte, um seine Ansichten bekanntzumachen. Nachdem im August 599 jedoch eine Aussöhnung zwischen Gregor und Maximus zustande gebracht wurde, war es jetzt für Gregor sogar wünschenswert, einen päpstlichen Vertreter zu entsenden, um ein wachsames Auge auf Maximus zu haben.

Der neue Rektor war der römische Notar Johannes.[47] Es ist interessant festzustellen, daß in den drei Ländern Gallien, Afrika und Dalmatien der einzige amtierende Rektor, der unter Gregor seine Stellung behielt, ein römischer Kleriker war. Alle nicht-römischen Rektoren wurden durch römische ersetzt.

Was für eine Ordnung in Sardinien und Korsika unter früheren Päpsten geherrscht hatte, ist nicht bekannt. Unter Gregor wurden jedoch mit Sicherheit römische Kleriker als päpstliche Rektoren dorthin entsandt. Ihre Aufgabe entsprach im wesentlichen der der übrigen Rektoren im Ausland. Anscheinend wurde dies sowohl durch die weltlichen als auch durch die klerikalen Inselbewohner anerkannt. Im Jahr 599 zum Beispiel nahmen die Geistlichen von Caralis, die ihre Verpflichtungen vernachlässigten und ihrem Erzbischof widerstanden, ihre Zuflucht unter den Schutz des päpstlichen Rektors Vitalis. Gregor befahl, daß dies aufhören sollte. Er erlaubte Vitalis jedoch, als ihr Fürsprecher im Streit mit dem Erzbischof zu handeln, wo immer er der Meinung sei, daß man den Geistlichen eher verzeihen, als sie bestrafen sollte.[48]

Innerhalb Italiens ist Gregor in der Tradition fortgefahren, römische Kleriker zu Rektoren zu ernennen. Im Interesse der Ehrlichkeit und der Wirksamkeit jedoch erlaubte er ihnen nicht, während seiner Regierungszeit auf demselben Posten zu bleiben. Nach etlichen Jahren versetzte er sie, um Selbstgefälligkeit und das Festhalten an eigenen Interessen zu verhindern. Die bekannten Fälle des Amtswechsels scheinen im wesentlichen eine Sache der Routine gewesen zu sein. Mindestens zwei wurden jedoch wegen unbefriedigenden Verhaltens durchgeführt.[49] Der Rektor von Samnia, *defensor* Scholasticus, war der Sohn des Bischofs Blandus von Hortona. Als sein Vater starb, weigerte er sich, den Bischofspalast dem neuen Bischof Calumniosus zu überlassen. Er behielt Meßgewänder und sonstiges Eigentum, die von Rechts wegen dem Bischof gehörten. Er hat auch im Namen der römischen Kirche Ländereien in Besitz genommen, die rechtmäßig der Kirche von Hortona gehörten. Im Jahr 599 befahl ihm der Papst, das unrechtmäßig vorenthaltene Eigentum zurückzugeben. Wahrscheinlich hat dieses Verhalten dann auch zu seiner Ersetzung durch den *defensor* Benenatus geführt.[50]

Der Subdiakon Anthemius, der erste von Gregor eingesetzte Rektor von Campania, der häufig an seine Pflicht gegenüber den Armen erinnert werden mußte und der die mönchische Disziplin vernachlässigte, wurde im Jahr 592 zurückberufen und durch den Subdiakon Peter ersetzt. Als Peter im Jahr 594 Bischof von Triocala wurde, wurde Anthemius, der anscheinend die ihm erteilte Lektion beherzigt hatte, wieder eingesetzt.[51] Lediglich ein Patrimonium ist bekannt, wo kein Rektorenwechsel stattfand, nämlich Appia. Die Belege für das Patrimonium sind jedoch so spärlich, daß es unklug wäre, daraus Folgerungen zu ziehen.[52] Im allgemeinen also, abgesehen von bekannten Fällen der Amtsenthebung wegen unbefriedigender Amtsführung hat Gregor anscheinend eine wohlüberlegte Politik der periodischen Ersetzung von Patrimoniums-Rektoren betrieben.

Gregor traf auch verschiedene Neuregelungen bezüglich der inneren Struktur und des Personals. Das Patrimonium der Cottianischen Alpen wurde ursprünglich durch einen vertriebenen mailändischen Priester, Magnus, verwaltet. Er starb vor dem Jahr 600. Bald danach stellte Gregor die Cottianischen Alpen unter die unmittelbare Herrschaft Roms, indem er den *defensor* Hieronymus zum Rektor ernannte.[53] In Calabrien war eine Neuregelung nötig wegen der Isolierung des Rektors in Sipontum. Im Jahr 599 war Gregor wegen der Gefahr für die päpstlichen Landgüter in Callipolis sehr in Sorge. Sie waren durch Angriffe der Langobarden, durch Entvölkerung und durch Unterdrückung von seiten des militärischen Befehlshabers am Ort bedroht, weshalb er sie aus der Verwaltung des apullischen Rektors nahm und sie unter die Aufsicht des Bischofs Sabinus von Callipolis stellte. Obwohl dies wie ein Verstoß Gregors gegen seine eigene Regel aussieht, keine Bischöfe als Rektoren zu verwenden, war der Bischof, um den es sich handelte, eine seiner eigenen Gönnerschaftsernennungen, nämlich ein ehemaliger Mönch des St.-Andreas-Klosters. So war der Verstoß denn eher gegen den Buchstaben als gegen den Geist gerichtet.[54]

In Sizilien gab es eine spektakuläre Strukturänderung, nämlich die Einteilung des Patrimoniums in zwei Teile. Gregors Amtszeit begann mit der Ernennung seines Freundes und Jüngers, des Subdiakons Peter, zum Rektor des sizilianischen Patrimoniums und zum päpstlichen Stellvertreter der sizilianischen Kirche. Er wurde damit beauftragt, die patrimonialische Verwaltung auf allen Ebenen zu überprüfen und mit der „Gregorianisierung" des Episkopats anzufangen. Seine Amtszeit dauerte vom September des Jahres 590 bis zum Juli 592.[55] Bei seiner Rückberufung wurde das Patrimonium in zwei Teile geteilt: Die eine Hälfte mit Verwaltungszentrum in Syrakus und die andere Hälfte mit Zentrum in Palermo, wobei jene eine allgemeine Aufsichtsverantwortung behielt. Der Diakon Cyprian wurde zum höheren Posten berufen.[56] Obwohl selten, so war die Ernennung eines Diakons zum Rektor doch nicht ohne Beispiel. Wenn es geschah, dann gewöhnlich in Sizilien, was die Bedeutung dieses Patrimoniums noch einmal bezeugt.[57]

Für den untergeordneten Posten von Palermo wurde der Notar Benenatus ernannt. Im Juli des Jahres 594 jedoch war er bereits durch einen seiner Untergebenen, den *defensor* Fantinus, ersetzt worden.[58] Cyprian wurde anscheinend im Jahr 598 zurückberufen. Dann gab es eine Lücke, bis ein neuer Rektor ernannt wurde. In der Zwischenzeit wurde das päpstliche Patrimonium dem Bischof Johannes von Syrakus anvertraut. Das war eine Regelung, der sich einige *defensores* widersetzten. Sie weigerten sich, den Befehlen des Bischofs zu gehorchen. Ihnen mußte der Papst Strafe androhen.[59] Wie Sabinus zu Callipolis, so war auch Johannes vom Papst ernannt worden, dem man also vorübergehend die Verwaltung des Patrimoniums anvertrauen konnte. Schließlich wurde der *defensor* Romanus zum Rektor von Syrakus ernannt.[60] Romanus, der ehemalige Verwalter einer Pilgerherberge, dessen übertriebener Eifer nach Gewinn Gregor Sorge machte, ging im Jahr 601 zu weit, als er die Entscheidungen von Bischof Johannes verwarf. Bald danach wurde er zurückberufen und wahrscheinlich im Jahr 603 durch den Notar Hadrian ersetzt. Dieser hatte sich als stellvertretender Rektor von Palermo während der Abwesenheit des Rektors Fantinus in den Jahren 601–603 bewährt. Wahrscheinlich war Fantinus in Rom im Zusammenhang mit dem Prozeß von Bischof Exhilaratus.[61] Alles in allem gewähren die überlieferten Einzelheiten der Rektorenbestellung in Sizilien einen seltenen und wertvollen Einblick in die Struktur der Verwaltung, in die Laufbahn der Personen und in einige Gregors Politik zugrunde liegende Ideen.

In Gregors Amtszeit gab es positive Entwicklungen im Rektorensystem. Männer aus allen Dienstgraden der Verwaltung wurden als Rektoren verwendet und ziemlich oft versetzt. Gregor hatte ein wachsames Auge auf ihre Tätigkeiten. Er setzte Rektoren ein, um seine eigene Politik durchzusetzen. Er erlaubte ihnen jedoch nie, ihre Grenzen zu übertreten und die Rechte des Episkopats zu verletzen. Seine Neuerungen bestanden darin, daß er durch die Ernennung römischer Kleriker für die Verwaltung der Außenpatrimonien diese unter die unmittelbare Kontrolle Roms brachte und im Interesse einer größeren Leistungsfähigkeit verschiedene innere Änderungen durchführte. Während seiner Amtszeit hieß seine Devise: Ansehen, Leistungsfähigkeit und Disziplin.

Die Grundsätze und die Praxis von Gregors Kirchengüterpolitik werden am besten durch seinen sizilianischen Briefwechsel veranschaulicht. Als Gregor Papst wurde, hatte ihn die Sachlage auf der Insel sehr beunruhigt. Zur Zeit von Pelagius II. waren in Rom Berichte eingetroffen über weitverbreitete Ungerechtigkeit und Bestechung bei der patrimonialischen Verwaltung. Die Beziehungen zu der weltlichen Obrigkeit waren schlecht. Der byzantinische Gouverneur der Insel verweigerte den Bischöfen die Erlaubnis, die Insel zu verlassen, um Synoden in Rom beizuwohnen. Das an Rang erste sizilianische Bistum, Syrakus, war vakant, und das ganze sizilianische Bischofskollegium hatte eine gründliche Überprüfung nötig.

Gregor handelte sofort, indem er den von Pelagius ernannten Rektor, den Diakon Servusdei, zurückrief und den Subdiakon Peter als Rektor und als seinen Stellvertreter hinschickte.[62] In einem im März 591 an Peter geschriebenen Brief schilderte Gregor die Lage, wie er sie sah:[63] „Ich habe vernommen, daß von den Zeiten des *defensor* Antonius bis jetzt, das heißt seit zehn Jahren, viele Leute durch die Verwalter des römischen Kirchengutes gewaltsames Unrecht erlitten hätten, so daß sie öffentlich klagten, man sei in ihren Besitz gewaltsam eingedrungen, habe ihre Sklaven fortgeschleppt und bewegliche Gegenstände ohne irgendwelchen Urteilsspruch ohne weiteres weggenommen."

Er legte allgemeine Richtlinien für die Behandlung dieser Probleme fest. Er befahl, daß alle derartigen Behauptungen überprüft werden sollten und gewaltsam weggenommenes Eigentum sofort zurückgegeben werden sollte. Er untersagte ohne Einschränkung die Anwendung von Gewalt bei Angelegenheiten der Kirchengüter und forderte dringend dazu auf, zum vernünftigen Argument und zum richtigen Rechtsweg zu greifen. Die Hauptbeschwerden gegen die Kirche betrafen weggelaufene Sklaven. Wenn sie behaupteten, zur Kirche zu gehören, wurden sie ohne irgendwelche Untersuchung von den Rektoren einfach als Arbeitskräfte des Kirchenguts aufgenommen. Gregor ordnete an, daß solche Behauptungen überprüft und rechtswidrig gehaltene Sklaven ihren rechtmäßigen Herren zurückgegeben werden sollten.

Im Mai des Jahres 591 nahm Gregor aufgrund von den ihm durch den ausscheidenden Rektor und durch Peter zugeleiteten Berichten besondere Mißstände in Angriff. Sein aus diesem Monat stammender Brief legt einen Krankheitsherd von Bestechung und Unterdrückung offen, den er unbedingt ausrotten wollte.[64] Erstens, die *coloni* auf den Kirchengütern zahlten eine jährliche Kornabgabe, die, wie es auf weltlichen Gütern üblich war, gegen eine Geldzahlung umgetauscht werden konnten. Die Höhe der Tauschsumme war verschieden. Zu einer Zeit, wenn das Korn reichlich vorhanden war, mußten sie mehr als den Marktpreis an Tauschgeld zahlen. Gregor ordnete an, daß die Höhe der Geldzahlung dem Marktpreis für Korn entsprechen sollte, so daß sie in Zeiten des Überflusses an Abgaben entsprechend weniger zahlten. Eine andere bedrückende Praxis bestand darin: Ging bei der Verschiffung nach Rom Korn verloren, wurde es bei den Pächtern wieder erhoben. Gregor befahl, daß dies aufhören sollte. Wenn die Bauern keine Schuld für den Verlust traf, durften sie damit nicht belastet werden. Waren besondere zusätzliche Kornvorräte nötig, dann sollte man sie nicht bei den Bauern, sondern bei unabhängigen Kornhändlern beschaffen. Ein weiteres Problem ergab sich daraus, daß kirchliche Beamte das Gewicht des *modius,* des Kornmaßes, änderten. Gregor bestand darauf, daß der *modius* aus 18 *sextarii,* dem bei den Kornhäusern der Kirche angenommenen amtlichen Gewicht, bestehen sollte, das nicht geändert werden durfte.

Er hatte ebenfalls erfahren, daß aus verschiedenen Gründen zusätzliche finanzielle Lasten dem normalen Steuersatz hinzugefügt wurden. Manchmal war es Brauch, manchmal waren es Zahlungen, denen eine feste Form gegeben wurde, manchmal einfach Bestechung. Gregor ordnete an, daß Peter die zusätzlichen Steuern zusammenlegen und den Steuersatz genau bestimmen sollte. Damit sie nach seinem Tod nicht nochmals geändert werden konnten, sollten die Bauern Sicherheitsurkunden erhalten, die den festgelegten Gesamtbetrag angaben und die vom Rektor unterzeichnet waren. Einige *conductores* hatten falsche Gewichte in Gebrauch, um das Korn zu messen. Diese sollten beschlagnahmt, vernichtet und durch gerechte Maße ersetzt werden.

Bauern, die ohne Erlaubnis nicht heiraten durften, mußten übermäßig hohe Gebühren für diese Erlaubnis zahlen. Gregor legte einen *solidus* dafür fest. War ein Bauer arm, dann sollte er noch weniger, niemals jedoch mehr zahlen. Das Geld sollte der *conductor* und nicht die Kirche kassieren. Außer ihren Pachtgeldern und Abgaben an die Kirche mußten die Bauern die Reichsbodensteuer *(burdatio)* aufbringen, die dreimal im Jahr (Januar, Mai und September) eingezahlt wurde. Gregor erfuhr, daß die erste dieser Einzahlungen den Bauern sehr schwer fiel, weil ihnen zu diesem Zeitpunkt vor der Ernte das nötige Geld fehlte. Sie wurden oft gezwungen, ihren Ernteertrag unter dem wirklichen Wert zu verpfänden oder das Geld zu übermäßig hohen Zinsen (in einem ähnlichen Fall in Campania wurde ein Prozentsatz von 25 angegeben) zu borgen.[65] Er befahl dem Rektor also, in ihrem Namen das Geld aus dem päpstlichen Fonds zu zahlen und den Bauern zu erlauben, es in Raten zurückzuzahlen.

Von Bauern, die Schuldtaten begingen, durfte deren Eigentum nicht beschlagnahmt werden, was die ganze Familie treffen würde. Statt dessen sollten sie eine körperliche Züchtigung erfahren. Alles, was durch einen *conductor* den Bauern rechtswidrig weggenommen wurde, sollte ihm abgenommen und den Bauern zurückgegeben werden. *Conductores* sollten für ihre Ernennung dem Rektor keine Gebühren zahlen, da dies eine zu häufige Versetzung von *conductores* förderte, um dem Rektor einen Gewinn zu bringen. Wenn *conductores* starben, sollte es ihren Verwandten erlaubt sein, das Gut zu erben. Waren die Erben minderjährig, dann sollte jemand ernannt werden, der das Gut für sie verwaltete. Das bedeutete so viel wie eine Zusammenfassung verbriefter Rechte für kirchliche Pächter, Bauern und *conductores*. Gregor ordnete an, daß seine Anweisungen ihnen öffentlich vorgelesen und ihnen Abschriften seiner Entscheidungen gegeben werden, damit ihre Rechte erhalten blieben.

Viele der alten Mißstände dauerten jedoch fort. Im Jahr 594 war die Regelung der *burdatio*-Zahlungen immer noch nicht durchgeführt.[66] Im Jahr 603 wurde der päpstliche „Schlichter", der Notar Pantaleon, in einer Untersuchungsmission in das Patrimonium von Syrakus geschickt. Und wieder einmal fand er, daß der *modius* Korn, den die *coloni* zahlen mußten, 25 *sextarii* betrug.[67] Als er im Jahr 603 erfuhr, daß eine große Geldsumme rechtswidrig von den Bauern im Gebiet von Syrakus durch die *conductores* erpreßt worden war, um Vieh zu kaufen, weigerte sich Gregor, es der römischen Kirche zu gestatten, die Tiere zu behalten. Er befahl, daß sie unter die *coloni* verteilt werden, die gezwungen worden waren, sie zu bezahlen.[68] Über Sizilien ist mehr bekannt, als über andere Regionen, weil es das größte und darum auch das schwierigste Patrimonium war. Wahrscheinlich gab es jedoch in anderen Patrimonien ähnliche Probleme in kleinerem Maßstab. Gregors sizilianische Antwort gibt einen ziemlich guten Hinweis darauf, wie er ähnliche Mißstände anderswo in Angriff genommen hat. Der sizilianische Briefwechsel gibt uns reichliche Belege dafür, Gregor als einen liberalen, gerechten und doch tüchtigen Gutsherrn zu beschreiben. Es ist offensichtlich, daß er alles tat, was in seiner Macht stand, um die Rechte der kirchlichen Pächter zu wahren, und daß er sich immer und überall vom Ziel der Wahrheit und der Gerechtigkeit leiten ließ.

9. Kapitel

Gregor und der Episkopat: Sizilien

Nach der Rückeroberung durch das Kaiserreich brachten die Umstände und die Notlage des Krieges dem Papsttum einen Zuwachs an Macht und eine Erweiterung seines Tätigkeitsbereiches. Im allgemeinen gilt dasselbe auch für den Episkopat. Da der Adel gebrochen und zerstreut war und die Provinzregierung schwach und überfordert war, ist es immer mehr den Bischöfen zugefallen, die Verantwortung für weltliche Angelegenheiten zu übernehmen: sich mit den Flüchtlingen befassen, Verträge zustande bringen, die Städte versorgen und Verteidigungsvorkehrungen treffen. Das Volk suchte nunmehr bei den Bischöfen, was es auch beim Papst tat, Schutz gegen die Wut der Barbaren. Es war also von zunehmender Wichtigkeit, daß die Bischöfe in Staatskunst und Verwaltung erfahren waren.

Diese Erweiterung bischöflicher Verantwortung in weltlichen Angelegenheiten spiegelt sich in Justinians Gesetzbuch wider. Der Kaiser verlieh den Bischöfen eine wirksame Aufsicht im ganzen Bereich der Kommunalverwaltung und verlangte, daß sie über Verstöße gegen das Gesetz von seiten der Reichsbeamten berichten und die Beschwerden des Volkes vor den Kaiser bringen sollten. Es wurde von ihnen erwartet, daß sie die Behandlung von Gefangenen, Waisen, Findelkindern und Geistesgestörten, die Ausgaben der Gemeinde, staatliche Arbeiten, die Instandhaltung der Wasserleitungen, die öffentliche Ordnung und die Versorgung der Truppen mit Lebensmitteln beaufsichtigten. In der „*Pragmatischen Sanktion*“ wurden Bischöfe sogar bei der Ernennung von Provinzgouverneuren beteiligt. Alles in allem bedeutete es eine sehr große Verantwortung.[1]

Das Gregorianische Register gibt Beispiele von Bischöfen, die diese Verpflichtungen eingingen: Dem Bischof von Terracina wurde angeordnet, dafür zu sorgen, daß die Mauern seiner Stadt richtig besetzt waren. Dem Bischof von Misenum wurde Geld gegeben, um seine Stadt zu befestigen. Der Erzbischof von Caralis wurde angewiesen, für die Befestigung und Versorgung seiner Stadt zu sorgen.[2] Sowohl die politische als auch die psychologische Bedeutung des Bischofs wird durch Gregors Befehl bestätigt, wonach der Bischof von Amalfi in seiner Stadt wohnen bleiben und seine Reisen ins Ausland unterlassen sollte, damit seine Abwesenheit den Feind nicht zu Angriffen ermutige.[3]

Eine der Hauptaufgaben des Papstes war die Aufsicht über den italienischen Episkopat. Die Erweiterung der bischöflichen Verpflichtungen machte eine päpstliche Aufsicht mehr denn je notwendig. Das bedeutete, daß bei Bischofswahlen die höheren Bedürfnisse der allgemeinen Personalpolitik des Papstes möglicherweise den Vorrang vor den Wünschen der Einwohner haben mußten. Es wurde mit anderen Worten ein System päpstlicher Personalpolitik signalisiert, nämlich die unmittelbare bzw. durch seine Vertreter ausgeübte Einmischung des Papstes in die Bischofswahlen, um sicherzustellen, daß ein für die erweiterten Verpflichtungen des Amtes als geeignet bekannter Mann ernannt werde.

Im sechsten und siebenten Jahrhundert sind die Belege für Bischofswahlen äußerst fragmentarisch. Aber es sieht so aus, als wenn eine systematische päpstliche Einmischung in die Bischofswahlen erst gegen Ende des sechsten Jahrhunderts begann, und zwar mit der Erweiterung bischöflicher Verpflichtungen nach der byzantinischen Rückeroberung. Es ist durchaus möglich, daß diese Politik von Gregor eingeführt wurde.[4]

Der Schlüssel zur Auswahl geeigneter Bischöfe lag offensichtlich bei der Wahl. Das Verfahren nach dem Tod eines Suburban-Bischofs ist in Papstbriefen klar beschrieben. Die Vakanz eines Bistums wurde Rom und dem metropolitanischen Stuhl mitgeteilt. Der Papst ernannte dann einen Visitator, der die Diözese verwaltete und eine schnelle Wahl herbeiführte. Gregors Briefe waren in den maßgebenden Anweisungen an die Visitatoren sehr genau. Der Papst wies die Visitatoren an, eine Wahl so zu bewerkstelligen, daß der Klerus und das Volk zusammenkämen und einmütig einen Bischof wählten, der des Amtes würdig war und dem kein kirchenrechtliches Hindernis im Wege lag. Der designierte Bischof wurde dann zusammen mit dem seine geistige Bildung bezeugenden und vom Visitator mitunterzeichneten Wahlbescheid nach Rom geschickt, wo er vom Papst die Bischofsweihe empfing.

Die eigentliche Wählerschaft bestand aus Klerus, Adel und Volk. Im allgemeinen jedoch regelten die oberen Kleriker und die Adeligen des Ortes die Sache unter sich. Auch wenn die Wahl offiziell in der Ortskirche entschieden wurde, besaß der Papst als der Weihespender beträchtliche rechtliche Befugnisse, die er anwenden konnte, um die Wahl zu beeinflussen. Er war dazu berechtigt, aus kirchenrechtlichen Gründen gegen eine Wahl das Veto einzulegen. Wenn einer Verbrechen begangen hatte, wenn er ungebildet war, wenn er ein Regierungsamt bekleidet hatte, wenn er Laie war, wenn er zweimal verheiratet gewesen war oder eine geschiedene Frau geheiratet hatte, wenn er keine dreißig Jahre zählte, dann konnte er nicht Bischof werden.[5]

Sollte die Wahl an einen toten Punkt gelangen, dann war der Papst durch das Kirchenrecht dazu ermächtigt, selbst einen Kandidaten auszuwählen und zu weihen. Was der Papst jedoch stets tat und was zeigt, wie er sich der

Empfindlichkeit der Ortsbewohner völlig bewußt war, das war, daß er Vertreter des Klerus und der Bürger nach Rom berief und dort in einer Diskussion mit ihnen einen für beide Seiten annehmbaren Kandidaten auswählte. Meistens war es so, daß der Papst einen vorschlug, dem die Wähler zustimmten.

Gregors Personalpolitik ließ ein klares Bild erkennen. Sie besaß jene Zielstrebigkeit, die man von jemandem mit seinem Erfahrungshintergrund aus der weltlichen wie in der kirchlichen Verwaltung erwarten durfte. Es ist wichtig zu unterstreichen, daß seine Politik nicht aus dem ideologischen Wunsch stammte, den Episkopat zu beherrschen, sondern aus dem drückenden praktischen Bedürfnis, eine gute Amtsverwaltung zu sichern, die nicht notwendigerweise durch freie Wahlen verbürgt war.

Wie sollte nach Gregor der ideale Bischof beschaffen sein? Die Belege hierfür widersprechen sich, denn bei ihm entsprach die Praxis nicht immer den Grundsätzen. Sein normaler Visitationsbrief zum Beispiel ordnete an, daß „niemand aus einer anderen Ortskirche gewählt werden darf, es sei denn, daß unter dem Klerus der Kirche, die visitiert wird, niemand gefunden werden kann, was wir für unwahrscheinlich halten“.[6] Dies bestätigt seinen Wunsch, den Ortscharakter des Episkopats aufrechtzuerhalten, was jedoch in direktem Widerspruch zu seinem Plan steht, für die Schlüsselbistümer römische Kleriker zu ernennen. Gregor hat in der Tat ein ganzes Buch geschrieben, um den Charakter des idealen Bischofs zu beschreiben, die *Regula Pastoralis*. Es wurde in vier Teile eingeteilt: Wer berufen werden soll, was für ein Leben er führen soll, wie er seine Gemeinde ansprechen soll und wie er sich in Zucht halten soll. Es geht eindeutig aus dem Buch hervor, daß die Seelsorge, das Lehren und Predigen durch das Wort und durch das eigene Beispiel den Charakter des bischöflichen Lebens bestimmen. Ein typischer Ausschnitt beschreibt die erforderlichen Eigenschaften:[7]

„Er soll auf alle Fälle sich dazu hingezogen fühlen, ein Beispiel der richtigen Lebensführung zu geben als einer, der allen fleischlichen Leidenschaften erstorben stets ein geistliches Leben führt; der den weltlichen Wohlstand mißachtet und sich vor keiner Not fürchtet; der nur nach geistlichen Dingen verlangt; dessen also wohlbekannter Absicht der Körper durch Schwäche, der Geist durch Verachtung nicht widersteht; der nicht dazu verführt wird, die Güter anderer zu begehren, sondern von den eigenen großzügige Schenkungen macht; einer, der durch Mitleid dazu bewegt wird zu verzeihen, der sich aber nie aus der Zitadelle der Rechtschaffenheit dadurch herausziehen läßt, daß er über das angemessene Maß hinaus verzeiht; der keine rechtswidrigen Taten verübt, sondern die von anderen verübten so mißbilligt, als wenn sie die eigenen wären; der aus echtem Mitgefühl die Schwäche des anderen bemitleidet und sich über das Glück des anderen freut, als wenn es das eigene wäre; der sich in allem, was er tut, anderen als Beispiel empfiehlt, so daß es nichts gibt bezüglich der eigenen

Taten der Vergangenheit, dessen er sich zu schämen braucht; der danach trachtet, so zu leben, daß es ihm möglich wird, selbst die ausgetrockneten Herzen aus dem Strom des Glaubens zu bewässern; der es durch den Gebrauch und die Übung des Gebets gelernt hat, daß ihm das gewährt wird, um das er den Herrn bittet."

Charakter war also entscheidend, denn „keiner richtet in der Kirche größeres Unheil an, als derjenige, der den Namen und den Rang der Heiligkeit hat, und doch böse handelt".[8] Manchmal genügte Charakter jedoch nicht. Eine kürzere und prägnantere Stelle in einem der Briefe Gregors faßt die realistischere Einstellung zusammen, die seine Behandlung von Bischofswahlen in den Provinzhauptstädten bestimmte: „Ihr wißt, daß zur jetzigen Zeit ein solcher in die Zitadelle der Regierung eingesetzt werden sollte, der nicht nur um das Heil der Seelen, sondern auch um den äußeren Vorteil und die Sicherheit seiner Untertanen besorgt zu sein weiß."[9] Von diesem Grundsatz geleitet, lehnte er als möglichen Bischof von Syrakus Trajan ab, einen Mann, der dem Ideal der *Regula Pastoralis* entsprach, dem aber die erforderliche Erfahrung in der Verwaltung fehlte. Hinsichtlich der Wahl wäre also das Ideal jemand, bei dem sich Charakter mit Erfahrung verbindet.

Dank Johannes dem Diakon ist das erhalten geblieben, was im wesentlichen eine unvollständige Gönnerschaftsliste ist.[10] Johannes schrieb: „Er hat sorgsam darauf geachtet, die besten Männer, wo immer er sie fand, zu Bischöfen zu weihen." Er fügt hinzu, daß er aus den Reihen der römischen Priester Bonifatius als Bischof von Rhegium, Donus als Bischof von Messina und Habentius als Bischof von Perusia weihte. Von den römischen Subdiakonen weihte er Gloriosus als Bischof von Ostia, Festus als Bischof von Capua, Peter als Bischof von Triocala und Castorius als Bischof von Rimini. Und von den Mönchen seines eigenen Klosters weihte er Marinianus als Bischof von Ravenna, Maximian als Bischof von Syrakus und Sabinus als Bischof von Callipolis. Das Interessante an dieser Liste ist nicht bloß, daß sie eine einmalige Urkunde päpstlicher Gönnerschaft ist, die auf die drei Quellen hinweist, aus denen Gregor seine Bischöfe nahm, sondern daß, abgesehen von Messina und Triocala, für die man besondere Umstände anführen kann, sämtliche übrigen Bistümer bedeutende Städte und in mehreren Fällen sogar Provinzhauptstädte sind.

Sizilien war das größte Land außerhalb der Kontrolle der Langobarden. Als eine in sich abgeschlossene Einheit bietet diese Insel einen idealen Ausgangspunkt für eine eingehende Untersuchung von Gregors Verfahren.[11] Sein erster im September 590 geschriebener und uns überlieferter Brief richtet sich an die Bischöfe Siziliens, was vermuten läßt, daß er Sizilien zu den allerersten Angelegenheiten rechnete, die er in Angriff nehmen wollte. Erstens teilte er ihnen mit, daß der römische Subdiakon Peter zum Rektor ernannt worden sei. Zweitens gab er bekannt, daß Peter zu seinem Stellvertreter ernannt worden sei.

Das ist der einzige Fall im ganzen Register, bei dem einem Mann außerhalb des Episkopats diese hohe Ehre erwiesen wurde. Peter war selbstverständlich nicht bloß irgendein Subdiakon, er war einer der engsten Freunde und Vertrauten Gregors. Gregor wußte jedoch sehr wohl, daß die Ernennung ungewöhnlich war und daß sie sehr wahrscheinlich Befremden unter den älteren Bischöfen hervorrufen würde, die nicht gewohnt waren, daß bei ihnen ein bloßer Subdiakon den Vorsitz führte. Er gab also eine strenge Ermahnung: „Von dieser Versammlung sei ferne der Haß und alles, was Unfrieden stiftet. Es weiche aber auch innerer Neid und fluchwürdige Herzenszwietracht."[12]

Es war also eine ungewöhnliche Maßnahme, die jedoch, wie Gregor glaubte, durch die schwierige Sachlage auf der Insel gerechtfertigt war. Der Prätor weigerte sich, den Bischöfen zu erlauben, die Insel zu verlassen, um der in Rom stattfindenden Synode beizuwohnen. Das veranlaßte Gregor, eine unter dem Vorsitz seines Stellvertreters jährlich auf der Insel zu haltende sizilianische Synode zu genehmigen. Mehrere sizilianische Diözesen, einschließlich der bedeutendsten Diözese Syrakus, scheinen vakant gewesen zu sein. Das Bischofskollegium bedurfte zudem dringend einer Überprüfung, wie der spätere Briefwechsel zeigt. Peters Stellung als päpstlicher Vikar machte ihn für das Bischofskollegium verantwortlich. Im Januar 591 erteilte ihm Gregor eine ausdrückliche Anweisung betreffend seine diesbezüglichen Verpflichtungen.[13]

Er teilte Peter mit, wenn irgendwelche sizilianischen Städte ohne seelsorgerische Betreuung waren, weil ihre Bischöfe wegen schlechten Betragens ihres Amtes enthoben worden waren, dann solle er unter dem Klerus und in den Klöstern Nachfolger suchen und sie zur Bischofsweihe nach Rom schicken. „Aber", fügte er hinzu, „solltest du vakante Stellen finden und sollte es niemanden von jener Kirche geben, der für eine solche Ehre geeignet ist, so berichte uns nach sorgfältiger Erkundigung, damit Gott jemanden besorgen möge, den er einer solchen Weihe für würdig erachtet hat." Man lese „Gregor" statt „Gott", woraus sich von seiten des Papstes eine klar zum Ausdruck gebrachte Absicht ergibt, im Interesse guter Verwaltung in das Wahlverfahren einzugreifen.

Wie schon erwähnt scheinen mehrere der dreizehn sizilianischen Diözesen vakant gewesen zu sein. Die die Vakanz von Syrakus bedingenden Umstände sind nicht bekannt. Aber die Diözese dürfte für mindestens sieben Monate vakant gewesen sein in der Zeit zwischen dem Tod von Pelagius II. und der Bischofsweihe von Gregor. Es scheint so, als ob die Wahl an einen toten Punkt gelangt war. Die Wahl wurde fast mit Sicherheit an Rom übergeben. Denn im Oktober 591 gibt es in Syrakus einen neuen Bischof, einen durch den Papst persönlich auserwählten, wie die Liste von Johannes dem Diakon es bestätigt und es der Indizienbeweis stark vermuten läßt. Der neue Bischof ist Maximian, der zusammen mit Gregor ein Mönch in St. Andreas gewesen war, ihn nach

Konstantinopel begleitet hatte und im Jahr 584 von Papst Pelagius II. abberufen wurde, um Abt von St. Andreas zu werden; eine Stellung, die er im Jahr 590 immer noch innehatte. Er war auch Priester, der geweiht wurde, um für die Mitbrüder die Messe lesen zu können; seine Weihe zum Bischof war demnach kein Problem.[14] Er war die ideale Mischung aus Charakter und Erfahrung. Gregor zeigte dadurch sein Vertrauen in ihn, daß er ihm im Oktober 591 die sizilianische Stellvertretung übertrug.[15] Sie wurde ihm mit zwei größeren Einschränkungen erteilt: Dem Papst wurden alle größeren Prozesse vorbehalten; das Amt wurde Maximian persönlich und nicht seiner Diözese für alle Zeit erteilt. Der Grund für die letztere Einschränkung ist klar. Gregor kennt Maximian und vertraut ihm. Er wird nicht unbedingt seinen Nachfolger kennen und ihm vertrauen. Eingetreten ist jedenfalls, daß ein enger und vertrauter Freund durch einen anderen engen und vertrauten Freund als päpstlicher Stellvertreter ersetzt worden ist. Maximian wird nun für Gregor den sizilianischen Episkopat beaufsichtigen können, und zwar unauffälliger und friedlicher, als der Rektor es konnte. Es ist Gregors erste erfolgreiche Gönnerschaftsbesetzung.

Nach Syrakus waren Palermo, Catania und Agrigentum die drei bedeutendsten Bistümer, deren amtierende Bischöfe der Reihe nach Victor, Leo und Gregor hießen. Im August 591 wurden alle drei nach Rom berufen.[16] Berichte über weitverbreitetes schlechtes Betragen der Einwohner von Palermo waren anscheinend dem Papst zu Ohren gekommen, was eine Vernachlässigung seelsorgerischer Pflichten von seiten des Bischofs Victor vermuten ließ. Gregor wollte ihn sehen, um ihn wegen Pflichtvergessenheit zu ermahnen. Das hatte zur Folge, daß Victor bei seiner Rückkehr nach Palermo sofort eine die ganze Stadt betreffende Säuberungsaktion anordnete.[17] Den beiden anderen Bischöfen sollte der Prozeß gemacht werden. Über die gegen Leo vorgebrachten Anklagen ist nichts bekannt, außer daß sie schnell widerlegt wurden und Leo auf dem Grab des hl. Petrus einen Reinigungseid ablegte.[18] Der Fall des Gregor von Agrigentum dauerte länger. Im November 592 schrieb der Papst an Maximian von Syrakus und befahl ihm, die den Fall betreffenden Ankläger, Urkunden und Bittschriften sofort nach Rom zu schicken. Dabei beklagte er sich, daß er bereits geschrieben und um sie gebeten hätte, jedoch bisher ergebnislos.[19]

Obwohl keine weiteren Einzelheiten über Gregors Prozeß im Register zu finden sind, liefert sie eine andere Quelle. Denn dieser Gregor ist fast mit Sicherheit mit dem namengebenden Helden der im siebenten Jahrhundert von dem griechischen Mönch Leontius verfaßten *Vita Sancti Gregorii Agrigentini* identisch.[20] Dieser Bericht zeigt, daß Gregor, ein berühmter Theologe und Exeget, der nach vielen im Osten verbrachten Jahren in einem römischen Kloster wohnte, zum Bischof von Agrigentum ernannt wurde, nachdem die Wahl am toten Punkt angelangt und infolgedessen die Sache an den Papst überwiesen worden war. Seine Wahl kann im Jahr 589 angesetzt werden. Das heißt, daß Pelagius II. es war, der ihm die Bischofsweihe erteilte. Ein unzufriedener Teil des Klerus, von Männern angeführt, die das Bischofsamt für sich selbst zu bekommen suchten, brachte erfundene Anklagen wegen Unzucht gegen Gregor vor, weshalb er nach Rom gebracht und ihm dort der Prozeß gemacht wurde. Nach langer Verzögerung wurde er freigesprochen und kehrte schließlich im Triumph nach Agrigentum zurück. Das ist ein vom päpstlichen Register bestätigtes Ergebnis, das ihn im Jahr 603 als in seine Diözese zurückgekehrt und bei der Erfüllung seiner Pflichten zeigt.[21]

Während Leo und Gregor freigesprochen wurden, hatten zwei andere sizilianische Bischöfe nicht das gleiche Glück. Bischof Agatho von Lipari und Bischof Paul von Triocala wurden ihres Amtes enthoben. Im Jahr 591 wurde Agatho abgesetzt. Vielleicht war er das erste Opfer der von Peter begonnenen und später von Maximian fortgesetzten Überprüfung des Episkopats.[22] Die Amtsenthebung eines Bischofs war eine sehr ernste Sache, und der Papst muß gedacht haben, daß die Wahl eines Nachfolgers zu wichtig war, als daß sie den Wählern überlassen werden konnte. Offensichtlich war einer nötig, der von bewährter Fähigkeit und über allen Tadel erhaben war, um den durch den abgesetzten Bischof hinterlassenen Eindruck zu korrigieren, welcher Art auch immer seine Vergehen gewesen sein mögen. Wieder einmal entschied sich Gregor für eine Mischung aus Charakter und Erfahrung. Im Februar 592 ernannte er Paulinus zum Bischof von Lipari.[23] Paulinus war Bischof von Tauriana, ein ehemaliger Mönch, der wie Gregor nach seiner Ernennung zum Bischofsamt zusammen mit seinen Mitmönchen in Gemeinschaft lebte. Im Jahr 590 jedoch war seine Stadt von den Langobarden geplündert worden. Er und seine Mönche flohen nach Sizilien, wo Gregor sie im Kloster von St. Theodor in Messina mit Paulinus als Abt unterbrachte.[24]

Die Ernennung des Paulinus für das Bistum von Lipari, obwohl dieser immer noch Bischof von Tauriana war, stand nicht in Widerspruch zu dem kirchenrechtlichen Verbot der Versetzung von Bischöfen. Denn tatsächlich wurden Tauriana und Lipari vorübergehend in der Person von Paulinus vereint; er behielt seine sämtlichen Rechte über Tauriana, während er zu Lipari wohnte. Tauriana war nach dem Angriff der Langobarden fast mit Sicherheit aufgegeben. Da Lipari jedoch nur durch eine kurze Seereise von Tauriana getrennt war, konnte man es besuchen, wann immer nötig. Gregor befahl Paulinus, in Lipari zu wohnen, von Zeit zu Zeit jedoch Tauriana zu besuchen. Dann wurde eine Vereinigung der beiden Bistümer durch Ausübung des päpstlichen Vorrechts *(ex nostra autoritate)* bewerkstelligt, wodurch sich denn auch eine Wahl erübrigte. Der apostolische Vikar, Maximian von Syrakus, wurde jedoch hinzugezogen, indem er angewiesen wurde, dafür zu sorgen, daß Paulinus sicher eingesetzt werde und ihm der Klerus von Lipari gehorchte.[25] Wieder einmal war Gregors

Regel bezüglich der Wahl von Männern des Ortes im Interesse der Personalpolitik außer Kraft gesetzt.

Das andere Opfer der gregorianischen Säuberung war Bischof Paul, der wahrscheinlich im Jahr 593, anscheinend der Unterschlagung kirchlichen Eigentums und der Pflichtvergessenheit für schuldig befunden, seines Amtes enthoben wurde.[26] Sein Bistum ist nicht ausdrücklich im Register aufgeführt, aber dessen Visitator war Bischof Theodor von Lilybaeum. Nur über zwei der dreizehn sizilianischen Bistümer wird zu diesem Zeitpunkt kein Aufschluß gegeben, von denen das eine Triocala ist, das sich ganz in der Nähe von Lilybaeum befindet und das man zuversichtlich Bischof Paul zuweisen kann. Wieder einmal erforderte die Situation die Einsetzung eines bewährten und treuen Mannes. Und wieder einmal handelte Gregor. Diesmal ernannte er den Subdiakon Peter, den ehemaligen päpstlichen Rektor von Campania, der bei Johannes dem Diakon unter den Ernannten der päpstlichen Gönnerschaft aufgeführt ist. Im November 594 war Peter sicher schon in Triocala eingesetzt und zum Visitator des nahegelegenen Agrigentum ernannt worden, dessen Bischof immer noch in Rom war, wo ihm der Prozeß gemacht wurde.[27] Wie lange diese Visitation dauerte, ist nicht bekannt. Doch wie schon erwähnt, wurde Gregor schließlich freigesprochen und er war bis 603 in seiner Diözese zurück. Die Umstände der Ernennung Peters sind ebenfalls nicht bekannt. Ob es in Triocala eine manipulierte Wahl oder wahrscheinlicher einen direkten Vorschlag durch den Papst gab: Tatsache ist, daß Gregor die Einsetzung seines Kandidaten in Triocala durchsetzte.

Die vierte gregorianische Gönnerschaftsernennung ereignete sich in Messina. Als Gregor Papst wurde, war Felix der amtierende Bischof, der erwiesenermaßen offenbar ein Taugenichts war, zumindest ein Opportunist und vielleicht noch schlimmer. Im Jahr 593 mußte Gregor ihm dafür mit einer kirchenrechtlichen Strafe drohen, weil er in einem Prozeß, der einen Pächter der Kirche von Messina betraf, ungerecht verfuhr.[28] Im Jahr 595 starb Felix. Im September des gleichen Jahres gewährte Gregor seinem Nachfolger Donus das *Pallium.*[29] Er war wieder ein Ernannter von Gregors Gönnerschaft, der bei Johannes dem Diakon als ein römischer Priester aufgeführt ist.

Wahrscheinlich ist er mit Donus, Priester von St. Eusebius, zu identifizieren, der der römischen Synode des Jahres 595 beiwohnte. Gregors Unzufriedenheit mit Felix und seine Sorge um die Sachlage in Messina hatten noch einmal einen direkten Eingriff veranlaßt.

Der Bischof von Tauromenium unter Gregor war Secundinus. Im August 591 kommt er zum erstenmal im Register vor, als Gregor den Rektor Peter anwies, ihm Haus, Ländereien und bewegliche Habe zurückzugeben, die von Beamten des römischen Patrimoniums beschlagnahmt worden waren, die aber von Rechts wegen der Kirche von Tauromenium gehörten.[30] Er wies Peter ebenfalls an, sich mit Secundinus zu treffen und darüber zu reden, wie gewisse Gelder, die während der Amtszeit seines Vorgängers, Bischof Victorinus, verlorengingen, im besten Interesse der Kirche eingetrieben werden konnten.

Dieser Brief läßt eine kurz vorher in Tauromenium entstandene Vakanz stark vermuten, die übereifrige Beamte des Patrimoniums ausgenützt hatten. Dieser Eindruck wird durch den Beleg der Unterzeichnungsliste der im Jahr 595 abgehaltenen römischen Synode gestärkt, die von den Bischöfen in der Reihenfolge nach Dienstalter unterzeichnet wurden.[31] Secundinus hat nach Candidus von Vulsinum unterzeichnet, der irgendwann zwischen Dezember 590 und Oktober 591 Bischof wurde, aber vor Homobonus, der im Jahr 593 zum Bischof von Albanum geweiht wurde. Die Belege lassen auch vermuten, daß er ein besonderer Freund Gregors war.[32] Über diesen Punkt hinaus können wir jedoch nicht gehen. Johannes der Diakon erwähnt ihn nicht unter den aufgeführten Freunden und Ernennungen Gregors. Das Register schweigt über die Umstände seiner Wahl. Im Jahr 591 wurde er gewählt, er war ein Freund Gregors; weitere Belege gibt es nicht. Argumentiert man jedoch analog, dann kann die Vermutung nicht ausbleiben, daß Gregor in die Wahl eingegriffen hat.

Mit den übrigen sizilianischen Bischöfen scheint man für den Augenblick zufrieden gewesen zu sein. Das waren Theodor von Lilybaeum, der ob seiner Tatkraft und Wachsamkeit als Visitator von Triocala gelobt wurde; Eutychius von Tyndaris, der bei seinem Bemühen um die Bekehrung der Heiden und der Häretiker in seiner Diözese unterstützt wurde; Zeno von Leontini und Lucillus von Malta, der angewiesen wurde, dafür zu sorgen, daß diejenigen unter seinem Klerus, die Eigentum der afrikanischen Kirche in ihrem Besitz hatten, dafür die Pacht zahlten, die sie verweigert hatten.[33] Die ganze in Sizilien sorgfältig aufgebaute Struktur wurde gefährdet, als im November 594 ihr als Angelpunkt dienender Vertreter, Maximian von Syrakus, plötzlich starb.[34] Sowohl persönlich als auch politisch war es für Gregor ein schwerer Schlag. Mit großer Tüchtigkeit hatte Maximian die Politik Gregors bezüglich der Bischöfe durchgeführt. Er wurde mit der Einsetzung des Paulinus von Lipari beauftragt. Es muß auch seine Aufgabe gewesen sein, in den ersten Tagen im Amt den übrigen Außenseitern den Weg zu ebnen.[35] Theodor, der Visitator von Agrigentum, wurde ihm verantwortlich.[36] Er unternahm Untersuchungen und Schlichtungen, er war für die Aufrechterhaltung der Disziplin unter den Bischöfen unmittelbar verantwortlich. In Angelegenheiten der sizilianischen Kirche wird er wohl Gregor erheblich entlastet haben, was natürlich der Grund für seine Ernennung war. Zur Zeit seines Todes war er damit beschäftigt, gegen Kleriker vorzugehen, die sich in Nachahmung des Origenes kastrierten.[37]

Damit Gregors Macht über die kirchliche Organisation der Insel nicht verlorenginge, war es notwendig, einen annehmbaren Bischof von Syrakus zu sichern. Glücklicherweise ist eine Reihe von Briefen bezüglich der Wahl erhalten geblieben. Möglicherweise waren es Briefe nach diesem Muster, die Johannes dem Diakon seine bischöfliche Gönnerschaftsliste vermittelten.

Der erste wurde im Februar 595 an den Rektor Cyprian geschrieben.[38] Gregor forderte ihn dringend auf, dafür zu sorgen, daß ein würdiger Nachfolger des verstorbenen Bischofs gewählt wurde:

„Und in der Tat glaube ich, daß die Mehrheit den Priester Trajan wählen würde, der, wie man sagt, von guter Charakterlage ist, der aber, wie ich vermute, nicht geeignet ist, an jenem Ort zu amtieren. Immerhin, wenn man einen besseren nicht finden kann und gegen ihn keine Anklage vorliegt, dann darf es ihm im äußersten Notfall gewährt werden. Sucht man in dieser Wahl jedoch meinen Willen zu erfahren, sage ich Euch vertraulich, was ich will: Mir scheint, daß es in jener Kirche keinen gibt, der so würdig ist, Nachfolger des großen Maximian zu sein, als Johannes, der Erzdiakon von Catania. Wenn man seine Wahl zustande bringen kann, so glaube ich, wird er sich als eine höchst geeignete Person erweisen."

Trotz seiner guten Charakteranlage und seiner Beliebtheit bei der Mehrheit der Wähler war es nicht Gregors Absicht, Trajan Bischof werden zu lassen. Ihm fehlten die erforderlichen Eigenschaften für die Verwaltung eines großen Bistums. Welche diese waren, sagte Gregor nicht. Doch darunter zählte gewiß, daß er dem Papst bekannt war und dessen Vertrauen genoß. Cyprian wird vom Papst gebeten, es mit Bischof Leo von Catania abzumachen, daß Johannes kandidiere und daß Gregors Wünsche in bezug auf ihn durchgeführt werden.

Die aus diesem Brief zu ziehende Lehre ist klar und liegt dem ganzen Bereich von Gönnerschaftshandlungen zugrunde. Was der Wille der Mehrheit auch sein mag, es muß an erster Stelle den Interessen der Kirche, wie Gregor diese sah, gedient werden. Demnach kann sein Engagement in Gönnerschaftswahlen nicht bezweifelt werden.

Leider ging es bei der Wahl nicht so glatt, wie der nächste im Jahr 595 geschriebene Brief zeigt.[39] Gregor schrieb an die Adeligen von Syrakus und lobte ihre Entscheidung, sich aus dem Wahlverfahren zurückzuziehen und ihm die Auswahl eines Bischofs zu überlassen. Der Brief zeigt ebenfalls, daß der Klerus und das Volk von Syrakus einen gewissen Agatho als Bischof vorgeschlagen, während andere Leute einen Ungenannten als Kandidaten aufgestellt hatten. Gregor ordnete an, daß beide Kandidaten nach Rom geschickt werden sollten, damit er zwischen ihnen entscheiden könnte.

Liest man zwischen den Zeilen, so entfaltet sich die Geschichte folgendermaßen: Als Maximian starb, gab es ein beträchtliches Maß an Unterstützung für den Priester Trajan. Diese wurde jedoch abgeschwächt, vielleicht als Folge der Bemühungen des Rektors Cyprian, der gewissen einflußreichen Leuten die Wünsche des Papstes vertraulich mitteilte. Die Adeligen stimmten darin überein, den zu unterstützen, wen auch immer der Papst auswählen sollte. Der Klerus und das Volk, immerhin zwei Drittel der Wählerschaft, übertrugen nun ihre Unterstützung auf Agatho, fast mit Sicherheit einen Kleriker des Ortes. Sie hatten den Ausschluß Trajans hingenommen. Da sie jedoch immer noch einen Catanier einem Fremden vorzogen, entschieden sie sich für den Ortsansässigen Agatho, der, so hofften sie, für den Papst annehmbar sein würde.

Doch der Papst wollte den Erzdiakon Johannes von Catania. Dieser war fast sicher der ungenannte Kandidat, den die Minderheit der Wählerschaft unterstützte, eine Gruppe, die ohne Zweifel durch den päpstlichen Rektor mobil gemacht wurde. Anscheinend gab es also eine klare Spaltung zwischen den Adeligen, die es verstanden und unterstützten, daß für diese Schlüsselstellung der Papst den richtigen Mann auswählen mußte, und der Mehrheit von Klerus und Volk, deren natürliches Gefühl den Mann des Ortes bevorzugte.

War der Fall jedoch erst einmal zur Entscheidung nach Rom überwiesen, dann stand von vornherein das Ergebnis fest. Im Oktober 595 war Johannes als Bischof von Syrakus schon eingesetzt.[40] Wahrscheinlich kannte ihn Gregor persönlich, denn einen ihm Unbekannten in diese Schlüsselstellung einsetzen hieße, das Unglück herausfordern. Die beste Gelegenheit für ein Treffen wäre gewesen, wenn Johannes im Jahr 591 Bischof Leo aus Anlaß seines Prozesses nach Rom begleitet und auf den Papst einen günstigen Eindruck gemacht hätte. Entscheidend ist jedenfalls, daß ihn Gregor haben wollte und ihn auch bekam, obwohl die Mehrheit zwei nicht-gregorianische Kandidaten unterstützte. In diesem Zusammenhang ist erwähnenswert, daß etwa um diese Zeit Donus von Rom geschickt wurde, um Bischof von Messina zu werden. Es kann sein, daß es Gregor in Anbetracht der beträchtlichen Unterstützung der Gegenkandidaten von Johannes in Syrakus für richtig gehalten hatte, seine Macht im sizilianischen Bischofskollegium und damit zugleich die festgelegte Unterstützung für Johannes zu stärken, indem er einen weiteren Gregorianer einführte.

Die Wahl von Johannes von Syrakus bringt die erste Phase von Gregors Personalpolitik in Sizilien mehr oder weniger zum Abschluß. Dies wurde durch den im Mai 597 geschriebenen Brief endgültig bestätigt, in dem Gregor zugestand, daß künftighin die sizilianischen Bischöfe nicht mehr alle drei, sondern nur alle fünf Jahre am Fest des hl. Petrus nach Rom kommen mußten.[41]

Dieses Zugeständnis hätte nicht gemacht werden können, hätte sich Gregor nicht stark und sicher genug gefühlt, um dem von ihm persönlich auserwählten Bischof von Syrakus die alltägliche Verwaltung der Angelegenheiten in Sizilien zu überlassen, der nun schon zwei Jahre Zeit gehabt hatte, um sich einzurichten.

Ein Blick auf Gregors Leistung in der Periode 591–595 zeigt deutlich genug, warum er diese Zuversicht hegen durfte. Als er den päpstlichen Thron bestieg, war der sizilianische Episkopat ihm eine völlig unbekannte Größe. Im Bischofskollegium hatte er keine persönlichen Vertreter und wenn überhaupt, dann nur wenige Freunde. In dieser Situation war nichts anderes zu machen als eine Notmaßnahme zu ergreifen, nämlich Peter als Rektor und päpstlichen Stellvertreter hinzuschicken. Gregors erfolgreichster Zug war es, zwei Bischöfe von Syrakus, zunächst Maximian und dann Johannes, hintereinander zu ernennen, die fähig waren, das Vikariat zu übernehmen.

Bis zum Jahr 595 war das sizilianische Bischofskollegium also völlig gregorianisiert worden. Die von Gregor Ernannten amtierten in Syrakus, Messina, Lipari, Triocala (mit einer lang andauernden Visitation in Agrigentum) und möglicherweise in Tauromenium. Catania und Palermo waren aus der Nähe kritisch untersucht worden, Malta wurde ständig beobachtet, und mit den übrigen war man zufrieden. Es war eine große Leistung, die mit Scharfsinn, mit Geschicklichkeit und mit viel Erfolg vollbracht wurde.

Die zweite Phase der gregorianischen Politik in Sizilien war weniger aktiv als die erste. Die Hierarchie war erfolgreich umgebildet worden. Vom Jahr 595 an war es seine Politik, das neue System zu bewahren und die Disziplin aufrechtzuerhalten, wobei Änderungen in der Struktur des Episkopats durchgeführt wurden, wie es jeweils erforderlich war.

Die Schlüsselfigur bei der Durchführung dieser Politik war natürlich Johannes von Syrakus, der fast mit Sicherheit in Anbetracht der ausgedehnten Zeitspanne zwischen den Rombesuchen der sizilianischen Bischöfe die päpstliche Stellvertretung erhielt. Bei der Beaufsichtigung des sizilianischen Bischofskollegiums jedoch hatte er weniger zu tun als sein Vorgänger. Daß keine weiteren Bischöfe von Triocala und Messina erwähnt wurden, läßt vermuten, daß die beiden von Gregor Ernannten, Peter und Donus, ihren Gönner überlebten. Paulinus von Lipari hat Gregor nicht überlebt, da er im Jahr 602 starb. Sein Nachfolger ist aber nicht bekannt.[42]

Von den drei „alten Hasen" Leo, Gregor und Viktor überlebten wahrscheinlich die beiden ersten den Papst. Leo von Catania hatte eine ziemlich wechselvolle Laufbahn. Anscheinend war man mit ihm nicht ganz zufrieden. Im päpstlichen Register befinden sich immer wieder Briefe, in denen ihm wegen seiner Nachlässigkeit ein Verweis erteilt wurde.[43] Tatsächlich gab es im Jahr 598 eine zweite vom Rektor Romanus durchgeführte Überprüfung seines Verhaltens, aber auch dieses Mal ist er mit heiler Haut davongekommen.[44] Das Bild von ihm zeigt uns einen bequemen Prälaten, der hin und wieder eine Ermahnung nötig hat, um ihn bei der Stange zu halten. Darüber besteht jedoch kaum ein Zweifel, wäre etwas mit seiner Verwaltung ernstlich nicht in Ordnung gewesen, dann hätte man ihn seines Amtes enthoben, wie es mit anderen geschah.

Wenn auch Leo und Gregor überlebten, so überlebte Viktor von Palermo nicht. Irgendwann im Jahr 602 ist er gestorben, denn im November jenes Jahres wurde Bischof Barbarus von Carina zum Visitator ernannt und angewiesen, eine sofortige Wahl in die Wege zu leiten.[45] Was dann folgt, wird in einem im Jahr 602 von Gregor an den Patrizier Venantius geschriebenen Brief offenbar.[46]

Gregor bemerkte zunächst, er sei darüber sehr erfreut, daß Venantius den Abt Urbicus von St. Hermes in Palermo zur Bischofswahl aufgestellt hatte. Er fügt jedoch hinzu: „Da ein anderer von den übrigen vorgeschlagen ist, können wir seine Ruhe nicht in der Weise stören, daß er sich, während er nach außen hin aufsteigt, im Innern abhärmt, und ihn, indem wir ihn zu höheren Dingen befördern, nicht dazu zwingen, ein Leben voll Unruhe zu führen."

Dies ist als Beispiel für Gregors Besorgtsein um Menschen zitiert worden, daß er nämlich nicht bereit war, Urbicus aus seiner klösterlichen Ruhe zu entfernen und in die Sorgen des Amtes zu stürzen.[47] Vielleicht hat es doch mehr als das zu bedeuten. Urbicus war ein Gregorianer *par excellence*. Er war der Abt von einer der Klosterstiftungen Gregors in Sizilien, zudem hatte ihn Gregor in der Vergangenheit mit wichtigen Sachen beauftragt.[48] Er brachte gewiß die erforderliche Voraussetzung mit, nämlich dem Papst bekannt zu sein und dessen Vertrauen zu genießen.

Anscheinend hatte Venantius als Führer der Papst-Partei in der Wählerschaft, die wahrscheinlich von den Adeligen bestimmt wurde, nach dem Beispiel von Syrakus gehandelt. Er erscheint als frommer Laie und als vertrauter Freund des Papstes.[49] Es kann sein, daß Venantius, der Urbicus gut kannte und zusammen mit ihm in Untersuchungsausschüssen gedient hatte, diesen für den besten Mann für das Amt hielt. Aber das dermaßen ins einzelne gehende Engagement Gregors läßt vermuten, daß Venantius möglicherweise zugleich auch als Vertreter des Papstes in dieser Angelegenheit gehandelt hat.

Schließlich muß man die Drohung, sollte Urbicus gewählt werden, würden Unruhen ausbrechen, im Zusammenhang mit den unglücklichen Folgen anderer Gönnerschaftsernennungen Gregors betrachten. Drei berühmte Fälle, nämlich Castorius von Rimini, Festus von Capua und Bonifatius von Rhegium, heben sich heraus. Alle drei hatten es äußerst schwer, beim eigenen Klerus eine günstige Aufnahme zu erreichen. Im Falle des Castorius hatte der Versuch sogar mit einem traurigen Mißerfolg geendet. Das war es gerade, was Gregor zu vermeiden suchte und was seinen Vorschlag veranlaßte, man solle die Kandidatur von Urbicus fallen lassen.

Der andere Kandidat, offensichtlich eine von der Mehrheit getroffene Wahl, war der Diakon Crescens. Er war sicherlich ein Mann aus der Ortskirche. Da die Adeligen Urbicus bevorzugten, haben ihn wahrscheinlich Klerus und Volk gewählt. Da er den Mann nicht kannte, bat der Papst den Venantius darum, den Charakter und die notwendigen Voraussetzungen von Crescens, insbesondere die Verwaltung der Herberge, die er in Obhut hatte, zu überprüfen. Zeigte die Überprüfung, daß er den Anforderungen genügte, dann sollte Venantius dafür sorgen, daß die Urbicus-Partei ihre Unterstützung auf Crescens übertrug. Stellte es sich jedoch heraus, daß er den Anforderungen nicht genügte, dann sollte Venantius die Wählerschaft dazu überreden, einen anderen vorzuschlagen, der zusammen mit Crescens nach Rom geschickt werden sollte, damit der Papst zwischen den beiden die Wahl treffen könnte. Wenn es aber in Palermo keinen wählbaren anderen Kandidaten gäbe – ausnahmsweise sagte der Papst nicht, daß er dies für unwahrscheinlich hielt –, dann sollte er dafür sorgen, daß ein Kandidat von einer anderen Kirche aufgestellt werde. Falls alles andere erfolglos bleiben sollte und in Palermo oder sonstwo keine geeignete Person zu finden sei, dann sollten die Wähler ihre Vertreter aussuchen, die bevollmächtigt sein würden, in ihrem Namen zu entscheiden. Diese sollten nach Rom geschickt werden, um zu sehen, ob sie dort einen geeigneten Kandidaten finden könnten.

Aus den schon nahegelegten Gründen erscheint der Papst ehrlich abgeneigt, sich in diese Angelegenheit zu verwickeln. Dem Anschein nach schrieb er eine rein unparteiische Verfahrensweise vor. Doch diese Unparteilichkeit wird durch die Wahl von Venantius für die Überprüfung des Charakters des Kandidaten Lügen gestraft. In fast allen anderen registrierten Fällen macht dies der visitierende Bischof. Der Visitator Barbarus wird jedoch bei diesem Verfahren gar nicht erwähnt. Anstelle des wahrscheinlich unparteiischen visitierenden Bischofs beauftragte Gregor den Führer einer der Wahlparteien mit der Beurteilung des Gegenkandidaten.

Die Verwicklung des Papstes in die Wahl wird weiterhin in den Anweisungen an Venantius offenbar. Dieser sollte die Boten, die seinen Brief nach Rom brachten, darüber befragen, was sie im einzelnen mit dem Papst besprochen hätten. Aus der Nebeneinanderstellung der Sätze in diesem Teil des Briefes ist es möglich, die in Rom stattgefundenen Besprechungen zu rekonstruieren. Anscheinend schilderten die Boten dem Papst die Lage so, wie sie war: Eine Mehrheit der Wähler bevorzugte den Diakon Crescens, eine Minderheit den Abt Urbicus. Anscheinend hat Venantius den Papst darum gebeten, entweder die Kandidaten nach Rom zu beordern oder sich zugunsten des Urbicus zu äußern oder andernfalls aus Rom einen aus dem römischen Klerus persönlich ausgewählten Kandidaten zu schicken. Gregor erwiderte, er wolle nicht gegen den Willen der Mehrheit Urbicus befördern, wenn dadurch mit der Gemeinde Probleme entstehen könnten. Er hätte nicht genug Leute, die er für die noch vakanten Diözesen weihen könnte. Für Palermo könnte er keinen entbehren. Im sizilianischen Bischofskollegium gab es genügend Gregorianer, die dafür sorgen konnten, daß Palermo kein Schlüsselbistum wurde. Außerdem lag kein dringendes Problem vor wie im Falle einer Amtsenthebung. Gregor schlug also vor, wenn Crescens durch einen Laien, den Gregor kannte und dem er vertraute, für geeignet befunden werden sollte, dann sollte er gewählt werden. Andernfalls sollte innerhalb oder außerhalb von Palermo ein anderer Kandidat auserwählt werden, und zwar wiederum durch den am Ort befindlichen Vertreter Gregors. Die Bischofswahl in Palermo stellt also eine interessante Zwischenstation in der Entwicklung des päpstlichen Eingreifens in Wahlen dar.

Die nächsten Informationen befinden sich in einem im Juli 603 geschriebenen Brief, der dem neuen Bischof von Palermo, Johannes, das *pallium* verleiht.[50] Crescens war offensichtlich überstimmt worden und ein anderer Kandidat wurde gewählt. Aber wer war es, woher stammte er? Möglich, daß er ein anderer Kleriker aus Palermo war, den Venantius für geeignet hielt und aufstellte. Im Hinblick auf den vorigen Brief jedoch scheint es wahrscheinlicher zu sein, daß die Auswahl das Ergebnis von Beratungen war, die in Rom durch den Papst und Vertreter der Wählerschaft von Palermo geführt wurden.

In diesem Zusammenhang ist der Wortlaut des *Pallium-Briefs* interessant. Andere Pallium-Briefe Gregors sind erhalten geblieben, zum Beispiel an Johannes von Syrakus und an Donus von Messina.[51] Sie sind ganz und gar Formularbriefe und beinhalten eine Einschärfung, ein dem hohen Amt angemessenes Leben zu führen sowie eine Bestätigung der üblichen Privilegien der Kirche. Der Brief an Johannes von Palermo jedoch enthält einen in der Mitte des Briefs eingefügten Auftrag, dafür zu sorgen, daß niemand die Autorität des Papstes in Frage stelle. Das Fehlen dieses Auftrages in den anderen Pallium-Briefen kann nur bedeuten, daß es in Palermo irgendeinen Grund gab, warum die Autorität des Papstes in Frage gestellt werden konnte. Daß ein beliebter Sohn der Stadt zugunsten eines Außenseiters überstimmt wurde, wäre ein solcher Grund gewesen.

Es gibt noch einen Brief, den man zur Unterstützung dieser Hypothese anführen könnte. Er ist ein im Juli 603 an Johannes geschriebener Brief, der die päpstliche Bestätigung dessen enthält, was eigentlich eine vom Klerus verlangte und durch Johannes schon gebilligte Zusammenfassung verbriefter Rechte ist.[52] Sie umfaßt eine Veröffentlichung der unter Mitwirkung des Klerus erstellten Jahresabrechnung; die Verteilung der Klerikergehälter nach Verdienst; das Recht des Klerus, von den Kirchengütern Wein zu kaufen, was ihm bisher versagt worden war; das Recht, daß gegen Kleriker vorgebrachte Anklagen ausführlich untersucht werden, ehe der Bischof ein Urteil fällt.

Daß der Klerus diese Zusammenfassung vorlegt, läßt noch einmal vermuten, daß Johannes ein ihm von Rom aufgedrängter Außenseiter ist. Sie wollten sicherstellen, daß er keine einschränkenden Neuerungen machte, und in einigen Fällen ein besseres Abkommen erreichen als jenes, das sie unter Viktor hatten. Die Billigung dieser Zusammenfassung verbriefter Rechte durch Bischof Johannes und Papst Gregor war der Preis, den sie dafür zahlten, daß der neue Bischof vom Klerus günstig aufgenommen wurde. Sie ist zugleich der Beweis dafür, daß die päpstliche Autorität angegriffen wurde. Das ist anerkanntermaßen ein Indizienbeweis, aber er weist doch auf ein Eingreifen Gregors und auf die Aufnahme eines Außenseiters in Palermo hin. Wer Johannes war, darüber gibt es keine überzeugenden Belege.

Von den anderen bedeutenden Diözesen blieb Tauromenium wahrscheinlich die ganze Amtszeit hindurch unter Secundinus. In Lilybaeum und Malta jedoch gab es Änderungen. Im Februar 595 war Theodor von Lilybaeum schon tot. Der Rektor Cyprian überprüfte sein Testament, um sicherzustellen, daß durch seine Vermächtnisse die Kirche keinen Verlust erlitt.[53] Die Wahl ist nicht reibungslos verlaufen. Sie kam auf den toten Punkt und die kirchenrechtliche Frist von drei Monaten war schon reichlich überschritten. Im September 595 teilte Gregor dem Rektor Cyprian mit, daß eine Abordnung des Klerus von Lilybaeum nach Rom gekommen sei, um sich nach einem geeigneten Bischof umzusehen. Gregor hatte ihr die Erlaubnis erteilt, nach einem zu suchen.[54] Sie hatten den *presbyter forensis* Decius gefunden. Ob dieser jedoch bloß Rom gegenüber oder dem suburbanen Bistum allgemein „*forensis*" (fremd) war, ist nicht klar.

Höchstwahrscheinlich war er vor den Langobarden oder vor dem Schisma in Istrien geflüchtet. Die Abordnung bat um seine Weihe, der Papst willigte ungern ein. Dieses Widerstreben kann vielleicht durch seine Anweisung an Cyprian erklärt werden, jede Gelegenheit zu ergreifen, um Decius zu helfen. Denn die Leitung von Bischof Theodor hatte viel zu wünschen übrig gelassen und manches, was er hätte verbessern sollen, hatte er unangerührt liegen lassen. Theodor war ob seiner energischen Visitation von Triocala gelobt worden. Nach seinem Tod jedoch war seine mangelnde Verwaltung zu Hause in Rom bekannt geworden. Unter diesen Umständen widerstrebte es Gregor, jemanden, den er nicht kannte, für ein Bistum zu ernennen. Immerhin weihte er Decius. Es gibt keinen Beweis dafür, daß er versucht hätte, ihnen einen anderen aufzuzwingen. Man soll auch nicht vergessen, daß er gerade zu diesem Zeitpunkt damit beschäftigt war, die Wahl von Syrakus zu regeln, das von viel größerer Bedeutung als Lilybaeum war. Lilybaeum bekam also seinen Bischof, und anscheinend hat sich Decius bewährt.

Die Fälle von Lilybaeum wie von Palermo zeigen den Papst besorgt und ziemlich unglücklich über das Ergebnis. Er war jedoch nicht bereit, in der Sache zu drängen. Wahrscheinlich hatte er gehofft, daß die Abordnung aus Lilybaeum bei ihrer Suche nach einem Bischof in Rom dazu kommen werde, einen ihm bekannten römischen Kleriker auszuwählen. Aber sie tat es nicht, er machte also das Beste daraus.

Selbst nach der gregorianischen Säuberung des Bischofskollegiums gab es immer noch schlechtes Verhalten bei den Bischöfen. Der Fall des Bischofs von Malta ist eine gute Mahnung, daß man in der Disziplin nie nachlassen konnte, auch dann nicht, wenn ein Kollegium so erfolgreich umgestaltet worden war, wie es mit dem sizilianischen geschehen war. Im September 598 schrieb Gregor an Johannes von Syrakus und verfügte, da die Schuld von Bischof Lucillus von Malta nachgewiesen worden war, dieser solle seines Amtes enthoben werden.[55] Eine ausführliche Untersuchung des Klerus sollte stattfinden und diejenigen, die sich als seine Mitschuldigen erwiesen, sollten ihres Ranges entkleidet und in ein

Kloster verwiesen werden. Die schlimmsten Missetäter sollten exkommuniziert werden. Der Klerus und das Volk von Malta sollten ermahnt werden, einen neuen Bischof zu wählen.

Lucillus blieb widerspenstig. Im Herbst 599 wies Gregor den Notar Romanus an, dafür zu sorgen, daß Lucillus und dessen Sohn Peter dem neuen Bischof Trajan die bewegliche Habe zurückgäben, die sie aus der Kirche entfernt hatten.[56] Anscheinend hatten sie nicht nur die Habe der Kirche entfernt, sondern auch Geldsummen in die eigene Tasche gesteckt, die für die Reparatur der Kirche vorgesehen waren, wobei sie die Gebäude in Verfall gerieten ließen. Der Papst ordnete an, falls sie das nicht zurückgäben, was sie genommen hatten, hätten sie für ihr Verhalten Johannes von Syrakus Rede und Antwort zu stehen.

Noch interessanter ist der restliche Teil des Briefes, der den Hintergrund des neuen Bischofs von Malta ergänzt. Er hatte darum gebeten, daß vier oder fünf Mönche aus dem Kloster von Syrakus, dessen Abt er gewesen war, geschickt werden sollten, um ihm Gesellschaft zu leisten, da er auf Malta niemanden kannte. In diese Bitte willigte Gregor gern ein. Trajan war eigentlich gar kein Sizilianer. In Valeria geboren, anscheinend von reichen Eltern, war er in einem von seinem Vater gegründeten Kloster Mönch geworden. Er war aus Valeria geflüchtet, als die Langobarden kamen, und hatte nach Sizilien seine Zuflucht genommen, wo er Abt des durch Capitulina gegründeten Klosters in Syrakus geworden war. Er war wahrscheinlich derselbe Trajan, der im Jahr 595 bei der Wahl des Bischofs von Syrakus kandidiert hatte. Trajan ist ein ungewöhnlicher Name; die einzigen im ganzen Register, die ihn tragen, sind der, der gern Bischof von Syrakus geworden wäre, und der Abt von Syrakus, der Bischof von Malta wurde. Die Tatsache, daß der Bischofskandidat von Syrakus als „Priester“ beschrieben wurde, macht dieser Identifizierung keine Schwierigkeit, denn in vielen Klöstern wurden Mönche zum Priester geweiht, um die Messe zu lesen. Wahrscheinlich wurde Trajan Abt nach der Enttäuschung bei der Bischofswahl im Jahr 595.

Bezeichnend ist, obwohl Gregor den Trajan als unfähig erachtet hatte, Syrakus zu verwalten, hatte er nichts dagegen, daß er Malta verwaltete. Es kann natürlich sein, daß er bis zum Jahr 598 bei der Verwaltung des Klosters der Capitulina eine so gute Arbeit geleistet hatte, daß seine Fähigkeit endlich anerkannt wurde. Die Lage in Malta war derart, daß sie ähnlich wie in Triocala und Lipari nach einem Eingreifen verlangte. Bischof Lucillus, sein Sohn und ein Kreis von Veruntreuern von Kirchengütern hatten die Kirche systematisch ihrer Habe und ihres Einkommens beraubt. Um das Ansehen der Diözese wiederherzustellen, um die Disziplin aufrechtzuerhalten und um die Gläubigen zurückzugewinnen, war ein vertrauenswürdiger und zuverlässiger Mann nötig. Trajan war anscheinend der richtige Mann dafür. Als Abt hatte er Erfahrung in der Verwaltung. Seine mönchische Berufung war eine Empfehlung und seine

Absicht, zusammen mit einigen seiner Mönche in Gemeinschaft zu leben, zeigte eine Nacheiferung von Gregors eigener Praxis, die ihm in den Augen des Papstes nicht zum Nachteil gereichen würde. Immerhin hatte Gregor zur Zeit der Wahl in Syrakus auf dessen „gute Charakteranlage“ hingewiesen.

Da es Tatsache ist, daß Johannes von Syrakus mit den Untersuchungen in Malta und mit der Vorbereitung der Wahl beauftragt wurde und da es ebenfalls stimmt, daß Trajan aus der Diözese des Johannes kam und geeignet war, um als Bischof von Syrakus in Betracht gezogen worden zu sein, ist es wahrscheinlich, daß hier wieder eingegriffen wurde; hier doch eher durch Johannes als durch Gregor. Es zeigt jedoch, wie weit Johannes als Gregors Stellvertreter in Sizilien, der auch Gregors Forderungen bezüglich der Personalpolitik kannte, die Leitung der kirchlichen Angelegenheiten auf der Insel übernommen hatte. Trajan hat sich anscheinend ganz gut abgefunden. Wir hören zuletzt im Januar 603 von ihm, daß er lebte und wohlauf war.[57]

Die zwei am wenigsten bedeutenden Bistümer in Sizilien waren wahrscheinlich Leontini und Tyndaris. Hier gab es während der Amtszeit Gregors beim Tod des amtierenden Bischofs die üblichen Bestellungen.[58] Es bleiben jedoch zwei umstrittene Fälle zu beobachten; nämlich der des Bischofs Barbarus von Carina und der des Bischofs Exhilaratus, dessen Bistum unbekannt ist. Im ersten Fall sehen wir das Problem in den beiden Briefen Gregors, die besonders Carina gewidmet sind. Der erste ist ein im September 595 an Bischof Bonifatius von Rhegium geschriebener Brief.[59] Obwohl Carina ohne Bischof war, machte die Verlassenheit des Ortes und die Verringerung der umliegenden Bevölkerung die Wahl eines neuen Bischofs undurchführbar. Gregor vereinigte das Bistum also mit Rhegium. Dabei verlieh er an Bonifatius die üblichen Machtbefugnisse über Carina. Der zweite, im November 602 geschriebene Brief ernannte Bischof Barbarus von Carina zum Visitator von Palermo, mit der Anweisung, daß er Vorkehrungen für die Wahl eines neuen Bischofs treffen sollte.[60]

Kommentatoren haben es nie verstehen können, daß das Bistum von Carina ganz in der Nähe von Palermo mit einem viele Meilen entfernt in Bruttium liegenden Bistum vereinigt wurde. Was vom geographischen Gesichtspunkt aus lange Zeit unerklärlich gewesen ist, wird jedoch vom Gesichtspunkt der Gönnerschaft aus erklärbar. Erstens war Bonifatius von Rhegium eine gregorianische Gönnerschaftsernennung, ein römischer Priester, der in den ersten Jahren der Amtszeit Gregors zum Bischof ernannt wurde und der die einzige Ernennung solcher Art in Lucania und Bruttium war. Zweitens ist der Zeitpunkt in Betracht zu ziehen. Im September 595 wurden Carina und Rhegium vereinigt, gerade zu der Zeit, als Johannes nach einer schwer erkämpften Wahl in Syrakus eingesetzt wurde.

Wahrscheinlich hatte er es am Anfang seiner Amtszeit schwer, und ein anderer treuer Verbündeter im sizilianischen Bischofskollegium, der ihn unterstützte, wäre willkommen gewesen. Daß Bonifatius in seiner Eigenschaft als Bischof von Carina als sizilianischer Bischof galt, geht aus einem im Mai 597 geschriebenen Brief hervor, der die sizilianischen Bischöfe sowie die Bischöfe von Lipari und von Rhegium nach Rom beordert.[61] Das heißt nicht, daß Lipari und Rhegium zwei nicht-sizilianische Diözesen waren, die für dieses Mal der sizilianischen Gruppe hinzugezählt wurden. Das weist vielmehr auf die Tatsache hin, daß beide Diözesen Doppeldiözesen waren. Der Bischof von Tauriana war auch Bischof von Lipari, er wohnte in Lipari. Der Bischof von Rhegium war zugleich Bischof von Carina, er wohnte aber in Rhegium. Das erklärt die Betitelung. Gregor erwähnte sie, damit der Rektor sicher sein könnte, daß er sämtliche sizilianische Bischöfe meinte, auch diejenigen mit Verpflichtungen in Bruttium.

Es besteht kein Zweifel, daß Bonifatius bis irgendwann zwischen den Jahren 597 und 603 als Bischof von Carina galt. Bis zum letzteren Zeitpunkt hatte sich die Situation geändert, entweder weil das Ansehen des Johannes in Sizilien gestiegen war oder weil sich die Bevölkerung in Carina vermehrt hatte. Vielleicht war beides der Fall. Eine unabhängige Wahl wurde in Carina erlaubt und Barbarus ging als Bischof hervor.

Dann gab es den Fall von Bischof Exhilaratus, dem, wie es aus einem im September 603 an den Rektor Fantinus von Palermo geschriebenen Brief hervorgeht, in Rom der Prozeß gemacht worden war.[62] Anscheinend wurde er der Grausamkeit seinem Klerus gegenüber beschuldigt, der sich in Rom beschwert hatte. Der Papst hatte Exhilaratus nach Rom beordert und ihn eine geraume Zeit dort festgehalten. Schließlich war Leo von Catania ihm zu Hilfe gekommen, indem er erklärte, Exhilaratus habe erst nach einem Prozeß, an dem er (Leo) teilgenommen habe, den Klerikern Strafen auferlegt. Auch habe er keinen privaten Haß verfolgt und sich auch keine gewalttätigen Unregelmäßigkeiten erlaubt. Gregor sprach Exhilaratus deshalb frei, doch der Klerus blieb weiterhin gekränkt. Fantinus wurde daher angewiesen, dafür zu sorgen, daß sich Bischof und Klerus aussöhnten.

Das Bistum des Exhilaratus wird nicht angegeben. Es befindet sich aber offensichtlich im Amtsbezirk von Fantinus. Von den sechs darin befindlichen Bistümern wissen wir über zwei schon Bescheid. Es muß also entweder Tyndaris (zuletzt im Jahr 599 bezeugt), Lilybaeum (zuletzt im Jahr 599 bezeugt), Triocala (zuletzt im Jahr 598 bezeugt) oder Lipari (im Jahr 603 vakant) gewesen sein. Die Teilnahme von Leo von Catania läßt vermuten, daß das Bistum von Exhilaratus sich zwischen Palermo und Catania befand. Das bedeutet, daß Tyndaris dann dafür am ehesten in Frage käme.

Schließlich gibt es noch ein Beispiel der Gönnerschaft zu betrachten, das zwar nicht geklappt hat, das aber Gregors Handhabung der Gönnerschaft auf der Insel vortrefflich bezeugt. Es gibt einen Brief, der im Juni 595 an den Bischof

Sebastian von Rhisinum, einen im Exil im Osten lebenden Bischof aus Dalmatien geschrieben wurde.[63] Dieser war ein alter Freund Gregors. Als dieser erfuhr, daß ihm ein Bistum im Patriarchat Antiochien angeboten worden war, das er aber abgelehnt hatte, schrieb ihm Gregor, wenn er ein anderes Bistum haben wollte, so gäbe es in Sizilien vakante Bistümer. Es stünde ganz in seinem Belieben, irgendeines von ihnen zu übernehmen und zu leiten. Anscheinend wurde das Angebot nicht angenommen. Es zeigt jedoch die großzügige Bereitschaft Gregors, die sizilianischen Bistümer als eine nützliche Gönnerschaftsreserve zu betrachten. In diesem Fall wollte er die Fähigkeiten eines Exilbischofs weiterverwenden.

Die zweite Phase von Gregors Personalpolitik endete mit seinem Tod im Jahr 604. Rückschauend kann man feststellen, daß sie viel ruhiger und weniger aktiv war als die erste Phase. Johannes von Syrakus übte eine straffe Kontrolle aus. Gregor griff jetzt seltener persönlich und unmittelbar in die Wahlen ein, als in der ersten Phase. Seine Politik hatte nunmehr zum Ziel, den *status quo*, so wie er zur Zeit der Wahl von Johannes war, zu erhalten.

Bezüglich der Wirksamkeit päpstlicher Personalpolitik unter Gregor kann man mehrere Schlüsse ziehen. Erstens gab es aktives Eingreifen in Wahlen, entweder auf lokaler Ebene oder durch Schlichtung in Rom. Von den vierzehn Wahlen, die bekanntlich unter Gregor in Sizilien stattgefunden haben, waren sechs, einschließlich der Ernennung des Bonifatius von Rhegium für Carina, mit Sicherheit gregorianische Gönnerschaftsernennungen. Zwei weitere waren es wahrscheinlich, möglicherweise noch eine weitere. Sechs Bischöfen wurde der Prozeß gemacht, in einigen Fällen in Rom. Von diesen sechs wurden drei freigesprochen (Leo, Gregor und Exhilaratus), drei wurden ihres Amtes enthoben (Lucillus, Agatho und Paul). Das Bild des Eingreifens zeigt, daß Gregor in den ersten Jahren der Amtszeit sehr aktiv war, als der Episkopat noch unbekannt war und überprüft wurde. Diese Aktivität nahm jedoch ab, als bischöfliche Schlüsselstellungen zur Zufriedenheit des Papstes besetzt waren.

Es ist klar, daß Gregor es sich angelegen sein ließ, für die bedeutendsten Bistümer eine geeignete Ernennung zu sichern. Bei zwei aufeinanderfolgenden Wahlen in Syrakus kamen seine Kandidaten durch. Er war auch in den Nachwirkungen von Amtsenthebungen nachhaltig engagiert.

Neben dem Eingreifen in Wahlen und Prozesse sind noch zwei Hauptzüge der päpstlichen Personalpolitik zu beobachten. Der eine ist die Vereinigung von Bistümern, gewöhnlich aus bevölkerungsstatistischen Gründen. Der andere ist die Wiedereinsetzung von erfahrenen kirchlichen Personen, von Männern, die durch Feindeshandlung ihre Bistümer verloren hatten (Paulinus von Tauriana für Lipari ernannt; das Angebot eines Bistums an Sebastian von Rhisinum). Bei einer Betrachtung der Gönnerschaftsernennung auf dem Festland müssen diese Faktoren berücksichtigt werden.

Die päpstliche Personalpolitik in Sizilien wirft ein Licht auch auf eine alte Kontroverse, ob Sizilien eine griechische oder eine lateinische Insel war. Es ist endgültig erwiesen worden, daß während der römischen Zeit die Bevölkerung Siziliens im großen und ganzen Griechisch sprach.[64] Dies entkräftet die alte, vom Gregorianischen Register abhängige Theorie, daß Sizilien schon seit mehreren Jahrhunderten gänzlich romanisiert worden sei.[65] Es ist trotzdem behauptet worden, daß es unter Gregor eine bewußt betriebene Latinisierungspolitik gegeben hätte, deren Auswirkungen durch die Folgen massenhafter Einwanderung aus dem Osten im siebenten Jahrhundert verschüttet worden seien.[66] Heute wissen wir, daß es zwar während des siebenten Jahrhunderts eine durch die Einmärsche der Araber verursachte Einwanderung aus dem Osten gegeben hat, daß diese aber zahlenmäßig und qualitativ begrenzt war.[67] Gewiß gab es eine Einwanderung von weltlichen und klerikalen Flüchtlingen in Sizilien und in der Zeit, als Kaiser Konstans II. in Syrakus sein Hauptquartier aufschlug (664–668). Es gab eine Bewegung byzantinischer Soldaten und Beamten in Richtung der Insel. Der springende Punkt ist jedoch der, daß wir es nicht nötig haben, eine massenhafte Bevölkerungsbewegung anzuführen, um die Hellenisierung von Sizilien zu erklären. Es war schon vorher griechisch und war es immer gewesen.

Die Tatsache, daß manche von einer „Latinisierung" unter Gregor I. sprechen, gibt zu verstehen, daß sich in seiner Amtszeit etwas Ungewöhnliches ereignete. Doch dieses Phänomen ist in dem begründet, was wir als päpstliche Gönnerschaft untersuchen. Wenn wir annehmen, das Erscheinen römischen Kirchenpersonals in Gestalt von Bischöfen in Sizilien wäre die Folge päpstlicher Gönnerschaft, dann ist das Argument der Latinisierung entkräftet. Diese Fremden wurden zu sizilianischen Bischöfen ernannt, nicht weil sie Lateiner waren, sondern weil sie Gregor bekannt waren und er ihnen vertraute. Er hatte eben mehr Gelegenheit gehabt, Lateiner kennenzulernen. Daher kommt es, daß die meisten seiner Gönnerschaftsernennungen Lateiner waren. Die Tatsache, daß er einen Mann des Ortes, nämlich Johannes von Catania, für Syrakus auswählte und es ihm widerstrebte, Decius für Lilybaeum zu weihen, weil er (obwohl Lateiner) ihm unbekannt war, bestätigt die Theorie, daß die eingetretene Latinisierung eher eine Widerspiegelung der päpstlichen Gönnerschaft war als umgekehrt.

Ist dies die Erklärung der „Latinisierung" unter Gregor, dann ist es wahrscheinlich, daß alle sonstigen scheinbaren „Latinisierungen" im sechsten und siebenten Jahrhundert auf päpstliche Gönnerschaftsprogramme hinweisen könnten. Die Namen der Bischöfe sind uns hier ein Leitfaden. Wie beim übrigen Italien sind die Bischofslisten für das Sizilien des sechsten und siebenten Jahrhundert sehr fragmentarisch. Doch ein Blick auf sie zeigt eine durchaus überwiegende Zahl griechischer Namen: Theodor, Agatho, Elpidius, Leo, Elias, Eleutherius und Eusanius.[68] In einigen Fällen gibt es Informationen über ihre

Herkunft. Im sechsten Jahrhundert hatte Eulalius von Syrakus ein Kloster in der Nähe, in das er sich gelegentlich zurückzog.[69] Die Familie von Eleutherius von Syrakus wohnte auf einer Insel;[70] ebenso die Familie von Eusanius von Agrigentum, deren Sohn Euplus hieß.[71] Gregor von Agrigentum wurde in eben dieser Stadt geboren und sprach Griechisch.[72] Im siebenten Jahrhundert wurde Zosimus von Syrakus mit Sicherheit in dieser Stadt geboren, auch er sprach Griechisch. Das siebente Jahrhundert war dadurch schwierig, daß Rom selbst mit griechischen Priestern überfüllt war und es kaum genug lateinische Priester gab, um welche nach Sizilien schicken zu können.[73] Die ganze Skala lateinischer Namen im sizilianischen Episkopat (Decius, Donus, Trajan, Maximian und so weiter) trifft man lediglich unter Gregor. Die Botschaften von Papst Hormisdas an den Osten bieten einen weiteren Hinweis.[74] Er schickte drei Botschaften nach Konstantinopel, um über die Beendigung des Schismas von Acacius zu verhandeln. Die beiden ersten schlossen sizilianische Bischöfe ein, nämlich Fortunatus von Catania im Jahre 515 und Peregrinus von Messina im Jahr 517. In der dritten gab es keinen sizilianischen Bischof, lediglich der Diakon Dioscorus, ein Flüchtling aus Alexandrien, der als Wortführer und als Dolmetscher fungierte, war dabei. Wahrscheinlich wurden bei den früheren Missionen die sizilianischen Bischöfe deswegen hinzugezogen, weil sie Griechisch sprachen. Nur im sechsten Jahrhundert gab es anscheinend eine „Latinisierung" in Sizilien durch ein umfassendes Gönnerschaftsprogramm Gregors.

10. Kapitel

Gregor und der Episkopat: Italien

Nach dem Muster von Sizilien sollten wir damit rechnen, auch auf dem italienischen Festland in den ersten fünf Jahren von Gregors Amtszeit ein Programm des aktiven Eingreifens zu sehen, das dann danach ständig abnimmt. Es wäre ebenfalls zu erwarten, daß den Provinzhauptstädten besondere Aufmerksamkeit geschenkt wird. Eine Untersuchung von Gregors Tätigkeit bei Bischofswahlen auf dem Festland zeigt diese beiden Dinge.

Die bedeutendste Stadt der südlichsten Provinz Bruttium war Rhegium, wo in den ersten Jahren von Gregors Amtszeit der römische Priester Bonifatius zum Bischof ernannt wurde. Er wird zum erstenmal in einem im September 592 geschriebenen Brief erwähnt.[1] In seinem Brief lobte ihn Gregor ob der guten Werke, die er getan hatte und über die er dem Papst eifrig berichtete. Doch er warnte Bonifatius davor, sie zu verrichten, um den Menschen zu gefallen, statt zur größeren Verherrlichung Gottes. Offensichtlich muß man diesem Brief entnehmen, daß Bonifatius einfach ein eingebildeter Bischof war, der sich selbst lobte, um Gregor zu beeindrucken. Berücksichtigen wir die große Empfindsamkeit der Ortsbewohner und bedenken wir, wie sie auf das Eindringen von Fremden zu reagieren pflegen, dann gibt dieser Brief einen subtileren Sinn. Als neuer Mann und als Fremder war Bonifatius bestrebt, sich bei seiner neuen Gemeinde beliebt zu machen. Er berichtete seinem Gönner über seine Fortschritte. Gregor war erfreut zu hören, daß die Sache glatt verlief. Er meinte jedoch, auf das tiefere Motiv, gute Werke zu verrichten, hinweisen zu müssen.

Dieses emsige Bestrebtsein, sich beliebt zu machen, bekräftigt den Eindruck, daß Bonifatius erst vor kurzem gewählt worden war. Zwei andere Briefe vom Juni und September des Jahres 593 bringen eine weitere Bestätigung. Der erste wies Bonifatius an, den Fall einer Frau zu überprüfen, die behauptete, Eigentum von ihr wäre durch Beamte des Vorgängers von Bonifatius, Bischof Lucius, beschlagnahmt worden.[2] Dies läßt vermuten, daß der kurz vorher eingetretene Tod von Lucius die Frau zum Handeln veranlaßte. Der zweite Brief enthält eine strenge Ermahnung an Bonifatius, seinem Klerus gegenüber nicht derart nachsichtig zu sein, indem er ihn von seinen vorgeschriebenen Verpflichtungen entbinde. Er solle bei den Subdiakonen die Zölibatsregelungen durchsetzen.[3] Er wurde angewiesen, ihr Verhalten streng zu überwachen. Diese Lockerung der

Disziplin sieht wie ein weiterer Versuch aus, sich beliebt zu machen, was jedoch Gregor als allerletzter dulden konnte.

Im September 595 wurde Bonifatius zum Bischof von Carina ernannt. Diese Stellung hatte er bis irgendwann vor 602 inne. Zu diesem Zeitpunkt besaß die Diözese wieder einen eigenen Bischof.[4] Im April 599 gab es in Rhegium Schwierigkeiten, als Bonifatius mit dem eigenen Klerus über eine uns unbekannte Sache im Streit lag.[5] Es war so schlimm, daß der Klerus von Rhegium um die Erlaubnis gebeten hatte, seine Anklage gegen den Bischof in Rom vorzubringen. Gregor wollte das nicht, vielleicht weil er als Gönner des Bonifatius ein Beteiligter war. Er setzte eine Bischofskommission aus Bruttium ein, um über den Fall Verhöre anzustellen und zwischen den Parteien zu entscheiden. Es ist möglich, daß Bonifatius sich entschlossen hatte, in der Disziplin die Zügel wieder anzuziehen, was dem Klerus nicht gepaßt hatte. Wie der Streit endete, wissen wir nicht. Bonifatius erscheint nicht mehr im Register, doch das Fehlen eines bekannten Nachfolgers läßt vermuten, daß er Gregor überlebte.

Das Bild, das entsteht, ist ganz klar. Als das bedeutendste Bistum in Bruttium vakant wurde, entschloß sich Gregor, die Lage dafür zu nutzen, einen aus dem eigenen Klerus zum Bischof zu ernennen. Aber die Ernennung brachte Probleme mit sich. Sie unterstreichen einmal mehr, wie schwierig die Lage eines Fremden war.

Gregor wurde auch Gelegenheit gegeben, in Calabria eine Ernennung auszusprechen, als das Bistum von Callipolis vakant wurde. Der Kandidat war der Mönch Sabinus, in einem der Briefe Gregors auch Sabian genannt. Im Juni 593 war Johannes der Bischof von Callipolis. Er wurde von Gregor angewiesen, die durch den Klerus von Tarento gegen Bischof Andreas vorgebrachten Anklagen wegen übermäßiger Brutalität zu untersuchen.[6] Im September 595 war Johannes schon tot. Bischof Peter von Hydruntum wurde zum Visitator ernannt und dazu ermächtigt, eine Wahl zu veranstalten.[7] Sabinus, der Mönch von St. Andreas, ging als Bischof hervor. Gregor zeigte dadurch sein Vertrauen zu ihm, daß er ihm die Stellung eines Subrektors der päpstlichen Ländereien in Callipolis verlieh. Kein anderer Bischof von Callipolis wird während der Amtszeit Gregors eingetragen, und kein anderer Bischof von Callipolis erscheint auf der Gönnerschaftsliste.

Das bedeutendste Bistum in Campania war Neapel, der Sitz des päpstlichen Rektors und das Zentrum einer der wichtigsten Enklaven des Kaiserreichs. Während der Amtszeit Gregors war seine Kirchengeschichte so unruhig, daß seine Einwohner anscheinend mehr Zeit damit verbrachten, einander zu bekämpfen, als gegen die Langobarden zu kämpfen. Bei Gregors Wahl zum Papst war der amtierende Bischof Demetrius, der selber erst im Jahr 588 Bischof geworden war.[8] Im Dezember 590 empfahl ihm Gregor einen gewissen

Stephanus, der dorthin geschickt worden war, um abgefallene Neapolitaner für den Glauben zurückzugewinnen.[9] Im September 591 war Demetrius schon seines Amtes enthoben worden. Gregor schrieb, um die Neapolitaner dringend aufzufordern, sich zu beeilen und einen neuen Bischof zu wählen.[10] Obschon der Grund für die Amtsenthebung nicht angegeben ist, bemerkte Gregor doch, daß die Vergehen des Demetrius derart gravierend waren, daß sie die Todesstrafe verdient hätten. Gregor habe jedoch die Gerechtigkeit durch Barmherzigkeit gemildert. Diese bald nach der Ankunft des Stephanus erfolgte Amtsenthebung verbunden mit Gregors Hinweis auf Demetrius als *„perversus doctor"* läßt vermuten, daß er möglicherweise einer der verdammten Häresien schuldig war.

Im Januar 592 schrieb Gregor an den Klerus, die Adeligen und das Volk, um ihnen mitzuteilen, er sei darüber höchst erfreut, daß der Visitator bei ihnen eine so große Anerkennung gefunden habe und sie ihn zum Bischof gewählt hätten.[11] Er erinnerte sie jedoch daran, daß mit Wahlen nicht so übereilt zu verfahren sei, und bat sie, die Sache noch einmal zu überlegen. Mittlerweile aber sollten sie ihre Zuneigung zum Visitator dadurch zeigen, indem sie ihm gehorchten. Im selben Monat schrieb Gregor an den Visitator selbst, den Bischof Paul von Nepe, er bestätigte ihn im Amt des Visitators und gewährte ihm gewisse bischöfliche Befugnisse (die Weihe von Klerikern, die Zahlung von Gehältern an den Klerus, die Freilassung von Sklaven) bis zur Wahl eines neuen Bischofs von Neapel.[12]

Zu einem Zeitpunkt zwischen September und Januar also hatte Gregor Bischof Paul von Nepe zum Visitator ernannt. Dies ist sehr seltsam, denn Nepe liegt nördlich von Rom, und es war üblich, einen Bischof aus der Nachbarschaft zum Visitator zu ernennen. Paul ist hierzu die einzige auffallende Ausnahme während der ganzen Amtszeit Gregors. Er wurde bestimmt nicht als Kandidat hinuntergeschickt, wie Gregors Kassation seiner Wahl zeigt. Er war auch kein Exilbischof, der eine einträgliche Stellung brauchte. Die Antwort muß darin liegen, daß die schwierige und unruhige Lage von Neapel Gregor veranlaßt hatte, einen älteren und vertrauten Bischof als Visitator zu entsenden. Da er nicht aus der Stadt war, würde er weniger wahrscheinlich durch lokale Streitfragen und Persönlichkeiten beeinflußt werden.[13]

Gregors Pläne gingen jedoch sofort schief, als man darauf drängte, Paul selbst zum Bischof zu wählen. Die wahrscheinlichste Erklärung hierfür ist die, daß eine der konkurrierenden Parteien dies tat, um den Kandidaten einer anderen Gruppe auszuschalten. Innerhalb eines Monats nach Gregors Kassierung der Wahl von Paul jedoch bat dieser um die Entlassung aus dem Amt des Visitators.[14] Gregor lehnte ab, und zwar mit der Begründung, die Wahl hätte noch nicht stattgefunden. Offensichtlich aber hatte der Druck auf Paul so sehr zugenommen, daß er seine Stellung für unhaltbar hielt. Im März 592 wurde Bischof Johannes von Falerii zum Visitator von Nepe ernannt, um den Ostergottesdienst zu leiten. Hier wird nun das beispiellose Schaustück dargeboten, daß ein Bischof zum Visitator einer viele Meilen vom eigenen Bistum entfernten vakanten Diözese und ein anderer Bischof zum Visitator des Bistums des Visitators in dessen Abwesenheit ernannt wird.[15]

In Neapel verschlechterte sich Pauls Lage noch weiter. Im September 592 wird zum erstenmal ausdrücklich auf Gewalttätigkeit hingewiesen. Sie geschah zu Castrum Lucullanum, einer befestigten Insel vor der Küste, wo die Patrizierin Clementina wohnte. Bischof Paul besuchte die Insel und wurde von ihren Sklaven verprügelt, was stark vermuten läßt, daß Clementina die Führerin einer Wahlpartei war. Der Papst handelte sofort, indem er zwei Sonderuntersucher, den Scholasticus *iudex Campaniae* und den römischen Subdiakon Epiphanius, ernannte, um die Sache zu untersuchen. Sie wurden beide angewiesen, die Sklaven, sollten sie für schuldig befunden werden, sofort zu bestrafen und die Strafe nicht aus Rücksicht gegenüber Clementina zu mildern. Sie sollten herausfinden, ob Clementina von dem Angriff gewußt hätte. Gregor konnte nicht glauben, daß das der Fall war. Er meinte, die Sklaven hätten sich vielleicht in ihrem Stolz darauf, daß sie Sklaven einer adeligen Dame waren, vergangen. Gregor schrieb auch an Paul und tröstete ihn ob seiner Verletzungen und teilte ihm die bevorstehende Untersuchung mit.[16]

Das Eingreifen des Papstes hatte anscheinend die Situation entschärft. Die Einwohner von Neapel nahmen wieder einmal die Wahl in Angriff, die auch sogleich mißlang. Im Dezember 592 schrieb Gregor an den *iudex* Scholasticus und bemerkte, er wäre sehr erleichtert, weil der römische Subdiakon Florentius zum Bischof gewählt worden sei. Doch Florentius floh aus Neapel, um der Bischofsweihe zu entgehen. Gregor war nun wieder einmal mit der Sorge um die Wahl belastet. Er forderte Scholasticus dringend auf, die Adeligen und das Volk zusammenzurufen, um über einen neuen Kandidaten einig zu werden. Könnten sie keinen finden, dann sollten sie drei von der Wählerschaft auserwählte Männer schicken, um in Rom nach einem geeigneten Kandidaten zu suchen.[17]

Anscheinend hatte Gregor, nachdem er über ein Jahr auf die Entscheidung der Wählerschaft gewartet hatte, schließlich den eigenen Kandidaten, den römischen Subdiakon Florentius, nach Neapel geschickt, der vom Klerus zum Bischof gewählt worden war. Er wurde, wie es scheint, von den Adeligen und dem Volk jedoch abgelehnt, also von den beiden Teilen der Wählerschaft, die Gregor gegenüber Scholasticus eigens erwähnt hatte. Die gegnerischen Wähler hatten anscheinend die Stadt für Florentius so unangenehm gemacht, daß er aus Neapel flüchtete und, wie der Papst sich ausdrückte, „unter Tränen" die Bischofsweihe ablehnte. Dies ist der erste bekannte Fall, wo ein Kandidat tatsächlich durch den Papst aus Rom geschickt wurde, um bei der Wahl aufgestellt zu werden. Aber es klappte nicht, und Gregor wurde gezwungen, der Wählerschaft wieder freie Hand zu lassen, obwohl er dabei seine Bereitschaft zeigte, den Fall nach Rom abzuziehen und ihn dort endgültig zu entscheiden.

Im Mai 593 wies Gregor den päpstlichen Rektor Peter an, den neapolitanischen Klerus dazu zu überreden, zwei oder drei aus ihren Reihen auszuwählen, die nach Rom kommen und sich dort mit den Vertretern der Adeligen treffen sollten, die schon dort waren.[18] Sie sollten die Bischofsgewänder und so viel Bargeld mitbringen, wie der Bischof nötig haben würde. Das sind Anweisungen, die keinen in Zweifel lassen, daß der Papst die strittige Sache entschieden und einen neuen Bischof in Rom ernannt hatte. Dies wird durch eine weitere Anordnung an Peter bestätigt, er soll Paul von Nepe aus seinem Amt als Visitator entbinden und ihn mit 100 *solidi* und einem jungen Sklaven als Belohnung für seine Verdienste nach Hause zu schicken.

Im August 593 kam der erste Brief vom Papst an den neuen Bischof Fortunatus von Neapel, in dem Gregor bemerkte, er sei hoch erfreut, von der günstigen Aufnahme des neuen Bischofs von seiten der Neapolitaner zu erfahren. Er gab Fortunatus zu verstehen, er solle ihre Zuneigung zu ihm durch das eigene Verhalten vergelten: das Böse verhindern, das Gute fördern und die Neapolitaner sich darüber freuen lassen, daß sie einen so ausgezeichneten Vater gefunden hätten.[19]

Es sind bestimmte Anzeichen dafür da, daß Fortunatus ein römischer Kleriker und eine Gönnerschaftsernennung Gregors war. Gregors Entschlossenheit, der Vakanz ein Ende zu machen, sein Vorschlag an Scholasticus, die Wähler könnten einen geeigneten Mann in Rom ausfindig machen, und seine offenbare Erleichterung über die friedliche Annahme von Fortunatus – das alles weist auf dieselbe Schlußfolgerung hin. Sehr wahrscheinlich war die Mehrheit der Neapolitaner des Streites überdrüssig und froh, nach einer zweijährigen Vakanz wieder einen Bischof zu haben.

Die Handlungen des Fortunatus als Bischof werfen ein weiteres Licht auf die Umstände seiner Wahl. Sie führten in der Tat zu einem Wiederaufflammen des Parteienstreites, denn im Herbst des Jahres 598 wurde die Stadt wieder einmal durch Aufruhr erschüttert.[20] Die Ursache des Streits war der Besitz der Stadttore und der Wasserleitungen und die daraus entstehenden Einkünfte. Die Tore und Wasserleitungen waren ursprünglich im Besitz von Theodor, dem Stadtpräfekten von Neapel, und Rusticus, einem Senator. Doch eine von Faustus und Domitius geführte Gruppe machte ihnen den Besitz streitig, brachte die Sache vor das bischöfliche Gericht und brachte den Bischof dahin, ihnen die Tore und die Wasserleitungen zuzusprechen.

Der Stadtpräfekt Theodor reiste nach Rom, um dagegen Einspruch zu erheben, weil der Bischof den Fall nicht vorurteilsfrei entschieden habe. Im Oktober 598 schrieb Gregor und befahl Fortunatus, das dem Stadtpräfekten Genommene zurückzugeben, Vertreter nach Rom zu schicken, um sein Verhalten zu erklären und die umstrittene Sache einem Schiedsgericht zu unterwerfen. Im November 598 schrieb Gregor an den *magister militum*

Maurentius, den Reichsbefehlshaber in Neapel. Er brachte seine Überraschung darüber zum Ausdruck, daß Theodor, obwohl Maurentius in der Stadt war, nach Rom gekommen war, um sich über seinen Fall zu beschweren, der vom Bischof behandelt wurde, obschon er von Rechts wegen vor den *patronus* gehörte.[21] Bezeichnenderweise mißbilligte Gregor, daß Priester Streitfälle an sich reißen, die eigentlich Sache der weltlichen Obrigkeit sind. Er bestritt, dem Fortunatus erlaubt zu haben, so zu handeln. Außerdem empfahl Gregor Maurentius den Fall des Theodor und forderte ihn dringend auf, in allen Dingen nach dem Recht zu handeln, damit die Einwohner an Gregor schreiben und ihm gegenüber den Befehlshaber loben könnten.

Im selben Monat schrieb Gregor nochmals an Fortunatus und erteilte ihm einen Verweis, weil er es versäumt hatte, das Beschlagnahmte zurückzugeben und Vertreter nach Rom zu schicken, um sein Verhalten zu erklären.[22] Gregor nahm Fortunatus die Behauptung nicht ab, daß er zu diesen Handlungen durch seine adeligen Wähler gezwungen wurde und daß die Männer, die nach Rom gekommen waren, um seine Sache zu vertreten, eher seine adeligen Wähler als ihn vertraten. Der Papst bestand darauf, daß die Angelegenheit auf dem zuständigen Rechtsweg geregelt werden sollte. Entweder sollte Fortunatus selbst oder seine Unterstützer ihren Anspruch auf die Tore und die Wasserleitungen vor Gericht bringen, wollten sie diese haben. Von dem Fall erfährt man nichts mehr. Wir können jedoch annehmen, daß der Streit zugunsten des Stadtpräfekten entschieden wurde, und zwar auf Grund eines im Mai oder Juni 599 von Domitius an den Papst geschriebenen Briefes, in dem Domitius behauptete, Maurentius schikaniere ihn aus persönlicher Feindschaft.[23]

Die Bedeutung dieses Streits muß im Zusammenhang mit der Wahl gesehen werden. Offensichtlich gab es in Neapel zwei Parteien, nämlich diejenigen, die in einem Amt waren, etwa der Stadtsenat, durch Theodor und Rusticus vertreten, und diejenigen, die nicht mehr im Amt waren, durch Faustus und Domitius vertreten. Diese wollten die Ankunft eines neuen Bischofs dazu benutzen, einige der Erträge des Amtes ihren Nachfolgern abzunehmen. Die nicht mehr Amtierenden hatten den Fall der Tore und der Wasserleitungen vor das bischöfliche Gericht, statt vor das Gericht des kaiserlichen Befehlshabers gebracht, in der klaren Erwartung, daß die Sache zu ihren Gunsten entschieden werden würde. Der Grund für eine solche Erwartung muß der gewesen sein, daß sie bei den Besprechungen in Rom die Kandidatur von Fortunatus unterstützt hatten und jetzt dafür eine Belohnung erwarteten. Fortunatus beschreibt sie tatsächlich als seine *„filii“*, was in diesem Zusammenhang vielleicht als Unterstützer bei der Wahl zu verstehen ist. Man darf wohl vermuten, daß die „Amtierenden“, die die Lokalpolitik schon kontrollierten, einen Kandidaten aus ihrer Mitte, den sie beeinflussen konnten, einem vom Papst ernannten Fremden vorgezogen hätten. Allein die Existenz des Streits mit dem Bischof, der durch seine Unterstützer bei der Wahl dazu gedrängt wurde, der städtischen Obrigkeit entgegenzutreten, läßt vermuten, daß diese Auslegung richtig ist. Es scheint ebenfalls zu stimmen, daß Fortunatus ähnlich wie andere vom Papst ernannte Bischöfe mit seinem Klerus Schwierigkeiten hatte, da er zur Zeit seines Todes einen Teil des Klerusgehalts zurückhielt, den auszuzahlen sein Nachfolger vom Papst angewiesen wurde.

In Neapel war noch kein Ende der Wahlstreitigkeiten abzusehen. Denn als Fortunatus nach nur sieben Jahren im Amt im Sommer des Jahres 600 starb, zeigten sich die gleichen Schwierigkeiten wieder.[24] Im Juni 600 teilte Gregor dem Klerus, den Adeligen und dem Volk von Neapel mit, es sei nichts Neues oder Tadelnswertes, zwischen zwei Bischofskandidaten geteilter Meinung zu sein. Es sei aber ernst zu nehmen, wenn die Wahl eher durch Parteilichkeit als durch ein auf Verdienst gegründetes Urteil entschieden werden sollte.[25]

Die beiden Kandidaten, über die die Wähler auf den toten Punkt gelangten, waren der Diakon Johannes und der Diakon Peter. In den dem Papst unterbreiteten Berichten verleumdeten beide Parteien jeweils den Rivalen. Eine Gruppe behauptete, Johannes hätte eine Tochter, weshalb Gregor erklärte, dieser Beweis der Unkeuschheit genüge, um ihn aus dem Wettbewerb auszuschließen. Doch die andere Partei behauptete, Peter wäre „einfältig" und betriebe außerdem Wucher. Gregor ordnete an, daß die Anklagen überprüft werden sollten. Stelle es sich heraus, daß sie falsch waren, dann sollte Peter nach Rom geschickt werden, damit der Papst ihn prüfe, ob er für das Bischofsamt geeignet sei. Der Papst schlug ebenfalls vor, daß sie, um sicher zu gehen, einen alternativen Kandidaten auswählen sollten, den sie zusammen mit Peter nach Rom schicken könnten und für den der Papst sich entscheiden könnte, falls Peter sich als ungeeignet erwies.

Offensichtlich kannte Gregor keinen der beiden Kandidaten persönlich. Aber er war in die Sache verwickelt, indem er den einen Kandidaten ausschloß und auf eine eingehende Überprüfung der Eignung des anderen bestand. Er hat selber jedoch keinen Kandidaten vorgeschlagen. Seine Erfahrung bei der vorigen Wahl hatte ihn sicherlich von der Gefahr überzeugt, einen Fremden in den Strudel der neapolitanischen Politik zu treiben. Außerdem war sein Eingreifen das vorige Mal durch die Notwendigkeit veranlaßt, die Nachwirkung einer Amtsenthebung zu korrigieren. Diese Situation war diesmal nicht vorhanden. Doch auch jetzt übte der Papst einen negativen Einfluß aus, indem er sowohl Peter als auch Johannes von der Wahl ausschloß. Denn der neue Bischof war Paschasius, über dessen Herkunft und Vorleben nichts mit Sicherheit bekannt ist. Im Januar 601 war er schon im Amt, seine Amtszeit sollte vierzehn Jahre dauern.[26]

Ein weiteres Licht wird auf diese Wahl durch einen im Juni 601 von Gregor geschriebenen Brief geworfen, in dem der Rektor Anthemius angewiesen wurde, den Bischof dringend aufzufordern, unverzüglich den Subdiakon Hilarius zu bestrafen, weil aufgrund von dessen meineidigem Zeugnis der Diakon Johannes durch einen kirchlichen Gerichtshof, dem Anthemius angehörte, für schuldig erklärt und bestraft wurde. Hilarius sollte seines Amtes enthoben, ausgepeitscht und verbannt werden.[27] Dies muß sicherlich im Zusammenhang mit der Anklage wegen Unkeuschheit stehen, die für Johannes die Aussicht auf das Bischofsamt zunichte gemacht hatte. Es sieht so aus, als ob Hilarius im Interesse einer konkurrierenden Partei die Anklage gegen Johannes vorgebracht hatte, später jedoch der Lüge überführt worden sei.

Zwei weitere Hinweise auf Paschasius deuten sowohl auf seinen Charakter als auch auf seine Herkunft hin. Der zweite Teil des Briefs an Anthemius enthielt eine Anordnung, Paschasius dazu zu überreden, einen *vicedominus* und einen *major domus* zu ernennen, um ihm bei der Verwaltung zu helfen. Falls er jedoch dies verzögere, dann sollte Anthemius dessen Klerus zusammenrufen und zwei solche Beamte wählen lassen. Das deutet darauf hin, daß Paschasius seine Verpflichtungen vernachlässigte. Dieser Eindruck wird durch einen anderen im März 603 an Anthemius geschriebenen Brief bestätigt.[28] Gregor hatte erfahren, daß Paschasius sämtliche Verpflichtungen zugunsten des Schiffbaus vernachlässigte, daß er jeden Tag mit einem oder zwei seiner Kleriker an den Meeresstrand ging und dabei unwürdig gekleidet war, daß er zu einem öffentlichen Skandal geworden war, und daß er schließlich bei diesen Abenteuern 400 *solidi* verloren hatte. Anthemius sollte ihn vor den Klerus laden und ihn ermahnen, seinen Verpflichtungen nachzukommen. Wenn das nichts nützte, solle er ihn zur Bestrafung nach Rom schicken. Der Lebenslauf des Paschasius bestätigt, daß er keine Ernennung Gregors war. Er läßt vermuten, daß er eigentlich ein Kleriker von Neapel war, eine Art letzter Ausweg, nachdem die beiden Favoriten ausgeschlossen worden waren. Doch hat Gregor auch in Neapel ähnlich wie in Sizilien in die Bischofswahlen eingegriffen. Er benutzte eine frühe Wahl dazu, um seine Ernennung durchzusetzen. Bei der späteren Wahl spielte er dann eher eine negative als eine positive Rolle.

Es gab eine andere frühe Gönnerschaftsernennung in der Grenzstadt Capua in Campania. Johannes der Diakon führt den römischen Subdiakon Festus als gregorianische Ernennung für Capua auf. Die Ernennung muß zwischen 591 und 593 stattgefunden haben, denn im April 593 wies Gregor den Rektor Peter von Campania an, eine Aussöhnung zwischen Bischof Festus und dessen Klerus zu erwirken. Festus fühlte sich vom Klerus verachtet und beleidigt.[29] Es ist die gleiche Geschichte, die wir auch anderswo gesehen haben: ein ernannter Außenseiter, der mit dem Klerus des Ortes in Streit liegt. Doch im November 594, nach dem Tod von Festus in Rom, ernannte Gregor Bischof Gaudentius von Nola zum Visitator von Capua.[30] Er erhielt keine Anweisungen, außer bezüglich der Wahlveranstaltung. Zur gleichen Zeit teilte Gregor dem „in Neapel wohnenden" Klerus von Capua die Ernennung des Visitators mit und forderte ihn dringend auf, auch wenn er im Exil sei, in der Verrichtung des Gottesdienstes und der Aufrechterhaltung der Disziplin beharrlich fortzufahren.[31] Außerdem befahl Gregor dem Gaudentius im März 595, dem in Neapel wohnenden Klerus von Capua die üblichen Gehälter aus den Einkünften der Kirche von Capua auszuzahlen.[32] Er sollte auch dem Erzdiakon Rusticus, der in großer Not war, die 10 *solidi* auszahlen, die ihm, so behauptete er, der verstorbene Bischof Festus schuldete.

Die Geschichte, die hier offenbar wird, ist eine traurige. Denn dem Gezänk zwischen Bischof und Klerus war durch die Eroberung von Capua durch die Langobarden ein jähes Ende gesetzt worden. Der Bischof war nach Rom geflüchtet, wo er bald danach starb. Der Klerus unter dem Erzdiakon flüchtete nach Neapel. Dort wurde er unter die Kontrolle des Bischofs von Nola gestellt, dessen Diözese Neapel bedeutend näher lag als Capua und der also praktisch als kirchlicher Vorgesetzter der im Exil Lebenden fungierte. Das Fehlen jeder Erwähnung einer Wahl besagt vielleicht, daß Gregor auf eine schnelle Rückeroberung der Stadt hoffte, so daß dann das normale Verfahren in Gang gesetzt werden könnte.

Interessanterweise gab es schließlich doch einen neuen Bischof von Capua, aber er muß von Anfang an ein Exilbischof gewesen sein. Er ist zunächst im November 598 in Sizilien bezeugt, als Gregor an Bischof Johannes von Syrakus schrieb und ihn anwies, dem Bischof Basilius von Capua zehn Pfund in Gold auszuzahlen, da eine solche Summe von den Patriziern Flora und Cethegus zu diesem Zweck in Rom abgegeben worden sei.[33] Im Herbst 599 teilte Gregor dem Rektor Romanus mit, es sei berichtet worden, daß Basilius durch dauernde Verwicklung in Prozesse sein Amt in Verruf brächte. Romanus sollte also dafür sorgen, daß Basilius innerhalb von fünf Tagen Sizilien verlasse und nach Rom zurückkehrte.[34] Basilius kehrte ordnungsgemäß zurück und wohnte der im November 600 in Rom stattfindenden Synode bei.[35] Er wird zuletzt im September 602 noch in Rom bezeugt, wo er vergebens versuchte, die Vereinigung zweier Klöster der Campania zu verhindern, indem er behauptete, eines davon läge im Bereich seiner Gerichtsbarkeit.[36]

Die Belege für Basilius sind eindeutig. Im Jahr 598 war er in Sizilien, in den Jahren 600–602 in Rom, aber kein einziges Mal war er in Capua. Sein ganzes Verhalten war das eines Exilbischofs, der nichts Besseres zu tun hatte, als zu prozessieren. Die Frage der Wahl von Basilius ist nicht so einfach zu beantworten, denn er stellt den einzigen bekannten Fall eines Bischofs dar, der im Exil gewählt wurde. Die Wahl fand zwischen 595 und 598 statt. Aber wo und durch wen wurde er gewählt? Es gibt zwei Möglichkeiten: Entweder wurde er durch den Exilklerus in Neapel gewählt oder durch den Papst in Rom ernannt. Es gibt keine Belege dafür, daß er in Neapel war. In Rom hatte er jedoch einige

Zeit verbracht. Ein weiterer Hinweis liegt in dem von Flora und Cethegus gemachten Geschenk in Gold. Basilius und Cethegus sind unter den beliebtesten Namen bei zwei von Roms berühmtesten Adelsfamilien zu finden. Ferner waren ein Basilius und ein Cethegus während der Gotenkriege zusammen nach Konstantinopel geflüchtet und Exilgefährten geworden.[37] Es ist durchaus möglich, daß Cethegus und Basilius aus der Zeit gegen Ende des sechsten Jahrhunderts Verwandte waren, möglicherweise Enkel von Flüchtlingen aus der Mitte des sechsten Jahrhunderts. Das könnte das großzügige Geschenk erklären helfen. Dies würde Basilius zu einem römischen Adeligen machen und zugunsten seiner Ernennung zum Bischof durch den Papst den Ausschlag geben. Weshalb Gregor aber eine Ernennung für ein nicht mehr existierendes Bistum hätte machen wollen, ist problematischer. Tat er es, dann wohl nur deswegen, weil er von einer unmittelbar bevorstehenden Rückeroberung der Stadt Capua überzeugt war. Aber der Plan mißglückte. Capua wurde nicht zurückerobert, und Gregor hatte einen überflüssigen Bischof auf dem Halse.

Viel mehr Erfolg hatte Gregor ebenfalls nicht mit seiner Ernennung für Rimini, die Hauptstadt der Pentapolis. Im Jahr 591 starb ihr Bischof, und Bischof Severus von Ficuclae wurde zum Visitator ernannt. Im Juli 591 schrieb ihm Gregor und gab kurz bekannt, die Kandidatur von Ocleatinus, dessen Wahl er ihm mitgeteilt hätte, wäre unannehmbar.[38] Die Einwohner sollten einen anderen wählen. Andernfalls würde der Überbringer des Briefes auf einen von Gregor Auserwählten hinweisen.

Der Brief an Severus wurde von einem anderen Brief begleitet, der an den Klerus, den Senat, das Volk und an den Herzog Arsicinus, den Befehlshaber der Pentapolis, gerichtet war und der die Anweisungen des Papstes wiederholte.[39] Die Einbeziehung eines Militärbefehlshabers in einen Wahlbrief ist ohne Beispiel im päpstlichen Register und läßt vermuten, daß sein Einfluß hinter der Kandidatur von Ocleatinus gesteckt haben könnte, über den sonst nichts bekannt ist. Im April 592 kam die nächste Phase, als Gregor an Erzbischof Johannes von Ravenna schrieb, um ihm dafür zu danken, daß er Bischof Castorius von Rimini, der krank war, besucht und später in Ravenna empfangen hatte.[40] Gregor bemerkte, er hätte sich geweigert, Castorius wegen seiner *simplicitas* zu weihen. Doch die Zudringlichkeit derer, die seine Ernennung betrieben, hätte ihn veranlaßt, es zu tun. Er fügte hinzu, sobald die Gesundheit des Castorius die Reise erlaubte, sollte er nach Rom geschickt werden.

Johannes der Diakon führt den römischen Subdiakon Castorius auf seiner Gönnerschaftliste auf. In Anbetracht dessen klingt Gregors Entschuldigung wie das Abschieben der Verantwortung. Gregor war nicht einer, der durch *importunitas* zu überzeugen war, wie sein Verhalten bei der Wahl in Neapel zeigte. Die aufgrund der Belege klarste Schlußfolgerung ist die: Nachdem Ocleatinus abgelehnt worden war, wurde eine Abordnung aus Rimini nach Rom geschickt, um sich mit dem Papst zu beraten. Der Papst, um einen Vorschlag gebeten, muß den Namen Castorius zum Vorschein gebracht haben, wenn auch unter dem Hinweis darauf, daß seine *simplicitas* vielleicht ein Hindernis sein könnte. Aber selbst ein bedingter Vorschlag vom Papst hätte genügt. Es ist schwer, irgendeinen sonstigen Grund zu finden, warum ein unbekannter römischer Subdiakon in einer auf der anderen Seite des Landes liegenden Stadt auftauchen sollte, noch dazu innerhalb des Exarchats von Ravenna.

Im Januar 592 war Castorius schon im Amt. Er erkrankte jedoch im gleichen Jahr und wurde durch Erzbischof Johannes nach Ravenna geholt.[41] Im März 593 wurde dann Bischof Leontius von Urbinum zum Visitator von Rimini ernannt für die Zeit, da Castorius durch seine Krankheit in Rom festgehalten werde.[42] Offensichtlich hatte er also die empfohlene Reise gemacht. Die Krankheit des Castorius, die entweder ein Nervenzusammenbruch oder eine Geistesstörung war, wurde durch die Feindseligkeiten seiner Gemeinde verursacht. Denn Gregor schrieb an die Bürger von Rimini und warf ihnen ihre *inquietudo et tribulatio* vor, die die Krankheit verursachte, welche Castorius zur Zeit in Rom festhielt.[43] Ihr Verhalten ähnelt der Aufnahme, die andere Gönnerschaftsernennungen erfahren hatten. In diesem Fall weist die Tatsache, daß der Brief an „*universi habitatores*" gerichtet war, auf eine massive Ablehnung von seiten des dortigen Volkes hin. Auch wenn Gregor die Wählerschaftsabordnung aus Rimini also überredet hatte, Castorius anzunehmen, war das Volk anscheinend nicht bereit, das päpstliche Eingreifen hinzunehmen.

Das Volk von Rimini sollte für seine Feindschaft gegen Castorius büßen. Ihr Visitator Leontius erwies sich als ein habgieriger Opportunist. Er übergab den eigenen Beamten die Verwaltung des kirchlichen Patrimoniums, übte Betrug in der vierfachen Verteilung der Einkünfte und eignete sich Korn aus den öffentlichen Kornhäusern an. Die Lage wurde so schlimm, daß Gregor ihm schreiben und ihm ob seines Verhaltens einen Verweis erteilen mußte.[44] Mittlerweile versuchte der Papst, Castorius dazu zu überreden, seine Verpflichtungen wieder wahrzunehmen. Hierzu gaben Klerus und Volk ihre Unterstützung. Ohne Zweifel wollten sie allzu gern Leontius loswerden. Doch Castorius hatte von Rimini mehr als genug gehabt. Im Mai 599, immer noch in Rom, dankte er ab. Dies war eine Gönnerschaftsernennung, die von Anfang bis Ende ein Fehlschlag gewesen war.

Gregor schrieb jetzt an den Klerus und das Volk von Rimini und an den Bischof Sebastian (Bistum unbekannt), der Leontius als Visitator ersetzt hatte, und ordnete eine sofortige Wahl an.[45] Er schrieb ebenfalls an den Erzbischof Marinianus von Ravenna und bat ihn um eine Beurteilung des Charakters des Mannes, den die Wähler ausersehen hatten.[46] Diesmal wollte Gregor nicht unmittelbar eingreifen, doch er zog Marinianus hinzu. Dieser war ebenfalls eine persönliche Ernennung des Papstes und wahrscheinlich jemand, der wußte, was für Eigenschaften Gregor für einen Bischof forderte. Im Juli 599 wurde Johannes, zweifellos ein Kleriker aus dem Ort, ordnungsgemäß gewählt und als Bischof von Rimini eingesetzt. Danach gab es keine Sorgen mehr.[47]

Unter den römischen Priestern, die zum Bischof befördert wurden, führt Johannes der Diakon den Habentius als Bischof von Perusia auf. Unter den Unterschriften der im Jahr 595 stattgefundenen römischen Synode befindet sich die des Priesters Aventius, der offensichtlich der gleiche ist wie Habentius, berücksichtigt man die Austauschbarkeit der Buchstaben *v* und *b* in der damaligen Schreibung.[48] Er überlebte Gregor. Im Jahr 607 finden wir ihn am Sterbebett von St. Floridus von Tifernum Tiberinum zusammen mit Bischof Laurentius von Arezzo und Bischof Leontius von Urbinum.[49]

Das Datum seiner Wahl ist nicht sicher. Sie wurde aber wahrscheinlich durch die politischen Wechselfälle der Stadt geboten. Perusia war eine Schlüsselfestung des Reiches an der Via Flaminia. Im Juli 591 schrieb Gregor an den Klerus, den Senat und das Volk der Stadt. Er forderte sie dringend auf, sofort einen Bischof zu wählen, und wunderte sich über ihre lange diesbezügliche Verzögerung.[50] Es ist unwahrscheinlich, daß diese Wahl stattgefunden hat, denn im Jahr 592 wurde die Stadt durch den Langobardenherzog Ariulf von Spoleto erobert. Im folgenden Jahr wurde sie durch den Exarchen Romanus zurückerobert, doch fast anschließend durch den Langobardenkönig Agilulf erneut erobert. Wie lange sie in den Händen der Langobarden blieb, wissen wir nicht mit Sicherheit. Aber im Jahr 599 war sie wieder in den Händen des Reiches. Wahrscheinlich wurde sie als Teil des Friedensvertrages vom Jahr 598 dem Reich zurückgegeben. In Anbetracht der Zerstörung, die die Stadt erlitten hatte, fühlte sich Gregor wahrscheinlich verpflichtet, einzugreifen, um einen Bischof zu sichern, von dem er wußte, daß er fähig war, die Kirche von Perusia zu erneuern; daher das Erscheinen des Priesters Aventius als Bischof.

Schließlich gab es innerhalb der suburbicarischen Diözesen das Bistum von Ostia, dessen Bedeutung darin lag, daß sein Bischof traditionsgemäß dem Papst die Bischofsweihe erteilte. Johannes der Diakon führte den römischen Subdiakon Gloriosus als Gregors Ernennung für dieses Bistum auf. Das Register enthält einen einzigen an ihn im Jahr 598 geschriebenen Brief.[51] Über ihn ist sonst nichts bekannt.

Gregors erfolgreichste Gönnerschaftsernennung ereignete sich gar nicht in den suburbicarischen Diözesen, sondern in Ravenna, eigentlich im Gebiet von Italia Annonaria, also kirchlich dem Erzbischof von Mailand untergeben. Zur Zeit Gregors, als Norditalien von den Langobarden besetzt war und der Machtbereich Mailands praktisch auf die Küstenenklave von Ligurien beschränkt war, wurde das Erzbistum von Ravenna in kirchlicher Sicht immer mehr von Rom abhängig. Diese Ersetzung des Einflusses von Mailand durch den Einfluß von Rom hatte eine unmittelbare, greifbare Folge gehabt. Im Jahr 578 wurde ein römischer Kleriker als Erzbischof Johannes III. von Ravenna eingesetzt. Man kann dies schwerlich anders als einen vorgregorianischen Akt der Gönnerschaft betrachten.[52] Johannes war immer noch im Amt, als Gregor Papst wurde. Die zwischen ihnen herrschenden Beziehungen waren zunächst ausgezeichnet. Gregor hat ihm die *Regula Pastoralis* gewidmet, hat ihn ob seines Bemühens gegen die Schismatiker von Istrien gelobt und ihm im Jahr 592 sogar die Aufsicht über jene Rom untertanen Bischöfe anvertraut, die wegen der Langobarden Rom nicht erreichen konnten.[53] Doch die freundlichen Beziehungen zwischen Papst und Erzbischof wurden durch den *Palliumstreit* gestört, der beim Tod von Johannes im Februar 595 immer noch nicht beigelegt war.

Gregor ernannte den Bischof Severus von Ficuclae zum Visitator und wies ihn an, eine Wahl zu veranstalten.[54] Es war eine Wahl, die für den Papst von größter Wichtigkeit war, nicht nur wegen des *Palliumstreits,* sondern weil der Erzbischof Zugang zum Exarchen hatte und damit die Möglichkeit besaß, zum Guten oder Bösen in die Regierungspolitik einzugreifen. Zugleich ordnete Gregor seinem *apocrisiarios* in Ravenna, Castorius, an, die Wahl zu beaufsichtigen, die Wähler davor zu warnen, sich bei ihrer Wahlentscheidung durch Bestechung oder durch Lokalinteressen beeinflussen zu lassen, und dafür zu sorgen, daß eine Abordnung aus fünf führenden Priestern und fünf führenden Bürgern – welche Kleriker auch immer Castorius für nötig erachtete – nach Rom geschickt würde, um dem Papst über das Verfahren zu berichten.[55] Diese Anweisungen zeigten deutlich, daß der Papst fürchtete, Lokalinteressen würden die Wahl im voraus entscheiden, und daß er entschlossen war, bei der endgültigen Wahl mitzureden, wie immer man darüber denken mochte.

Im Juni 595 kam die nächste Phase, als Gregor an den *scholasticus* Andreas, einen der höheren Beamten des Exarchen, schrieb.[56] Er bedauerte, daß er die Wünsche des Exarchen nicht erfüllen könnte, den Erzdiakon Donatus zum Erzbischof zu weihen. Denn eine Untersuchung hätte viele Dinge ans Licht gebracht, die ihn dafür ungeeignet machten, obwohl Gregor nicht angab, was diese Dinge waren. Und den anderen Kandidaten, den Priester Johannes, konnte er wegen seiner Unkenntnis der Psalmen auch nicht weihen.

Was Gregor gefürchtet hatte, trat ein. Der Exarch hatte einen persönlichen Kandidaten, den Erzdiakon, aufgestellt. Gregor hatte also sein Veto gegen ihn eingelegt. Er bat die nach Rom gekommenen Vertreter von Ravenna, einen anderen auszuwählen. Nach der Version der Geschehnisse, die Gregor dem Andreas schickte, behaupteten sie, es sei kein sonstiger geeigneter Kandidat in Ravenna und sie hätten also einstimmig den Priester Marinianus auserwählt, von dem sie wußten, daß er viele Jahre mit Gregor zusammen in St. Andreas gewesen war. Gregor, der über diese Wahl Bescheid wußte und sie billigte, weihte Marinianus sofort, trotz dessen Widerstrebens. Dann schickte er ihn nach Ravenna zurück, wobei er den Andreas bat, ihm bei der Übernahme seiner Verpflichtungen zu helfen.

Das alles sieht nach einer ausgezeichneten Regie aus. Der päpstliche *apocrisiarios* Castorius hatte die Abordnung von Ravenna auserwählt. Gregor hatte von seinem Veto Gebrauch gemacht, um die offiziellen Kandidaten von Ravenna auszuschließen. Dann hatte er aus St. Andreas einen Mönch und Priester herbeigeholt, den er seit Jahren kannte und der den zusätzlichen Vorteil besaß, ein Neffe des verstorbenen Erzbischofs Johannes zu sein.[57] Gregor muß gehofft haben, in den Angelegenheiten von Ravenna ein gewichtigeres Wort mitzureden zu haben als bisher. Warum sonst hätte er für das zweitbedeutendste Bistum in Italien den Typ eines unerfahrenen mönchischen Kandidaten auserwählt, den er kurz zuvor für das Bistum von Syrakus abgelehnt hatte? Freilich, das erste, was Gregor nach der Einsetzung von Marinianus tat, war, daß er seine Anordnung bezüglich des Tragens des *pallium* wiederholte. Das zeigt, woran er vor allem dachte.

Doch die Einsetzung von Marinianus ging nicht so glatt, wie er gehofft hatte. Boshafte Leute suchten Marinianus in schlechten Ruf zu bringen, indem sie das Gerücht verbreiteten, er unterstütze die „Drei Kapitel". Gregor war gezwungen, dem Klerus und dem Volk von Ravenna sein eigenes Zeugnis über die Rechtgläubigkeit des Marinianus und seinen lebenslangen Dienst in der Kirche zu schicken.[58]

Als Erzbischof war Marinianus kein reiner Glücksfall. Seine Ernennung hatte den *Palliumstreit* nicht beigelegt. Seine Unerfahrenheit in der Verwaltung brachte ihm einen großen Nachteil. Er erhielt dauernd Anweisungen von Gregor bezüglich dessen, was eigentlich hätten Sachen der Routine sein sollen. Er war empfänglich für das, was Gregor als „bösen Rat" betrachtete. Es bleibt der Verdacht, daß der Grundsatz des Marinianus lautete: „Im Zweifel nichts tun." Gregor schrieb von ihm: „Er scheint eingeschlafen zu sein." Er war gezwungen, an den Diakon Secundinus von Ravenna zu schreiben, um ihm seine Ermahnungen zu übermitteln.[59] In einem Brief, der einen Beigeschmack der typisch gregorianischen Strenge besitzt, erklärte der Papst:

„Sage ihm, er sollte mit seiner Stellung auch seine Charakteranlage ändern. Laß ihn nicht im Glauben, als genügten ihm lediglich Lesen und Beten. Er soll nicht denken, einfach abseits sitzen zu können und nirgends gute Werke zu tun. Er soll vielmehr freigebig sein; er soll denen helfen, die in Not sind; er soll glauben, daß die Bedürfnisse anderer die eigenen sind. Denn fehlen ihm diese Empfindungen, dann ist der Name Bischof, den er trägt, bedeutungslos. Ich habe ihm wohl in meinen Briefen einige Ermahnungen für seine Seele erteilt. Er hat mir jedoch keine Antwort geschickt, weshalb ich annehme, daß er es nicht einmal für nötig gehalten hat, sie zu lesen. Aus diesem Grund war es nicht sinnvoll, ihn in meinem Brief zu ermahnen. So habe ich denn lediglich das geschrieben, was ich ihm als sein Berater in weltlichen Angelegenheiten zu diktieren vermochte. Denn es obliegt mir nicht, mich durch Diktieren für einen Mann zu ermüden, der nicht einmal das liest, was man ihm schreibt."

Anscheinend hat Marinianus seine bischöfliche Tätigkeit doch verbessert, so daß ihm Gregor schließlich mehrere wichtige Fälle anvertraute.[60] Gregor zeigte sich aufrichtig um seine Gesundheit besorgt, als im Jahr 601 berichtet wurde, daß Marinianus Blut erbrach.[61] Der Papst schickte Rezepte von allen zur Verfügung stehenden Ärzten und forderte ihn dringend auf, zur Erholung nach Rom zu kommen. Marinianus erholte sich und überlebte Gregor um zwei Jahre.[62] Seine Leistung als Erzbischof zeigt die Gefahr, die darin liegt, jemand aus einem Kloster herauszureißen und auf den bischöflichen Thron zu setzen. Marinianus besaß die ganze Weltfremdheit des Klosters und nichts von der Klugheit und Erfahrung, die für einen Erzbischof erforderlich wären.

Das Erzbistum Mailand, dereinst der mächtigste kirchliche Rivale Roms in Italien, war durch den Einmarsch der Langobarden praktisch ausgelöscht worden. Obwohl eine Handvoll Klerus in Mailand zurückblieb, hatte der Großteil zusammen mit dem Erzbischof seinen Wohnsitz in der Reichsfestung von Genua aufgeschlagen. Das brachte Mailand in Reichweite des päpstlichen Einflusses. Das Papsttum hatte keine Macht über Mailänder Wahlen, doch infolge der geänderten Lage des Bistums begann es, eine solche Macht an sich zu nehmen.

Wir können sehen, wie sich dieses päpstliche Eingreifen in Gregors Amtszeit entwickelte. Es muß demnach eine gregorianische Neuerung gewesen sein. Der erste Mailänder Erzbischof in Exil, Laurentius II., hatte neunzehn Jahre lang regiert, ehe sein Tod am 21. August 592 die zweite Erzbischofswahl seit der Flucht aus Mailand nötig machte.[63] Es wurde Gregor in Rom durch zwei Kleriker aus Mailand berichtet, die Wähler hätten den Diakon Constantius, den ehemaligen *apocrisiarios* von Mailand in Konstantinopel und einen Gregor wohlbekannten Mann, auserwählt. Trotzdem schrieb Gregor an die Wähler und forderte sie dringend auf, es sich sorgfältig zu überlegen, ehe sie ihre endgültige Entscheidung träfen. Denn sei sie einmal gefaßt, könnten sie ihren Entschluß nicht mehr ändern.[64] Er lehnte jeden Wunsch zum Eingreifen ab, schickte jedoch den Subdiakon Johannes, um sicher zu sein, daß die Entscheidung einstimmig getroffen worden war (da es keinen vom Mailänder Klerus dem Brief beigelegten Wahlbescheid gab) und um die Konsekration des neuen Erzbischofs zu beaufsichtigen.[65] Im wesentlichen setzte Gregor damit Mailand auf den Rang eines der suburbicarischen Bistümer und übernahm das Aufsichtsrecht. In der Tat wies er Johannes an, „sich durch die eigenen Suffraganbischöfe weihen zu lassen, wie der uralte Brauch es forderte, mit der Zustimmung unserer Autorität und mit der Hilfe des Herrn, damit durch Bewahrung des Brauchs der Heilige Stuhl sowohl die ihm eigene Autorität behalten als auch die Rechte, die er anderen gewährt hat, unversehrt bewahren möge". Man überspannt jedoch den Sinn des Ausdrucks „uralter Brauch", wenn man ihn auf die Konsekration des Erzbischofs Mailands durch seine Suffraganbischöfe anwendet. Denn bis zur Mitte des sechsten Jahrhunderts war es herkömmlich gewesen, daß die Erzbischöfe von Mailand und von Aquileia einander die Weihe erteilten. Diese Tradition erlosch erst dann, als der Erzbischof von Aquileia sich über die Frage der „Drei Kapitel" von Rom trennte. Im September 593 schrieb Gregor an Constantius und beglückwünschte ihn zu seiner einstimmigen Wahl. Er schickte ihm das *pallium,* wobei er ein paar passende Worte über die Pflichten eines Bischofs an ihn richtete.[66]

Es ist verständlich, daß die Erzbischöfe von Mailand wegen der untergeordneten Stellung, die ihnen Rom zuteilte, nicht sehr glücklich waren. Es gab tatsächlich einen Streit zwischen Gregor und Constantius, als dieser den unerhörten Schritt unternahm und Johannes von Ravenna in der Messe erwähnte. Gregor suchte dem Einhalt zu gebieten, da er fürchtete, es bezeichne den Anfang eines klerikalen Bündnisses gegen Rom.[67]

Die Ernennung von Marinianus für Ravenna hatte jedoch ein solches Bündnis anscheinend im Keime erstickt. Als Constantius am 3. September 600 starb, behauptete Gregor wieder einmal sein Recht darauf, an der Mailänder Wahl teilzunehmen. Wegen dieser Wahl gab es eine krisenhafte Stimmung, denn der Langobardenkönig Agilulf suchte den metropolitanischen Stuhl nach Mailand zurückzubringen, indem er selbst einen Marionettenkandidaten der Langobarden in Mailand aufstellte. Doch Gregor schrieb an den Mailänder Klerus in Genua und forderte ihn dringend auf, Agilulfs Annäherungen zu ignorieren, denn er (Gregor) würde niemals einen durch die Langobarden in Mailand aufgestellten Erzbischof anerkennen. Die Wähler nahmen den Papst beim Wort und wählten ordnungsgemäß den Diakon Deusdedit in Genua.[68] Gregor befolgte das gleiche Verfahren wie bei der vorigen Wahl und schickte den Notar Pantaleon, um die Erteilung der Bischofsweihe zu beaufsichtigen.[69] Am 17. September 601 wurde Deusdedit eingesetzt, er regierte achtundzwanzig Jahre als Erzbischof.[70] Es leuchtet ein, daß der Wohnsitz des Erzbischofs in einer der Enklaven des Reichs es Rom ermöglichte, einfach die Machtbefugnis über ihn zu übernehmen. Diese demütigende Lage dürfte wahrscheinlich so lange dauern, bis der Wohnsitz des Erzbischofs nach Mailand zurückverlegt ist.

Gewisse allgemeine Schlußfolgerungen bezüglich Gregors Gönnerschaftspolitik sind möglich. Er hat es der Mühe für wert erachtet, seine persönlichen Ernennungen lediglich in den bedeutendsten Städten im kaiserlichen Italien zu vollziehen. Er tat dies mit einer Folgerichtigkeit, die die Durchführung einer sorgfältig ausgedachten Politik zum Inhalt hat. Anders als in Sizilien hat sein Eingreifen in Italien anscheinend nur ein einziges Mal (Neapel) eine Amtsenthebung veranlaßt. Die Auswirkungen seiner Ernennungen waren jedoch weit entfernt von dem, was er davon erhofft haben muß. Die Bischöfe von Rhegium, von Capua und von Neapel hatten alle Schwierigkeiten mit ihrem Klerus, der Bischof von Rimini wurde durch die Feindseligkeiten seiner Gemeinde sogar verrückt gemacht. Es kann wohl sein, daß Gregor aus seinen Fehlern gelernt hat, denn fast seine sämtlichen Gönnerschaftsernennungen geschahen in den ersten fünf Jahren seiner Amtszeit. Er hat es bewußt unterlassen, einzugreifen, als neue Wahlen in Neapel und Rimini fällig wurden – mit dem Ergebnis, daß Neapel einen Bischof bekam, mit dem er ganz und gar nicht zufrieden war. Abgesehen von seinem Eingreifen zugunsten von persönlichen Ernennungen in den größeren Städten war Gregors Interesse an Bischofswahlen immer noch umfassend. Er nahm die Frage der Überprüfung der Eignung von Kandidaten sehr ernst, da er sehr oft residierende Bischöfe fand, die die erforderlichen Eigenschaften nicht hatten. Die Fälle Locri, Surrentum und Balneum Regis beweisen sein Interesse selbst an kleinen Diözesen. Im Juli 597 teilte Gregor dem sizilianischen Rektor Cyprian mit, daß er den von den Locrianern auserwählten Priester als unwürdig erachte, ihr Bischof zu sein.[71] Er wies den Rektor also an, den Charakter von Marcianus, einem Exilpriester aus Tauriana, der in der Nähe von Catania wohnte, zu prüfen. Wenn er sich nicht mit etwas Strafbarem belastet habe, sollte er nach Locri geschickt, gewählt und zur Bischofsweihe nach Rom entsandt werden. Hier legt Gregor also sein Veto ein und empfiehlt einen alternativen Kandidaten, obwohl dieser ihm persönlich nicht bekannt ist. Anscheinend hat Rom Listen von geeigneten Bischofskandidaten geführt. Das ist durch einen Brief an Maximian von Syrakus belegt, in dem ihn Gregor bittet, einen durch den *chartularius* Felix empfohlenen Priester nach Rom zu schicken, wenn er ihn für das Bischofsamt geeignet erachte.[72] Locri war nicht bedeutend genug, um die Entsendung eines römischen Klerikers in diese Diözese zu rechtfertigen. Doch Gregor war hinreichend interessiert, um aus seinem bewährten Kreis geeigneter Personen den besten Mann für das Amt zu nehmen. Die Locrianer befolgten den Rat des Papstes, Marcianus wurde ordnungsgemäß gewählt und eingesetzt.

Im Jahr 600 gab es in Surrentum einen ähnlichen Fall. Der Papst verwarf die erste Wahl der Surrentiner und ordnete eine neue Wahl an.[73] Diesmal wurde Amandus, der Kaplan der Patrizierin Clementina zu Castrum Lucullanum, gewählt. Clementina wollte ihn nicht verlieren. Doch Gregor wies den Rektor Anthemius und den Bischof Fortunatus von Neapel an, den Charakter des Amandus zu untersuchen und ihn, falls er sich als geeignet erwies, zur Erteilung der Bischofsweihe nach Rom zu schicken. Er schrieb ebenfalls an Clementina und tröstete sie über den Verlust ihres Kaplans, wies jedoch ihren Widerspruch zurück. Der Grabstein des Amandus zeigt, daß er am 23. März 600 die Bischofsweihe empfing und daß er siebzehn Jahre lang regierte.[74]

Gregor mußte auch gegen mächtige Laien auf der Hut sein. Im Jahr 600 schrieb ihm Herzog Ansfrid, der Befehlshaber von Balneum Regis, und teilte ihm mit, daß er und die Einwohner der Stadt den Diakon Johannes auserwählt hätten, ihr Bischof zu sein. Gregor war nicht bereit, allein diesen Beweis für die Würdigkeit des Johannes anzunehmen. Im Januar 600 wies er den Bischof Ecclesius von Clusium an, eine strenge Überprüfung des Charakters von Johannes und seiner Eignung für das Amt vorzunehmen und ihn zusammen mit seinem Bericht nach Rom zu schicken.[75] War er ungeeignet, dann sollte Ecclesius Rom durch den Brief unterrichten und dafür sorgen, daß das Volk einen besser geeigneten Kandidaten wähle.

Ein Musterbeispiel für Gregors bis ins einzelne gehende Interesse an den Personen bei Bischofswahlen bietet uns die Wahl in Ancona. Im Dezember 603 schrieb Gregor an Bischof Johannes von Rimini und beauftragte ihn, gemeinsam mit Bischof Armenius, dem Visitator von Ancona, den Charakter der drei Bischofskandidaten zu untersuchen: Florentinus, Erzdiakon von Ancona; Rusticus, Diakon von Ancona, Florentinus, Diakon von Ravenna.[76] Gregor wies die Untersucher insbesondere an, herauszufinden, ob es stimme, daß Rusticus, obwohl geistig wach, bezüglich der Psalmen keine Kenntnisse besaß; daß Florentinus, der Erzdiakon, obwohl in der Heiligen Schrift erfahren, alt und geizig sei und gelobt habe, niemals Bischof zu werden. Gregor wies darauf hin, daß er Florentinus von Ravenna als einen fähigen Mann kenne, denn dieser hatte sowohl in Rom als auch in Konstantinopel als Gesandter von Ravenna gedient. Allerdings gab er zu, nichts über den Charakter des Florentinus zu wissen, so daß er auf seine sittliche Festigkeit hin überprüft werden müßte. Außerdem mußte die Erlaubnis seines Bischofs dafür eingeholt werden, ihn für das Amt in Betracht zu ziehen. Die Untersucher sollten Gregor ihre Berichte schicken und er würde einen Entschluß treffen. Leider ist das Ergebnis unbekannt, aber die Episode zeigt doch Gregors enges und fortdauerndes Interesse an Bischofswahlen überall.

Aus mehreren im Zusammenhang mit Gregors Gönnerschaftspolitik erörterten Episoden ist es klar, daß der Vorrat an Bischofskandidaten begrenzt war. Es war also sehr wichtig, von den zur Verfügung stehenden Personen den bestmöglichen Gebrauch zu machen. Wir haben gesehen, daß Gregor bereit war, einem aus Dalmatien geflüchteten Bischof ein sizilianisches Bistum anzubieten und daß er tatsächlich den geflüchteten Bischof von Tauriana für das Bistum von Lipari ernannte. Diese Politik verfolgte er ebenfalls auf dem Festland. Im Jahr 592 ernannte er den aus Dacien geflüchteten Bischof Johannes von Lissus für das Bistum von Scyllacium in Bruttium.[77] Er teilte ihm mit, sollte seine eigene Stadt von den Barbaren befreit werden, dann müsse er dorthin zurückkehren. Mittlerweile jedoch sollte er in Scyllacium regieren.

Johannes wurde sofort zum Visitator von Crotona ernannt, das im Jahr 596 durch die Langobarden verwüstet worden war.[78] Anscheinend kehrte er nie mehr nach Lissus zurück. Seine Ernennung für Scyllacium war natürlich kein Verstoß gegen das kirchenrechtliche Verbot der Versetzung von Bischöfen, denn eigentlich wurden in der Person des Johannes die Diözesen Lussus und Scyllacium vereinigt. Das gleiche ist in Tarracina geschehen. Als im Jahr 592 Bischof Peter von Tarracina starb, erbat das Volk als seinen neuen Bischof Agnellus, den Bischof vom in der Nähe liegenden Fondi, das kurz zuvor durch die Langobarden verwüstet worden war.[79] Gregor war damit einverstanden, und er vereinigte Tarracina und Fondi in der Person von Agnellus. In ähnlicher Weise wurde in Korsika Bischof Martin von Tainas für das Bistum von Aleria ernannt, nachdem Tainas durch die Barbaren verwüstet wurde.[80] Es war nicht bloß eine Sache des vernünftigen Haushalts, von den vorhandenen arbeitslosen Bischöfen Gebrauch zu machen. Sie könnten zudem zum Problem werden, wenn sie nicht in einer Diözese beschäftigt wären. Der Fall des Bischofs Basilius von Capua, der sich in Prozesse verwickelte, wurde schon erwähnt. Ein anderer Bischof, Mennas von Telesia, begab sich nach Gallien. Sein Verhalten dort brachte bald sein Amt in einen solchen Verruf, daß Gregor im Jahr 599 an Bischof Syagrius von Autun schrieb und ihn anwies, Mennas nach Rom zurückzuschicken, wo er im Jahr 600 ordnungsgemäß erschien.[81] Aus all dem wird klar, daß die Beherrschung aller Aspekte der Personalverwaltung nicht das geringste von Gregors Talenten war.

11. Kapitel

Gregor und die Langobarden

Das größte politische Problem, mit dem sich Gregor abfinden mußte, waren die Langobarden. Seine immer stärkere Verwicklung in alle Bereiche dieses Problems war es, die viel dazu beigetragen hat, die weltliche Macht und den Einfluß des Papsttums zu vergrößern. Doch die Langobarden gaben ihm sowohl ein geistliches als auch ein politisches Dilemma auf. Denn für ihn waren die Langobarden „entsetzliche" und „abscheuliche" Häretiker und Wilde, die das schöne Land Italien plünderten, sich anmaßend in seinen alten Städten ohne Rechtstitel ansiedelten – Mailand, Pavia, Spoleto, Benevento –, sich sogar erdreisteten, Rom selbst zu belagern. Die heidnischen Hilfstruppen der Langobarden metzelten katholische Bauern und Kleriker nieder, weil diese sich weigerten, ihre fremdartigen Tiergötter anzubeten. Doch Gregors christliche Grundsätze erlaubten es nicht, die Ausrottung der Feinde stillschweigend zu dulden. Er schrieb dem Kaiser: „Hätte ich gewollt, mich zur Vernichtung der Langobarden herzugeben, würde jene Nation heute weder einen König noch Herzöge oder Grafen haben, und sie würde dem unausweichlichen Untergang ausgeliefert sein. Weil ich aber Gott fürchte, wollte ich an der Vernichtung von überhaupt keinem teilhaben."[1] Er suchte seinen Verpflichtungen sowohl der *Romanitas* als auch der *Christianitas* gegenüber nachzukommen, indem er versuchte, einen Friedensvertrag zwischen dem Reich und den Langobarden zustande zu bringen, während er auf der anderen Seite die Bekehrung der Langobarden zum katholischen Glauben förderte. Diese beiden Ziele sollten ihm all seine Geschicklichkeit, Kraft und Hingabe abverlangen.

Gregors Inthronisierung fiel mit dem Tod des Langobardenkönigs Autharis zusammen. Erst ein Jahr vor seinem Tod hatte Autharis die katholische bayerische Prinzessin Theodelinda geheiratet, die als die Schlüsselfigur am Hof der Langobarden während Gregors Amtszeit hervorgehen sollte. Als das lebende Symbol des königlichen Bluts spielte sie die führende Rolle bei der Wahl von Autharis' Nachfolger. Nachdem sie sich mit den führenden Männern des Königreichs beraten hatte, wählte und heiratete sie Herzog Agilulf von Turin, einen Verwandten ihres verstorbenen Gatten. Im Mai 591 wurde er bei einer feierlichen Versammlung aller führenden Männer der Langobarden in Mailand als ihr König angenommen. Gregor stand also einem neuen Langobardenfürsten gegenüber, der sowohl ein fähiger Kriegsführer als auch ein angesehener Häuptling war.[2]

Durch Zufall wurden die beiden Langobarden-Herzogtümer zur gleichen Zeit durch den Tod ihrer Gründerherzöge vakant. Um das Jahr 591 starb Farwald von Spoleto, dem der heidnische Krieger Ariulf nachfolgte. Wahrscheinlich im selben Jahr starb Zotto von Benevento, der durch Arichis ersetzt wurde. Während Agilulf am Anfang seiner Herrschaft damit in Anspruch genommen war, mit den Franken Frieden zu schließen und die Aufstände jener Herzöge zu unterdrücken, die sein Recht auf den Thron nicht anerkannten, waren es die neuen Herzöge von Spoleto und von Benevento, die für Rom eine unmittelbare Gefahr darstellten.[3] Bald nach seiner Inthronisierung schrieb Gregor traurig an den Quästor Johannes in Konstantinopel: „Denn zur Strafe für meine Sünden bin ich nicht etwa Bischof der Römer als vielmehr der Langobarden geworden, deren Freundschaftserweisungen Schwertschläge sind und deren Gunst Bestrafung ist."[4] Er wurde sofort damit konfrontiert, daß der Exarch von Ravenna auf seine dringenden Aufforderungen hin nicht entsprechend handelte und daß die Befestigungsanlagen Roms unzulänglich waren. Er schrieb an den *scholasticus* Paul in Sizilien und beklagte sich darüber, daß die Stadt von Feindesschwertern umringt und durch die innere Gefahr der Meuterei im Heer bedroht war.[5] Es gab mehrere Quellen der Unruhe. Es war die Strategie des Exarchen, die vorhandenen Truppen im Herzogtum von Rom entlang der Via Flaminia zu konzentrieren, um den Landkorridor, der Rom mit Ravenna verband, zu schützen. Das hieß unweigerlich, die Stadt Rom selbst entblößen, die der Papst mit einer starken Besatzung versehen haben wollte. Diese Verschiedenheit der Ziele führte zu einem bitteren Widerstreit zwischen Papst und Exarchen. Zweitens bekamen die Truppen ihren Sold nicht und wurden unruhig. Drittens hatten die verheerenden Auswirkungen der Pest die Stärke der Reichsverteidigung der Stadt ernsthaft beeinträchtigt.

Castus *magister militum*, der Militärgouverneur von Rom, hatte anscheinend alle Hände voll zu tun, um seine fast meuternde Garnison unter Kontrolle zu halten. Er hat bestimmt keine entschlossenen Schritte unternommen, als die Nachricht die Stadt erreichte, Ariulf sei im Anmarsch auf das Herzogtum. Gregor war es, der nun das Kommando über die Stadt übernahm und der die Koordinierung der militärischen Operationen im Herzogtum zu beaufsichtigen suchte. An den Grenzen des Herzogtums waren drei Generäle mit Streitkräften stationiert; die *magistri militum* Velox und Vitalian und ein Befehlshaber, der in den Quellen verschiedentlich Martius, Mauritius und Mauricius genannt wird, der aber wahrscheinlich mit Herzog Maurisio von Perusia, einem beim Reichsheer dienenden Langobarden zu identifizieren ist. Am 27. September 591 schrieb Gregor an Velox und teilte ihm mit, daß er ihm Verstärkung aus Rom schicke. Er forderte ihn dringend auf, zusammen mit Vitalian und Maurisio einen gemeinsamen Plan zu fassen, um Ariulfs Vorhaben zu vereiteln.[6] Wenn Ariulf auf Rom oder auf Ravenna anmarschierte, dann sollten sie ihn von hinten angreifen. Schließlich blieb der erwartete Angriff durch Ariulf aus, aber Gregor war ob der Lücken in der Verteidigung der Reichsenklaven sehr besorgt. Die noch vorhandenen Reichsterritorien waren mit befestigten Städten und Militärstützpunkten übersät, auf die sich die Römer beim Anmarsch der Langobarden zurückzogen. Es war daher erforderlich, daß diese unter dem richtigen Kommando stünden.[7] Als Gregor von Mängeln an der Kommandostruktur erfuhr, ging er daran, sie zu beheben. Er ernannte den *vir clarissimus* Leontius zum Befehlshaber von Nepe und schickte den Tribun Constantius, um das Kommando über Neapel zu übernehmen, weil dieser sehr wichtigen Reichsfestung ein Befehlshaber fehlte. Anscheinend hatte sich der Exarch geweigert, einen zu ernennen.[8] Mit dem ganzen Gewicht seiner Autorität stellte sich Gregor hinter diese Ernennungen und teilte der Bevölkerung von Nepe mit: „Wer sich seinen rechtmäßigen Befehlen widersetzt, der wird als Rebell gegen uns betrachtet, und wer ihm gehorcht, der gehorcht uns."

Während des Jahres 591 setzte Ariulf seinen Vormarsch gegen das Herzogtum von Rom nicht fort. Aber er scheint den Landkorridor Rom–Ravenna blockiert zu haben, was Gregor dazu veranlaßte, der Obhut des Johannes von Ravenna jene suburbicarischen Bischöfe anzuvertrauen, die wegen der Anwesenheit des Feindes sich mit Rom nicht in Verbindung setzen konnten. Im Sommer des Jahres 592 wurde berichtet, daß Ariulf wieder im Anmarsch auf das Herzogtum sei. Gregor wiederholte daher seine früheren Anweisungen an Maurisio und Vitalian, Ariulf von hinten anzugreifen.[9] Doch kaum waren diese Anweisungen abgeschickt worden, da traf ein Bote von Ariulf mit einem Brief in Rom ein, der die Stadt zermürben sollte. In dem Brief gab Ariulf bekannt, daß die Grenzstadt Suana sich bereit erklärt hätte, sich ihm zu ergeben. Gregor setzte sich eilig mit Maurisio und Vitalian in Verbindung und wies sie an, diese Behauptung zu untersuchen.[10] Stellte sich heraus, daß das Volk von Suana immer noch dem Reich treu war, dann sollten die Generäle Geiseln nehmen, einen neuen Treueeid abnehmen und durch Reden das Vertrauen des Volkes gewinnen. Wenn aber Ariulf mit seiner Behauptung recht hatte, dann befand sich Gregor in einer verzwickten Lage. Seine Pflicht als Römer und seine Pflicht als Christ standen offensichtlich in Widerspruch. Er konnte das Volk von Suana nicht auffordern, den Eid zu brechen, den es Ariulf geschworen hatte, sich ihm zu ergeben. Aber gleichermaßen konnte er es nicht zulassen, daß den Feinden des Reichs eine Schlüsselstadt zufiel. Er faßte also das Problem kurz zusammen und überließ es den Generälen: „Wenn ihr klar feststellt, daß sie mit Ariulf über ihre Übergabe an ihn verhandelt oder jedenfalls ihm Geiseln gegeben haben . . ., dann tut nach gesunder Überlegung das, was ihr für das Reich als vorteilhaft erachtet. Laßt eure Ehre so handeln, daß nichts getan wird, weswegen uns unsere Feinde tadeln können, daß aber auch nichts ausgelassen wird, was der Vorteil des Staates gebietet." Er fuhr dann fort, ihnen die letzten Informationen darüber zu geben, wo sich das Heer Ariulfs befand, und forderte sie dringend auf, die Stellungen des Feindes zu plündern.

Das Schicksal von Suana ist nicht bekannt. Es ist jedoch fast sicher, daß sich die Stadt ergab, denn Ariulf ging nun zum Großangriff über, eroberte Sutrium, Horta, Luceoli, Tuder, Perusia und Polymartium und rückte gegen Rom vor.[11] Zur gleichen Zeit griff Arichis von Benevento Campania an, verwüstete mehrere Städte und belagerte Neapel.[12] Darauf belagerte Ariulf Rom, „tötete einen Teil unseres Volkes und verstümmelte einen anderen Teil". Gregors Lage war verzweifelt. Er selbst war krank und schrieb der gespannten Lage seinen Zustand zu. Rom war praktisch der Truppen entblößt worden wegen der Grenzstrategie des Exarchen Romanus. Nur das Regiment von Theodor war geblieben, dem aber lange Zeit kein Sold ausgezahlt worden war, so daß die Soldaten kaum dazu überredet werden konnten, die Mauern zu besetzen. Gregor setzte sich eilig mit dem Exarchen in Verbindung und bat um militärische Hilfe oder andernfalls um die Erlaubnis, zu verhandeln.[13] Romanus lehnte beides ab. Trotzdem trat Gregor in Verhandlungen ein, mußte jedoch feststellen, daß Ariulfs Bedingungen unannehmbar waren.

Ariulf hatte die Nachzahlung des Soldes für das Heer von Autharis und für das Heer von Nordulf verlangt. Diese Forderung erklärt den schnellen und totalen Sieg des Feldzugs von Ariulf. Nordulf war ein Langobardengeneral im Dienst des Kaiserreichs, wie anscheinend auch Autharis. Ähnlich wie bei der römischen Besatzung war auch ihnen kein Sold ausgezahlt worden. Da sind sie und ihre Truppen einfach zu Ariulf übergelaufen. Das hatte auch Herzog Maurisio gemacht, der Befehlshaber von Perusia, der Ariulf seine Stadt übergeben hatte, sie im Namen seines neuen Herrn jedoch unter sich behielt.[14]

Im Juli 592 schrieb Gregor an den Erzbischof Johannes von Ravenna und forderte ihn dringend auf, den Exarchen dazu zu bewegen, mit einem Abschluß eines Friedensvertrags mit Ariulf einverstanden zu sein und einen Befehlshaber nach Neapel zu schicken, dessen Eroberung durch Arichis drohte.[15] Aus späteren Ereignissen wird klar, daß Romanus eigene Pläne hatte und einen Gegenangriff vorbereitete, auch wenn er es nicht für nötig hielt, den Papst ins Vertrauen zu ziehen. Doch Romanus hatte auch eigene unmittelbare Probleme, denn im Jahr 592 wies Gregor auf einen neuen und zerstörerischen Angriff der Langobarden auf die Stadt Fanum hin, die tief innerhalb des Exarchats lag.[16] Die Lage in Rom war jedoch zu verzweifelt, als daß Gregor auf die Reifung der Pläne von Romanus warten konnte. Er schloß mit Ariulf einen Vertrag ab, wobei er ihm aus der päpstlichen Schatzkammer eine unbestimmte Summe für dessen Rückzug von der Stadt auszahlte.[17] Möglicherweise hat ihm bei den Verhandlungen Ariulfs Kranksein geholfen. Die Vita von Whitby, die älteste Biographie

Gregors, erzählt die köstliche Geschichte eines ungenannten Langobardenherrschers, der sein Heer gegen Rom führte, und zwar mit der Absicht, es zu zerstören.[18] Gregor ging vor die Tore und sprach mit ihm. Er erhielt sein Versprechen, daß er, solange Gregor Papst blieb, sein Heer nie wieder gegen Rom führen würde. Später, als er erkrankte, schickte der Herrscher um Rat zu Gregor. Der Papst verschrieb ihm eine Milchdiät, womit er sich erholte. Das Verschreiben der Milchdiät klingt durchaus echt. Sicherlich interessierte sich Gregor sehr für Medizin. Ariulf hat tatsächlich Rom nie wieder angegriffen. Man sollte die abergläubische Ehrfurcht nicht unterschätzen, die die in einer Milchdiät verkörperte Macht des Christentums einem Heiden wie Ariulf einflößen konnte. Angeblich soll er zum Beispiel davon überzeugt gewesen sein, daß eine Erscheinung des hl. Sabinus in der Schlacht von Camerinum an seiner Seite gekämpft hätte.[19] Eine Verknüpfung von Reden, Geld und einer „Wunderdiät" hätte Ariulf durchaus dazu überreden können, sich von Rom zurückzuziehen.

Kaum war Ariulf abgezogen, da begann Romanus seinen Gegenangriff. Er zog die Via Flaminia hinunter und eroberte Luceoli, Tuder, Ameria, Sutrium und Polymartium zurück.[20] Maurisio gab Perusia auf und trat wieder in den Dienst des Kaiserreiches; wahrscheinlich ist auch Nordulf übergelaufen.[21] Romanus zog nach Rom ein, doch nur für so lange, bis er den größeren Teil der Besatzung abgezogen hatte, um Perusia und Narnia zu verteidigen. Dann kehrte er nach Ravenna zurück, wobei er Rom mit einer noch schwächeren Verteidigung als zuvor zurückließ. „Rom wurde aufgegeben", klagte Gregor, „damit Perusia besetzt werden konnte."

Auf diesen Rückschlag reagierte Ariulf nicht. König Agilulf konnte jedoch eine solche Demütigung der Langobarden nicht zulassen. Er zog dafür im Jahr 593 mit seinem Heer nach Süden, um das Herzogtum Rom anzugreifen. Er eroberte Perusia, ließ Maurisio hinrichten und hielt die Stadt bis zum Friedensvertrag des Jahres 598, als sie anscheinend zum Reich zurückkehrte.[22] Zur gleichen Zeit griff Arichis die Campania wieder an und eroberte Capua.[23]

Wieder einmal wurde Rom belagert. Gregor reagierte darauf, indem er an das unglückliche Volk eine Reihe düsterer Predigten über den Propheten Ezechiel hielt. Von den Stadtmauern aus waren die Rauchsäulen der brennenden Höfe deutlich sichtbar.

Gregor hat mit eigenen Augen das bejammernswerte Bild von Reihen italienischer Gefangener gesehen, die gefesselt und verzweifelt unter die Mauern geführt wurden, um auf den Sklavenmärkten Galliens verkauft zu werden. Er weinte über die immer länger werdende Liste der Opfer, und er grämte sich über den Anblick gefangener Soldaten, die mit abgehauenen Händen in die Stadt zurückgeschickt wurden, um die Bürger zu zermürben.[24]

Als das Korn zu Ende ging und es dringend notwendig wurde, zu verhandeln, übernahm Gregor wieder einmal das Kommando.[25] Er wurde durch den Militärgouverneur *magister militum* Castus und durch den Stadtpräfekten unterstützt, die beide einsahen, daß die Lage hoffnungslos war. Dabei spielte jedoch der Papst die führende Rolle. Der Fortsetzer der Chronik des Prosper von Havnium berichtet, daß er auf den Treppen der Peterskirche mit Agilulf zusammentraf und vereinbarte, einen Tribut von 500 Pfund Gold auszuzahlen.[26] Agilulf nahm seine Beute und zog sich nach Mailand zurück.

Mit zwei Belagerungen in zwei Jahren hatte Gregor genug. Er setzte es sich daher als Ziel, zwischen den Langobarden und dem Reich einen allgemeinen Friedensvertrag abzuschließen. Dies wurde zum diplomatischen Hauptziel seines Pontifikats. Die Gründe, warum er den Frieden wollte, entsprangen den verschiedenen Seiten seines komplizierten Charakters: ein tiefempfundenes christliches Verlangen danach, dem Elend und dem Leiden ein Ende zu machen, ein patriotischer Wunsch, dem Reich eine Atempause zu verschaffen, um sich verschanzen zu können, schließlich die klare Erkenntnis des Großgutsbesitzers, daß der Aufruhr und die ganze Zerstörung für das Geschäft schlecht seien. Im September 593 schrieb also Gregor an den Erzbischof Constantius von Mailand, der ihn über die Tätigkeiten der Franken und der Langobarden im Norden auf dem laufenden hielt. Er bat ihn, als sein Vermittler beim König tätig zu sein und Agilulf zu versichern, daß der Papst bereit sei, sich alle Mühe zu geben, um den Frieden zu erlangen.[27] Zwischen Romanus und Agilulf wurde ein Waffenstillstand vereinbart. Der Exarch war sich jetzt anscheinend seiner gefährlichen Lage bewußt und begann, mit den Langobarden über einen allgemeinen Friedensvertrag zu verhandeln. Die Verhandlungen waren jedoch schwierig und zogen sich in die Länge. Verletzungen des Waffenstillstandes durch die Reichstruppen haben ihnen auch nicht weitergeholfen.[28]

Während der Verhandlungen blieb Gregor in engem Kontakt mit beiden Seiten. Als sie sich hinzogen, wuchs seine Sorge dermaßen, daß er an den juristischen Ratgeber des Exarchen, den *scholasticus* Severus, eine scharf abgefaßte Note schrieb: „Agilulf ist bereit, einen allgemeinen Friedensvertrag abzuschließen, wenn nur der Herr Exarch sich damit einverstanden erklärt, die zwischen ihnen umstrittenen Sachen einem Schiedsgericht zu unterwerfen. Er beschwert sich darüber, daß ihm während des Waffenstillstandes in verschiedenen Teilen seines Herrschaftsgebiets Unrecht geschehen sei. Und da er für sich Genugtuung verlangt, sollten sich seine Behauptungen als begründet zeigen, so verspricht er seinerseits, jede Genugtuung zu gewähren, wenn es sich herausstellt, daß während des Waffenstillstandes durch seine Leute irgendein Akt der Feindseligkeit verübt wurde. Da es also klar ist, daß seine Vorschläge vernünftig sind, sollte die Angelegenheit gerichtlich untersucht werden, damit für verübtes Unrecht, auf welcher Seite auch immer, Entschädigung geleistet werde und endlich ein allgemeiner Friede mit Gottes Beistand abgeschlossen werden könne.

Ihr wißt wohl, wie sehr er für uns alle notwendig ist. Sorgt also in gewohnter Klugheit dafür, daß seine Exzellenz, der Exarch, unverzüglich der Forderung zustimme, damit es nicht aussehe, als wolle er den Frieden nicht, was der Sache sehr hinderlich wäre. Sollte er nicht zustimmen wollen, so verspricht Agilulf, mit uns einen Separatfrieden abzuschließen. Wir wissen aber, daß dann die verschiedenen Inseln und die anderen Gebiete ohne Zweifel zugrunde gerichtet werden. Möge der Exarch dies bedenken und den Frieden mit beiden Händen ergreifen, damit wir wenigstens auf einige Zeit durch diesen Aufschub der endgültigen Entscheidung Ruhe bekommen und die Widerstandskräfte des Reichs mit Gottes Hilfe in besseren Zustand gebracht werden können."

Bei diesem Brief fallen einem mehrere Dinge auf: der gesunde Menschenverstand, die Ausgewogenheit, das ehrliche Bemühen darum, den Langobarden Gerechtigkeit zu verschaffen, die realistische Einschätzung der Bedeutung eines Friedensvertrages für das Reich und die Drohung, mit Agilulf getrennt zu verhandeln. Er unterstreicht den durch die Langobarden gemachten Unterschied zwischen dem Reich und dem Papsttum, bestätigt jedoch, daß Gregor das Papsttum als wesentlichen Teil des Reichs betrachtete und ihm die Interessen des Reichs am Herzen lagen.

Mittlerweile traf endlich im Frühling des Jahres 595 das Geld für die Nachzahlung des Soldes der römischen Besatzung ein, um ihre Vorwürfe zu beschwichtigen.[29] Zu dieser Zeit war Gregor sowohl mit Ariulf als auch mit Agilulf in Kontakt, denn er teilte jetzt dem Kaiser mit, Ariulf bringe Bereitschaft zum Ausdruck, zum Reich überzutreten. In Anbetracht der zwischen dem Königreich der Langobarden und den südlichen Herzogtümern herrschenden Spannung überrascht dieser Zug Ariulfs nicht allzusehr. Der Kaiser schrieb jedoch an Gregor zurück und rügte ihn ob der Einmischung in Staatsangelegenheiten; er beschuldigte ihn der Einfältigkeit und daß er sich durch Ariulf täuschen ließe. Im Juni 595 schickte Gregor eine scharfe Antwort, in der er zugab, daß er wahrhaftig ein Narr sei, „denn sonst hätte ich niemals das ertragen, was ich hier unter den Schwertern der Langobarden zu erleiden habe".[30] Er warnte den Kaiser davor, seinen Verleumdern Gehör zu schenken („Während meine Erklärungen nicht geglaubt werden, wachsen die Streitkräfte des Feindes ins Ungeheure"). Er zählte alles auf, was er erlitten und was er für das Reich zu tun versucht hatte: den mit den Langobarden abgeschlossenen Frieden „ohne Schaden für das Reich", die Entfernung der Besatzung aus Rom, die Belagerung durch Agilulf. Aber er beeilte sich, den Fleiß und die Treue des Präfekten Gregor und des *magister militum* Castus in Schutz zu nehmen, die bei dem Kaiser in Ungnade gefallen waren, weil sie mit Gregor zusammengearbeitet hatten, um einen Frieden zu erlangen.

Die Verhandlungen wurden fortgesetzt. Trotz sich verschlechternder Beziehungen zwischen Papst und Exarchen wurde Castorius, der päpstliche *apocrisia-*

rios in Ravenna, über deren Verlauf auf dem laufenden gehalten, und zwar wegen des Einflusses des Papstes am Hof der Langobarden. Im April 595 schrieb Gregor an Secundus, der mit Agilulf verhandelt und Castorius über den Verlauf der Gespräche berichtet hatte.[31] Aber es gab welche, die gegen einen Frieden mit den Langobarden waren. Die Verwicklung des Papstes in die Verhandlungen führte zu einem Angriff mit Plakaten gegen Gregor und Castorius in Ravenna. Gregor schrieb einen zornigen offenen Brief an den Klerus, das Volk und die Herrscher von Ravenna, in dem er diesen Angriff rügte und die dafür Verantwortlichen exkommunizierte.[32]

Die Notwendigkeit, die jetzt schon drei Jahre andauernden Verhandlungen zum Abschluß zu bringen, wurde durch erneute militärische Aktivität von Arichis offenbar, der in Campania einfiel, „großes Unglück verursachte und viele Gefangene abführte", Bruttium angriff und Crotona eroberte und zerstörte.[33] Möglicherweise wurden diese Angriffe durch den Tod von Romanus veranlaßt, der im Jahr 596 oder 597 plötzlich starb.[34] Sein Nachfolger als Exarch war Callinicus, dessen Beziehungen zu Gregor viel herzlicher waren und der anscheinend viel staatsmännischer als Romanus gewesen ist.[35] In seiner Umgebung hatte Callinicus jedoch Ratgeber, die dem Papst feindlich gesinnt waren. Gregor wurde durch den *scholasticus* Andreas vor ihnen gewarnt. „Weil aber die Zeiten schlimm sind, so ertragen wir alles mit Seufzen", erwiderte Gregor mit Ergebung.[36]

Wenn auch keinen klaren Beleg, so gibt es doch manchen Indizienbeweis dafür, daß Callinicus zunächst daran interessiert war, seine Verhandlungsposition zu einer Position der Stärke zu machen. Im Mai 597 spricht Gregor dunkel davon, daß der Exarch „im Po-Tal beschäftigt sei". Die Belege für eine kirchliche Neugestaltung in Picenum lassen einen Vorstoß des Reiches in jene Provinz vermuten, um lange verlorenes Territorium zurückzuerobern. Mindestens seit dem Jahr 580 war die Provinz Picenum Suburbicarium unter der Kontrolle der Herzöge von Spoleto gewesen, als Firnum erobert wurde und dessen Bischof in den Reichszufluchtsort von Ancona flüchtete. Im Jahr 598 führte der *magister militum* Bahan eine Reichsoffensive in die Provinz, die ein Gebiet zurückeroberte, das nach Süden hin bis Asculum und Aprutium reichte.[37] Eine mögliche Westgrenze der Eroberung liefert die Schlacht von Camerinum, bei der Ariulf die Römer schlug, angeblich mit der Hilfe des hl. Sabinus. Für diese Schlacht hat es nie ein Datum gegeben, doch Paul der Diakon verbindet sie mit dem Tod von Ariulf im Jahr 601 und meint, sie käme eher gegen Ende als zu Beginn seiner Herrschaft in Frage.[38] Camerinum liegt an der Grenze zwischen Umbria und Picenum. Eine dort stattgefundene Schlacht würde mit den uns bekannten Belegen für den Reichsvormarsch, für dessen Grenzen und Verlauf übereinstimmen.

Nachdem er seine Absicht erreicht hatte, nahm Callinicus die Verhandlungen mit Agilulf wieder auf, und zwar unter Hinzuziehung des Papstes. Die Gesandten waren Abt Probus, einer von Gregors engsten Vertrauten, und Theodor, der Kurator von Ravenna.[39] Ihnen wurden vom Exarchen schriftliche Anweisungen gegeben; auf Grund derer schlossen sie einen Vertrag ab. Bis er tatsächlich unterzeichnet war, gab es jedoch immer noch die Gefahr eines Angriffes. Im September 598 forderte Gregor den Erzbischof Januarius von Caralis in einem Brief dringend auf, dafür zu sorgen, daß die Stadtmauern bewacht werden, falls der Feind aus den unvermeidlichen Verzögerungen bei der Unterzeichnung durch alle am Vertrag Beteiligten einen Vorteil zu ziehen suche.[40]

Jetzt gab es eine eigenartige und bizarre Entwicklung. Im Jahr 598 unterzeichnete Agilulf bedingungslos den Vertrag auf zwei Jahre. Der Vertrag wurde vom König in Pavia zu Callinicus in Ravenna geschickt, der ihn ebenfalls unterzeichnete. Er wurde dann an Ariulf in Spoleto, an Gregor in Rom und an Arichis in Benevento weitergeleitet, die alle unterzeichnen sollten, um die *generalis pax* einzuleiten.[41] Ariulf weigerte sich jedoch, zu unterzeichnen, es sei denn, es würden gewisse Bedingungen vereinbart: daß gegen ihn kein Gewaltakt verübt werden und niemand gegen seinen Verbündeten Arichis von Benevento zu Felde ziehen sollte. Warnfrid, Ariulfs Hauptberater, weigerte sich, überhaupt auf den Frieden einen Eid abzulegen. Doch Gregors Einstellung war höchst seltsam. Er teilte dem Kurator Theodor mit, daß er den Vertrag nicht selbst unterzeichnen würde; seinem Bruder aber, einem der Bischöfe, oder dem Erzdiakon würde er erlauben, in seinem Namen zu unterzeichnen. Sein Grund – er entspricht seiner Einstellung bei der Suana-Frage – war der: Sollte etwas privat ausgeführt werden, hätte Gregor, der ein Vermittler zwischen Agilulf und dem Exarchen gewesen war, dem Anschein nach sein Ehrenwort gebrochen. Hier gibt es wieder einmal den Widerspruch zwischen *Romanitas* und *Christianitas:* Was dem Reich zum Vorteil gereichte, könnte möglicherweise für Gregors Seele nicht heilsam sein. Der Feldzug von Picenum gibt vielleicht darüber Aufschluß. Ariulf, der sich über den Verlust einer seiner Provinzen ärgerte, wollte versichert sein, daß er von weiteren Angriffen verschont blieb. Warnfrid, der vielleicht Landgüter von Picenum verloren hatte, war ganz und gar gegen den Vertrag, weil er mit den Waffen seine Verluste wieder aufholen wollte. Nach den von Agilulf beklagten Verletzungen des Waffenstillstandes traute Gregor den Streitkräften des Reiches nicht zu, daß sie den Vertrag nicht brechen würden. Ariulfs Bedingungen machten ihm auch Sorgen; er fürchtete, daß Ariulf sich einen Vorwand verschaffen wollte, um die Feindseligkeiten wieder zu eröffnen.

Jedenfalls haben Ariulf und Arichis anscheinend doch unterzeichnet, wenn auch ungern; und im November/Dezember 598 schrieb Gregor sowohl an Agilulf als auch an Theodelinda und dankte ihnen für ihre gute Mitarbeit am

Zustandekommen des Friedens.[42] Er wußte offenbar die Bedeutung der Königin bei der ganzen Sache zu schätzen, und er legte ihr dringend nahe, Agilulf ständig an den Wert eines Bündnisses mit dem Reich zu erinnern. Er bat Agilulf ebenfalls darum, seinen Herzögen, insbesondere denjenigen in der Umgebung von Rom, zu befehlen, den Frieden zu erhalten und Gelegenheiten zum Streit nicht zu suchen. Die Stimme des römischen Gutsherrn kann man aus den Worten hören: „Wäre er nicht geschlossen worden, was Gott verhüte, was wäre dann anderes geschehen als daß das Blut der armseligen Bauern, deren Arbeit uns beiden zugute kommt, zur Schande und zum Verderben beider Parteien vergossen worden wäre."

Trotzdem war es ein unsicherer Friede. Gregor glaubte nicht, daß er erneuert werden würde. Er ermahnte Januarius von Caralis, die Verteidigung seiner Stadt zu stärken und zur Vorbereitung auf das Auslaufen des Friedensvertrages sich mit Lebensmitteln einzudecken. Ariulf machte ihm weiterhin Sorgen. Im August 599 schrieb Gregor an den Zahlmeister Donellus in Ravenna und forderte ihn dringend auf, den rückständigen Sold der Soldaten auszuzahlen, denn die Besatzung Roms, schon durch die Pest erschöpft, war wieder einmal über das Ausbleiben des Soldes unzufrieden. Von seiten der Langobarden aber drohte Gefahr wegen Verletzungen des Friedens.[43] Um ihre Treue zu erhalten, hatte Gregor selbst in der Vergangenheit den Soldaten den Sold ausgezahlt.[44] Was Gregor gefürchtet hatte, trat nun ein. Faesulae wurde durch einen Reichsfeldzug unter Aldio erobert. Gregor war sich ständig der Notwendigkeit bewußt, auf der Hut bleiben zu müssen.[45] Dies erklärt sein Bemühen darum, einen Streit zwischen dem Grafen Comitaticius von Misenum und Maurentius, dem *magister militum* von Neapel, zu schlichten.[46] Er fürchtete, daß jedes Zeichen der Uneinigkeit in den kaiserlichen Reihen die Langobarden zu einem Angriff gegen sie ermutigen könnte.

Die Gefahr von Ariulf her endete mit seinem Tod im Jahr 601. Auf seinen Tod folgte ein Bruderkrieg, aus dem Theudelap, der Sohn von Farwald, als Herzog hervorging. Agilulf beteiligte sich anscheinend nicht am Kampf um die Nachfolge von Spoleto, weil er mit einem Aufstand des Herzogs Gaidoald von Trient und des Herzogs Gisulf von Friuli völlig in Anspruch genommen war. Zu diesem Zeitpunkt lief der Friedensvertrag aus, und der Exarch Callinicus ergriff die Gelegenheit, um Parma anzugreifen und den Herzog Gottschalk mit dessen Gemahlin, die Agilulfs Tochter war, gefangenzunehmen. Agilulf, der wütend war, schloß ein Bündnis mit den Awaren ab, verwüstete Istrien, zerstörte Padua und eroberte Monselice.[47] Gregor schrieb an alle Bischöfe von Sizilien und teilte mit, es stehe ein Einfall in Sizilien unmittelbar bevor. Er drängte darauf, zwei Bittgänge in der Woche abzuhalten, um die Gefahr abzuwenden.[48] Mit seinen aufständischen Herzögen wieder vereinigt, griff Agilulf erneut im Jahr 603 an und eroberte Mantua, Cremona und Brexillum. Gregor hat sicherlich auf diesen

Feldzug hingewiesen, als er Eulogius von Alexandrien „die verheerenden Todesopfer unter den Schwertern so vieler Barbaren" beklagte.[49] Mittlerweile war der Kaiser Mauritius gefallen und der Exarch Callinicus war zurückbeordert worden. Er wurde als Exarch durch Smaragdus ersetzt, der jetzt von seinem Wahnsinn erholt und in seine frühere Stellung wieder eingesetzt war.[50] Er schloß sofort einen Waffenstillstand auf achtzehn Monate mit Agilulf, dem er 12.000 *solidi* auszahlte und die Tochter zurückgab, die gleich im Wochenbett starb.[51] Bis zum 1. April 605 herrschte Friede, obwohl Agilulf infolge seiner Kriegsoperationen die Kontrolle der Langobarden über das Po-Tal erweitert und damit das Vorrücken von Romanus in den 580er Jahren rückgängig gemacht hatte. Für Gregor gab es jedoch den einen Trost, nämlich daß im Jahr 603 dem Ehepaar Agilulf und Theodelinda ein Sohn geboren wurde, der katholisch getauft wurde und den Namen Adaloald erhielt.[52] Dies war ein bedeutender Schritt zur Bekehrung der Lombardei zum katholischen Glauben – wieder eines von Gregors Zielen auf lange Sicht. Denn obwohl seine Beziehungen zu den Langobarden hauptsächlich politischer Natur waren, kümmerte er sich auch um die geistliche Beziehung zwischen Rom und Pavia.

Bei den Langobarden hatte Gregor mit allen drei religiösen Hauptproblemen zugleich zu tun – Häresie, Heidentum und Schisma. Im großen und ganzen waren die Langobarden Arianer, wenn sich auch Gruppen von Heiden unter ihnen befanden. Die Katholiken, die es unter ihnen gab, unterstützten das Schisma der „Drei Kapitel".

Das Hauptgebiet des Heidentums scheint das Herzogtum von Benevento gewesen zu sein, wo sämtliche katholische Bistümer erloschen waren und wo Barbatus, ein Missionsbischof des siebenten Jahrhunderts, der eine katholische Diözese in der Hauptstadt des Herzogtums wieder gründete, feststellte, daß die Einwohner eine Schlange verehrten.[53] Das Hauptproblem war der Arianismus, denn er war der Glaube des Königs. Autharis hatte den Katholizismus als ein Instrument des Kaiserreiches betrachtet, das die Kampfkraft seines Volkes aufzehrte. Er hatte es verboten, die Söhne der Langobarden nach dem katholischen Ritus zu taufen.[54] Die Taufe von Agilulfs Sohn gerade nach diesem Ritus hat nun jene Regelung endgültig aufgehoben; sie bestätigt die Richtigkeit von Gregors Strategie bezüglich der Langobarden.

Nach seiner Wahl suchte Gregor aus der Pest und dem Tod von Autharis Kapital zu schlagen, indem er die Bischöfe Italiens anwies, den Arianern den katholischen Glauben zu predigen und darauf hinzuweisen, Gott habe Autharis erschlagen, weil dieser die katholische Taufe verboten hätte, und er habe die Pest als Strafe für die Häresie geschickt.[55] Danach ließen jedoch seine persönlichen Anstrengungen, die Langobarden zu bekehren, nach. Er entsandte keine Missionare mehr und ergriff keine Initiative, und zwar aus dem offensichtlichen Grund, daß in den Augen der Langobarden die Römer mit dem Kaiserreich in

Verbindung gebracht würden und möglicherweise in dem Verdacht stehen, Angehörige der kaiserlichen Armee zu sein. Gregors Plan war es, sein Vertrauen auf Königin Theodelinda zu setzen, es ihr und ihrem Kreis zu überlassen, die Langobarden vom Arianismus zum katholischen Glauben zu bekehren. Das eigene Bemühen richtete er darauf, die Königin vom Schisma der „Drei Kapitel" abzubringen. Ihr Einfluß auf Agilulf bedeutete, daß der Katholizismus nunmehr geduldet, ja sogar bevorzugt war, wenn auch Agilulf selbst es unterließ, den Arianismus aufzugeben.

Paul der Diakon macht Theodelinda ganz deutlich für diese Änderung verantwortlich:[56] „Durch diese Königin geschah viel Gutes in der Kirche des Herrn. Die Langobarden hatten fast alle Güter der Kirche geraubt, da sie noch im heidnischen Irrtum versenkt waren. Sie aber brachte durch ihre Bitten den König selbst zum katholischen Glauben, welcher hierauf der Kirche viele Besitzungen schenkte. Den Bischöfen, die früher gedrückt und verachtet waren, wurde ihre Würde wiederhergestellt."

Es ist nicht wahr, daß Agilulf katholisch wurde, aber unter ihm lebte die Kirche wieder auf. Die Hierarchie im Norden war mehr oder weniger heil geblieben; und man kann mit einiger Berechtigung annehmen, daß sie bei der Bekehrung der Arianer ihren vollen Beitrag leistete.

Das Hauptproblem also, was Rom betraf, waren die „Drei Kapitel", denen Theodelinda und ihr Kreis zugetan waren. Dies war eine ernsthafte Störung. Tatsächlich teilte St. Kolumban später dem Papst Bonifatius IV. mit, daß es dieses Problem allein war, das Agilulf davon abhielt, den Arianismus aufzugeben und den katholischen Glauben anzunehmen.[57] Das Problem spitzte sich zu im Zusammenhang mit der Wahl von Constantius zum Erzbischof von Mailand. Die norditalienische Hierarchie erkannte immer noch die oberste Leitung des Erzbischofs von Mailand an, obwohl er im kaiserlichen Genua residierte. Die Verbesserung von Status und Duldung, die die katholische Kirche unter Agilulf genoß, führte zu einem erneuten Kontakt zwischen den Bischöfen und ihrem Erzbischof. Doch während die meisten norditalienischen Bischöfe bei der Unterstützung der „Drei Kapitel" blieben, hatte Erzbischof Laurentius II. von Mailand dem Schisma abgeschworen und sich mit Rom versöhnt. Er hatte sogar eine *cautio* unterzeichnet, die seine Verzichtleistung bezeugte und die durch Gregor als Stadtpräfekten mitunterzeichnet war. Im Jahr 593 jedoch, nach dem Tod von Laurentius und der Wahl von Constantius zum Nachfolger, hatten ihm drei seiner Suffraganbischöfe innerhalb des unter Langobardenherrschaft stehenden italienischen Gebiets mitgeteilt, daß sie die Kirchengemeinschaft mit ihm aufgehoben hätten, weil er eine *cautio* unterzeichnet hätte, mit der er den „Drei Kapiteln" abschwor.[58] Die Sache wurde dadurch noch schlimmer gemacht, daß die Königin sie in ihrem Verhalten unterstützte. Dieser Umstand beeinflußte sicherlich die Art von Gregors Antwort. Er wollte sich Theodelinda nicht entfremden, er konnte jedoch eine Erklärung nicht gutheißen, die die Gültigkeit der „Drei Kapitel" anerkannte. So entschied er sich also für zwei doppeldeutige Briefe, in denen er der entscheidenden Frage auszuweichen suchte. Er schrieb mit Hilfe von Constantius an die Bischöfe, um ihnen zu sagen, daß kein derartiges Dokument unterzeichnet worden sei, daß zwischen ihnen über die „Drei Kapitel" überhaupt nicht gesprochen wurde und daß das Papsttum Chalcedon die Treue gehalten habe.[59] Der Königin gegenüber äußerte er sein Bedauern darüber, daß sie all ihre guten Werke dadurch gefährde, indem sie „unwissenden und törichten Menschen Glauben schenke, die nicht einmal ihre eigenen Worte verstehen", und daß sie sich von der katholischen Kirchengemeinschaft losgesagt habe.[60] Er erklärte, das fünfte Konzil von Konstantinopel, das die „Drei Kapitel" verurteilt hatte, hätte nichts getan, was den Glauben des Konzils von Chalcedon irgendwie schädigen könnte. Auch diesen Brief schickte Gregor an Constantius, der ihn übergeben sollte. Doch der Erzbischof fürchtete, daß der direkte Hinweis auf das fünfte Konzil noch mehr Schwierigkeiten verursachen könnte. Er schlug daher eine revidierte Fassung vor, die Gregor ordnungsgemäß lieferte, in der er das Festhalten der Kirche an den vier Konzilien unterstrich und es unterließ, das fünfte zu erwähnen.[61]

Der Brief des Papstes hat jedoch den Bischof von Breschia nicht zufriedengestellt, der auf einem Brief von Constantius bestand, in dem er schwören sollte, daß er selbst die „Drei Kapitel" nicht verurteilte.[62] Gregor gab Constantius den Rat, keineswegs so etwas zu tun; es sei klüger, einen Brief zu schreiben, in dem er aussagte, er pflichte den vier Konzilien bei. Anscheinend blieben die Beziehungen zwischen Constantius und seinen Suffraganbischöfen weiterhin gespannt, denn im November 596 schrieb Gregor an ihn und ermutigte ihn, die Angriffe seiner Verleumder mit Gleichmut zu ertragen.[63] Als im Jahr 599 ein Streit zwischen der Kirche von Comum und der Kirche von Rom über ein Eigentumsstück entstand, meinte Gregor, daß ihnen das Eigentumsstück zugestanden werden könnte, wenn sie aufhörten, die „Drei Kapitel" zu unterstützen.[64] Anscheinend hatte dieser Versuch genausowenig Erfolg wie die Briefe zur Unterstützung der vier Konzilien.

Gregors Beziehungen zur Königin, was auch immer sie über Constantius dachte, wurden wieder genauso herzlich wie früher. Er lobte ihre Rolle bei dem Zustandekommen der *generalis pax;* im Jahr 603 schrieb sie, um Gregor die Taufe ihres Sohnes mitzuteilen.[65] Die Sache der „Drei Kapitel" ließ ihr jedoch immer noch keine Ruhe. Ihre Botschafter brachten ein von ihrem Ratgeber, dem Abt Secundus von Trient, verfaßtes Schreiben, in dem argumentiert wurde, daß Rom die „Drei Kapitel" annehmen sollte. Gregor antwortete, Krankheit hätte ihn gehindert, eingehend auf das Schreiben zu antworten. Er schickte an Secundus jedoch die Akten des fünften Konzils in der klaren Hoffnung, sie würden ihn davon überzeugen, daß die Verurteilung der „Drei Kapitel"

Chalcedon in keiner Weise schmälerte. In der Tat wurde das Schisma der „Drei Kapitel“ erst Ende des siebenten Jahrhunderts beendet, als ihm offiziell durch die Synode von Pavia ein Ende gemacht wurde. Wie unsicher auch immer die allgemeine Lage Gregor auf seinem Sterbebett erschienen sein mochte, so war die Bekehrung der Langobarden zum katholischen Glauben schon in vollem Gange. Das siebente Jahrhundert sollte die fortdauernde Ausschaltung des Arianismus und die schließliche Verwirklichung von Gregors Traum sehen, daß sich der wahre Glaube durchsetzte.

12. Kapitel

Gregor und der Westen

Es wird oft behauptet, die tiefgreifendste Bedeutung von Gregors Pontifikat habe darin gelegen, daß er „den brachliegenden westgermanischen Boden dem Einfluß der römischen Kirche erschloß“. Dies hätte er aufgrund der klaren Erkenntnis unternommen, es wäre zwecklos und gefährlich zu versuchen, gegen die Reichsregierung die Primatansprüche Roms durchzusetzen. Er hätte demnach bewußt eine „zweigleisige Politik“ entwickelt. Er sprach demütig mit dem Kaiser im Osten und suchte die Konfrontation zu vermeiden, während er die westlichen Herrscher in der Sprache eines römischen Statthalters anredete, der erwartete, daß man ihm gehorche, und der im Westen die Primatansprüche des Papsttums in die Tat umsetzte.[1] Für diese Auffassung gibt es tatsächlich wenige Beweise. Aber um sie wirksam zu untersuchen, ist es notwendig, drei Aspekte päpstlicher Tätigkeit zu betrachten: die Beziehungen zum Westen, die Beziehungen zum Osten und die Verwirklichung missionarischer Pläne.

Wir fangen mit jenen Teilen des Westens an, die sich immer noch unter der Herrschaft des byzantinischen Kaisers befanden. Die nordafrikanischen Provinzen hatten eine Tradition der Unabhängigkeit in Sachen der Religion. Seit der Zeit Konstantins bis zum fünften Jahrhundert war Nordafrika die Heimat des Donatismus gewesen. Dieser war eher eine schismatische als eine häretische Kirche. Er unterhielt eine eigene kirchliche Hierarchie und hatte eigene Gottesdienste. Der Donatismus wurde sowohl von der katholischen Kirche als auch von der Reichsregierung verfolgt. Seit der Eroberung Afrikas durch die Vandalen jedoch werden die Donatisten kaum erwähnt, bis sie im Briefwechsel Gregors des Großen plötzlich wieder erscheinen. Seine Briefe liefern entscheidende Belege darüber, wie lange der Donatismus überdauerte.

Sowohl die katholische Kirche als auch die Donatistenkirche erlitten drückende Verfolgung von seiten der arianischen Vandalen. Aber nachdem die Reichsherrschaft wiederhergestellt wurde, bestätigte Justinian im Jahre 533 die Privilegien der katholischen Kirche und ächtete erneut die Donatisten. Es dauerte jedoch nicht lange, bis die katholische Kirche selbst mit der Reichsregierung im Streit lag. Justinians Verurteilung der „Drei Kapitel“ hatte ihn in Widerspruch mit der ganzen westlichen Kirche geraten lassen. Selbst dann, als das Papsttum für den Standpunkt des Reichs gewonnen wurde, setzten die afrikanischen Bischöfe den Streit lange und verbissen fort. Gemeinsam mit der istrianischen und der mailändischen Kirche waren die Afrikaner der Überzeugung, daß das Papsttum, indem es die Politik Justinians guthieß, die Schlichtung von Chalcedon verraten hätte.

Vor diesem Hintergrund muß man Gregors Handlungsweise gegenüber den Afrikanern beurteilen. Zunächst gibt es die Probleme mit den Donatisten. Gregors Briefe liefern den Beweis für ein Wiederaufleben des Donatismus in Numidien, der am wenigsten romanisierten der drei kirchlichen Provinzen Nordafrikas, mit denen Gregor zu tun hatte. Seine Briefe sprechen davon, daß katholische Priester durch Donatisten aus ihren Kirchen vertrieben wurden und daß Donatisten in den katholischen Episkopat eindrangen, daß dem donatistischen Klerus die Leitung von Kirchen durch katholische Bischöfe anvertraut wurde und daß katholische Bischöfe die Erlaubnis dazu gaben, donatistische Bischöfe zu konsekrieren, daß katholische Christen ihre Kinder und Sklaven durch Donatisten taufen ließen.[2] Nach der geltenden Auffassung soll man die Belege nehmen, wie sie eben lauten, und argumentieren, daß der Donatismus die Besatzung durch die Vandalen überdauerte, in Numidien neu aufblühte, durch Gregor erfolgreich bekämpft und schließlich durch die arabische Eroberung ausgelöscht wurde.[3] Diese Auffassung wird jedoch neuerdings überzeugend bestritten.[4] Es wird argumentiert, daß schon zu Gregors Zeit der Donatismus des fünften Jahrhunderts nicht mehr existierte, daß viele als Folge der von den beiden Kirchen erlittenen Verfolgung durch die Arianer Katholiken und Donatisten einen *modus vivendi* geschaffen hätten und daß das Problem im späten sechsten Jahrhundert eine Wiederbelebung nichtrömischen Christentums war in Verbindung mit dem Wiederaufleben der Berberkönigreiche von Numidien. „Der Unterschied zwischen den Donatisten und den Katholiken hatte viel von der alten Schärfe verloren und zu dieser Zeit schon aufgehört, für die afrikanischen Geistlichen überhaupt einen Sinn zu haben. Die beiden Gemeinschaften hatten gelernt, in friedlicher Koexistenz zu leben" – so urteilt Robert Markus.

Die Frage des nichtrömischen Christentums der Berber muß vielleicht weiter erforscht werden, aber es gibt eine Menge Belege für die Ansicht, daß die katholische und die donatistische Hierarchie friedlich koexistierten. Alle von Gregor angeführten Beispiele lassen dies vermuten. Es wurde zweifellos von dem katholischen Episkopat stillschweigend geduldet, wenn es stimmt, wie behauptet wurde, daß Bischof Argentius von Lamigia für seine Kirche donatistische Priester ernannt und Bischof Maximian von Pudentiana einem Donatistenbischof die Erlaubnis erteilt hatte, in seiner eigenen Stadt zu amtieren. Diese Praxis der Koexistenz würde ebenfalls das völlige Versäumnis der weltlichen Obrigkeit erklären, trotz Gregors Aufforderungen an sie etwas bezüglich der Lage zu unternehmen. Gregor hat dieses Versäumnis der Bestechung zugeschrieben, da er anscheinend die Möglichkeit einer friedlichen Koexistenz nicht begreifen konnte. Einen weiteren Beweis für die weitverbreitete Ausübung des Donatismus liefert der Fall von Bischof Paul (Diözese unbekannt), der sich beim Papst darüber beschwerte, daß seine große Unbeliebtheit bei vielen Leuten von seinem eifrig betriebenen katholischen Antidonatismus herkäme oder, anders ausgedrückt, daß er unnötigerweise Unruhe stiftete und „das Boot zum Schaukeln brachte".[5] In dieser Beziehung könnte man auch bemerken, daß der Großteil von Gregors Belegen bezüglich der Donatisten von unzufriedenen Klerikern kam, die ihre Fälle nach Rom brachten, als in Afrika die Entscheidung ungünstig für sie ausgefallen war. Unter diesen Umständen könnte man argumentieren: Die eigenen Gegner „Donatisten" nennen hieß so viel wie heutzutage jemanden einen „Roten" oder einen „Faschisten" nennen. Das ist ein Ausdruck ohne wesentlichen Inhalt.

Was der Donatismus in Afrika auch immer bedeutete, Gregor sah ihn als eine Gefahr für den Glauben an, indem er davon sprach, daß die Donatisten mit dem Schwert des Irrtums viele verwundeten. Er beschrieb ihn verschiedentlich als eine „Krankheit", ein „Gift" und einen „teuflischen Betrug". Auf zweierlei Weise suchte er, ihn zu bekämpfen. Zunächst appellierte er an die weltliche Obrigkeit, dabei zu helfen. Im Jahr 591 schrieb er an den Exarchen Gennadius von Afrika und forderte ihn dringend auf, „ihre stolzen Nacken dem Joch der Redlichkeit zu unterwerfen". Im Jahr 594 forderte er den prätorianischen Präfekten Pantaleon von Afrika auf, gleichermaßen zu handeln.[6] Seine Bitten wurden nicht beachtet. Selbst als der Kaiser anordnete, daß der Donatismus unterdrückt werden sollte, vielleicht auf das Betreiben Gregors hin, haben die Beamten trotzdem nichts unternommen. Wieder einmal gab Gregor der Bestechung die Schuld und beklagte sich darüber beim Kaiser, daß in Afrika „der katholische Glaube öffentlich feilgeboten werde".[7]

Gregors zweite Bekämpfungsmethode war es, den katholischen Episkopat von Numidien aufzurütteln. Offensichtlich war er der Meinung, daß diesem die Führung und der Zusammenhalt fehlten und daß dies teilweise auf das besondere System in Numidien zurückzuführen sei, den Primas zu wählen. Der Primat in Numidien war mit keiner besonderen Diözese verbunden, sondern er wechselte der Reihe nach je nach Dienstalter. Papst Pelagius II. hatte versucht, dieses System zu ändern. Eine der ersten Angelegenheiten, mit denen sich Gregor befassen mußte, war das Gesuch der Bischöfe von Numidien um eine Bestätigung ihrer herkömmlichen Methode, den Primas zu wählen. Gregor schlug vor, vielleicht als Wiederholung der Pläne von Pelagius II., daß sie ihren metropolitanischen Stuhl an einem Ort festlegen und den Primas nach Verdienst und nicht nach Dienstalter wählen sollten. Doch die Numidier lehnten diesen Vorschlag ab. Gregor bestätigte dann ihre Tradition, wobei er sie doch darum bat, keinen Donatisten zum Primas zu wählen.[8]

Im Kampf gegen den Donatismus mußte Gregor die Führung noch sicherstellen. Er hatte den Rektor Hilarus an der Stelle, den er anfangs einsetzte. Er meinte jedoch, daß er auch jemanden im numidischen Bischofskollegium brauchte, auf den er sich verlassen konnte.[9] Seine Wahl fiel auf Bischof Columbus, dessen Bistum im Register nicht aufgeführt wird, das aber als Nicivibus identifiziert worden ist.[10] Er wurde ob seiner Redlichkeit und seiner bedingungslosen Treue zum apostolischen Stuhl auserwählt und wurde zu einer Art inoffiziellem päpstlichen Stellvertreter. „Daß Du übrigens von ganzem Gemüte, von ganzem Herzen und ganzer Seele dem apostolischen Stuhle anhänglich und ergeben bist, weiß ich", schrieb ihm Gregor höchst erfreut im Jahr 593.[11] Columbus und Hilarus wurden angewiesen, zusammenzuarbeiten. Im Juli 594 begann Gregor, auf ein Kirchenkonzil zu drängen, um die Donatisten auszurotten.[12]

Im September 594 wurde tatsächlich ein Konzil gegen die Donatisten abgehalten, aber in Karthago, dem metropolitanischen Stuhl vom prokonsularischen Afrika, der am meisten romanisierten Provinz. Dort gibt es zu dieser Zeit keine Beweise für den Donatismus. Anscheinend wurde das Konzil in Erwiderung auf die durch Kaiser Mauritius erlassenen *iussiones* abgehalten. Es wurde durch den Erzbischof Dominicus von Karthago, einen Freund und Briefpartner Gregors, einberufen. Es erließ strenge Anweisungen, daß jeder Bischof, der die Aufgabe vernachlässigte, Häretiker ausfindig zu machen und zu bestrafen, seines Amtes enthoben und sein Besitz beschlagnahmt werden sollte. Gregors Antwort hierauf ist interessant. Während er den Eifer des Dominicus lobte, gab er seinen Bedenken Ausdruck, daß diese Regelung Unzufriedenheit in der Kirche verursachen und insbesondere andere Erzbischöfe schwer beleidigen würde: „Es ist besser, lieber Bruder, wenn man sich mit Angelegenheiten außerhalb der Kirche befaßt, die der Bestrafung bedürfen, daß in erster Linie die innere Nächstenliebe bewahrt werden sollte."[13] Hier kommt der Politiker in Gregor zum Vorschein. Er war bestrebt, die Lage in Numidien von innen her zu korrigieren. Aber er sah ganz klar ein, daß von Karthago aus etwas einfach gebieten wollen eine negative Reaktion hervorrufen würde.

Danach wird der Donatismus in seinen Briefen nicht weiter erwähnt. Aber das rechtfertigt gewiß nicht das daraus gefolgerte Argument, daß Gregor bei der Bekämpfung des Donatismus erfolgreich gewesen wäre. Alle Belege weisen auf die entgegengesetzte Schlußfolgerung hin. Viel wahrscheinlicher ist, daß ihm dies mißlungen ist und daß seine Aufmerksamkeit anderswo hingelenkt wurde, insbesondere in Richtung auf die englische Mission. Diese Schlußfolgerung wird unterstützt durch die Belege für Gregors Mißerfolg im weiteren Zusammenhang seiner Beziehungen zur afrikanischen Kirche, die mit dem Donatismus nichts zu tun hatten.

Er war immer eifrig bestrebt, Mißstände auszurotten und den Leib der

Kirche zu reinigen. Er hoffte, Columbus dafür verwenden zu können, dies auch in Numidien zu fördern. Im Juli 593 schrieb er an ihn und forderte ihn dringend auf, bei einem Ortskonzil Maßnahmen zur Sprache zu bringen, um die Simonie auszurotten und die Weihe von Knaben zu verbieten. Gregor war der Meinung, daß Knaben zu empfänglich für den Ehrgeiz und zu sehr auf Beförderung bedacht seien, statt ihren Verpflichtungen gewissenhaft nachzukommen.[14] Er unterstützt dies mit einem Brief an den älteren und gebrechlichen numidischen Primas Adeodatus, indem er ihm dieselben Maßnahmen dringend empfahl und ihn drängte, auf den Rat von Columbus zu hören.[15]

Columbus blieb jedoch erfolglos, denn im September 593 schrieb Gregor aufgebracht an den Exarchen Gennadius von Afrika und beschwerte sich: „Bei dem Konzil von Numidien werden Dinge getan, die im Widerspruch zu den Bräuchen der Väter und zu den Anordnungen des Kirchenrechts stehen." Er erklärte, er hätte Columbus ernannt, um gewisse Mißstände auszurotten; er forderte Gennadius dringend auf, ihn dabei zu unterstützen. Es gibt jedoch keine Beweise dafür, daß Gennadius in dieser Angelegenheit eine größere Hilfsbereitschaft zeigte, den päpstlichen Willen durchzusetzen, als in der Sache des Donatismus.[16]

Im Bereich der Gerichtsbarkeit des Papstes gab es in seiner Amtszeit neun Fälle der Berufung nach Rom. Zwei davon waren *causae celebrae*. Ihre Untersuchung zeigt die besonderen Schwierigkeiten, mit denen der Papst bei der Ausübung seiner Rechte zu kämpfen hatte. Der erste Fall, der sich im Juli 594 ereignete, betraf den numidischen Bischof Paul.[17] Paul wurde wegen eines nicht im einzelnen angegebenen Verbrechens durch das numidische Bischofskonzil exkommuniziert. Er legte beim Papst Berufung gegen das Urteil ein. Gregor schrieb an den prätorianischen Präfekt Pantaleon, an den numidischen Primas Viktor und an Bischof Columbus und befahl mit Nachdruck, Paul solle nach Rom geschickt werden, um sich dort zu verteidigen. Zwei Jahre später hatte Paul Afrika immer noch nicht verlassen. Gregor beschwerte sich bei Gennadius, daß man ihn daran hinderte, abzureisen. Offensichtlich geschah das auf Befehl des Exarchen. Schließlich erreichte Paul Rom – mit oder ohne Erlaubnis des Exarchen. Bischof Columbus schickte einen Diakon, um über die Handlungen des numidischen Konzils zu berichten. Der Exarch schickte seinen Kanzler, der die Anklagen erklären sollte. Dem Kanzler wurde es jedoch verboten, an einem Verhör teilzunehmen. Offenbar war Gennadius aus Höflichkeit bereit, den Papst über die näheren Umstände ins Bild zu setzen, nicht jedoch, einer Wiederaufnahme des Prozesses zuzustimmen.

Paul hatte behauptet, daß man ihn wegen seines Eifers für die katholische Kirche haßte. Wenn man aber zwischen den Zeilen liest, war er anscheinend ein lästiger Wichtigtuer, der beide Gemeinschaften aufhetzte. Ihn zum Schweigen zu bringen, hatten sowohl das numidische Konzil als auch der Exarch Maßnahmen ergriffen. Unter diesen Umständen war der Papst machtlos, zu handeln. Als Paul um die Erlaubnis bat, den Fall vor den Kaiser zu bringen, willigte er ein. Der Kaiser konnte ebensowenig Fortschritte machen wie Gregor und überwies den Fall an Afrika zurück. Am Ende mußte Gregor sich damit zufrieden geben, an verschiedene numidische Bischöfe Briefe zu schreiben und sie aufzufordern, Paul bei seinem Bemühen zu unterstützen, sich zu entlasten. Wir wissen nicht, wie der Fall endete. Höchstwahrscheinlich jedoch hat das numidische Konzil sein ursprüngliches Urteil bestätigt und Paul wurde ordnungsgemäß bestraft. Der Fall zeigt hinreichend die ungern gegebene Höflichkeit, die dem Papst zu gewähren die afrikanische Kirche und der Exarch bereit waren. Er zeigt auch, inwieweit sie die inneren kirchlichen Angelegenheiten als ihre eigene Sache betrachteten.

Der zweite Fall, der sich im Oktober 598 ereignete, betraf Crementius, den Primas der dritten afrikanischen Provinz Byzacena.[18] Er wurde gewisser Verbrechen durch einige Bischöfe beschuldigt, die zum Kaiserhof in Konstantinopel reisten, um gegen ihn auszusagen. Der Kaiser überwies korrekterweise den Fall an den Papst *(iuxta statuta canonum)*, da er innerhalb seiner patriarchalischen Gerichtsbarkeit lag. Doch der *magister militum* Theodor, der bestochen wurde, erlaubte den am Streit Beteiligten nicht, Afrika zu verlassen, um nach Rom zu reisen. Gregor, dem es nicht gelang, über den Fall Informationen zu bekommen, überwies ihn an Bischof Johannes von Syrakus zur Lösung, indem er traurig erklärte: „Wir wollten in diesen Fall wegen der Widerspenstigkeit der Männer nicht verwickelt werden.“ Auch Johannes machte keine Fortschritte. Im März 602 wurde der Papst darauf aufmerksam gemacht, daß der Fall immer noch ungelöst war. Er schrieb an die Bischöfe von Byzacena und machte den Vorschlag, daß sie sich zu einem Konzil versammeln und über den Fall befinden sollten.

Wie im Fall von Bischof Paul ist der Ausgang unbekannt, aber wieder einmal war der Papst im Grunde machtlos, überhaupt zu handeln. Die übrigen sieben Berufungen nach Rom wurden von unzufriedenen Klerikern eingelegt, die aus dem einen oder anderen Grund mit ihrem Bischof Streit hatten. Jedesmal hat der Papst die Sache an die Ortsstelle zurückübergeben zur Untersuchung durch ein bischöfliches Schiedsgericht oder durch einen ernannten Bischof, gewöhnlich Columbus.[19]

Alle Beweise lassen vermuten, daß sowohl die Kirche als auch der Staat das Papsttum auf Distanz halten wollten. Obwohl Gregor einen freundlichen Briefwechsel mit Erzbischof Dominicus von Karthago führte und obwohl sich Exarch Gennadius den päpstlichen Dank für die Ansiedlung von Bauern auf den päpstlichen Ländereien verdiente, war in Afrika die päpstliche Autorität praktisch nicht vorhanden. Columbus beschwerte sich bei Gregor, daß er ob seiner Rolle als Roms Vertreter unbeliebt war.[20] Gregor hingegen beschwerte sich darüber, daß der Exarch es war und nicht der numidische Primas, der ihm über Pauls Exkommunikation berichtet hatte.[21] Bischöfe brachten ihre Streitfälle eher vor den Kaiser als vor den Papst.[22] Gregor forderte den Exarchen dringend auf, es den numidischen Bischöfen zu erlauben, Rom zu besuchen, sollten sie es wünschen. Aber es gibt eindeutige Belege dafür, daß die Obrigkeit Leute aktiv daran hinderte, Afrika zu verlassen, um nach Rom zu reisen.[23] Trotz der Anwesenheit eines Rektors und eines Stellvertreters in Numidien und trotz Gregors Freundschaft mit Dominicus fand der Papst zu seiner Enttäuschung und seiner Verzweiflung, daß es unmöglich war, aus Afrika genaue Informationen zu bekommen über Streitfälle, die an ihn übergeben wurden. Die Beweise lassen ebenfalls vermuten, daß Gregor sich des Ausmaßes seiner Machtlosigkeit bewußt wurde. Kein afrikanischer Bischof befindet sich unter den Adressaten eines aus dem November 597 stammenden Briefs, der den Metropoliten des westlichen Patriarchats einen kaiserlichen Erlaß verkündete.[24] Gregor wollte Dominicus davon zurückhalten, mit der kirchlichen Hierarchie zu streng vorzugehen; wohl aus Angst, er könnte sich diese entfremden. Im Jahr 602 gab er auch zu, daß er durch „das Vorhandensein vieler Drangsale und den rings um uns tobenden Feind“[25] von den afrikanischen Angelegenheiten abgelenkt wurde. Sein Rückzug von der aktiven Einmischung zeigt vielleicht am deutlichsten den Unterschied im Stil zwischen der Lage im Jahre 591, als er, erst kürzlich Papst geworden, seinen Rektor Hilarus anwies, in Numidien ein Kirchenkonzil einzuberufen, um über die Anklage gegen Bischof Argentius von Lamigia zu befinden, und der Lage im März 602, als er, älter und klüger geworden, dem numidischen Primas Viktor vorschlug, ein Konzil einzuberufen, um den Fall von Bischof Paulinus von Tegesis zu untersuchen, und ihn aufforderte, Hilarus um dessen Hilfe zu ersuchen, „wenn der Fall es nötig machte“.[26] Gregor hatte sich der afrikanischen Unabhängigkeit gefügt.

Die Italien am nächsten liegende Reichsprovinz war Dalmatien, die sich militärisch und verwaltungsmäßig innerhalb der Gerichtsbarkeit des Exarchen von Ravenna und kirchlich innerhalb der patriarchalischen Gerichtsbarkeit des Papstes befand.[27] Ihr metropolitischer Stuhl war Salona. Dort wurde der Papst in eine Kraftprobe mit der Reichsobrigkeit über die Bischofswahl verwickelt. Es ist wichtig zu unterstreichen, daß der Papst seine Machtbefugnisse *per se* nicht zu erweitern suchte. Er wollte sich eines geeigneten und ordentlichen Erzbischofs versichern, und zwar von der Art, wie er sie in der *Regula Pastoralis* beschrieben hatte. Seine dortigen Tätigkeiten entsprachen der in Italien unternommenen Personalpolitik. Er fand sich mit derselben tief eingewurzelten Voreingenommenheit gegen Einmischung von draußen konfrontiert.

Als Gregor den Thron bestieg, war die Diözese von Salona von einem ernsthaften Streit der Obrigkeit belastet. Natalis war der Erzbischof, ein jovialer und bequemer *bon viveur*, der ob seiner überreichlichen Tafel bekannt war, wo man an Klatsch, witzigen Erzählungen und intellektueller Verleumdung Gefallen fand.[28] Sein Erzdiakon Honoratus, ein strenger, unnachgiebiger Moralist, mißbilligte jedoch sehr den Lebensstil seines Vorgesetzten und sie lagen sich ständig in den Haaren. Ihre Streitigkeiten spitzten sich zu, als Honoratus den Erzbischof Natalis beschuldigte, Kirchengerät unter dessen Verwandten verteilt zu haben. Natalis entschloß sich, diesen lästigen Untergebenen loszuwerden, und plante, Honoratus die Priesterweihe zu erteilen. Das ist rein äußerlich eine Beförderung und keine ungewöhnliche Art und Weise, schwierige Diakone loszuwerden. Sofort bat Honoratus Papst Pelagius II. darum, die Beförderung zu untersagen. Pelagius II. wies den Erzbischof an, Vertreter nach Rom zu schicken, um sich wegen der durch Honoratus vorgebrachten Anklagen zu verantworten.[29] Beim Tod von Pelagius II. war die Sache immer noch nicht erledigt. Im November 590 schrieb Gregor an Honoratus und ermunterte ihn, seinen Streit mit Natalis beizulegen. Konnten die Schwierigkeiten nicht ausgeräumt werden, dann sollte er nach Rom kommen, und Gregor würde den Fall verhandeln.[30] Doch Natalis fuhr mit seinem Plan fort und beförderte Honoratus zum Priester, wobei er an dessen Stelle einen willfährigeren Erzdiakon ernannte. Honoratus erhob beim Papst Protest. Im Jänner 591 befahl Gregor dem Erzbischof Natalis, Honoratus in den Stand des Erzdiakonats zurückzuversetzen und seine Vertreter nach Rom zu schicken, um seinen Standpunkt zu vertreten.[31] Natalis beachtete diese Anweisung nicht. Im März 592 drohte ihm Gregor daher damit, ihm das *pallium* zu entziehen und ihn sogar zu exkommunizieren, falls er Honoratus nicht in dessen früheren Stand versetzen und keine Vertreter nach Rom schicken würde: „Fordere uns nicht weiter heraus, lieber Bruder, wenn Du uns in unserer Strenge nicht sehr hart finden willst.“[32]

In Briefen an die Bischöfe von Dalmatien und an den päpstlichen Rektor Antoninus wiederholte er seine Anweisungen.[33] Auch an den prätorianischen Präfekten Jobinus von Illyricum schrieb er und warnte ihn davor, für Natalis Partei zu ergreifen, da die Angelegenheit kirchenrechtlich entschieden werden müsse.[34] Daraus geht eindeutig hervor, daß Natalis mächtige Freunde unter der weltlichen Obrigkeit hatte und daß Gregor sich allzugut dessen bewußt war.

Natalis gab jedoch nach und versetzte Honoratus wieder in seinen früheren Stand. Aber er schrieb einen seltsamen, ironischen Brief an Gregor, in dem er sein Verhalten verteidigte, insbesondere seine Schmauserei und Schwelgerei dabei, weshalb auch die weltliche Obrigkeit ihn als angenehmen und höflichen Gastgeber erachtete. Er sagte, seine Festessen seien zum Zweck der Wohltätigkeit gehalten worden, und er verteidigte seine Schlemmerei mit einem Hinweis auf das Alte Testament und auf den hl. Paulus, insbesondere auf den Römerbrief 14,3: „Wer nicht ißt, soll den, der ißt, auch nicht verdammen.“ Das ist ein ironischer Hinweis auf die berühmte Enthaltsamkeit des Papstes. Er verteidigte sich gegen Gregors Beschuldigungen, er verbringe seine Zeit nicht mit Lesen und

Predigen, indem er bemerkte, die Drangsale, die er erleide, machten es ihm unmöglich, zu studieren, doch durch sein Predigen hätte er viele zum Glauben zurückgewinnen können. Er schloß mit einer Warnung an den Papst, sich gegen den herkömmlichen Brauch in die Angelegenheiten von Salona einzumischen.[35] Gregor erwiderte in einem scheinheiligen und sarkastischen Stil, widerlegte jedes Bibelzitat durch ein anderes, wies Natalis' Verteidigung des Nicht-Lesens mit einem passenden Beleg aus dem hl. Paulus ab, beglückwünschte ihn zu seinem Erfolg als Prediger und wies jeden Wunsch, einzugreifen, von sich. Nachdem er seinen Glauben an die Tradition geäußert hatte, unterstrich er seine Rechte als Primas und erinnerte Natalis daran, daß er in der Angelegenheit des Honoratus die Befehle zweier Päpste verhöhnt habe: „Wenn einer der vier Patriarchen dies getan hätte, hätte man einen solchen groben Ungehorsam ohne das schwerwiegendste öffentliche Ärgernis unmöglich durchgehen lassen." Er schloß damit, Natalis noch einmal zu ermahnen, Vertreter nach Rom zu schicken, damit der Fall untersucht und darüber befunden werden könnte.[36]

Der Fall wurde jedoch nie verhandelt. Denn während Honoratus nach Rom kam und sich über erneute Veräußerung von kirchlichem Besitz durch Natalis beschwerte, traf im März 593 die Nachricht ein, daß der Erzbischof gestorben war.[37] Gregor sprach Honoratus sofort von allen gegen ihn vorgebrachten Beschuldigungen frei und wies den Rektor Antoninus an, die Behauptungen bezüglich der Veruntreuung von kirchlichem Besitz durch Natalis zu untersuchen. Er hat ebenfalls die Veranstaltung einer Wahl und die Verschickung des Wahlentscheids nach Rom angeordnet, damit die päpstliche Billigung „nach altem Brauch" vor der Konsekration durch die Suffraganbischöfe gegeben werden könnte. Er wünsche, fügte er hinzu, daß eine Liste des Kirchengeräts aufgestellt werde, nur um festzustellen, daß alles immer noch da sei. Die dann erfolgte Wahl gibt ein anschauliches Bild von den Problemen, denen Gregor bei der Durchsetzung seines Willens in derartigen Angelegenheiten gegenüberstand.

Die Wählerschaft war in zwei Parteien gespalten. Eine Gruppe unter dem Klerus hat Honoratus auserwählt. Es kann wohl sein, daß Antoninus auf den in dieser Sache vom Papst Bevorzugten hingewiesen hatte, denn im Juli 593 schrieb Gregor an den Klerus von Salona und beglückwünschte ihn zu seiner Wahl.

Er erklärte sich mit dem Kandidaten völlig einverstanden. Da die Wahl jedoch einstimmig sein mußte, forderte er ihn und Antoninus dringend auf, die abweichende Partei für die eigene Position zu gewinnen.[38]

Es ist klar, daß Honoratus bei weitem nicht der Kandidat der Mehrheit war. Wie es sich später herausstellte, zogen das Volk, die Suffraganbischöfe, die Beamten der Provinzregierung, die Soldaten und ein anderer Teil des Klerus die Kandidatur eines gewissen Maximus vor.[39] Gregor sollte später sein Erstaunen darüber ausdrücken, daß sich lediglich zwei Leute, Erzdiakon Honoratus und ein Bischof Paulinus, der Konsekration von Maximus widersetzten, was vermuten läßt, daß die ursprüngliche Honoratus-Partei nicht sehr groß gewesen sein kann.[40]

Als Gregor von der Unterstützung der Bischöfe Dalmatiens für Maximus erfuhr – im ganzen waren es zwölf –, schrieb er ihnen im November 593 und rügte sie gehörig: „Eure Lebensweise geht so sehr in zeitlichen Geschäften auf, daß in Euch jede Erinnerung an die priesterliche Ehre und jede Rücksicht auf die Furcht Gottes verlorengegangen ist, und Ihr suchet nicht auszuführen, was Gott, sondern nur was Euch gefällt."[41] Er erklärte sie für exkommuniziert, wenn sie ohne seine Einwilligung irgend jemanden die Bischofsweihe erteilen sollten. Er sagte, er wäre bereit, einen anderen Kandidaten in Betracht zu ziehen, falls Honoratus unannehmbar sei, wenn nur das Zeugnis seiner Würdigkeit und die Belege für die Einstimmigkeit der Wahl nach Rom geschickt würden. Aber er verbot es, Maximus als Kandidaten aufzustellen, über den er viel Schlechtes erfahren hatte.

Was dann folgte, ist etwas verwirrend. Maximus behauptete, er hätte die Einwilligung des Kaisers für seine Konsekration erhalten. Gregor bestand darauf, daß der Kaiser es ablehnte, Maximus die Erlaubnis für die Konsekration zu erteilen, und daß die Soldaten des Exarchen Romanus von Ravenna bestochen worden seien, durch Gewalt seine Konsekration zu sichern.[42] Die Unterstützung des Kaisers und der Reichsobrigkeit für Maximus im späteren Kampf läßt doch vermuten, daß die Behauptung des Maximus richtig war. Doch was wahrscheinlich geschah, war eben, daß Maximus dem Kaiser seine Konsekration mitteilte, der die Erlaubnis als eine selbstverständliche Sache erteilte, indem er annahm, daß die päpstliche Bestätigung gewährt worden war.

Dies würde gewiß die spätere Haltung von Mauritius und die in Rom und Salona ganz entgegengesetzten Auslegungen des kaiserlichen Willens miteinander in Einklang bringen. Die weitverbreitete Unterstützung für Maximus in allen Teilen des Volkes läßt vermuten, daß man Gewalt eigentlich nicht notwendig hatte. Anscheinend kann man auch den Exarchen von Ravenna zu jenen einflußreichen Personen zählen, die Maximus unterstützten.

Wo die Wahrheit in dieser Sache auch immer liegen mag, Maximus wurde den Befehlen Gregors zum Trotz durch seine Suffraganbischöfe zum Erzbischof geweiht. Der päpstliche Rektor Antoninus aber floh aus Salona, wo eine rabiate Stimmung gegen den Papst herrschte, und kehrte nach Rom zurück. Im April 594 schrieb Gregor an Maximus und beschuldigte ihn, Bestechung und Gewalt angewendet zu haben, um gewählt und eingesetzt zu werden. Er tat, als ob er es nicht glaubte, daß der Kaiser die Konsekration gutgeheißen hatte: „Er pflegt sich nicht in priesterliche Angelegenheiten einzumischen, damit er in keiner Weise mit unseren Sünden belastet werde." Er befahl Maximus und seinen Anhängern bei Strafe der Exkommunikation, jegliche priesterliche Handlung zu unterlassen, bis er vom Kaiser die Wahrheit bezüglich seines Befehls erfahren hätte.[43]

Maximus nahm den Brief des Papstes nicht persönlich in Empfang. Statt dessen ließ er ihn mitten in Salona öffentlich anschlagen, wo er vom Pöbel in Stücke gerissen wurde. Dann fuhr er fort, trotz seiner Exkommunikation die Messe zu lesen. Er fing an, in Konstantinopel Gerüchte zu verbreiten, um Gregor in Mißkredit zu bringen, insbesondere daß er den Bischof Malchus, den früheren Rektor von Dalmatien, hätte beseitigen lassen.[44]

Maximus wurde durch die Beamten der Provinz stark unterstützt, die zu seinen Gunsten an Gregor schrieben. Im Juli 594 bat der Prokonsul von Dalmatien Marcellus den Papst, Maximus anzuerkennen.[45] Gregor antwortete freundlich, daß er die rechtswidrige Feier der hl. Messe durch Maximus nicht übersehen könnte. Später beschuldigt ihn Gregor in einem Schreiben, der Hauptunterstützer von Maximus gewesen zu sein: „Alle behaupten, daß Ihr der Anstifter jenes ganz großen Unheils im Falle Maximus seid."[46] Julian der *Scribo* schrieb ebenfalls, unterstützte Maximus und bezeugte „den guten Willen des Kaiserpalastes und die Liebe des Volkes" zu dem Erzbischof.[47] Gregor ließ sich jedoch selbst durch den Kaiser von seinem Ziel nicht abbringen. Im Jahr 595 griff der Kaiser in den Streit ein und befahl Maximus, nach Rom zu kommen. Doch er schrieb ebenfalls an den Papst und bat ihn, Maximus mit Ehren zu empfangen und seine Wahl zu bestätigen. Gregor äußerte der Kaiserin Constantina gegenüber seine Erschrockenheit ob dieser Bitte: „Es ist eine sehr ernste Sache, daß ein Mann, über den so viele Dinge solcher Art berichtet worden sind, geehrt werden sollte, ehe diese Dinge untersucht und sorgsam geprüft worden sind." Er fuhr fort, seinen eigenen Standpunkt ganz klar zu machen. Auf Bitten des Kaisers hatte er die ihm gezeigte Mißachtung verziehen. Doch die im Verhalten von Maximus liegenden Gefahren für die Kirche konnte er nicht übersehen; insbesondere die Wahl durch Bestechung, das Feiern der Messe trotz Exkommunikation, Verstöße gegen die Zölibatsregeln. Er bedauerte des Kaisers Einmischung in die Angelegenheit: „Wenn die mir übergebenen Rechtsfälle der Bischöfe von meinen allerfrömmsten Herren unter der Gönnerschaft anderer entschieden werden, wie soll ich denn die Kirche verwalten?" Er sagte, er würde Maximus etwas mehr Zeit lassen, um sich seinen Verordnungen zu fügen. Danach würde er jedoch strenge kirchenrechtliche Disziplin ausüben.[48]

Hier ging Gregor bei der Reichsregierung ganz offen vor und verteidigte fest seine Rechte. Wie er im September 594 an den *apocrisiarios* Sabinian in Konstantinopel schrieb: „Du kennst mich ja gut: Ich bin sehr geduldig. Bin ich aber einmal zum Schluß gekommen, daß etwas unerträglich sei, dann greife ich trotz jeder Gefahr konsequent durch."[49] Im September 595 befahl er Maximus, sich wegen der gegen ihn vorgebrachten Anklage in Rom zu verantworten.[50] Er kam nicht. Im Januar 596 wiederholte Gregor den Befehl.[51] Maximus antwortete, der Kaiser hätte befohlen, daß der Fall in Salona behandelt werden sollte. Gregor wies diese Behauptung zurück, indem er sagte, daß der Kaiser einen solchen Befehl nicht geben würde. Und selbst wenn er ihn gegeben hätte, würde Gregor ihn um des Kaisers Seelenheil willen nicht beachten, denn er wäre bestimmt durch Betrug entlockt worden. Gregor schrieb dann an den Klerus und das Volk von Salona und von Jadera und forderte sie dringend auf, um ihres Seelenheiles willen mit dem exkommunizierten Maximus keine Kirchengemeinschaft zu unterhalten. Er bat sie, auf ihn Druck auszuüben, nach Rom zu kommen. Er versicherte ihnen, daß sein Prozeß gerecht behandelt würde, denn er hege gegen ihn persönlich keinen Groll, wie einige Leute behaupteten.[52]

Das Schisma zwischen Rom und Salona dauerte an, und es wurde klar, daß keine Seite nachgeben wollte. Gregor bestand auf einen in Rom geführten Prozeß. Maximus weigerte sich, nach Rom zu kommen. Die Spaltung fing an, die höheren Würdenträger in Kirche und Staat zu beunruhigen. Im Jahr 597 entzog sich Bischof Sabinian von Jadera der Kirchengemeinschaft mit Maximus, tat Buße für seine Sünde und söhnte sich mit Rom aus.[53] Johannes der Diakon sagt, andere Bischöfe hätten dasselbe getan.[54] Doch Gregor erwähnt in seinen Briefen nur Sabinian, aber keine anderen Bischöfe.

Es sieht so aus, als ob er Sabinians Abfall wegen seiner Einzigartigkeit schätzte. Einen weiteren Beweis für Sabinians Einzigartigkeit kann man in der Tatsache erblicken, daß Maximus am kaiserlichen Hof gegen ihn intrigierte und ihn in Verruf zu bringen suchte. Gregor wies seinen *apocrisiarios* besonders an, Sabinians Interessen zu verteidigen.[55] Nach Beilegung des Schismas befahl Gregor dem Maximus, sich mit Sabinian auszusöhnen, was wieder einmal darauf hinweist, daß er sich als einziger in der Opposition befand.[56] Sabinian war es auch, dem Gregor den einzigen bekannten Berufungsfall aus Dalmatien in seiner Amtszeit anvertraute, als die Einwohner von Epidaurus um die Rückkehr ihres Bischofs Florentius ersuchten, den Erzbischof Natalis im Jahr 592 ohne Prozeß in die Verbannung geschickt hatte.[57]

Die Reichsregierung machte sich jedoch darüber Sorgen, daß die feste Front der Unterstützung für Maximus Gefahr lief, zusammenzubrechen und damit erneut die öffentliche Ordnung zu einer Zeit bedrohte, wo der Druck der Barbaren eine ständige Gefahr war. Der Kaiser beorderte einen der Hauptunterstützer von Maximus, den Prokonsul Marcellus, zu Gesprächen nach Konstantinopel.

Marcellus aber war besorgt um seine Stellung. Er schrieb im Sommer des Jahres 599 eilig an Gregor und suchte sich mit ihm auszusöhnen.[58] Gregor rügte ihn öffentlich als einen der Hauptstifter des Unheils, schlug jedoch vor, daß er dadurch seinen guten Willen beweisen könnte, indem er Maximus seine Unterstützung entzöge.[49] Marcellus fing nun an, Maximus unter Druck zu setzen, einen Kompromiß zu schließen. In Italien übte der Exarch Callinicus ununterbrochen Druck auf Gregor aus, ebenfalls einen Kompromiß zu schließen.[60] Schließlich waren beide Seiten damit einverstanden. Es sollte einen Prozeß geben, aber in Ravenna, und Erzbischof Marinianus sollte den Vorsitz führen. Falls Maximus seine Unparteilichkeit bezweifelte, dann sollte der Erzbischof Constantius von Mailand den Vorsitz haben.[61] Gregor wies Marinianus an, sowohl Maximus als auch den Erzdiakon Honoratus zu sich zu beordern und den Fall gründlich zu untersuchen. Letzten Endes wurde auch dies nicht getan. Auf Vorschlag von Marinianus und wahrscheinlich als Ergebnis von Besprechungen mit dem Exarchen und anderen interessierten Personen war Gregor damit einverstanden, daß Maximus statt eines Prozesses einfach Buße tun und dann auf dem Grab des hl. Apollinaris einen Eid der Reinigung ablegen sollte.[62] Im Juli 599 lag Maximus also drei Stunden lang auf einer Straße in Ravenna und schrie: „Ich habe gegen Gott und den seligen Gregor gesündigt." Dann wurde er von dem Exarchen Callinicus, dem Erzbischof Marinianus und dem päpstlichen Rektor Castorius aufgehoben und zum Grab des hl. Apollinaris geführt, wo er einen Eid ablegte, daß er dessen unschuldig sei, wessen er angeklagt wurde.[63] Danach wurde ihm ein Brief von Gregor ausgehändigt, der ihn wieder in die Kirchengemeinschaft aufnahm und aufforderte, um das *pallium* zu ersuchen. Sobald das getan war, schrieb Gregor an seinen *apocrisiarios* Anatolius in Konstantinopel und empfahl ihm, dem Prokonsul Marcellus zu helfen und dem Kaiser zu erklären, warum Marcellus dem Befehl, sich dorthin zu einem Treffen zu begeben, nicht gefolgt war. Er hatte gerade mitgeholfen, das Schisma beizulegen.[64] Nach sieben Jahren also wurden die Beziehungen zwischen Rom und Salona wiederhergestellt. Gregor war für seinen Standpunkt eingetreten und hatte eine fast völlige Niederlage erlitten, aber nicht so sehr durch den Kaiser, dessen Rolle unwesentlich gewesen war, als vielmehr durch das Gewicht der örtlichen Meinung. Als alles vorbei war, schien seine Erleichterung echt zu sein. Was der Fall zeigt, ist nun dies, daß Gregor seine Primatsrechte genau bestimmte und fest verteidigte und dem Kaiser gegenüber mit einer viel größeren Offenheit sprach, als gegenüber den Barbarenherrschern des Westens.

Die Präfektur von Illyricum, die Griechenland und den Balkan umfaßte, war die östlichste Provinz innerhalb Gregors unmittelbarer patriarchalischer Gerichtsbarkeit. Sie war das Konstantinopel am nächsten liegende Gebiet, also ein guter Prüfstein dafür, inwieweit Gregors patriarchalische Herrschaft eine sinnvolle und der Wirklichkeit entsprechende Idee war. Die apostolische Stellvertretung in Illyricum hatte seit der Zeit von Papst Damasus beim Erzbischof von Thessalonike gelegen. Als Kaiser Justinian eine neue Provinz in Nordillyricum schuf, jedoch mit Prima Justiniana – nach ihm selbst benannt – als dem metropolitanischen Stuhl, da bestimmte der Papst ordnungsgemäß auch für dieses Erzbistum eine Stellvertretung.

Zwei bedeutendere, die päpstliche Gerichtsbarkeit betreffende Rechtsfälle sind im Gregorianischen Register enthalten.[65] Der erste ist der Fall des Bischofs Hadrian von Theben.[66] Im Jahre 592 schrieben zwei ihres Amtes enthobene

Diakone, Johannes und Cosmas, die wegen Unkeuschheit bzw. Amtsmißbrauch abgesetzt worden waren, an den Kaiser und beschuldigten Hadrian, Güter unterschlagen sowie einigen Säuglingen die Taufe verweigert zu haben, die infolgedessen in der Sünde starben. Er soll außerdem einen wegen seiner Gottlosigkeit bekannten Diakon im Amt behalten haben. Der Kaiser wies den Erzbischof Johannes von Larissa, den thessalischen Metropoliten, als mutmaßlichen kirchlichen Vorgesetzten an, die Anklage wegen Unterschlagung zu untersuchen und darüber zu befinden und über die beiden anderen Anklagen dem Kaiser zu berichten. Johannes erklärte Hadrian der Unterschlagung für schuldig, worauf Hadrian sich an den Kaiser wandte. Kaiser Mauritius wies den päpstlichen *apocrisiarios* Honoratus und den kaiserlichen Kanzler Sebastian an, die Sache zu untersuchen. Sie erklärten Hadrian für unschuldig. Der Kaiser hat also die Appellation aufrechterhalten. Mittlerweile hielt Johannes von Larissa Hadrian im Gefängnis fest und ließ ihn foltern, bis dieser seine Schuld zugab und ein Bekenntnis unterzeichnete. Im Hinblick hierauf ließ der Kaiser den ganzen Prozeß wiederholen und vertraute ihn dem päpstlichen Stellvertreter Johannes von Prima Justiniana an. Bei dem Prozeß wurden keine Beweise vorgebracht. Der Klerus von Theben behauptete, daß die Anklagen grundlos seien. Johannes aber erklärte Hadrian immer noch für schuldig und enthob ihn seines Amtes. Hadrian reiste jetzt nach Rom und wandte sich an den Papst. Gregor befahl Johannes von Prima Justiniana, Vertreter nach Rom zu schicken, um sein Verhalten vor einem päpstlichen Gericht zu rechtfertigen. Als Johannes dies nicht tat, ließ Gregor die Unterlagen des Prozesses überprüfen. Er entdeckte, daß die normalen Verfahrensregeln nicht beachtet worden waren, daß es gegen Hadrian keine Beweise gab und daß die Anklagen durch Feinde und Verleumder vorgebracht worden waren. Dazu entdeckte er noch, daß Theben durch Papst Pelagius II. der Gerichtsbarkeit von Larissa ausgenommen worden war. Gregor stieß also die Urteile der vorigen Prozesse um und setzte Hadrian wieder in sein Amt ein. Außerdem schrieb er an Johannes von Larissa, mißbilligte sein Verhalten und verbot ihm bei Strafe der Exkommunikation, je wieder über Theben metropolitanische Gerichtsbarkeit auszuüben. Kraft seiner petrinischen und apostolischen *auctoritas* exkommunizierte er Johannes von Prima Justiniana für dreißig Tage und erteilte ihm einen ernsten Verweis. Er erklärte ebenfalls für jeden künftigen Hadrian betreffenden Fall: Ist die Sache von geringer Bedeutung, dann sollte sie durch den päpstlichen *apocrisiarios* behandelt werden; ist sie jedoch schwerwiegend, dann sollte sie an den Papst in Rom übergeben werden. Im Mai 593 schon erfuhr Gregor, daß sich Hadrian und seine Gegner ausgesöhnt hatten. Damit wurde der Fall amtlich abgeschlossen.[67]

Aus diesem Fall wird klar, daß sich Bischöfe in Griechenland und am Balkan zunächst nicht unmittelbar an Rom, sondern an Konstantinopel und an den Kaiser wendeten. Die Ankläger brachten ihre Anklage vor den Kaiser, Hadrian wandte sich an den Kaiser; dreimal veranstaltete der Kaiser die Prozesse. Erst dann, als alle sonstigen Möglichkeiten erschöpft waren, hatte sich Hadrian an Rom gewandt. Auf der anderen Seite hat der Kaiser päpstliche Rechte in der Sache ganz klar anerkannt, indem er die Prozesse an den mutmaßlichen metropolitanischen Vorgesetzten, den päpstlichen *apocrisiarios* und den apostolischen Stellvertreter, übergab. Es ist ebenfalls bemerkenswert, daß Gregors endgültige Entscheidung angenommen wurde.

Gregors Primatsrechte, diesmal den Prozeß eines Metropoliten betreffend, wurden im zweiten Fall unmittelbar ausgeübt. Als im Jahr 592 Erzbischof Anastasius von Corinth, der Metropolit von Achaia, verschiedener einzeln nicht angegebener Verbrechen beschuldigt wurde, schickte der Papst einen Sonderrichter, den Bischof Secundinus (wahrscheinlich von Tauromenium), den Fall zu verhandeln. Als er ein Komplott von Klerikern erkannte, die durch den Erzbischof bestochen wurden, um das Beweismaterial zu vernichten, verhörte und verurteilte Secundinus den Anastasius und enthob ihn seines Amtes. Ein Nachfolger, Johannes, wurde sofort gewählt und Gregor schickte ihm das *pallium*.[68]

Wenden wir uns nun vom Kaiserreich ab und den Königreichen der Barbaren zu. Gregors Wahl zum Papst fiel mit der Bekehrung des westgotischen Königreiches von Spanien vom Arianismus zum katholischen Glauben zusammen. Diese bedeutende religiöse Umwandlung war das Werk von Reccared, der im Jahre 586 seinem Vater Leovigild als König nachgefolgt war. Leovigild, der „der bemerkenswerteste der arianischen Könige Spaniens" genannt worden ist, hatte seinem Sohn einen starken Staat, stabil und fortschreitend zentralisiert, hinterlassen. Er hatte durch die Einverleibung des katholischen Sueven-Königreiches von Galizien seine Grenzen erweitert. Er hatte das Münzsystem verbessert, das Gesetzbuch revidiert und die Autorität und die Macht der Krone beträchtlich vergrößert. Als Reccared den Wert religiöser Einheit bei der Festigung seines Königreichs begriff, faßte er den Entschluß, sich zum katholischen Glauben der Mehrheit zu bekehren. Nach Diskussionen sowohl mit Arianern als auch mit den Katholiken erklärte er auf dem dritten Konzil von Toledo im Jahr 589 den katholischen Glauben zur offiziellen Religion des westgotischen Spaniens. Nachdem er die unvermeidliche arianische Reaktion unterdrückt hatte, ging er daran, den Arianismus auszurotten, indem er dessen heilige Bücher verbrannte, Arianern verbot, ein öffentliches Amt zu bekleiden, und die Organisation der arianischen Kirche unterdrückte. Die Umwandlung wurde mit bemerkenswerter Schnelligkeit und Vollständigkeit abgeschlossen, doch Rom spielte bei der Bekehrung keine Rolle.[69]

Gregor erfuhr erst davon durch seinen alten Freund Erzbischof Leander von Sevilla, der auf dem Konzil von Toledo eine führende Rolle gespielt hatte. Er schrieb ihm im April 591 und gab seiner großen Freude darüber Ausdruck.[70]

Reccared selbst schrieb später, um dem Papst die Bekehrung mitzuteilen, und er schickte ihm Geschenke.[71] Im August 599 antwortete Gregor: „Ich vermag mit Worten nicht, vortrefflichster Sohn, meiner großen Freude Ausdruck zu verleihen, über das Werk, das Du geleistet hast, und über das Leben, das Du führst." Er bedauerte, daß sein eigenes Bemühen um die Bekehrung der Häretiker neben der wundervollen Leistung des westgotischen Königs vollends verblaßte. Als Zeichen seiner Anerkennung schickte er ihm heilige Reliquien.[72]

Trotz der Wärme des Briefwechsels signalisierte allerdings die Bekehrung keine päpstliche Initiative in den Beziehungen mit Spanien und keine Verstärkung der päpstlichen Tätigkeit auf der Halbinsel. Nur zehn von Gregor nach Spanien geschriebenen Briefe sind erhalten geblieben, sie zeigen die begrenzten Bereiche des Kontakts.

Es gibt im wesentlichen zwei Gruppen von Briefen. Die erste Gruppe umfaßt die persönlichen Briefe. Gregor schickte Exemplare von den Werken *Regula Pastoralis* und *Magna Moralia* an Bischof Licinianus von Cartagena. Licinianus schrieb einen anerkennenden Dankesbrief, in dem er verschiedene in der *Regula* gestellte Fragen erörterte und ziemlich launig bemerkte, wenn Gregors Rat, nämlich daß ungebildete Männer nicht geweiht werden sollten, in Spanien befolgt würde, dann gäbe es dort keine Bischöfe. Auch an Leander von Sevilla schickte Gregor Exemplare seiner Werke zusammen mit einem *pallium*, das bei der Messe getragen werden sollte. Dieses wurde fast mit Sicherheit eher als Zeichen der Hochachtung und der Liebe geschickt, denn als Hinweis auf die Ernennung zum päpstlichen Stellvertreter. Denn anders als frühere Päpste ernannte Gregor keinen Stellvertreter in Spanien; ein weiteres Zeichen dafür, daß es ihm an einem eingehenden Interesse am spanischen Königreich fehlte. Die große Achtung, die Gregors Werke in kirchlichen Kreisen des siebenten Jahrhunderts genoß, läßt vermuten, daß seine Bedeutung für die spanischen Bischöfe in seiner Eigenschaft als Autor und Theologe lag.[73]

Die zweite Gruppe umfaßt die amtlichen Briefe. Doch abgesehen von den Briefen an Reccared betreffen sie ausschließlich jeweils eine *causa celebra*, die Gregor veranlaßte, seine Berufungsbefugnisse auszuüben. Zwei Bischöfe, Januarius von Malaga und Stephanus, dessen Diözese unbekannt ist, legten beim Papst Berufung ein gegen Strafen der Amtsaufhebung und der Verbannung, die ihnen durch ein Bischofskonzil auferlegt wurden. Sie behaupteten, mit dem byzantinischen Statthalter Comitiolus, der schon verstorben ist, einen Streit gehabt zu haben. Jener habe einen Prozeß gegen sie geführt, dieser sei aber unsachlich geführt worden. Im August 603 entsandte Gregor also den *defensor* Johannes nach Spanien, die Berufungen zu verhandeln. Er versah ihn mit vielen, sehr ausführlichen und genauen Unterlagen, was vielleicht die Einzigartigkeit des Geschehens bezeugt. Diese umfaßten eine Liste von Anweisungen darüber, wonach Johannes suchen, was für Fragen er stellen und wie er verfahren sollte, nachdem er sein Beweismaterial gesammelt hatte. Es gab Unterlagen bezüglich der einschlägigen Reichsgesetze, die die Anklagen behandelten, und eine Formel zur Freisprechung falls dies nötig sein würde. Der Ausgang des Falles ist unbekannt.[74] Abgesehen davon, daß Gregor klar und deutlich darum bemüht war, jedem Gerechtigkeit widerfahren zu lassen, geht eine andere Tatsache aus dem Verfahren hervor. Es waren Bischöfe in der byzantinischen Provinz von Spanien, die die Berufung eingelegt hatten. Der Rückeroberung von Italien und Afrika durch Kaiser Justinian war ein byzantinischer Feldzug nach Spanien gefolgt, der im Südosten des Landes eine byzantinische Provinz mit Zentren in Malaga und Cartagena errichtet hatte. Sie überdauerte vom Jahr 552 bis 624; einer ihrer Statthalter war Comitiolus gewesen. Ihre Existenz wurde jedoch von den Westgoten übelgenommen; Reccareds Nachfolger verkleinerten nach und nach ihr Territorium und überrannten sie schließlich völlig.[75] Noch mehr wurde die byzantinische Einmischung in westgotische Angelegenheiten übelgenommen. Denn im sechsten Jahrhundert hatte die byzantinische Reichsregierung Aufstände gegen das westgotische Königshaus durch Athanagild und Hermenigild unterstützt.[76] Es ist vielleicht kein Zufall, daß seit der Zeit der byzantinischen Eroberung Südostspaniens die Verbindungen mit Rom immer weniger werden. Aus der ersten Hälfte des sechsten Jahrhunderts sind Briefe von den Päpsten Hormisdas, Symmachus und Vigilius an den spanischen Episkopat erhalten geblieben. Danach gab es anscheinend keine regelmäßige Verbindung. Das war gewiß nicht die Folge von Reiseschwierigkeiten, denn Gregor konnte sich unbehindert mit seinem Freund Leander nach Belieben in Verbindung setzen.

Daß die Westgoten das Papsttum mit dem byzantinischen Reich in Verbindung brachten, kann man aus einem im Jahr 599 von König Reccared an Gregor geschriebenen Brief ersehen, in dem der König den Papst darum bat, vom Kaiser eine Abschrift eines zwischen Justinian und den Westgoten abgeschlossenen Vertrags zu besorgen, der die Grenzen zwischen ihnen festlegte. Gregor antwortete vorsichtig, daß Dokumente aus der Amtszeit Justinians durch ein Feuer im Staatsarchiv zerstört worden seien. Er gab zu verstehen, daß der König, käme er zu einer Abschrift, an dem, was er dort fände, keine Freude haben würde: „Du sollst im eigenen Archiv nach Dokumenten suchen, die Dir ungünstig sind, und mich nicht bitten, sie zu besorgen."[77] Hier spricht wieder einmal der kluge Politiker. Offensichtlich ahnte er wohl, was im Vertrag stand, und er wollte nicht in Reccareds Augen mit der Reichspolitik bezüglich der Westgoten in Verbindung gebracht werden.

Wahrscheinlich war das Verhalten des katholischen Königreichs der Westgoten gegenüber dem Papsttum höflich, aber zurückhaltend, dessen Primat im Prinzip angenommen, in der Praxis aber nicht beachtet wurde. In seinen Briefen an Gregor schreibt Reccared: „Ihr, die Ihr über alle sonstigen Bischöfe

Macht habt.“ Wenn dieser Brief echt ist (es hat diesbezüglich einige Zweifel gegeben), dann ist er eine Anerkennung des Primats.[78] Es gab jedoch keine Berufungen vom westgotischen Spanien nach Rom und nach Gregors Tod während des ganzen siebenten Jahrhunderts lediglich zweimal einen uns bekannten Meinungsaustausch zwischen der spanischen Kirche und dem Papsttum; und alle beide waren bitter.[79] Hier hatte es offensichtlich keine Steigerung der päpstlichen Tätigkeit gegeben.

Das Gallien der Franken, das seit Anfang des sechsten Jahrhunderts katholisch war, war in drei Königreiche eingeteilt: Neustria, Austrasia und Burgund. Dort regierten die Merowingerkönige, deren langes Haar das Kennzeichen ihres königlichen Blutes war und deren innerfamiliäre Heiraten zu Degeneration und Untauglichkeit führten. Die Geschichte Galliens zu dieser Zeit, wie sie durch die zeitgenössischen Historiker Gregor von Tours und Fredegar schriftlich aufgezeichnet wurde, ist eine niederdrückende Chronik von Verrat, Blutvergießen und Verwirrung. Die Verwaltung war schwach, das Verbrechen hatte überhandgenommen, Handel und Landwirtschaft erlahmten, und die Kirche befand sich in einem erbärmlichen Zustand. Gregor von Tours schildert in grellen Farben die gallischen Bischöfe, von denen einige anscheinend gewohnheitsmäßig betrunken, grausam, wollüstig oder tief in die Politik und in Machenschaften verwickelt waren. Der niedere Klerus scheint nicht viel besser gewesen zu sein. Pflichtvergessenheit war weitverbreitet.[80]

Wie hat nun Gregor in dieser Lage reagiert? Suchte er, wie einige meinen, seine Kontrolle über die gallische Kirche zu erweitern? Anscheinend muß man wieder einmal mit Nein antworten. Erst im Jahr 595 hat er sich für die Angelegenheiten Galliens interessiert. In einem an König Childebert II. geschriebenen Brief erklärte er, daß er sich früher damit befassen wollte, der Druck der Geschäfte habe ihn jedoch daran gehindert.[81] Jetzt ergriff er zwei Maßnahmen, in denen einige den ersten Zug zu einer Kampagne gesehen haben, um seine Kontrolle zu erweitern. Im Jahr 595 ernannte er einen Rektor für das kleine päpstliche Patrimonium in der Provence und einen apostolischen Stellvertreter für die durch König Childebert II. regierten Königreiche Austrasia und Burgund.

Bisher war das gallische Patrimonium durch gallische Bischöfe oder durch örtliche weltliche Würdenträger verwaltet worden. Gregor aber ernannte den ersten römischen Rektor seit Jahren, den Priester Candidus. Die Verwaltungsverpflichtungen des Patrimoniums dürften leicht gewesen sein. Es ist daher einleuchtend, daß Candidus andere, wichtigere Verpflichtungen hatte. Das Hauptthema in Gregors Beziehungen zu Gallien war die Ausrottung von Mißständen in der Kirche. Aber er hat dies nicht als Mittel zur Erweiterung seiner persönlichen Kontrolle über die Kirche betrachtet, denn im großen und ganzen vertraute er die Aufgabe den am Ort befindlichen Männern an. Dabei suchte er als die herkömmliche Methode einer Erneuerung, ein Kirchenkonzil anzuregen. Vom Jahr 597 an war sein Briefwechsel mit Gallien von der Aussicht auf ein Konzil der Erneuerung erfüllt. Es muß eine der Hauptaufgaben von Candidus gewesen sein, Gregor über die Lage in Gallien zu berichten und weiterhin auf die Einberufung eines Konzils zu drängen.

Anscheinend ist es Gregor nicht eingefallen, einen apostolischen Stellvertreter für Childeberts Königreich zu ernennen, obwohl die Päpste Symmachus, Vigilius und Pelagius I. alle den Erzbischof von Arles zum apostolischen Stellvertreter ernannt hatten. Im Jahr 595 bat jedoch Childebert Gregor darum, die Stellvertretung des Hl. Stuhls und das *pallium* an Vergilius, den Erzbischof von Arles, zu übertragen.[82] Gregor übertrug sie an Vergilius und nutzte die Gelegenheit, um den ersten Schuß in seinem Feldzug gegen die weitverbreiteten Mißstände in der gallischen Kirche abzufeuern. Er schrieb an Vergilius: „Wie mir einige berichtet haben, kommt in Gallien oder Germanien niemand zur Weihe, ohne dafür etwas entrichtet zu haben. Wenn das so ist, so sage ich mit Tränen und erkläre ich mit Seufzen, daß sich bei solchem inneren Verfall das Priestertum auch nach außen nicht lange wird halten können." Er forderte ihn dringend auf, Maßnahmen zu ergreifen, um diese Mißstände zu beseitigen. Seine Sorge dabei gelte der geistlichen Gesundheit der Kirche. Auch bestimmte er die Rechte und Verpflichtungen seiner Stellvertretung. Er ermahnte Vergilius, er solle das Reisen der Bischöfe einschränken, damit sie ihre Diözesen nicht vernachlässigten. Falls Probleme bezüglich des Glaubens entstehen sollten, dann solle er ein Konzil einberufen, um sie zu lösen. Nur dann, wenn dieses die Probleme nicht löse, sollte die Sache an Rom übergeben werden.[83] Die päpstliche Stellvertretung entstand also eher auf Vorschlag des Königs als auf Wunsch des Papstes. Sie brachte keine Erweiterung päpstlichen Eingreifens in Gallien mit sich, gab dem Papst jedoch die Gelegenheit, seine Hauptsorge bezüglich der Lage in Gallien bekanntzumachen.

Wie im Falle der Lombardei sah Gregor ein, um sicherzustellen, daß Schritte getan würden, müsse man die Unterstützung der königlichen Familie dafür gewinnen. Seit dem Jahr 593 waren Austrasia und Burgund von Childebert II. regiert worden, der wenig mehr als zwanzig Jahre zählte. Die eigentliche Macht in den Königreichen lag jedoch bei seiner mächtigen Mutter Brunhild. Sie war eine westgotische Prinzessin, die König Sigebert von Austrasia geheiratet hatte, der im Jahr 575 ermordet wurde. Sie hatte die Einsetzung ihres kleinen Sohnes Childebert zum König durchgesetzt, um in den folgenden dreißig Jahren über Austrasia zu herrschen. Selbst als Childebert volljährig wurde und den Thron von Burgund von seinem Onkel erbte, behielt sie die Zügel der Macht immer noch fest in der Hand. Als Stifterin von Kirchen und Wohltäterin der katholischen Kirche war sie auch ein wildes, politisches Tier, das zu allem bereit war, um die Macht zu behalten. Rücksichtslos unterdrückte sie gleichermaßen

Freund und Feind und steuerte mit höchster Geschicklichkeit durch die trügerischen und trüben Gewässer merowingischer Politik. Fredegar nannte sie „eine zweite Jesebel". Gregor hatte im Herbst 595 mit ihr Kontakt aufgenommen. Er sollte ihr zehn Briefe schreiben, in denen er sie in einem einschmeichelnden, höfischen Stil anredete, der an den Umgangsstil Disraelis mit Königin Viktoria von England erinnert. Gregors erster Brief an sie fing an: „Die lobenswerte und gottgefällige Gesinnung Eurer Exzellenz zeigt sich sowohl durch Eure Regierung als durch die Erziehung Eures Sohnes."[84] In späteren Briefen erreichte er noch größere Höhen: „Wie große Gaben Gott Euch verliehen und mit welcher Milde die Himmelsgnade Euer Herz erfüllt, das bezeugen nicht nur Eure sonstigen Verdienste, sondern wird besonders daraus allgemein erkannt, daß Ihr die rohen Herzen heidnischer Völker durch die Kunst vorsichtiger Klugheit regiert und, was noch ruhmvoller ist, der königlichen Gewalt den Schmuck der Weisheit beifügt."[85] Ja es geht ganz klar aus dem Briefwechsel hervor, daß er im gleichen honigsüßen Stil an die austrasianische Königsfamilie schrieb, wie an die kaiserliche Familie in Konstantinopel. Hier war er kein strenger kommandierender Gouverneur, der mit seinen Untergebenen sprach.

Brunhild wurde noch bedeutender, als im Jahr 596 Childebert starb und seine kleinen Söhne Theodoric und Theudebert den Thron von Austrasia bzw. von Burgund erbten. Sie behielt ihre Herrschaft über die Königreiche. Gregors Mangel an Handlungsfreiheit in der gallischen Kirche wird durch die Ereignisse des Jahres 597 bezeugt, als Brunhild das *pallium* für ihren Lieblingsbischof und Berater, Syagrius von Autun, erbat. Autun war kein metropolitanischer Stuhl, es gab weder Tradition noch einen Präzedenzfall für eine solche Verleihung. Trotzdem teilte Gregor nach Rücksprache mit dem Kaiser im Septmber 597 der Königin mit, daß er damit einverstanden sei, an Syagrius das *pallium* zu gewähren, und zwar als Anerkennung für dessen Hilfe für die englische Mission.[86] Er fügte hinzu, es sei üblich, daß der Bischof selbst um das *pallium* ersuche; und er bat Syagrius, ein solches Ersuchen in die Wege zu leiten. Damit aber Brunhild nicht denke, dies sei eine höfliche Ausrede, würde er das *pallium* dem päpstlichen Rektor Candidus schicken, der es, sobald die Formalitäten abgeschlossen sind, übergeben solle.

Aufschlußreich waren nicht nur die Gewährung des *pallium* überhaupt und die Art und Weise, wie sie gehandhabt wurde, sondern ebenso auch Gregors spätere Handlungen. Sowohl Syagrius' Vorgesetzter, der Metropolit Aetherius von Lugdunum, wie auch Bischof Desiderius von Vienne ersuchten um das *pallium*. In beiden Fällen aber lehnte Gregor aus dem Grund ab, daß es dafür keinen Präzedenzfall gäbe.[87] Das Fehlen eines Präzedenzfalles hatte aber die Gewährung an Syagrius nicht gehindert. Es ist nicht ohne Bedeutung, daß das *pallium* sowohl Syagrius als auch Vergilius auf das besondere Bitten der Krone gewährt wurde. Offensichtlich wollte Gregor ohne Einwilligung der Krone in Gallien keine Auszeichnungen gewähren. Außerdem war Aetherius der Vorgesetzte von Syagrius; ihm das *pallium* zu gewähren, könnte als Entwertung der einmaligen Auszeichnung der Syagrius und folglich als eine Beleidigung seiner Gönnerin betrachtet werden. Auf der anderen Seite war Desiderius bei Brunhild verhaßt, die im Jahr 603 seine Amtsenthebung und Verbannung bewerkstelligte. Als er im Jahr 607 aus dieser Verbannung zurückkehrte, ließ sie ihn steinigen.[88] Eine Auszeichnung für ihn wäre also ebenfalls politisch unklug gewesen.

Die Gewährung des *pallium* machte sich Gregor aber zunutze, indem er sie mit dem erhofften Konzil zur Ausrottung von Mißständen verband. Im Juli 599 teilte er dem Syagrius mit, daß ihm das *pallium* unter der Bedingung gewährt wurde, daß er bei einer Synode zur Ausrottung der Simonie den Vorsitz führe.[89] Brunhild hatte er dies nicht deutlich gemacht. In seinem Brief jedoch, in dem er die Gewährung des *pallium* bestätigte, forderte er sie dringend auf, Maßnahmen gegen Simonie, heidnischen Kult und die Bischofsweihe von Laien zu ergreifen.

Das Jahr 599 war geprägt von diesen Versuchen. Gregor entschloß sich, einen päpstlichen Gesandten nach Gallien zu schicken, um dem Konzil beizuwohnen und die Lage zu beobachten. Seine Wahl fiel auf den Abt Cyriacus, der schon als päpstlicher Sondergesandter nach Sardinien geschickt worden war, um das dortige Heidentum auszurotten. Gregor schickte ein Rundschreiben an die vier dienstältesten Kirchenmänner in den gallischen Königreichen – Vergilius von Arles, Syagrius von Autun, Aetherius von Lyon und Desiderius von Vienne –, in dem er sie dringend aufforderte, einem Konzil zur Ausrottung der Simonie, der Unzucht und der Bischofsweihe von Laien beizuwohnen, und in dem er die Ankunft von Abt Cyriacus bekanntgab.[90] Dem Bischof Aregius von Gap schickte er ein Geschenk von Dalmatiken und schlug ihm vor, daß er dem Konzil beiwohnen und dem Papst über die Sitzungen berichten sollte.[91] Er schrieb an Brunhild mit der Bitte, sie möge die Einberufung eines Konzils der Erneuerung gestatten, das in Anwesenheit des Abtes Cyriacus stattfinden solle, bei dem aber der Vorsitz von Syagrius, „der bei Euch in besonderer Gunst steht", geführt werden sollte.[92] Einen ähnlich lautenden Brief schrieb er an die Könige Theodoric und Theudebert.[93] Anscheinend ist aus diesem Einsatz jedoch nichts geworden, möglicherweise wegen des Todes von Cyriacus bald nach seiner Ankunft in Gallien.[94]

Nicht entmutigt, versuchte es Gregor noch einmal. Im Jahr 601 wiederholte er seine Forderung nach einem Konzil der Erneuerung in Austrasia. Er bat Brunhild um die Erlaubnis, einen Sondergesandten zu schicken, um die Berichte über viele schlechte Priester zu untersuchen, die bei ihm eingegangen waren. Überdies forderte er Könige und Bischöfe dringend auf, eine Synode der Erneuerung abzuhalten.[95] Brunhild schrieb zurück, sie sei mit der Entsendung des Gesandten einverstanden. Doch wieder ist daraus nichts geworden, diesmal wahrscheinlich, weil politische Ereignisse unvermutet eingetreten waren.[96] Um das Jahr 601 wurde Brunhild durch den Adel mit der stillschweigenden Einwilligung ihres Enkels Theudebert, der jetzt fünfzehn Jahre alt war, aus Austrasia verbannt. Sie suchte Schutz bei Theodoric in Burgund und trachtete von dort aus, mit rücksichtsloser Zielbewußtheit die Vernichtung Theudeberts herbeizuführen. Schließlich führten die beiden Brüder gegeneinander Krieg. Im Jahr 612 wurde Theudebert gefangengenommen und getötet. Theodoric strebte jetzt danach, ganz Gallien unter seiner Herrschaft zu einigen. Er griff Chlothar II. von Neustria an, starb dann aber plötzlich im Jahr 613. Chlothar rächte sich in fürchterlicher Weise an der intrigierenden Königinmutter. Sie wurde gefangengenommen, drei Tage lang gefoltert, schließlich an den Schwanz eines ungezähmten Pferdes gebunden und zu Tode geschleift.[97]

Es ist klar, daß es Gregor in seinen Beziehungen zu Gallien wie in seinen Beziehungen zu Afrika nicht darum ging, Roms Macht zu erweitern. Seine Ziele waren sehr begrenzt. Zunächst suchte er die Hilfe von Bischöfen und Königen für die Mission des Augustinus auf dem Weg durch Gallien und für den Rektor Candidus zu gewinnen. Sein Hauptziel war jedoch, einige der Hauptmißstände in der gallischen Kirche anzupacken. Um dieses Ziel zu erreichen, arbeitete er mit Königin Brunhild und den von ihr Ernannten zusammen. Gregors Briefe sind voll von Hinweisen auf den Primat des hl. Petrus und auf den apostolischen Stuhl. Er lobte alle und jeden ob ihrer Liebe zum hl. Petrus, doch in der Praxis hat das nicht viel bedeutet. Wie er bei seiner Gewährung der Stellvertretung an Vergilius von Arles betonte, wollte er nur dann hinzugezogen werden, wenn die Ortsbischöfe unter sich über eine Sache nicht schlüssig werden konnten. Es sind keine Berufungen von Gallien nach Rom bekannt. Es gibt auch eine interessante Andeutung, daß für Gallien wie für Spanien das Papsttum mit dem byzantinischen Kaiserreich eng verbunden war. Vielleicht um ihre Lage im Kampf gegen Theudebert zu stärken, teilte Brunhild im Jahr 601 Gregor ihre Pläne für ein Bündnis mit dem Kaiserreich mit, worauf der Papst folgendermaßen antwortete: „Wir wünschen nichts sehnlicher, als daß mit Gottes Hilfe alles geschehe, was nur möglich, nützlich und dienlich ist, um Frieden zwischen Euch und dem Römischen Reiche zustande zu bringen."[98] Aus diesem Plan ist jedoch nichts geworden. Die Synode der Erneuerung blieb ein Wunsch, an dem Gregor bis zu seinem Todestag festhielt.

13. Kapitel

Gregor und der Osten

Der Streit über den Titel „ökumenischer Patriarch" beherrrschte Gregors Beziehungen zu der Kirche von Konstantinopel und hebt die beträchtliche Unsicherheit hervor, die Rom immer noch um seine Stellung empfand, sowie die Zähigkeit, mit der die Päpste ihren Primat gegen Angriffe verteidigten.[1] Zur Zeit von Gregors Wahl im Jahr 590 war der damalige Patriarch von Konstantinopel Johannes IV., „der Faster", der zum Patriarchen ernannt worden, als Gregor noch *apocrisiarios* war. Gregor kannte und anerkannte ihn und beschrieb ihn als „einen sehr bescheidenen, bei allen beliebten Mann, der sich mit Almosen, guten Werken, mit Beten und Fasten betätigte".[2] Gregor schickte ihm seine *synodica,* die seine Wahl zum Papst bekanntgab und seine Rechtgläubigkeit bezeugte. In einem Rundschreiben an die östlichen Patriarchen führt Gregor den Johannes an erster Stelle auf, womit er darauf hinwies, daß er seinen höheren Rang unter den östlichen Patriarchen anerkannte.[3] Bald lagen sie jedoch miteinander im Streit. Denn im Jahr 588 bei einem in Konstantinopel abgehaltenen Konzil zur Schlichtung der Angelegenheiten der Kirche von Antiochien war Johannes als „ökumenischer Patriarch" genannt worden. Als Papst Pelagius II. Abschriften der Akten des Konzils erhielt, erklärte er sofort jenen Teil davon für ungültig, der den Anstoß erregenden Titel enthielt. Er wies seinen *apocrisiarios* in Konstantinopel an, sich der Kirchengemeinschaft mit Johannes zu entziehen und formellen Protest zu erheben. Offensichtlich betrachtete er dies als Verstoß gegen den päpstlichen Primat. Anscheinend hat Johannes auf diesen Protest jedoch nicht reagiert. Gregor wiederholte ihn also und wies seinen eigenen *apocrisiarios* an, sich der Kirchengemeinschaft mit Johannes zu enthalten, es sei denn, daß er diesen Titel aufgebe.[4]

Der Streit zwischen den beiden Kirchen nahm bald greifbare Gestalt an und gab Rom die Gelegenheit, in Sachen der Berufungsgerichtsbarkeit den päpstlichen Primat zu behaupten. Zwei östliche Priester, Johannes von Chalcedon und Athanasius von Isaurien, denen vor dem Gericht des Patriarchen in Konstantinopel der Prozeß gemacht worden war und die der Häresie für schuldig befunden worden waren, legten Berufung in Rom ein, indem sie behaupteten, daß bei dem Gerichtsverfahren und den Urteilen Unregelmäßigkeiten vorgekommen seien. Gregor schrieb mehrere Briefe und bat den Patriarchen Johannes um eine

Erklärung des Falles. Johannes, der die ersten Anfragen nicht beachtet hatte, antwortete schließlich, darüber nichts zu wissen. Hierdurch erzürnt schrieb Gregor im Juli 593 einen scharfen und äußerst sarkastischen Brief, in dem er andeutete, Johannes stehe unter dem Einfluß von bösen Ratgebern. Er, Gregor, könne deswegen seiner natürlichen Neigung nicht folgen, nämlich auf seine kanonischen Rechte zu verzichten und den Fall an Johannes zu übergeben. Der Papst schlug vor, falls Johannes das Richtige tun wolle, werde er die beiden Priester zurückschicken. Johannes solle sie entweder in ihren früheren Stand zurückversetzen oder mit ihnen korrekt nach dem Kirchenrecht verfahren. „Tut Ihr keines von beiden, so wollen Wir nicht gerade Streit anfangen, doch werden Wir jeden aufnehmen, der zu Uns kommt".[5]

Am Kaiserhof war man ob der sich verschlechternden Beziehungen zwischen den beiden Kirchen besorgt. Der General Narses, der sowohl Gregor als auch Johannes kannte, schrieb an den Papst, um ihm zu versichern, Johannes wolle die Kirchengesetze beobachten. Im August 593 antwortete Gregor, er sei entschlossen, mit aller Kraft und Autorität die Angelegenheit durchzuführen. „Sehe ich, daß die Canones des Apostolischen Stuhls nicht beobachtet werden, dann wird mir Gott zeigen, was ich gegen diejenigen tun soll, die sie verachten".[6] Gregor wies seinen *apocrisiarios* Sabinian an, Johannes bezüglich der Sache zu drängen. Johannes gab schließlich nach und schrieb ihm im Sommer des Jahres 595 einen nach der Beschreibung des Papstes „äußerst freundlichen und vernünftigen Brief". Zudem schickte er das Beweismaterial im Falle der beiden Priester nach Rom.[7] Die Fälle wurden ordnungsgemäß verhandelt. Die Priester Johannes und Athanasius wurden von der Anklage der Häresie freigesprochen, in ihren früheren Stand zurückversetzt und nach Konstantinopel zurückgeschickt. Gregor schrieb an den Patriarchen und an den Kaiser, begründete seine Entscheidung und empfahl die zurückkehrenden Priester ihrem Schutz.[8]

Den Patriarchen Johannes dazu gebracht zu haben, Roms Berufungsgerichtsbarkeit anzuerkennen, war für Gregor ein großer Sieg. Offensichtlich ärgerte dies den Patriarchen, denn er unterstrich erneut seinen Titel eines „ökumenischen Patriarchen", um Gregor auf diese Weise an seine Stellung zu erinnern. Gregor erklärte zornig, in den Akten des Prozesses gegen den Priester Johannes würde der Patriarch in fast jeder Zeile „ökumenischer Patriarch" genannt. Gregor betrachtete dies offensichtlich als eine beabsichtigte Kränkung und protestierte sowohl beim Patriarchen Johannes als auch bei Kaiser Mauritius. Der Kaiser schrieb nun an Gregor und ermahnte ihn, mit Johannes Frieden zu halten. Im Juni 595 warf Gregor seinem *apocrisiarios* Sabinian vor, er unterrichte den Kaiser nicht richtig darüber, was eigentlich auf dem Spiel stand, und er lasse es zu, daß der Patriarch den Kaiser irreführe. Er wiederholte seinen Entschluß, nicht nachzugeben: „Wir bleiben auf dem richtigen Weg, und dabei fürchten Wir außer dem allmächtigen Gott nichts."[9] Er versicherte jedoch, gemäß dem Wunsch des Kaisers einen freundlichen und vernünftigen Brief schreiben zu wollen, um den Patriarchen von seinem Irrweg zu überzeugen. Der Brief ist erhalten geblieben. Wenn dies einer von Gregors „vernünftigen" Briefen ist, dann kann man sich vorstellen, wie einer seiner „unvernünftigen" Briefe ausgesehen haben mag.[10] Gregors Brief war bitter, drohend und verdammend. Er hielt Johannes eine Strafpredigt über die Demut: „Obwohl es Eures Amtes ist, andere die Demut zu lehren, habt Ihr selbst noch nicht die Grundlage der Demut gelernt. Mein Bruder, liebt die Demut und versucht nicht, Euch selbst zu erheben, indem Ihr Eure Brüder erniedrigt. Gebt diesen unbesonnenen Titel, dieses Wort der Eitelkeit und der Torheit auf, das den Frieden der ganzen Welt stört." Indem er sich für sein Thema erhitzte, nahm er einen apokalyptischen Ton an; er nannte die Handlung des Patriarchen den Vorboten des Antichrist und verglich ihn mit Luzifer: „Und jetzt wüten Pest und Schwert überall in der Welt, Volk erhebt sich gegen Volk, der ganze Erdkreis ist erschüttert, Städte samt ihren Einwohnern werden von der sich spaltenden Erde verschlungen. Denn alles das, was vorhergesagt wurde, ist nun eingetroffen. Der König des Hochmuts ist nah und es ist schrecklich zu sagen, es gibt ein Heer von Priestern, das ihm den Weg vorbereitet. Denn diejenigen, die zu Anführern der Demut ernannt worden waren, erheben den steifen Nacken des Hochmuts." Dies alles ergibt sich aus der Annahme des Titels eines „ökumenischen Patriarchen". Das ist eine herrliche Rhetorik „des Höllenfeuers und der Verdammnis". Aber sie unterstreicht doch einen von Gregor sehr tief empfundenen Punkt: Es gibt eine von Gott eingesetzte Hierarchie, und jede Störung in dieser Hinsicht würde zum Chaos und zur Verwirrung führen.

Das Haupt der von Gott eingesetzten Hierarchie innerhalb der Kirche war selbstverständlich der Papst. Der Beschützer der Kirche und ihr weltlicher Herr war der Kaiser. Gregor unterstrich diese beiden Tatsachen, als er sowohl an den Kaiser Mauritius als auch an die Kaiserin Constantina über dieses Thema schrieb.[11] Er forderte Mauritius auf, den „bösen Titel" unterdrücken zu helfen, und erinnerte ihn an seine Verantwortung innerhalb der konstantinischen Ordnung der Dinge: „Wer sich also dazu nicht herablassen will, den Kirchengesetzen zu gehorchen, der muß durch die Befehle meines allerfrömmsten Herrn gezwungen werden." – „Da es sich nicht um meine, sondern um Gottes Sache handelt, da nicht allein ich besorgt bin, sondern mit mir die ganze Kirche, da heilige Gesetze, ehrwürdige Synoden, ja die Vorschriften unseres Herrn Jesus Christus selbst durch die Erfindung eines gewissen hochtrabenden Titels verletzt werden, so möge der allerfömmste Kaiser diesen Ansteckungskeim herausschneiden und, wenn der Patient sich wehrt, ihn mit den Fesseln der kaiserlichen Gewalt binden." Er gab auch deutlich zu verstehen, daß er den Titel als eine Bedrohung des päpstlichen Primats betrachtete, indem er den Primat eindeutig bestimmte und dann hinzufügte, weil der Papst niemals „allgemeiner Bischof" genannt wurde, dürfte kein anderer so genannt werden. Er suchte ebenfalls die Kaiserin dazu zu bringen, auf ihren Gatten Druck auszuüben: „Mein durchlauchtigster Gebieter hat mich betrübt, weil er den nicht zurechtgewiesen hat, der sich Anmaßungen erlaubt, weil er vielmehr mich von meinem Streben abzubringen sucht, obwohl ich in dieser Sache nur die Grundsätze des Evangeliums, der Kirchengesetze, der Demut und der Gerechtigkeit verteidige. Mein erwähnter Bruder und Mitbischof handelt eben in dieser Sache gegen den Geist des Evangeliums, gegen den hl. Apostel Petrus, gegen alle Kirchen und gegen die Vorschriften der Kirchengesetze."

Gregor suchte außerdem die Unterstützung seiner Freunde, der Patriarchen Eulogius von Alexandrien und Anastasius von Antiochien, in seinem Kampf gegen Johannes zu gewinnen und so eine geschlossene Front zu schaffen. Er schrieb an sie beide, brandmarkte den anstößigen Titel und gab seine Gründe an: „Durch einen neuen Akt von Stolz wird die ganze Kirche in ihrem tiefsten Grund erschüttert."[12] Keiner der beiden Patriarchen jedoch verstand, warum sich Gregor ärgerte. Beide nahmen an, daß Gregor die Anwendung des Titels ausschließlich sich selbst vorbehalten wollte. Anastasius schrieb zurück, warnte Gregor vor der Sünde des Hochmuts und des Neids und erklärte, die Sache sei unwichtig. Traurig beschrieb Gregor seinen Brief als „stechend wie eine Biene".[13] Eulogius schrieb, er würde es gemäß Gregors Befehl, den er „allgemeinen Papst" nannte, unterlassen, den Patriarchen von Konstantinopel mit dem Titel „allgemeiner Patriarch" anzureden. Verärgert schrieb Gregor, daß er keine Befehle geben, sondern nur Vorschläge machen wollte. Auch wolle er den Titel nicht für sich selbst haben, sondern ihn im Interesse der allgemeinen Demut ganz unterdrücken.[14] Keiner der beiden Patriarchen beteiligte sich jedoch an dem Kampf. Gregors Versuch, gegen die „hochmütige Anmaßung" des Patriarchen Johannes eine geschlossene Front zu schaffen, schlug völlig fehl.

Als Johannes am 2. September 595 starb, war der Streit immer noch nicht beigelegt worden. Nach einiger Überlegung ernannte Kaiser Mauritius den Cyriacus, *oeconomos* der Kirche von Konstantinopel, zu seinem Nachfolger. Mauritius schrieb an Gregor und wies ihn an, die Gesandten gütig zu empfangen, welche die Synodalschreiben von Cyriacus überbrachten, und keine weitere Unruhe ob eines „frivolen Namens" zu stiften.[15] Gregor kannte und anerkannte Cyriacus: „Inmitten ungestümer Menschenmengen behielt er stets ein ruhiges Herz und blieb bei einem vornehmen Betragen immer zurückhaltend."[16] Offensichtlich hoffte er, daß mit Cyriacus eine Schlichtung möglich sein würde. Im Oktober 596 schrieb er an den Kaiser und lobte dessen Wahl des neuen Patriarchen. Zusammen mit den Gesandten feierte er die hl. Messe. Er schrieb an Cyriacus und begrüßte seine Ernennung, er forderte ihn jedoch dringend auf, keinen Grund zum Zwist zwischen ihnen aufkommen zu lassen.[17] Cyriacus machte jedoch keine Anstalten, den Titel abzulegen. Im Juni 597 teilte

Gregor dem Eulogius von Alexandrien mit: „Es gibt einen schwerwiegenden Streit zwischen uns wegen der Nennung eines unheiligen Namens."[18] Er forderte Cyriacus dringend auf, den Titel fallen zu lassen. Dem Kaiser teilte er mit, er könnte nicht etwas als eine „Nichtigkeit" betrachten, das das Erscheinen des Antichrist anzeige.[19] Die östliche Obrigkeit beachtete einfach seine Appelle nicht, und Cyriacus machte weiterhin von dem Titel Gebrauch.

Unentmutigt führte Gregor den Kampf weiter. Als er im Jahr 599 erfuhr, daß die Bischöfe von Ost-Illyricum zur Teilnahme an einer Synode in Konstantinopel eingeladen wurden, warnte er sie davor, irgend etwas zu tun, das den Gebrauch des Titels „Ökumenischer Patriarch" gutheißen würde.[20] Im Juli 603 schrieb er wieder einmal an Cyriacus und forderte ihn dringend auf, den Titel aufzugeben und den Frieden in der Kirche wiederherzustellen. Bei Gregors Tod war der Streit immer noch nicht beigelegt.[21]

Die Ironie bei alledem ist, daß die ganze Sache auf einem Mißverständnis beruht. Gregor betrachtete den Titel „ökumenischer Patriarch" als einen Angriff auf den Primat Roms und gab ihm den Sinn „allgemein" und „höchst", wie er andeutete, als er den Patriarchen Johannes IV. mit Luzifer verglich: „Er ahmt ihn nach, der die Freuden der Gemeinschaft mit den Legionen von Engeln verachtend, die Höhe des alleinigen Vorrangs anstrebte." Doch der Titel bedeutete nicht das, was Gregor meinte. Er bedeutete die höchste Stellung innerhalb seines Patriarchats, nicht aber über die anderen Patriarchen. Der Titel war im sechsten Jahrhundert sowohl Päpsten als auch Patriarchen gewährt worden. Im siebenten Jahrhundert, als er sie zur Teilnahme am sechsten allgemeinen Konzil der Kirche einlud, nannte Kaiser Konstantin IV. sowohl den Papst als auch den Patriarchen „ökumenisch", womit er die Nichtausschließlichkeit des Titels unterstrich. Die Antwort der Patriarchen von Alexandrien und von Antiochien auf Gregors Bedenken bestätigt, daß sie die Bedeutung von „ökumenisch" in diesem Zusammenhang verstanden und es nicht begreifen konnten, warum man viel Aufhebens davon machte. Die Tatsache jedoch, daß der Osten nichts tat, um die Befürchtungen des Papstes zu beschwichtigen, läßt vermuten, daß der Titel hauptsächlich weitergeführt wurde, um den Papst zu ärgern. Im Jahr 607 erließ Kaiser Phocas auf Ersuchen von Papst Bonifatius III.[22] eine Bestätigung des päpstlichen Primats. Die Patriarchen von Konstantinopel jedoch führten den Titel „ökumenischer Patriarch" weiter. Schließlich gaben die Päpste den Kampf auf und eigneten sich den Titel selbst an.[23]

Von diesem Streit abgesehen, gab es mit der Ostkirche verhältnismäßig wenig Kontakt, obwohl Gregor einen regelmäßigen und freundlichen Briefwechsel über theologische und geistliche Themen mit den Patriarchen Eulogius von Alexandrien und Anastasius von Antiochien und mit des Kaisers Vetter, Bischof Domitian von Melitene, führte. Anastasius war sein Freund gewesen, als Gregor *apocrisiarios* war. Er war im Jahr 570 als Patriarch von Antiochien abgesetzt worden und als einfacher Bürger nach Konstantinopel gezogen. Gregor schätzte seine Gesellschaft so sehr, daß er ihn, nachdem er Papst geworden war, nach Rom einladen wollte. Als jedoch Patriarch Gregor von Antiochien starb, wurde Anastasius zur großen Freude des Papstes im Jahr 593 wieder auf den Patriarchenthron gesetzt. Es ist möglich, daß er im stillen für seine Wiedereinsetzung geworben hat.[24]

Auch wenn Gregor die Rolle des Kaisers in der Kirche hinnahm, gab es doch Situationen, wo seine *Romanitas* und seine *Christianitas* zueinander im Widerspruch standen. Sein Bemühen darum, die beiden miteinander in Einklang zu bringen und mit dem Kaiser einen offenen Streit zu vermeiden, veranschaulicht aufschlußreich die Wesenselemente seiner früher erörterten Weltanschauung. Das vielleicht schwerwiegendste Problem, das zugleich die Art seiner Antwort trefflich zeigt, wurde im Jahr 593 akut. Kaiser Mauritius schickte an Gregor einen neuerdings veröffentlichten Erlaß, wonach kein Staatsbeamter ein Kirchenamt übernehmen oder in ein Kloster eintreten und kein Soldat Mönch werden durfte, ehe seine Dienstzeit abgelaufen sei. Vom Standpunkt der Regierung her war dies eine vernünftige Maßnahme, um den chronischen Verlust an Personal in der Zivilverwaltung bzw. an Kampfkraft im Heer einzudämmen. Denn beide Institutionen verloren Leute an die Klöster und die Kirchen, wenn die Verpflichtungen zu beschwerlich und drückend wurden. Gregor verstand das Problem und stellte das Recht des Kaisers, dies gesetzlich zu regeln, gar nicht in Frage. Er war auch damit einverstanden, daß kein Staatsbeamter ein Kirchenamt übernehmen dürfe: „Denn einer, der das Weltkleid auszieht, um schnell ein Kirchenamt zu übernehmen, wechselt nur die Stellen, will aber die Welt nicht verlassen.“ Das Klosterverbot war jedoch eine andere Sache, und Gregor konnte sie nicht billigen:[25] „Ich kann nicht schweigen, weil ich sehe, daß diese Bestimmung gegen Gott, den Schöpfer aller, gerichtet ist. Dazu ist ja meinem gottesfürchtigsten Herrn die Gewalt vom Himmel über alle Menschen gegeben worden, auf daß er die unterstütze, die nach dem Guten streben, daß der Weg zum Himmel weit geöffnet und das irdische Reich dem Himmelreich dienstbar sei. Und siehe, man sagt es offen heraus: Wer einmal in den irdischen Kriegsdienst eingereiht ist, der darf für den Herrn Jesus Christus nicht kämpfen – außer nach Ablauf seiner Dienstzeit und im Fall körperlicher Untauglichkeit. Siehe, darauf erwidert Christus durch mich, den letzten seiner und Eurer Knechte: Ich habe Dich vom Notar zum Anführer der Leibgarde, vom Anführer der Leibgarde zum Cäsar, vom Cäsar zum Kaiser erhoben, und nicht allein dies, ich habe Dich auch zum Vater von Kaisern gemacht. Ich habe meine Priester Deiner Hand übergeben und Du hältst Deine Soldaten von meinem Dienst ab! Antworte denn, ich bitte Dich frömmster Kaiser, Deinem Knecht: Was wirst Du im Gericht dem Herrn antworten, wenn er kommt und dieses zu Dir spricht ... Ich habe mich zwar dem Befehl gefügt und dieses Gesetz in die verschiedenen Landesteile senden lassen: Weil es aber im Widerspruch gegen den allmächtigen Gott steht, so habe ich mich mit dieser Vorstellung an den höchsten Herrn gewandt. Nach beiden Seiten hin habe ich also meine Pflicht erfüllt, indem ich sowohl dem Kaiser Gehorsam leistete als auch für Gott meine Meinung nicht verschwieg."

Bezeichnenderweise sandte Gregor den Brief nicht an seinen *apocrisiarios*, um ihn offiziell übergeben zu lassen. Statt dessen schickte er ihn an des Kaisers Leibarzt Theodor, der ihn vertraulich übergeben sollte: „Denn Ihr könnt bei der vertraulichen Natur Eures Dienstes freimütiger und aufrichtiger ihm sagen, was seiner Seele frommt. Er ist ja von vielen Dingen in Anspruch genommen und kaum findet man seinen Geist ohne schwere Sorgen. Rede also Du, mein ruhmwürdiger Sohn, für Christus. Hört man auf Dich, so hast Du für Deine und Deines Herrn Seele Gewinn erworben. Hört man Dich nicht, so hast Du für Dich allein gewonnen."[26]

Diese klassische päpstliche Antwort zeigt sowohl *Romanitas* (in ihrer Hinnahme der Rechte des Kaisers und in der gehorsamen Weitergabe eines Gesetzes, mit dem der Papst nicht einverstanden ist) als auch *Christianitas* (indem sie sucht, durch Einwendung das Gesetz zu ändern, mit dem klaren Wunsch jedoch, einen offenen Streit zu vermeiden). Dies machte sich bezahlt, denn nach langen Verhandlungen war der Kaiser mit einer Einschränkung des Gesetzes einverstanden, und zwar dahingehend, daß kein *curilis* in einem Kloster aufgenommen werden durfte, bis er aus seinen öffentlichen Verpflichtungen amtlich entlassen wurde, und kein Soldat, bis sein früheres Leben sorgfältig untersucht wurde und er drei Jahre im Noviziat verbracht hatte, um festzustellen, ob er eine echte Berufung habe oder lediglich aus seinen militärischen Verpflichtungen zu entkommen suche. Das gemäßigte Gesetz wurde im Jahr 597 erlassen und mit dem Segen des Papstes an die Metropoliten des kaiserlichen Westens versandt.[27]

Im Jahr 591 verordnete der Kaiser, daß Bischöfe, die vor den Einfällen der Barbaren fliehen mußten, von Bischöfen in sicheren Gebieten aufgenommen und betreut werden sollten. In einem Rundschreiben an die Bischöfe von Illyricum bestätigte Gregor diese Anordnung. Doch er ermahnte, dies bedeute nicht, daß sie ihre bischöfliche Macht über die Flüchtlinge ausüben sollen.[28] Denn er erkannte, daß darin eine Gefahr für die bestehende kirchliche Einrichtung lag. Diese Gefahr zeigte sich, als der geflüchtete Bischof Johannes von Euria zur Insel Corfu Zuflucht nahm und den Schutz von Bischof Alcyson von Corcyra erbat. Johannes bat den Kaiser um bischöfliche Machtbefugnissse über die eurianische Flüchtlingsgemeinschaft, die sich zu Castrum Cassiopi niedergelassen hatte. Der Kaiser gewährte ordnungsgemäß die Bitte, ohne einzusehen, daß er damit eigentlich eine neue Diözese schuf und die Bischofsrechte von Bischof Alcyson verletzte. Alcyson erhob Einspruch, und der Kaiser wies den Metropoliten von

Epirus, Bischof Andreas von Nicopolis, an, den Fall zu untersuchen und darüber gemäß dem Kirchenrecht zu befinden. Andreas entschied zugunsten von Bischof Alcyson, Gregor seinerseits bestätigte die Entscheidung kraft der Auctoritas des Heiligen Stuhls. Ehe der Rechtsspruch jedoch in Kraft treten konnte, starb der Bischof Andreas, wurde Kaiser Mauritius abgesetzt. Der neue Kaiser Phocas bestätigte erneut die ursprüngliche kaiserliche Entscheidung. Gregor schrieb also an seinen *apocrisiarios* Bonifatius in Konstantinopel und forderte ihn dringend auf, Kaiser Phocas den Tatbestand vom Urteil des Bischofs Andreas vorzulegen und ihn dazu zu bringen, seine Entscheidung zu widerrufen. Gregor fügte hinzu: „Ich hielt es für richtig, meine Entscheidung nicht zu veröffentlichen, um nicht den Anschein zu erwecken, gegen die Befehle meines erhabensten Herrn, des Kaisers, oder aus seiner Mißachtung zu handeln." Er war offenbar der Überzeugung, daß er recht hatte. Seine Politik war jedoch eher eine Verständigung als eine Konfrontation. Und sie hatte Erfolg. Im Januar 604 nahm die Sache ein Ende, als Johannes von Euria darin einwilligte, seinen Anspruch aufzugeben, vorausgesetzt, daß er die irdischen Überreste des hl. Donatus, die er mitgebracht hatte, in Castrum Cassiopi beisetzen durfte. Die Erlaubnis wurde gewährt. Wieder einmal scheint es, daß sich die Bischöfe zunächst an den Kaiser und nur als letzten Ausweg an den Papst wandten. Der Kaiser hat hier jedoch keineswegs bewußt versucht, die Macht des Papstes zu schmälern. Es war einfach so, daß die Fälle in den Verwaltungsschlund des Reichs gerieten und der unerbittlichen bürokratischen Maschinerie zugeleitet wurden.[29]

Während Gregor gewissenhaft zu behaupten suchte, was rechtlich und kirchlich richtig war, so war er doch Realist genug, um einzusehen, daß Überlegungen der Landessicherheit und der Außenpolitik dies manchmal unmöglich machen konnten. Das ist eine Einsicht, die seine Einstellung im Falle von Johannes von Prima Justiniana erklärt. Im Februar 601 erfuhr Gregor von seinem *apocrisiarios* Anatolius, daß Kaiser Mauritius den Erzbischof Johannes von Prima Justiniana, der nicht nur der Metropolit von Dazien, sondern auch der apostolische Stellvertreter war, absetzen und ersetzen wollte. Im Jahr 594 war Johannes als Erzbischof gewählt worden, um einen früheren Erzbischof Johannes abzulösen, der im Streitfall um Hadrian von Theben durch Gregor gerügt und exkommuniziert worden war. Dazien war eine Grenzprovinz, offenbar war die Erneuerung ihres Metropoliten von großem Interesse für den Kaiser. Bei der Bestätigung der Wahl und der Übergabe der Stellvertretung hatte Gregor so nebenbei vermerkt, daß die Wähler „den Willen des Kaisers" in Betracht gezogen hätten. Im Jahr 601 schon litt Erzbischof Johannes jedoch an *aegritudo capitis,* wahrscheinlich ein höflicher Ausdruck für Wahnsinn. Gregor hatte volles Verständnis für des Kaisers diesbezügliche Sorgen. Mauritius fürchtete, „wenn die Stadt ohne die Autorität eines Bischofs gelassen werde, dann könnte sie durch den Feind zerstört werden, was Gott verhüte". Doch

Gregor schrieb, daß es kirchenrechtswidrig sei, einen Bischof wegen Krankheit abzusetzen. Der richtige Weg wäre, entweder einen Koadjutor zu ernennen, um die Arbeit zu verrichten, bis sich der Bischof erhole, oder daß der Bischof selber um die offizielle Erlaubnis ersuche, zurückzutreten.

Zum Schluß seines Briefes gab Gregor jedoch zu: „Aber wenn er (der Bischof) nicht um die Erlaubnis bittet, zurückzutreten, hat unser frömmster Herr die Macht, zu tun, was ihm gefällig ist. Er möge solche Maßnahmen treffen, die er für richtig hält. Er darf von uns jedoch nicht erwarten, daß wir uns an der Absetzung dieses Mannes beteiligen. Wenn seine Handlung dem Kirchenrecht gemäß ist, dann bestätigen wir sie. Wenn sie es nicht ist, dann beugen wir uns ihr, sofern wir es ohne Sünde tun können.“[30]

Als der Kaiser ihm befahl, die an den „Drei Kapiteln“ festhaltenden Schismatiker nicht zu beunruhigen, gehorchte Gregor, obwohl er der Meinung war, daß die Interessen der Kirche politischen Intentionen zum Opfer gebracht wurden. Es ist bemerkenswert, daß sämtliche erörterten Rechtsfälle Bistümer innerhalb Gregors patriarchalischer Gerichtsbarkeit betrafen. Trotzdem gab es keinen unbeugsamen Versuch von seiten des Papstes, die Entscheidungen des Kaisers sofort abzulehnen. Wohl gab Gregor manchmal seinem Ärger Ausdruck und beharrte auf seinem Standpunkt, wie in der Angelegenheit bezüglich des Maximus von Salona. Er bedauerte das Eingreifen des Kaisers: „Wenn die mir übergebenen Rechtsfälle der Bischöfe von meinem allerfrömmsten Herrn unter dem Einfluß anderer entschieden werden, wie soll ich denn diese Kirche verwalten?“ Trotzdem suchte er seine seit langem gemachte Unterscheidung aufrechtzuerhalten, indem er sagte, daß er auf Befehl des Kaisers Maximus dessen Ungehorsam und dessen Verachtung ihm gegenüber verzeihen würde, daß er aber die Verletzungen des Kirchenrechts nicht übersehen könnte. Diese Beispiele zeigen, daß Gregor eine konsequente Politik bezüglich des Eingreifens des Kaisers in kirchliche Angelegenheiten verfolgte. Es war nicht so sehr eine Antwort nach zweierlei Maß, als vielmehr nach getrennten Ebenen, die seinen Wunsch zeigt, Kirche und Reich in Einklang zu halten und das Gleichgewicht zwischen *Romanitas* und *Christianitas* aufrechtzuerhalten.

Trotz Gregors Treue dem Reich gegenüber und trotz seiner Bereitschaft, Kompromisse zu schließen, soweit dies der Glaube zuließ, ist es klar, daß ihm die Beschlüsse von Kaiser Mauritius ein Dorn im Fleisch waren. Denn nur so kann die unverhohlene Freude des Papstes über die Nachricht vom Tod des Kaisers erklärt werden. Infolge des Befehles von Mauritius an die Balkanarmee, aus Gründen der Sparsamkeit jenseits der Donau zu überwintern, meuterte im Jahr 602 das Heer und marschierte gegen die Hauptstadt. Als ihren Führer wählten die Soldaten einen harten, groben und ungehobelten Hauptmann namens Phocas. Ursprünglich planten sie, Kaiser Mauritius abzusetzen und ihn durch ein anderes Mitglied der Kaiserfamilie zu ersetzen. Bei Annäherung des Heeres kam es jedoch zu einem Aufstand in der Hauptstadt, und die kaiserliche Familie flüchtete. Das Ergebnis war, daß Phocas als Kaiser ausgerufen und am 23. November durch den Patriarchen gekrönt wurde, um eine der katastrophalsten Herrschaften in der ganzen Geschichte des Reichs einzuleiten. Als ihre Flucht durch schlechtes Wetter und schlechte Gesundheit aufgehalten wurde, suchte die kaiserliche Familie Schutz in einer Kirche. Dort wurde sie gefangen, sobald Phocas' Kohorten sie entdeckten. Mauritius wurde gezwungen, zuzuschauen, wie seine vier jüngeren Söhne vor seinen Augen niedergemetzelt wurden. Dann wurde er selbst enthauptet. Kurz danach wurde sein ältester Sohn und Mitkaiser Theodosius, das Patenkind des Papstes, hingerichtet. Die Kaiserin und ihre drei Töchter wurden zunächst in einem Frauenkloster eingesperrt. Aber im Jahr 605 wurden auch sie unter dem Verdacht der Verwicklung in ein Komplott gegen den neuen Kaiser hingerichtet. Mauritius war ein gewissenhafter, fleißiger und hingebungsvoller Herrscher gewesen. Doch seine Politik der Geldknappheit und der Sparsamkeit, wozu die kostspieligen Kriege im Ausland zwangen, hatte ihn überall unbeliebt gemacht. Das hatte schließlich zu seinem Sturz geführt. Im Vergleich mit ihm war Phocas ein rauher und unfähiger Tyrann, dessen Grausamkeit und Mißwirtschaft bald das Volk den unglücklichen Mauritius zurückwünschen ließ.

Als im Frühjahr 603 die Nachricht vom Sturz des Mauritius und von der Thronbesteigung des Kaisers Phocas in Rom eintraf, schrieb Gregor hocherfreut an den neuen Kaiser:[31] „Ehre sei Gott in der Höhe, welcher, wie geschrieben steht, die Zeiten ändert und die Regierung auf andere überträgt. Die ganze Welt hat erfahren, wie wahr es ist, was der Herr durch seinen Propheten spricht: ‚Der Allerhöchste herrscht im Reiche der Menschen und gibt dasselbe, wem er will.' Denn nach der unbegreiflichen Anordnung des allmächtigen Gottes wechseln die Geschicke im sterblichen Leben und bisweilen, wenn die Sünden vieler eine Bestrafung erfordern, wird einer erhöht, durch dessen Härte der Nacken der Untertanen unter das Joch der Trübsal gebeugt wird, was wir längere Zeit hindurch zu unserem Schmerze erfahren haben. Bisweilen aber beschließt der barmherzige Gott, die Herzen vieler mit seinem Trost zu erquicken, und befördert einen zur obersten Leitung, durch dessen erbarmungsreiches Herz er in alle Seelen gnadenvolle Wonne ergießt."

Gewiß war die byzantinische diplomatische Sprache immer überschwenglich, und gewiß mußte Gregor die Thronbesteigung begrüßen. Aber der Ton des Jubels darüber, daß ein lästiger Kaiser endlich aus dem Weg geschafft worden war, ist unmißverständlich. Gregor kann nicht ohne Kenntnis darüber gewesen sein, daß ein Blutbad die Beendigung der Herrschaft des Mauritius begleitet hatte und daß eines der Opfer sein eigenes Patenkind gewesen war. Unter diesen Umständen kann man die päpstliche Freude nur als unwürdig und unangebracht beschreiben. Das ist ganz bestimmt ein Makel auf seinem Ruf.

Aus einer Untersuchung von Gregors Beziehungen zum Osten wie auch zum Westen geht ganz klar hervor, daß es keine zweigleisige Politik, keine Steigerung der Aktivitäten in Gallien oder in Spanien, keine Abdankung der Primatsautorität gegeben hat. Gregors Ziele im Osten wie im Westen waren die gleichen: die Bewahrung des Glaubens, die Aufrechterhaltung guter Beziehungen zum Staat und die Verteidigung von Roms Vorrangstellung.

14. Kapitel
Gregors missionarische Tätigkeit

Den wahren Glauben zu predigen und alle Abweichungen davon auszuschließen war ein Schlüsselelement in Gregors Weltanschauung. Es machte eines der Hauptanliegen der fortlaufenden Politik seines Pontifikates aus. Die Häresie, die er betont als „den heißen Wind aus dem Süden" beschrieb, verstieß nicht nur gegen den wahren Glauben, sie verstieß ebenfalls gegen Gregors Haltung der Demut. Er schrieb sie der Sünde des Hochmuts zu. Häresie bedeutet, sich über die Weisheit der Kirchenväter zu stellen: „Denn der Ort der Häretiker ist der Hochmut selbst ... der Ort der Gottlosen ist der Hochmut, so wie umgekehrt die Demut der Ort des Guten ist."[1] Er zog über die Manichäer her, obwohl es zu diesem Zeitpunkt wenig Beweise dafür gibt, daß sie eine Gefahr darstellten.[2] Er ermutigte Königin Theodelinda und König Reccared bei ihrem Feldzug gegen den Arianismus, er selbst jedoch tat wenig für ihre Bekehrung. Seine Haupttätigkeitsbereiche waren das Judentum, das Heidentum und das Schisma. Alle drei Gruppen wurden von Gregor angegriffen, wobei er Gewalt, Predigt oder Bestechung anwandte; manchmal sogar alle drei.

Gregor betrachtete das Judentum nicht als eine Religion, sondern als einen Aberglauben *(superstitio)*, dessen Anhänger der Rettung bedurften. Ihre Behandlung zeigt sowohl seine *Romanitas* als auch seine *Christianitas* in Aktion. Das Judentum wurde nicht durch das Gesetz geächtet. Dem Gesetz nach durften Juden wegen ihrer Religion nicht verfolgt und ihre Synagogen weder zerstört noch geplündert werden. Trotzdem unterlagen sie schwerwiegenden gesetzlichen Nachteilen. Sie durften keine Konvertiten machen, keine Nichtjuden heiraten, keine christlichen Sklaven besitzen, keinerlei Amt bekleiden, nichts vererben und keine neuen Synagogen bauen. Noch schwerwiegender für die Juden war es, daß sie ihre Sklaven nicht beschneiden durften, obwohl der Talmud darauf bestand. Die Samariter, obwohl dem Gesetz nach als Sekte unterschieden, unterlagen denselben Bestimmungen.[3]

Bezeichnenderweise war Gregor bemüht, den Juden ihre gesetzlichen Rechte zu erhalten und sie, wenn möglich, doch zum wahren Glauben zu bekehren. Aber über die Rechte der Juden war er sich völlig im klaren: „Wir lassen es nicht zu, daß die Juden unbillig unterdrückt und gequält werden. Gemäß der ihnen durch das römische Gesetz gewährten Handlungsfreiheit sollen sie nach eigenem

Gutdünken ihre Angelegenheiten selbst regeln und keiner soll sie daran hindern."[4] Wiederum: „Denn wie es den Juden nicht gestattet sein kann, mit ihren Synagogen sich mehr herauszunehmen, als ihnen das Gesetz erlaubt, so darf ihnen auch kein Rechtsnachteil in dem widerfahren, was ihnen gesetzlich zusteht."[5] Aber für Gregor gab es neben seiner echten Liebe zur Gerechtigkeit auch gute praktische Gründe, warum man bei den Juden keine Unruhe stiften sollte, die in den meisten Großstädten Italiens wohnten. An Januarius von Caralis schrieb er über einen jüdischen Rechtsfall: „Gerade zur gegenwärtigen Zeit, wo der Feind Furcht verbreitet, darf keine Spaltung unter Eurem Volk bestehen."[6]

Es gab mehrere Fälle, wo der Papst eingegriffen hat, um die Interessen der Juden in Schutz zu nehmen. Im Jahr 591, als sich die Juden von Terracina beschwerten, daß Bischof Petrus ihre Synagoge beschlagnahmt und sie aus ihr vertrieben hätte, weil man ihr Singen in einer in der Nähe liegenden christlichen Kirche hören konnte, befahl Gregor, daß ihnen ein anderes Gebäude in der Stadt als Synagoge übergeben werden sollte, wo sie ungestört ihre Gottesdienste feiern konnten.[7] Im Jahr 599 war am Ostersonntag eine von einem bekehrten Juden geführte Rotte zügelloser Christen in eine Synagoge in Caralis eingebrochen und hatte dort ein Kreuz, ein Bild der Jungfrau und ein Taufkleid aufgestellt, wodurch sie die Juden daran hinderten, ihren Gottesdienst zu feiern. Gregor wies den Erzbischof Januarius an, die Gegenstände zu entfernen und die Synagoge für den jüdischen Gottesdienst wieder instand zu setzen.[8] Im Jahr 598 beschlagnahmte Viktor von Palermo eine jüdische Synagoge und weihte sie als christliche Kirche. Obwohl er die Weihe nicht wieder rückgängig machen konnte, befahl Gregor, daß der Bischof den Juden den vollen Wert der Synagoge auszahlen und die in ihr beschlagnahmten Bücher und Schmucksachen zurückgeben sollte.[9]

Gregor war aber genauso bestrebt, den Mißbrauch des Gesetzes von seiten der Juden, vor allem den Besitz von christlichen Sklaven zu verhindern. „Es ist ganz verderblich und abscheulich für Christen, bei Juden im Sklavendienst zu stehen", erklärte er und bekämpfte stets den Besitz und die Beschneidung von christlichen Sklaven durch jüdische Herren.[10] Im Jahr 593 schrieb Gregor an den Prätor Libertinus von Sizilien und forderte ihn dringend auf, gegen einen Juden sofortige und strenge Maßnahmen zu ergreifen, der nicht nur christliche Sklaven in seinem Besitz hatte, sondern sie zu seinem Glauben bekehrt hatte. Sein Vorgehen blieb deshalb unbestraft, weil er den früheren Prätor Justin bestochen hatte.[11] Die Sklaven sollten sofort befreit werden. Auch judaisierende Tendenzen bekämpfte Gregor, wie ein im September 602 an die Bürger Roms geschriebener Brief zeigt. Er war über die wachsende Praxis, den Sonntag am Samstag (Sabbath) nach jüdischer Sitte zu feiern, aufgebracht und verbot dies gänzlich.[12]

Gregor hatte für jede Situation eine Antwort. Als in Luni ein Streitfall von Juden mit Sklaven in ihrem Besitz entstand, befahl Gregor, daß den Sklaven die Freiheit zu gewähren sei und daß die Pächter, die auf den Landgütern von Juden arbeiteten, ebenfalls befreit werden sollten.[13] Er ermutigte sie jedoch, weiterhin als freie Menschen auf den Landgütern zu arbeiten und das übliche Pachtgeld zu zahlen – wiederum eine sehr praktische Lösung. Wenn heidnische oder jüdische Sklaven von jüdischen Herren Christen werden wollten, dann sollten sie entweder innerhalb von drei Monaten an christliche Herren verkauft oder, war diese Zeit schon abgelaufen, befreit werden.[14] Dieser Streitfall hat sich bei der Einfuhr von christlichen und heidnischen Sklaven aus Gallien nach Neapel durch jüdische Händler ereignet. Gregor wollte dem Handel ein Ende machen. Als ihm aber eine jüdische Abordnung mitteilte, sie seien von Beamten der Reichsregierung dazu ermächtigt worden, hat er dem Handel einfach Vorschriften gemacht. Sklaven, die Christen waren oder es werden wollten, die von jüdischen Herren weggelaufen waren und ihre Zuflucht zur Kirche nahmen, sollten durch die Kirche unterstützt werden, ihre Freiheit zu erlangen.[15]

Aber Gregor war auch eifrig bestrebt, die Juden zu bekehren; dies eher durch Überzeugung als durch Zwang. Als er von der erzwungenen Taufe von Juden in der Provence erfuhr, schrieb er an die Bischöfe von Arles bzw. von Marseilles und mißbilligte die Praxis: „Ich appelliere an Eure Brüderlichkeit, solche Leute durch öfteres Predigen zu gewinnen zu suchen, so daß ihnen die Freundlichkeit des Predigers ein Verlangen einflöße, ihr bisheriges Leben aufzugeben."[16] Er schrieb an den judenfeindlichen Bischof Peter von Terracina, der zweimal die Juden aus ihrer Synagoge vertrieben hatte: „Denn die der christlichen Religion Fernstehenden müssen durch Sanftmut, Wohlwollen, Ermahnung und Belehrung zum wahren Glauben geführt werden, damit sie nicht durch Drohungen und Schrecken abgehalten werden, während man sie durch liebevolle Ansprache und durch die Furcht vor dem zukünftigen Richter hätte für den Glauben gewinnen können. Sie sollen also gerne kommen, um von Euch das Wort Gottes zu hören, nicht aber von Eurer übertriebenen Strenge erzittern."[17]

Ähnlich schrieb er an den Bischof von Neapel, den er dringend aufforderte, den Juden zu erlauben, ihre Gottesdienste, Feste und Riten ungehindert zu feiern: „Wer mit aufrichtiger Meinung diejenigen zum Glauben zwingen will, die der christlichen Religion noch fernstehen, der muß sich freundlichen Entgegenkommens, nicht der Härte bedienen. Sonst vertreibt sie das feindselige Benehmen, während eine vernünftige Begründung ihr Herz gewonnen hätte."[18]

Gregor war stets bereit, diese innere Haltung der Verständigkeit durch praktische Anreize zu unterstützen. Diese umfaßten eine Ermäßigung des Pachtgeldes und des Arbeitsdienstes für Juden in Sizilien, die konvertieren wollten, oder das Angebot von kostenlosen Taufkleidern für diejenigen, die sie nicht bezahlen konnten, und unter gewissen Umständen die Gewährung einer Rente für jüdische Konvertiten.[19]

Gregors Feldzug gegen den Donatismus in Afrika ist schon an anderer Stelle erwähnt worden. Hier jedoch soll darauf hingewiesen werden, daß er ihm Einhalt zu gebieten suchte, indem er sich an die weltliche Obrigkeit wandte und die katholische Hierarchie gegen ihn zu mobilisieren suchte, jedoch ohne viel Erfolg. Auch in Italien gab es ein Schisma, nämlich dort, wo die Kirche von Istrien immer noch an den „Drei Kapiteln" festhielt. Zur Zeit, als Gregor Papst wurde, hatte er wegen der Unnachgiebigkeit der Istrianer die Geduld schon verloren. Er hat ihre Unterstützung der „Drei Kapitel" nicht als echten religiösen Glauben betrachtet, sondern als eine Maske für den Ungehorsam: „Sie sind von der Blindheit ihres Unwissens aus keinem anderen Grund umhüllt, als daß sie der kirchlichen Disziplin entkommen und nach Belieben widerspenstig leben wollen. Sie verstehen weder das, was sie verteidigen, noch das, dem sie folgen."[20]

Gregor handelte also. Nachdem er die kaiserliche Erlaubnis bekommen hatte, schickte er eine Truppe Soldaten unter dem Befehl eines Tribuns und eines Reichsgardisten *(excubitor)* nach Grado, um den Erzbischof Severus von Aquileia aufzufordern, einer Synode in Rom zur Beilegung des Schismas beizuwohnen.[21] Zwei istrianische Synoden wurden sofort einberufen, die eine auf dem Reichsgebiet, die andere in der Lombardei. Beide verfaßten Bittschriften an den Kaiser. Eine von ihnen, die der Bischöfe unter der Herrschaft der Langobarden, ist erhalten geblieben.[22] Sie versicherten ihre Rechtgläubigkeit und ihre Treue zum Reich, obwohl sie „dem schweren Joch der Barbaren" unterworfen seien. Sie beschwerten sich, daß sie aufgefordert worden waren, in Rom vor Gregor zu erscheinen, der ein voreingenommener Richter sei. Sie betonten, daß sie die volle Unterstützung ihres Volkes bei der Verteidigung ihres Standpunktes hätten, was sie als eine Verteidigung von Chalcedon betrachteten. Sie baten um einen Waffenstillstand und versprachen, sie würden sich später, wenn die Langobarden geschlagen seien, gerne in Konstantinopel stellen und ihre Sache vor dem Kaiser verteidigen, da die Kaiser immer gerechte Richter und Wiederhersteller des kirchlichen Friedens gewesen seien. Sie warnten davor, wenn man nicht aufhörte, sie dauernd zu belästigen, und wenn man die Rechte der Kirche von Aquileia nicht achte, wäre es durchaus möglich, daß ihre Nachfolger ihre kirchliche Bindung an den Erzbischof von Gallien übertragen würden. Wohin aber der kirchliche Gehorsam gehe, dorthin würde auch der politische Gehorsam folgen. Das hat Kaiser Mauritius begriffen, und er befahl Gregor, wegen der in Italien herrschenden unruhigen Lage die schismatischen Bischöfe nicht zu belästigen.[23] Wenn der zivile Friede geschaffen sei, würde wohl die kirchliche Einheit wiederhergestellt werden. Mauritius fügte mit eigener Hand hinzu: „Möge Gott Euch, gesegnetster und heiligster Vater, noch viele Jahre erhalten." Gregor war darüber zornig und sagte zu Johannes von

Ravenna, er würde in dieser Angelegenheit den Kaiser weiterhin drängen. Aber dem Befehl fügte er sich.[24] Jedenfalls zeigt sich in einem im Jahr 592 an Johannes von Ravenna geschriebenen Brief sein Ärger, als er erfuhr, daß Johannes Almosen sammelte, um Grado nach einem großen Brand zu helfen. Gregor bemerkte mit Bitterkeit, daß „man zuerst den Gläubigen und dann erst den Feinden der Kirche Barmherzigkeit erweisen müsse"; er erinnerte ihn daran, daß Erzbischof Severus von Aquileia genug Geld für Bestechungen in Konstantinopel hatte, um seine Sache zu fördern.[25]

Immerhin gab es mit der Zeit, als die Reichsenklave von Istrien das einzige Gebiet innerhalb des Reichs blieb, wo die „Drei Kapitel" immer noch Unterstützung fanden, eine Bewegung zurück zur Rechtgläubigkeit. Doch die Schismatiker verfolgten jeden, der sich mit Rom aussöhnen wollte. Im Jahr 595 setzten sich Bischof Peter von Altinum und Bischof Providentius (Bistum unbekannt) mit dem päpstlichen *apocrisiarios* Castorius in Ravenna in Verbindung und äußerten den Wunsch, mit Gregor über eine Wiedervereinigung zu sprechen. Der Papst schrieb ihnen und ermutigte sie, nach Rom zu kommen, wobei er ihnen seinen Schutz versprach.[26] Im Jahr 599 gab es wieder eine Annäherung an den Papst, als der Bischof von der Insel Caprea und seine Gemeinde sich bezüglich der Aussöhnung mit dem Exarchen in Verbindung setzten. Schließlich zog sich der Bischof aus den Verhandlungen zurück, wahrscheinlich wegen Verfolgung durch die Schismatiker. Seine Gemeinde bestand jedoch darauf, die Gespräche fortzusetzen, weshalb der Bischof sich verzweifelt nach Sizilien zurückzog. Die Capreaner entsandten eine Abordnung nach Rom, gaben ihre Rückkehr in die Kirche bekannt und baten um einen neuen Bischof. Gregor bestand gewissenhaft darauf, daß sie eine Abordnung zu ihrem Exilbischof nach Sizilien schicken sollten. Wollte er zurückkehren, dann würde Gregor die Kosten für die Reise nach Rom tragen. Wollte er aber in Sizilien bleiben, zum katholischen Glauben jedoch zurückkehren, dann würde für seinen Lebensunterhalt gesorgt werden. Wollte er aber nicht zurückkehren bzw. doch im Schisma verharren, dann wies Gregor den Erzbischof von Ravenna an, jemanden zu ernennen, um unter der metropolitanischen Gerichtsbarkeit von Ravenna das Bistum von Caprea bis zur Beilegung des Schismas zu verwalten. Er empfahl die zurückkehrenden Schismatiker sowohl dem Exarchen als auch dem Erzbischof.[27] Im Jahr 602 wurden Bischof Firminus von Tergeste zusammen mit seinem Klerus und seinem Kirchenvolk in die katholische Kirchengemeinschaft wieder aufgenommen, wobei sie Verpflichtungen unterzeichneten, unter Strafe der ewigen Verdammnis mit Rom nicht mehr zu brechen.[28]

Aber es gab beträchtliche Schwierigkeiten, die Gregors Erfolg bei der Rückgewinnung von ausgesöhnten Istrianern im Wege standen. Zunächst war es die Einstellung des Exarchen, der im Jahr 599 nach den Ereignissen von

Caprea an Gregor schrieb, ihm eine Abschrift von der Anordnung des Kaisers bezüglich der Istrianer schickte und ihn an die kaiserliche Anweisung erinnerte, sie nicht zu belästigen.[29] Gregor antwortete, die Anordnung besage nicht, es solle der berechtigte Wunsch derer, die sich wirklich aussöhnen wollten, zurückgewiesen werden. Er gab auch seiner Sorge darüber Ausdruck, daß der *major domus* des Exarchen den Schismatikern den Inhalt der Bittschrift des Bischofs von Caprea um Rechtgläubigkeit verraten hatte, wahrscheinlich für Geld. Wahrscheinlich war dies der Grund für die Flucht des Bischofs nach Sizilien. All das gewährt uns einen aufschlußreichen Einblick in die verwerflichen Machenschaften am Hofe des Exarchen, die das Werk der Wiedervereinigung hinderten.

Das zweite Problem war die Verfolgung der zurückkehrenden Istrianer durch die Schismatiker. Die Flucht des Bischofs von Caprea nach Sizilien ist schon erwähnt worden. Im Jahr 596 zog sich ein *religiosus,* Johannes, der vom istrianischen Schisma zur Kirche zurückkehrte, mit einer päpstlichen Rente nach Sizilien zurück.[30] Im Juli 599 reiste eine Gruppe ausgesöhnter Istrianer nach Konstantinopel, um sich bei dem Kaiser über die Bosheit – wahrscheinlich in der Form von Verfolgung – zu beschweren, die sie von seiten der istrianischen Bischöfe erlitten hatten.[31] Im Jahr 593 flüchtete der Diakon Felix, nachdem er sich mit Rom ausgesöhnt hatte, aus Istrien nach Konstantinopel, um sich dann mit einer päpstlichen Rente und einem Schutzversprechen nach Sizilien zurückzuziehen.[32] Im Juni 603 wandte sich Gregor mit der Bitte an den Exarchen, er möge dem ausgesöhnten Bischof Firminus zu Hilfe kommen. Er behauptete, Erzbischof Severus, dem es nicht gelang, ihn zur Rückkehr zum Schisma zu überreden, würde in der Stadt des Firminus Volksaufläufe anregen.[33]

Da Belege für eine Entsendung von Missionaren von Rom nach Istrien fehlen, müssen wir annehmen, daß das Werk der Bekehrung durch fromme Laien und Regierungsbeamte weitergeführt wurde. Dies läßt sich aus Briefen vermuten, die an Basilius *(vir clarissimus),* Mastalo und Theodosius, deren Namen wie die von Reichsbeamten klingen, geschickt wurden und in denen sie zu ihrer Verbreitung des wahren Glaubens beglückwünscht werden.[34] Gregor beglückwünschte insbesondere Gulfaris, den *magister militum,* zu seinem Werk der Rückgewinnung von Seelen zum katholischen Glauben. Er forderte ihn dringend auf, seinen Schutz ausgesöhnten Schismatikern zu gewähren, die belästigt und verfolgt wurden.[35]

Trotz seines offensichtlichen Unwillens darüber gehorchte Gregor dem kaiserlichen Befehl bis zum Tod des Kaisers. Sobald jedoch Phocas Kaiser wurde und Smaragdus als Exarchen entsandt hatte, der während seiner vorausgehenden Amtszeit den Erzbischof Severus von Aquileia gewaltsam entführt und zur Widerrufung gezwungen hatte, schrieb Gregor an Smaragdus und forderte ihn auf, sein früheres energisches Vorgehen nun fortzuführen:[36] „Wir hoffen, daß der Eifer, den Ihr früher in dieser Sache gezeigt habt, mehr denn je zu größerer

Glut entfacht wird und Ihr bereiter sein werdet, die Feinde Gottes zu bestrafen und zu bändigen, da vor Gott der Schutz der Seele wertvoller ist als der des Leibes. Lasset Euch durch die Aufrichtigkeit des Glaubens, der in Euch stark ist, gegen diejenigen rüsten, die in die Irre gehen. Möge der Leib der Kirche, jetzt in Eurem Reich zerrissen, während Eurer Herrschaft zu seiner früheren Ganzheit wiederhergestellt werden. Der wird Euch Euer Bemühen in der Sache vergelten, der der Urheber der Aufrichtigkeit und der Einheit ist. Denn wir vertrauen auf Gottes Barmherzigkeit, daß unsere ewigen Feinde (die Langobarden) Euch als den Stärkeren gegen sich finden werden, und zwar in dem Maß, in dem die Feinde des wahren Glaubens Euch durch Eure Liebe zu Gott für sich selbst erschreckend finden."

Ob Smaragdus Gewalt angewandt hat oder nicht, der natürliche Antrieb zur Aussöhnung gewann an Stärke. Beim Tod von Erzbischof Severus gab es noch das Schisma und die Wahl zweier Patriarchen von Aquileia – eines schismatischen in Aquileia unter dem Schutz der Langobarden und eines rechtgläubigen in Grado unter des Kaisers Herrschaft.[37] Unvermeidlich hatte das Schisma sich jetzt an politischen Grenzen getrennt. Innerhalb des Königreichs der Langobarden führte schließlich die Bekehrung der königlichen Familie zum katholischen Glauben im Jahr 698 zur formellen Tilgung des Schismas der „Drei Kapitel" auch innerhalb seiner Grenzen.

Obwohl das Christentum schon zwei Jahrhunderte etwa die amtliche Religion des Reichs gewesen war, blieben das Heidentum und heidnische Praktiken im Westen tief verwurzelt. Selbst in Rom florierte die Astrologie, die die Kirche stets öffentlich brandmarkte. Gregor predigte gegen sie und versuchte, sie in Mißkredit zu bringen, indem er sie lächerlich machte.[38] Er war jedoch viel mehr bemüht, das offene Heidentum auszurotten, das in einigen der entfernteren Gebiete des kaiserlichen Westens vorherrschte. So hatte sich das gebirgige und wirtschaftlich rückständige Sardinien an der alten Religion und an den alten Göttern mit großer Zähigkeit festgeklammert. Der berühmteste Heide Sardiniens war wohl Symmachus, der nach seiner Bekehrung zum katholischen Glauben Ende des fünften Jahrhunderts Papst wurde. Ende des sechsten Jahrhunderts aber war das Heidentum auf der Insel immer noch vorherrschend. Die Lage wurde dadurch verschlimmert, daß der Metropolit von Sardinien der unkluge und untaugliche Erzbischof Januarius von Caralis war.

Im Jahr 594 kam Gregor zu der Entscheidung, direkt eingreifen zu müssen. Er entsandte zwei Sonderbevollmächtigte, den Abt Cyriacus und den Bischof Felix (wahrscheinlich von Portus), nach der Insel. Sie hatten eine zweifache Mission: Sie mußten die Mängel der Pastoralverwaltung von Januarius untersuchen und korrigieren, und sie mußten das Problem des Heidentums in Angriff nehmen. Die missionarische Art des Auftrags erklärt vielleicht die Anwesenheit von Abt Cyriacus, dem Vorläufer des Abtes Augustinus von der englischen Mission. Die von den Bevollmächtigten übersandten Berichte veranlaßten ein Bündel Briefe von Gregor. Sie gewähren einen aufschlußreichen Einblick in seine missionarische Strategie, die die Anwendung von Überredung und Gewalt sowie die Einbeziehung der weltlichen Obrigkeit einschloß.

In einem Brief an Januarius im Jahr 599 faßte er seine allgemeine antiheidnische Politik folgendermaßen zusammen:[39] „Wärmstens ermahnen wir Eure Brüderlichkeit, Eure pastorale Wachsamkeit gegenüber den Götzendienern, den Wahrsagern und den Magiern zu bewahren sowie öffentlich in dem Volk gegen die Männer zu predigen, die solche Dinge betreiben, und sie durch überzeugende Ermahnung von der Befleckung durch solchen Frevel, von der Versuchung des göttlichen Gerichts und von der Gefahr im gegenwärtigen Leben zurückzurufen. Wenn Ihr jedoch findet, daß sie nicht gewillt sind, ihre Lebensart zu ändern, so wünschen wir, daß Ihr sie mit großem Eifer festnehmt. Sind sie Sklaven, dann züchtigt sie mit Schlägen und Folter, um ihre Besserung zu bewirken. Sind sie aber freie Menschen, sollen sie durch strenge Kerkerhaft zur Reue gebracht werden, wie es angemessen ist, damit diejenigen, die es verachten, die Worte der Erlösung zu hören, welche sie aus der Gefahr des Todes retten, auf alle Fälle durch körperliche Qualen zum erwünschten gesunden Glauben mögen zurückgeführt werden."

Aufgrund der von Felix und Cyriacus gelieferten Informationen schlug Gregor ein Programm besonderer Abhilfe vor. Er wies Johannes an, das lange Zeit schon aufgegebene Bistum von Fausiana als eine Basis missionarischer Tätigkeit wiederherzustellen: „Wir wissen, daß es infolge Priestermangels dort immer noch Heiden gibt, die wie wilde Tiere leben und von der Gottesverehrung überhaupt nichts wissen."[40] Er wies Januarius an, sicherzustellen, daß es auf den Gütern keines der Bischöfe Sardiniens Heiden gebe: „Wenn ich bei irgendeinem Bischof auf der Insel Sardinien einen heidnischen Bauern ausfindig mache, so werde ich gegen diesen Bischof mit strengen Strafen einschreiten."[41] Subtiler als die Anwendung von Schlägen und Quälereien, wenn auch vielleicht nicht weniger schmerzhaft, schlug er vor, Pächtern von Kirchengütern, die Heiden blieben, Geldstrafen aufzuerlegen: „Findet sich aber ein Bauer von solcher Verblendung und solchem Eigensinn, daß er auf keine Weise sich herbeiläßt, zu Gott dem Herrn zu kommen, so soll man ihn so sehr mit Steuern belasten, daß ihn diese Strafe antreibt, schleunigst den rechten Weg einzuschlagen."[42]

Gregor schränkte seine Ermahnungen nicht auf die Kirche ein. Er ermutigte die Adeligen und die Gutsbesitzer, die Heiden auf ihren Ländereien zu bekehren und dem Papst über ihre Fortschritte zu berichten. Er schrieb:[43] „Durch Berichte meines Bruders und Mitbischofs Felix und meines Sohnes, des Gottesdieners Cyriacus, habe ich erfahren, daß Ihr fast alle auf Euren Besitzungen Bauern habt, die noch dem Götzendienst ergeben sind. Dies hat mich sehr betrübt, weil ich weiß, daß die Sünden der Untergebenen dem Leben der Vorgesetzten die

Verdienste schmälern und gegen sie der Urteilsspruch gefällt wird, wenn sie die Sünden ihrer Untergebenen dulden. Darum ermahne ich Euch, erlauchte Söhne, Euch mit aller Sorgfalt und Anstrengung für Eure eigenen Seelen zu ereifern und wohl zu bedenken, welche Rechenschaft Ihr dem allmächtigen Gott für Eure Untergebenen abzulegen haben werdet. Denn dazu sind sie Euch übergeben, damit sie einerseits Euren Nutzen in irdischen Dingen fördern, Ihr aber andererseits für ihre Seelen in bezug auf die ewigen Dinge Sorge traget. Wenn also sie ihre Schuldigkeit tun, warum tut Ihr die Eure nicht? Das heißt, warum ermahnt sie Eure Hoheit nicht, von den Irrtümern des Götzendienstes abzustehen, damit Ihr durch ihre Bekehrung zum wahren Glauben Euch selbst den allmächtigen Gott zum Freunde macht?"

Es ist eine umfassende Bestimmung der christlichen Väterlichkeit, die Gregor als die Pflicht des Gutsbesitzers betrachtete.

Ein der Verwirklichung von Gregors Programm im Wege stehendes Haupthindernis war die Einstellung der Vertreter der Reichsregierung auf der Insel. Im Jahr 595 teilte Gregor zornig der Kaiserin Constantina mit, daß der Statthalter *(praeses)* die offene Ausübung des heidnischen Glaubens gegen Zahlung eines Bestechungsgeldes erlaubte. Ja dieser zwang sogar diejenigen Heiden, die sich schon zum christlichen Glauben bekehrt hatten, weiterhin, diese Steuer zu zahlen. Als Bischof Felix ihm diese Tatsachen entgegengehalten hatte, gab sie der Statthalter zu. Er erklärte jedoch, daß er sich nur auf diese Weise für das Geld schadlos halten konnte, das er ausgegeben hatte, um ursprünglich die Stellung zu bekommen.[44] Anscheinend hat Gregors Einwendung doch eine gewisse Wirkung gehabt, denn ob der Statthalter abgesetzt wurde oder sich besserte, im Jahr 600 schrieb jedenfalls Gregor an *praeses* Spesindeus und forderte ihn dringend auf, Bischof Viktor von Fausiana bei der Bekehrung der Heiden zu unterstützen.[45]

Gregors Mission hatte sicherlich etwas Erfolg. Im Jahr 600 berichtete er glücklich: „Viele der Barbaren und Bewohner von Sardinien beeilen sich mit Gottes Gnade, mit dem größten Eifer den christlichen Glauben anzunehmen."[46] Seinen spektakulärsten Erfolg hatte Gregor jedoch bei den Barbaricini, einem Stamm heidnischer Banditen, die durch die Vandalen aus Afrika vertrieben worden waren, sich in Sardinien niedergelassen hatten und eine Schreckensherrschaft führten.[47] Gregor beschrieb sie als „unvernünftige Tiere, (die) den wahren Gott nicht kennen, sondern Bäume und Steine verehren". Eben zu dem Zeitpunkt, als Felix und Cyriacus in Sardinien eintrafen, hatte der militärische Reichsbefehlshaber Zabardas den Barbaricini eine schwere Niederlage beigebracht und bei der Festlegung der Friedensbedingungen darauf bestanden – vielleicht auf Vorschlag der päpstlichen Bevollmächtigten –, daß die Bekehrung zum christlichen Glauben mit eingeschlossen sei. Gregor lobte Zabardas und versprach, dem Kaiser günstig über ihn zu berichten.[48] Ebenso schrieb er an

Hospito, dem Häuptling der Barbaricini, der, anders als seine Männer, schon Christ war. Er forderte ihn auf, die Taufe seines Stammes herbeizuführen und dabei Felix und Cyriacus um ihre Unterstützung zu ersuchen.[49]

Das Heidentum war jedoch nicht auf Sardinien begrenzt, es existierte auch in Sizilien, Korsika und Campania. Im August 593 beschwerte sich der Bischof von Tyndaris, einem entlegenen Bistum in Sizilien, bei Gregor über die Zahl der götzenverehrenden Heiden in seiner Diözese. Einige, erklärte er, hatten sich bekehrt, doch andere blieben Heiden, geschützt „durch die Gönnerschaft mächtiger Leute oder durch die Beschaffenheit der Gegend, in der sie wohnten". Gregor lobte den Eifer des Bischofs bei dem Werk der Bekehrung und forderte den Prätor von Sizilien auf, ihm bei der Austilgung des Heidentums jede Hilfe zu leisten.[50]

Im Juni 601 schrieb Gregor an den Rektor Hadrian in Sizilien und lobte seine Verfolgung und Bestrafung von Wahrsagern und Magiern.[51] Im Jahr 597 sandte Gregor ein Schreiben an Bischof Peter von Aleria in Korsika, wo unter den kürzlich Bekehrten einige in das Heidentum zurückgefallen waren. Er forderte Peter dringend auf, die abgefallenen Bekehrten zurückzugewinnen und ihnen als milde Strafe einige Tage Buße aufzuerlegen. Er solle sich bezüglich der noch nicht Bekehrten beeilen, „indem er sie ermahnte, sie anflehte, sie in Furcht vor dem bevorstehenden Gericht setzte und ihnen auch Gründe nannte, warum sie Bäume und Steine nicht verehren sollten, und so sie dem allmächtigen Gott zuzuführen". Er schickte ihm 50 *solidi,* um Taufkleider zu kaufen.[52] Selbst näher der Heimat, in der Campania, gab es Heiden. Denn im April 598 wies Gregor den Bischof Agnellus von Terracina an, die Baumverehrer in seiner Diözese ausfindig zu machen und sie so zu züchtigen, daß andere vom Heidentum abgehalten sein würden. Auch den Militärbefehlshaber der Stadt, Maurus, bat er, ihn dabei zu unterstützen.[53]

Wahrscheinlich waren diese Gegenden die Hauptgebiete im Feldzug gegen das Heidentum. Johannes der Diakon, der im ganzen päpstlichen Register im Archiv nachgeforscht hatte, führt die Barbaricini, die Sardinier und die Bauern von Campania als diejenigen auf, die Gregor „durch Anwendung gerechter Gewalt" für den Glauben gewonnen hat.[54]

Gregor war ebenso bestrebt, auch außerhalb des kaiserlichen Italien das Heidentum auszutilgen. In Gallien gewann er die Hilfe von Königin Brunhild. Er setzte seine Hoffnung auf ein großes Konzil der Erneuerung, das die nötige Aktion einleiten würde. Aber das Hauptgebiet des Heidentums, das sich noch im ehemaligen Gebiet des Römischen Reichs befand, war die Provinz Britannien, jetzt aufgeteilt in die belagerten römisch-britischen Königreiche in den westlichen Teilen der Insel, die ihre eigene, ganz besondere Art keltischen Christentums ausübten, und in die heidnischen Königreiche der angelsächsischen Einwanderer im übrigen Teil der Insel. Zu den Engländern entsandte

Gregor seine berühmteste und weittragendste Mission.[55] Ich behandle sie bewußt als letzte, weil es wichtig ist, sie im Zusammenhang mit den anderswo unternommenen missionarischen Tätigkeiten, besonders innerhalb des Reichs, zu betrachten.

Für die englische Mission sind die Hauptquellen die im Jahr 731 vollendete „aistoria ecclesiastica gentis Anglorum" von Beda und Gregors Papstregister. Beda, der bedeutendste der angelsächsischen Historiker, fügte in sein Werk eine kurze Biographie von Gregor ein, zusammengetragen aus den Werken *Liber Pontificalis, Regula Pastoralis, Magna Moralia, Libellus Synodicus* aus dem Jahr 595 und der *Historia Francorum* von Gregor von Tours. Sein Werk enthält auch Abschriften von Papstbriefen, die der Priester Nothhelm aus Rom mitbrachte. Anscheinend hat er aber die früheste vorhandene, im Kloster Whitby zwischen den Jahren 704 und 714 geschriebene Vita von Gregor nicht benutzt.[56]

Bedas Darstellung ist längst als echt anerkannt worden, doch in den letzten Jahren wurde sie eingehend untersucht, nachdem sie von Suso Brechter scharf angegriffen worden war.[57] Die bekannteste Geschichte über Gregor ist diejenige, die zuerst in der *Vita von Whitby* berichtet und auch durch Beda erzählt wurde, wobei beide aus einer in England allgemeinen mündlichen Überlieferung schöpften.

Die *Vita von Whitby* sagt: „Es gibt eine von den Gläubigen erzählte Geschichte: Ehe Gregor Papst wurde, kamen Leute aus unserem Volk mit heller Haut und blonden Haaren nach Rom. Als er von ihrer Ankunft erfuhr, wollte er sie sehen. Durch eine glückliche Eingebung und durch ihr neues und ungewöhnliches Aussehen erstaunt, vor allem durch Gott inspiriert, empfing er sie und fragte sie, aus welchem Volk sie seien (einige sagen, sie wären hübsche Knaben gewesen, während andere bemerken, daß sie schöne Jünglinge mit lockigem Haar waren). Sie antworteten: ‚Das Volk, dem wir angehören, heißt die Angeln' – ‚Engel Gottes', erwiderte er. Dann fragte er weiter: ‚Wie heißt der König jenes Volkes?' Sie antworteten: ‚Aelli.' Darauf sagte er: ‚Alleluia, Gottes Lob muß dort gehört werden.' Dann fragte er nach dem Namen ihres eigenen Stammes, worauf sie antworteten: ‚Deira.' Er erwiderte: ‚Sie werden aus dem Zorn Gottes zum Glauben flüchten.'"

Nach diesem Zusammentreffen bat Gregor den Papst um die Erlaubnis, mit einem Bekehrungsauftrag nach England zu reisen. Der Papst war bereit, sie zu gewähren, doch das Volk von Rom war es nicht. Gregor blieb also. Doch seinen Wunsch, das englische Volk zu bekehren, erfüllte er, als er selbst Papst wurde.[58] Beda erzählt in etwa die gleiche Geschichte, außer daß er die englischen Jungen zu Sklaven macht und sagt, daß das Treffen auf dem Forum stattfand.[59]

Diese entzückende Erzählung stellt viele der Probleme kurz dar, denen die Fachleute gegenüberstehen, wenn sie die Belege für die englische Mission untersuchen. Brechter lehnt sie als northumbrische Legende ab und bemerkt, Gregors Interesse könne nur bis zu seinem bekannten Einkauf von sächsischen Sklaven im Jahr 595 zurückverfolgt werden. In seiner Version stellt Beda mit Vorsicht fest, das Zeugnis dafür sei „eine Überlieferung unserer Vorfahren, die auf uns gekommen ist“. Er kann keine schriftlichen oder römischen Belege dafür anführen. Die Tatsache, daß er sie dem Schluß seiner Darstellung anhängt, läßt vermuten, daß sie zwar beliebt, jedoch nicht bis zu seiner Zufriedenheit bezeugt war. Auf der anderen Seite hatte der anonyme Schreiber von Whitby zu Quellen Zugang, die Beda nicht zur Verfügung standen. Er nennt Gregors Mutter Silvia und schöpfte möglicherweise aus einer von Beda verschiedenen römischen Tradition. Keines der Elemente in der erzählten Geschichte ist an sich unwahrscheinlich. Es gab einen regelmäßigen Sklavenhandel zwischen Britannien und Gallien und zwischen Gallien und Italien.

Aelle war König von Northumbrien in der Zeit vor Gregors Wahl, von 560 bis 588. Die Benutzung von Wortspielen war unter den Gebildeten des Altertums beliebt. Gregor war sicherlich an den Engländern interessiert, denn im September 595 bat er den gallischen Rektor Candidus, englische Sklavenjungen im Alter von siebzehn oder achtzehn Jahren zu kaufen und sie zum Dienst in den Klöstern nach Rom zu schicken. Er sollte aber sicherstellen, daß sie, da sie Heiden waren, von einem christlichen Priester begleitet würden, der sie taufen könnte, falls sie unterwegs sterben sollten.[60] Es ist behauptet worden, daß er sie dafür bestimmt hatte, die Mission des Augustinus zu begleiten. Doch keiner von ihnen war bei der Mission, denn es ist bekannt, daß keiner von der Mission Englisch sprechen konnte. Und doch erzählte Gregor dem Bischof von Autun im Jahr 599, daß er nach „langer Überlegung“ die Mission nach England geschickt hätte. Aber wie lang ist „lang“?[61]

An sich scheint es unwahrscheinlich, daß es Gregor gestattet wurde, vor seiner Wahl zum Papst mit einem Bekehrungsauftrag nach England zu reisen. In keinem seiner Werke erwähnt er dies. Er wurde eigens aus seinem Kloster geholt, um in Konstantinopel den Dienst eines Diakons zu versehen. Vielleicht liegt die Lösung in seinem im Juli 596 an Königin Brunhild geschriebenen Brief:[62]

„Uns ist die Kunde gekommen, das Volk der Engländer wolle auf Gottes Antrieb christlich werden, die ihnen benachbarten Priester hätten aber keinen Seeleneifer für sie. So war es uns am Herzen gelegen, den Diener Gottes Augustinus, dessen Eifer und Begeisterung uns wohl bekannt sind, mit anderen Dienern Gottes dorthin zu senden. Wir haben ihnen auch aufgetragen, benachbarte Priester mit sich zu nehmen, um durch sie die Gesinnung dieses Volkes kennenzulernen und, so Gott will, dessen Bekehrung ins Auge zu fassen.“

Der ganze Ton dieses Briefes läßt vermuten, daß die Mission eine unmittelbare Reaktion Gregors war, als er von einer bestimmten Situation erfuhr, und kein lange gehegter Wunsch. Es kann gewiß kein Zufall gewesen sein, daß Gregor im Jahr 595 englische Sklavenjungen kaufte und Anfang 596 Missionare entsandte. Wahrscheinlicher ist es, daß beides Teil eines Plans war und daß dieser Plan durch das Zusammentreffen mit den englischen Sklaven auf dem Forum in Rom veranlaßt wurde; dieses Zusammentreffen dürfte jedoch eher während seines Pontifikats als davor stattgefunden haben. Das würde erklären, warum der Papst plötzlich, wie aus heiterem Himmel, englische Sklaven kaufte und danach römische Missionare entsandte. Die „lange Überlegung", von der er sprach, könnte also so viel wie mehrere Monate oder ein Jahr sein. Der Brief an Brunhild läßt vermuten, daß er irgendwoher erfahren hatte, das englische Volk wolle sich bekehren, die benachbarten Bischöfe jedoch – es müssen fränkische Bischöfe gewesen sein – würden sich überhaupt nicht darum kümmern. Daher holte er englische Jungen, um sie auszubilden. Inzwischen entsandte er Missionare. Aber er tat es in derartiger Eile, daß er keine Dolmetscher mit ihnen schickte und keine Empfehlungsschreiben versandte, um ihnen den Weg zu ebnen. Tatsächlich handelte er genauso wie er es getan hatte, als er von den Verhältnissen in Sardinien erfuhr. Wie in Sardinien ernannte er einen älteren Mönch zum Missionsleiter. Es ist schwer einzusehen, wie er diese Informationen über England hätte bekommen können, wenn nicht von Sklaven. Denn mit dem Land hatte er keine Verbindungen und auch keine Kenntnisse darüber. Auch wenn die Geschichte von seinem eigenen missionarischen Vorhaben einfach eine hagiographische Ausschmückung ist, könnte der Bericht vom Zusammentreffen mit den Sklavenjungen wohl einen Wahrheitskern enthalten.

England war ein weit entferntes Land, von dem Gregor verhältnismäßig wenig wußte. Es war ihm bekannt, daß es eine ehemalige Provinz des Römischen Reiches war, die vor 150 Jahren größtenteils von germanischen Stämmen überrannt wurde. Er wußte, daß sie ihre Stammeskönigsreiche auf den Ruinen römisch-britischer Gesellschaftsordnung aufgebaut hatten. Er wußte außerdem, daß in den westlichen Teilen der Insel und in Irland die Eingeborenen ihre Unabhängigkeit und ihre eigene und besondere Art des Christentums beibehalten hatten. Aber zwischen Rom und den Königreichen der Angeln und der Sachsen gab es keinen Kontakt.

Die Angelsachsen waren Heiden. Ihr Heidentum mit seiner Verehrung von Wotan, dem „Herrn des Krieges", und von Thor, dem hammerschwingenden Gott des Donners, mit seinen Fluchriten, mit seinen Runenzeichen, seiner Verherrlichung der Heldentat in der Schlacht und der Soldatentapferkeit, war die patriarchalische Kriegerreligion der Eroberer. Aber die Tage der Eroberung waren vorbei. Jetzt war die Periode der Konsolidierung, der Entwicklung und des Eintretens in die Gesellschaft zivilisierter Völker gekommen. Auch hier können wir sehen, wie Barbarenherrscher sich natürlicherweise von Eroberern, die das Heidentum oder häretische Formen des Christentums lebten, zur

Annahme des katholischen Glaubens, also zur Religion des Römischen Reiches und damit in besonderem Maße zur Zivilisation hin entwickelten. Chlodwig, der Frankenkönig, und Reccared, der König der Westgoten, hatten sich vom Arianismus zum katholischen Glauben bekehrt, als das Zeitalter der Eroberung der Zeit der inneren Konsolidierung wich.

Für eine ähnliche Entwicklung in England war nun die Zeit gekommen. Aethelbert, der König von Kent, war der mächtigste Herrscher unter den englischen Königen. Er war von seinen Mitherrschern als Oberherr *(bretwalda)* anerkannt. Sein Königreich lag der Küste des Festlands gegenüber. Aus seinen Kontakten mit den Franken ergab sich seine Vermählung mit Bertha, der christlichen Tochter von König Charibert von Paris.[63] Teil des Heiratsvertrages war es, daß sie ihren Glauben bewahren und einen fränkischen Bischof, Liudhard, mit nach England bringen durfte.[64] Nach einer späteren Überlieferung hat Liudhard den Samen des Christentums gesät. Dies wird durch Gregors Behauptung, das englische Volk wolle den christlichen Glauben annehmen, gestützt.[65] Liudhard mußte eine offensichtliche Quelle gewisser Glaubenskenntnis sein. Aethelberts anfängliche Zugänglichkeit für die Duldung der Missionare könnte darauf hinweisen, daß Liudhard bezüglich des Entgegenkommens des Hofes schon einige Vorarbeit geleistet hatte. Es gab also einen Brückenkopf, eine gewisse Grundlage, auf der Augustinus aufbauen konnte.

Vielleicht folgte Gregor dem Beispiel des Abtes Cyriacus in Sardinien, als er vierzig Mönche als seine Missionare für England auswählte, deren diszipliniertes, gemeinschaftliches und einfaches Leben ein Mittel zum Überleben in einem fremden und vielleicht feindlichen Land sein würde.[66] Augustinus, der Abt von St. Andreas, dessen „Eifer und Begeisterung“ Gregor der Königin Brunhild schilderte, leitete die Mission.[67] Im Jahr 597 traten sie nach wenig Vorbereitung die Reise an. Sie hatten keine Kenntnisse des Landes und nahmen keine Dolmetscher mit. Gregor versah sie anscheinend nicht mit Empfehlungsschreiben, um ihnen unterwegs Hilfe zu sichern. Als sie Aix in Gallien erreichten und die Schreckensgeschichten von englischer Barbarei erfuhren, verloren sie, da sie zudem der Sprache unkundig waren, allen Mut. Sie schickten Augustinus also nach Rom zurück, um ihre Rückberufung zu erbitten.[68] Gregor seinerseits schickte Augustinus mit einem aufmunternden Brief und einem Bündel Empfehlungsschreiben an kirchliche und weltliche Würdenträger, ihnen auf ihrem Reiseweg über Gallien zu helfen, wieder zurück.[69] Sein Brief an die Mönche ernannte Augustinus zu ihrem Abt, wies sie an, ihm zu gehorchen, und ermutigte sie zur Fortsetzung der Reise.[70] Auch schlug er vor, daß sie fränkische Dolmetscher mitnehmen sollten.[71]

Im Frühjahr 597 hatten die Missionare schon den Ärmelkanal erreicht. Sie setzten nach der Insel Thanet über, wo nach der Überlieferung 150 Jahre zuvor die ersten sächsischen Angreifer gelandet waren. Mit einer freudigen Botschaft ließen sie den König wissen, daß sie angekommen seien. Aethelbert ließ sie mit dem Nötigen versehen und bat sie, einige Tage zu warten, bis er sich entschieden hatte, was er tun würde. Beda malt ein lebendiges Bild dessen, was dann folgte:[72]

„Einige Tage danach kam der König auf die Insel und befahl, im Freien sitzend, Augustinus und dessen Gefährten, auch ins Freie zu kommen und mit ihm zu sprechen. Er achtete darauf, sich nicht mit ihnen in einem Gebäude zu treffen, denn er hatte den herkömmlichen Aberglauben, falls sie irgendwelche magische Kunst ausüben sollten, könnten sie ihn betrügen und die Oberhand über ihn gewinnen, sobald er in einen bedeckten Raum eintrat. Doch sie kamen mit göttlicher, nicht mit teuflischer Macht ausgestattet. Sie trugen als ihre Standarte ein silbernes Kreuz und das auf einem Pergament gemalte Bild unseres Herrn und Erlösers. Sie sangen Litaneien und sprachen Gebete zum Herrn für das eigene ewige Seelenheil und das Heil derer, zu denen und für die sie gekommen waren."

Klugerweise erklärte der König, er sei wohl interessiert, aber er könne nicht sogleich die uralte Religion seines Volkes aufgeben. Er gab ihnen jedoch die Erlaubnis zu predigen und dazu eine Wohnung in seiner Hauptstadt Canterbury. Die Missionare richteten sich als eine mönchische Gemeinschaft ein und fingen an, zu predigen und in der Kirche des hl. Martinus, einem renovierten und von der Königin benutzten römischen Gebäude, den Gottesdienst zu feiern. Der König erlaubte das Werk der Bekehrung, übte dabei aber keinen Druck aus. Es ging jedoch schnell voran, und am Weihnachtstag des Jahres 597 wurden 10.000 Personen getauft. Im Jahr 598 schickte Augustinus den Priester Laurentius und den Mönch Peter nach Rom, um dem Papst über die Fortschritte der Mission zu berichten und ihm eine Liste besonderer Fragen zu unterbreiten, die entstanden waren.[73] Erst im Jahr 601 antwortete Gregor, vielleicht aufgrund seiner Krankheit. Jetzt aber schickte er eine neue Gruppe missionarischer Mönche unter dem gallischen Abt Mellitus, außerdem Kirchengerät, Schmuck, Reliquien und heilige Bücher. Er übersandte auch ein Bündel Briefe, von denen einer dem Augustinus als Erzbischof der Engländer formell das *pallium* gewährte und die Organisation der englischen Kirche anordnete.[74] Es sollte zwei Kirchenprovinzen geben mit dem Zentrum in London und in York; jede Provinz sollte zwölf Suffraganbischöfe haben. York sollte dem Augustinus während dessen Lebenszeit untergeordnet sein; danach jedoch sollte jedes Erzbistum unabhängig sein. Jedes sollte das *pallium* erhalten und der Vorrang nach Alter der Bischofsweihe bestimmt werden. Hieraus geht klar hervor, daß Gregor die alte römische Provinz von Britannien beschrieb, aber keine Ahnung von der neuen Ordnung in den englischen Königreichen hatte. Die Belege weisen darauf hin, daß Augustinus in Canterbury blieb und so gut wie nichts tat, um den Plan auszuführen. Gregor schickte auch seine Antworten auf die Fragen des Augustinus bezüglich solcher Angelegenheiten wie etwa der Verteilung der kirchlichen Einkommen, der Gestaltung des Gottesdienstes, der Vorschriften für Konsekration und der Regeln für Taufe und Kommunion. Es gibt auch zwei sehr interessante Briefe an König Aethelbert bzw. an Königin Bertha. An Aethelbert schrieb er:

„Also, mein erlauchtester Sohn, bewahret sorgfältig die Gnade, die Ihr von Gott empfangen habt, und beeilt Euch, unter dem Euch untertanen Volk den Glauben zu verbreiten. Steigert noch Euren edlen Eifer für ihre Bekehrung; unterdrückt den Götzendienst; zerstöret ihre Tempel und Altäre; stärket die Tugenden Eurer Untertanen durch ein hervorragend sittliches Verhalten und dadurch, daß Ihr sie ermahnt, ihnen Furcht einflößt, sie anlockt und züchtigt und ihnen ein Beispiel der guten Werke zeigt; damit Ihr im Himmel durch den belohnt sein möget, von dem Ihr auf Erden Namen und Kenntnis verbreitet habt. Denn der, dessen Ehre Ihr suchet und unter den Völkern verteidiget, wird auch Euren ruhmreichen Namen für die Nachwelt noch ruhmreicher machen.“

Er fuhr fort, den König mit Konstantin zu vergleichen, und ihn aufzufordern, auf den Rat von Augustinus zu hören.[75] Zur gleichen Zeit schrieb er an Bertha, dankte ihr für ihre Unterstützung und schalt sie gelinde dafür, daß sie ihren Herrn Gemahl nicht eher bekehrt hätte. Er forderte sie auf, ihn bei dem guten Werk zu halten.[76]

Mit der Unterstützung des Königs fing Augustinus an, verlassene römische Kirchen zu renovieren, von denen eine die Kathedrale von Canterbury wurde. In einer seiner Antworten hatte Gregor dem Augustinus mitgeteilt, daß dieser keine Vollmacht über die Bischöfe von Gallien hätte, wohl aber über die Bischöfe von Britannien. Mit Aethelberts Hilfe brachte Augustinus ein Zusammentreffen mit den walisischen Bischöfen zustande, das im Jahr 602 im Grenzgebiet stattfand. Die walisische Kirche war mönchisch organisiert, stammesverbunden, nicht lateinisch und leidenschaftlich unabhängig. Sie hatte eine andere Kalenderbestimmung für Ostern, eine andere Taufform und eine andere Tonsur. Auf der ersten Tagung forderte Augustinus die walisischen Bischöfe dringend auf, gemeinsam mit ihm den christlichen Glauben zu verkünden. Aber diese weigerten sich, irgendwelche von den eigenen Praktiken aufzugeben. Eine zweite Konferenz wurde abgehalten. Die walisischen Bischöfe nahmen aber daran Anstoß, daß Augustinus nach römischer Sitte sitzen blieb, als sie eintraten. Sie lehnten sofort seinen ziemlich herablassend gemachten Vorschlag ab, falls sie ihr Osterdatum und ihre Taufform aufgeben und gemeinsam das Evangelium verkünden würden, würde man ihre sonstigen fremdartigen Praktiken dulden. Augustinus und die römischen Missionare machten also allein weiter.

Mellitus und Justus wurden als Bischof von London bzw. von Rochester geweiht. Laurentius erhielt von Augustinus vor dessen Tod die Bischofsweihe, um diesem in Canterbury nachzufolgen. Um das Jahr 605 starb Augustinus. Die englische Mission sollte manche Wechselfälle erleiden, aber der Durchbruch war gemacht, und es gab kein Zurück mehr.[77]

Gregors missionarische Strategie in bezug auf England war klar.[78] Er wollte ein Programm der Bekehrung durch Ermutigung und Versöhnung, durch ein Zusammenwirken mit und durch die weltliche Obrigkeit und durch die Vermeidung von Gewalt. Er war bereit, in Sachen des Zeremoniells und der Praxis anpassungsfähig zu sein. Als Erzbischof Leander von Sevilla Gregor gefragt hatte, was die katholische Kirche in Spanien bezüglich des Taufritus tun sollte, weil die dreifache Untertauchung der römischen Kirche der Brauch der spanischen Arianer gewesen war, wohingegen die Katholiken die einmalige Untertauchung geübt hatten, riet Gregor, mit der einmaligen Untertauchung fortzufahren: „Bei der Einheit im Glauben schadet der heiligen Kirche keine Verschiedenheit in den Bräuchen.“[79]

Ähnlich schrieb er an Augustinus:[80] „Mein Bruder, Ihr kennt die Gebräuche der römischen Kirche, mit denen Ihr natürlich aufgewachsen seid. Es ist aber mein Wunsch, wenn Ihr irgendwelche Gebräuche in der römischen oder der gallischen Kirche gefunden habt, die dem allmächtigen Gott gefälliger sein mögen, sollt Ihr davon eine sorgfältige Auswahl machen und emsig die englische Kirche, die im Glauben noch neu ist, das lehren, was Ihr von anderen Kirchen habt lernen können. Denn Sachen sind nicht um eines Ortes willen, sondern Orte sind um ihrer guten Sache willen zu lieben. Wählt von jeder einzelnen Kirche diejenigen Gebräuche, die fromm, religiös und richtig sind. Und habt Ihr diese gleichsam zu einem einzigen Bündel zusammengetragen, dann sorgt dafür, daß sich die englische Gesinnung daran gewöhne.“

Gregors Bestreben, den Gebrauch von Gewalt zu vermeiden, zeigt sich in einem Brief an Mellitus. Gregor hatte König Aethelbert in einem Ermutigungsbrief aufgefordert, Götzenbilder und Tempel zu vernichten. Aber nach reiflicher Überlegung schrieb er einen Monat nach Abreise der zweiten Gruppe von Missionaren an Mellitus und stieß den Befehl, die Tempel zu zerstören, um:

„Nachdem Du samt der Begleitung, die Wir Dir mitgegeben, abgereist warst, gerieten Wir in nicht geringe Sorge, weil Wir nichts über den glücklichen Verlauf Eurer Reise zu hören bekamen. Wenn Ihr aber mit der Gnade des allmächtigen Gottes zu unserem hochwürdigsten Bruder, dem Bischof Augustinus, gekommen sein werdet, so sagt ihm, daß ich über eine Angelegenheit der Engländer lange mit mir zu Rate gegangen bin. Man soll nämlich bei jenem Volk die Götzentempel keineswegs zerstören, sondern nur die in ihnen befindlichen Götzenbilder vernichten. Man nehme geweihtes Wasser, besprenge die Götzentempel damit, erbaue Altäre und hinterlege Reliquien in denselben. Da diese Tempel gut gebaut sind, so muß man sie aus Opferstätten der bösen Geister in Orte des wahren Gottesdienstes umwandeln. Wenn das Volk sieht, daß man seine Tempel nicht zerstört, so wird es nichtsdestoweniger den Irrtum ablegen und mit um so größerer Freude sich zur Erkenntnis und Anbetung des wahren Gottes an die gewohnten Orte begeben.“

Er schlug dann vor, daß ihre Zeremonien des Tieropfers in Feste zur Verehrung der Heiligen und der Märtyrer umgewandelt und dabei das zum Opfer geschlachtete Tier gegessen werden sollte.[81]

Was waren Gregors Beweggründe, Missionare nach England zu schicken? Mehrere sind angeführt worden. Dafür, daß Gregor der walisischen und der irischen Kirche bei der Bekehrung des englischen Volkes zuvorkommen wollte, gibt es keine überzeugenden Belege.[82] Beda zitiert Gildas, der sagte, daß die britischen Bischöfe das Werk der Bekehrung vernachlässigten.[83] Gregor wußte nichts von der walisischen oder von der irischen Kirche und auch nichts von ihrer Tätigkeit. Die Meinung, daß er die päpstliche Gerichtsbarkeit erweitern wollte, wird gleicherweise durch die Belege nicht bestätigt.[84] Sein Briefwechsel unterstrich eher die moralischen Aspekte als die Gerichtsbarkeitsaspekte der Mission. Es wurde allgemein darauf hingewiesen, daß England eher Gregor als Rom allgemein zugetan war.[85] Gregor selbst sagte, daß er Missionare schickte, weil das englische Volk der Bekehrung bedurfte und die fränkischen Bischöfe die Aufgabe vernachlässigten.[86] Gregors Auffassung und Weltanschauung insgesamt führt eindeutig zur Schlußfolgerung, daß sein Interesse am englischen Volk rein pastoraler Natur war; es gibt keinen Grund, das Loblied in Zweifel zu ziehen, das im Werk *Magna Moralia* aufscheint und das Beda anführte:[87]

„Denn der allmächtige Herr hat mit seinen Blitzwolken das äußerste Ende des Meeres zugedeckt. Durch die großartigen Wunder der Prediger hat er sogar das Ende der Welt zum Glauben geführt. Denn seht, jetzt ist er in die Herzen fast aller Völker eingedrungen. Seht, in dem einen Glauben hat er die Grenzen des Ostens und des Westens aneinander geknüpft. Seht, die Zunge von Britannien, die lediglich barbarische Laute zu äußern wußte, hat schon seit langem angefangen, Gottes Lob mit dem hebräischen Alleluia ertönen zu lassen! Seht, das einst anschwellende Meer ist beruhigt worden und gehorcht den Füßen der Heiligen. Und seine wilden Bewegungen, die weltliche Fürsten mit dem Schwert nicht bezwingen konnten, werden jetzt mit Gottesfurcht, vom Mund der Priester mit Worten allein gebändigt. Und derjenige, der sich als Ungläubiger vor kämpfenden Truppen nicht fürchtete, fürchtet sich jetzt als Gläubiger vor den Zungen der Demütigen. Denn weil die Tugend der Gotteserkenntnis durch Gebote, durch himmlische Worte und durch den Glanz der Wunder in ihn eingegossen wird, ist er derart durch die Furcht vor derselben Gottheit gebändigt, daß er sich fürchtet, Unrecht zu tun, und sehnlichst wünscht, die ewige Herrlichkeit zu erlangen."

Dom Suso Brechter griff Bedas Bericht umfassend an und stellte sogar seine wissenschaftliche Integrität in Frage. Er gründete seinen Bericht lediglich auf Gregors Briefe. Aufgrund derer lehnte er die Geschichte von „non Angli sed Angeli" ab, indem er behauptete, die berühmten *responsiones* von Gregor seien Fälschungen aus dem achten Jahrhundert, Aethelbert sei nicht im Jahr 597, sondern zu irgendeinem unbestimmten Zeitpunkt vor seinem Tod im Jahr 616 getauft worden, Augustinus habe nicht zu Arles im Jahr 597, sondern zu Autun unterwegs nach England die Bischofsweihe empfangen, und London, nicht Canterbury, sei die Diözese von Augustinus gewesen.

Diese Punkte sind von mehreren Fachleuten aufgegriffen und eingehend erörtert worden. Offensichtlich verdienen sie, untersucht zu werden. Die Echtheit der *responsiones* wurde und wird überprüft. Zur Zeit lautet das bestunterrichtete Urteil: „Im allgemeinen, mit Ausnahme einer wichtigen Einschiebung, darf man die Sammlung für gregorianisch halten."[88] Die Meinung, London und nicht Canterbury sei Augustinus' Bistum gewesen, ist absurd. Sie stützt sich lediglich auf Gregors Brief, der die vorgesehene Einrichtung der englischen Kirche darlegt, und läßt bewußt sowohl Bedas Zeugnis als auch die Logik der Situation außer acht. Canterbury war das politische und geistliche Zentrum von Augustinus' Tätigkeit; es war Aethelberts Hauptstadt, von dessen gutem Willen so viel abhing; es war der Sitz der frühesten Kirchen, das Zentrum des Predigens und der Taufe. London war die Hauptstadt des Königreichs von Essex, das wohl unter Aethelberts Einfluß war, aber so weit vom Hauptstrom des Bekehrungswerkes entfernt, daß es dafür völlig ungeeignet gewesen wäre. Augustinus wurde in Canterbury begraben; er erteilte seinem Nachfolger Laurentius für Canterbury die Bischofsweihe. Man kann jedoch erkennen, daß er versucht hat, Gregors Wünsche teilweise zu erfüllen, indem er Mellitus, den Führer der zweiten Gruppe von Missionaren, als Bischof von London weihte.

Die beiden übrigen Probleme sind weniger einfach. Beda sagt ausdrücklich, daß Aethelbert, der im Jahr 616 starb, einundzwanzig Jahre nach seiner Bekehrung zum christlichen Glauben starb. Dies würde die Bekehrung im Jahr 595 ansetzen. Doch Beda sagt ebenfalls, daß 616 einundzwanzig Jahre nach der Ankunft von Augustinus und seiner Mission vergangen waren.[89] Er hat sich zwar ein wenig verrechnet, aber die eindeutige stillschweigende Folgerung ist die, daß Aethelbert im ersten Jahr der Mission bekehrt wurde. Beda meint auch, daß es die Bekehrung des Königs war, die eine große Anzahl von anderen ermutigte, sich ebenfalls zu bekehren. Das würde sicherlich die Taufe von 10.000 am Weihnachtstag 597 erklären, zugleich auch die offenbare Schnelligkeit der Bekehrung. Es stimmt auch mit dem Ton der Briefe an Aethelbert und an Bertha völlig überein. Brechter behauptet, diese beiden Briefe zeigten, daß der König selbst sich nicht bekehrt habe. Er argumentiert weiter, daß der Brief an Bertha sie ermutige, ihren Herrn Gemahl zu bekehren (weshalb Beda diesen Brief verschwieg) und daß Gregor die Bekehrung des Königs in seinem Brief an Eulogius von Alexandrien nicht erwähne, in dem er den Erfolg der Mission von Augustinus bekanntgab. Aber diese Beweise sind eher dürftig.

Auch wenn Gregor in seinen Briefen die Bekehrung des Königs nicht ausdrücklich erwähnt, ist die klare stillschweigende Folgerung, daß Aethelbert selbst bekehrt worden ist und Gregor daraufhin forderte, daß er unter seinem Volk das Bekehrungswerk fördern sollte. Der Brief an Bertha mag im Bericht von Beda deswegen fehlen, weil dieser nie eine Abschrift davon erhalten hatte oder weil er sich entschloß, ihn aus Gründen der Ausgewogenheit wegzulassen.[90] Es gibt keinen Grund anzudeuten, daß er ihn unterdrückt habe. Die Tatsache, daß in dem Brief an Eulogius der König nicht erwähnt wird, hat nichts zu bedeuten. Sowohl der Verlauf der Mission als auch der Ton der Briefe lassen eindeutig vermuten, daß Aethelbert im Jahr 597 bekehrt und getauft wurde. Aber er hat die Bekehrung nicht erzwungen, weil noch starke Elemente des Heidentums in seinem Königreich übrigblieben, einschließlich seines eigenen Sohnes Eadbald, der nach des Vaters Tod eine kurze heidnische Reaktion anführte.

In der Frage bezüglich der Bischofsweihe des Augustinus stehen Beda und Gregor in direktem Widerspruch zueinander. Man muß sich für den einen oder den anderen entscheiden. Beda berichtet:[91] „Mittlerweile reiste Augustinus, der Mann Gottes, nach Arles. Und gemäß der Anordnung des heiligen Vaters Gregor wurde er durch Aetherius, den Erzbischof jener Stadt, als Erzbischof des englischen Volkes konsekriert. Dann kehrte er nach Britannien zurück und schickte sofort den Priester Laurentius und den Mönch Peter nach Rom, um dem heiligen Papst Gregor mitzuteilen, daß das englische Volk den Glauben Christi empfangen hat und er selbst zu seinem Bischof geweiht worden ist.“

Er spricht hier von der Periode Ende 597 oder Anfang 598. Doch im Juli 598 schrieb Gregor voll Freude an Eulogius von Alexandrien über die Nachricht, die er durch Laurentius und Peter aus Britannien erhalten hatte:[92] „Da das Volk der Engländer, das sich in einem Winkel der Welt befindet, bis jetzt noch Bäume und Steine anbetete, so erwarb mir Euer Gebet den Gedanken, mit Gottes Beistand einen Mönch meines Klosters als Glaubensprediger zu ihnen zu senden. Mit meiner Genehmigung wurde er von den Bischöfen Germaniens zum Bischof geweiht. Mit deren Unterstützung gelangte er auch zu jenem Volk am Ende der Welt. Schon jetzt ist uns über sein Befinden und seine Tätigkeit geschrieben worden.“

Ehe diese Briefe überhaupt angekommen waren, schrieb Gregor im September 597 an Königin Brunhild und nannte dabei Augustinus „meinen Bruder und Mitbischof“.[93] Dies bestätigt die Andeutung des Briefes an Eulogius, obwohl Augustinus als Prior die Reise antrat und unterwegs zum Abt ernannt wurde, als die Mönche allen Mut verloren hatten, daß beabsichtigt war, daß er unterwegs die Bischofsweihe empfangen sollte. Man hat gemeint, dies sei unwahrscheinlich gewesen, ähnlich wie bei den späteren Missionaren Bonifatius und Willibrord, die zunächst zu bekehren anfingen und erst später zu Erzbischöfen geweiht wurden. Aber es gibt darin den Unterschied, daß jeder von diesen seine Mission selbst begann, während es der Papst war, der die Mission des Augustinus veranlaßte. Übrigens gibt es im siebenten Jahrhundert einen genauen Parallelfall. Als Papst Honorius I., der stolz darauf war, Gregor nachzuahmen, Birinus zur Bekehrung der Westsachsen entsandte, sorgte er dafür, daß dieser unterwegs durch den Erzbischof Asterius von Mailand zu Genua zum Bischof geweiht wurde.[94] Es gab einen guten Grund dafür, Augustinus durch die Bischöfe von Gallien weihen zu lassen, um ihre Hilfe und Unterstützung zu gewinnen und sie in die Mission mit hineinzuziehen – wiederum etwas, das im Brief an Eulogius angedeutet wurde. Wo Gregor auf die Bischöfe von „Germanien" hinweist, meint er wahrscheinlich Germania Lugdunensis, das Sidonius Apollinaris so nannte, und zwar wegen der germanischen Herkunft der Burgunder, die damals in dem Gebiet herrschten.[95]

Sein Metropolitansitz war Lyon, viel weiter nördlich als Arles und für die Weihe mehr geeignet. Es gibt keine Gründe, anzunehmen, wie Brechter es tut, daß Syagrius von Autun Augustinus geweiht hat. Dies ist in der Tat unwahrscheinlich, denn Gregor bestand darauf, als er an Syagrius das *pallium* verlieh, daß dieser in der Hierarchie seinem Metropoliten Aetherius von Lyon untergeordnet bliebe. Wahrscheinlich war es Aetherius von Lyon, der Augustinus auf der Reise nach England die Bischofsweihe erteilte.

Beda muß irgendeinen Grund für seine Erklärung gehabt haben, daß Augustinus nach Gallien gereist sei, um von Aetherius von Arles die Bischofsweihe zu empfangen. Er war ein sorgfältiger Historiker und benutzte die besten ihm zur Verfügung stehenden Belege. Die *Vita von Whitby* hatte angenommen, daß Augustinus vor seiner Abreise in Rom geweiht wurde. Diese Annahme war für Beda mangels sonstiger Belege selbstverständlich gewesen. Die *Vita von Whitby* erwähnt auch nur die eine Gruppe von Missionaren und wußte von Mellitus und der Verstärkung nichts.[96]

Hierin folgte der Verfasser dem *Liber Pontificalis,* der nur eine Gruppe erwähnt – eine Ansicht, die Beda in einem früheren Werk *De Ratione Temporum* auch vertrat.[97] Als Beda jedoch Abschriften der Papstbriefe erhielt, wußte er, daß es zwei Gruppen von Missionaren gab, und er korrigierte dementsprechend seine *Historia Ecclesiae.* Der Fehler, den Beda doch machte, war der, daß er Aetherius von Lyon mit Vergilius von Arles verwechselte, die Zeitgenossen waren und nicht aufeinanderfolgende Erzbischöfe von Arles. Anscheinend hat er dies aufgrund eines Briefes an Pelagius von Tours und Serenus von Marseilles getan, der durch einen Fehler des Schreibers (wahrscheinlich Nothhelms) dem „Aetherius von Arles", eine Zusammensetzung aus Aetherius und Vergilius, zugeschrieben wurde.[98] Indem er Augustinus' Bischofsweihe dem Aetherius von Arles zuschrieb, hatte Beda wohl den richtigen Mann, aber die verkehrte Diözese und das falsche Jahr. Ich glaube, daß dies auf eine fehlerhafte Schlußfolgerung zurückzuführen ist, die guten Glaubens gemacht wurde. Die *Vita von Whitby* behauptete, daß Augustinus in Rom geweiht wurde. Das war anscheinend eine in England vorhandene Überlieferung. Als Beda die Abschriften der gregorianischen Briefe erhielt, in denen Augustinus zum Abt ernannt wurde, wußte er, daß dies nicht wahr war. Zur Zeit des nächsten Briefes, in der chronologischen Folge an Vergilius von Arles, wurde er „Bischof Augustinus" genannt. Doch Beda wußte, daß es in der Zwischenzeit keine Verbindung mit Gregor gegeben hatte und daß „Aetherius von Arles", den er als den päpstlichen Stellvertreter und Vorgänger von Vergilius angenommen hatte, aufgefordert worden war, Augustinus zu treffen und ihm zu helfen. Also zog er daraus seinen Schluß, und der war falsch. Augustinus mußte rechtzeitig Bischof sein, damit seine Gesandten die Nachricht zu Gregor bringen konnten. Also erfand Beda eine Reise nach Gallien für die Bischofsweihe in Arles, um mit den Tatsachen, wie er sie verstand, übereinzustimmen. In diesem Zusammenhang kann man Gregors englische Mission als Teil einer allgemeinen Missionspolitik sehen, die Gregor als eine seiner Hauptverpflichtungen verstand. Hier handelt es sich keineswegs darum, Missionare auszusenden, um den barbarischen Westen für Rom zu gewinnen, und zwar als alternative Basis der Macht für das Papsttum. Es war eine Sache der moralischen und pastoralen Verpflichtung.

15. Kapitel

Gregor und das Mönchtum

Gregors Berufung zum Mönchtum war ein wesentlicher Teil seines Lebens. Sie bestimmte seinen Lebensstil, beeinflußte seine Politik, gestaltete seine Weltanschauung und innere Haltung. Er war der erste Mönch, der Papst wurde. Er wurde aber wahrscheinlich nicht deswegen gewählt, weil er Mönch war, sondern weil er ein Diakon und Verwalter, ein ehemaliger *apocrisiarios* war, der in der Gunst des Kaisers stand, dazu ein frommer, großzügiger und angesehener Römer war. Seine hervorragende Stellung und seine Begeisterung für die Sache machte ihn zu einem einflußreichen Verfechter des mönchischen Lebens. In der Tat ist Gregor der dritte in einem Trio von großen Mönchsgestalten im sechsten Jahrhundert, neben Benedikt von Nursia und Cassiodorus von Vivarium. Man hat früher behauptet, daß diese drei in einem gewissen Sinne für den „großen Sprung nach vorn" im Mönchtum des sechsten Jahrhunderts verantwortlich waren. Doch wenn dieser „Sprung nach vorn" auch sicherlich geschah, so ist es viel wahrscheinlicher, daß er eine Reaktion auf die Kriege, die Hungersnöte, die Pest und die Invasionen war, die bei vielen Leuten den begreiflichen Wunsch hervorrief, die Welt zu verlassen. Im Licht der jüngsten Forschung ist es notwendig, unsere Ansichten über den von Cassiodorus und Benedikt ausgeübten Einfluß abzuändern. In der Tat war es fast mit Sicherheit so, daß es vor allem Gregor war, der unmittelbaren Einfluß auf die Struktur und das Wesen des Mönchtums ausgeübt hat.

Das Mönchtum hatte seinen Ursprung im vierten Jahrhundert in den Wüsten Ägyptens und entwickelte sich in zwei verschiedenen Richtungen – dem einsamen asketischen Leben des Einsiedlers und dem gemeinsamen Leben der Klostergemeinschaft, wo man gemeinschaftlich lebte und arbeitete. Von Ägypten aus verbreiteten sich beide Formen nach Palästina, Syrien und Kleinasien. Der Gemeinschaftsaspekt war es, der an Antrieb gewann, gestärkt durch das Erscheinen der Regel des hl. Basilius, einer allgemein geschätzten und nachgeahmten Reihe von Satzungen für das mönchische Leben. Mitte des vierten Jahrhunderts kam das Mönchtum in den Westen. Obwohl es hier nur langsam anfing, war es Mitte des fünften Jahrhunderts schon fest eingeführt. In Italien gab es sowohl die Gemeinschaftsform als auch die Einsiedlerform des Mönchtums und mehrere verschiedene Regeln. Es wurden z. B. die Regeln von

Basilius, von Cassian, von Macarius und von Pachomius befolgt. Gregors *Dialoge* zeigen, daß das gemeinschaftliche Mönchtum florierte und die Berge voll von Einsiedlern waren, die eiternde Wunden am Körper trugen, sich geißelten, sich in Nesselbeeten wälzten, um die Fleischeslust zu bekämpfen; sie trieben Dämonen aus, ließen Wasser aus Felsen fließen, Krüge sich mit Öl füllen, sie erweckten Tote und ließen Lahme gehen.

Obwohl Gregors Wundertäter sowohl Bischöfe und Priester als auch Mönche und Einsiedler waren, besteht kein Zweifel, daß die Mönche einen besonderen Platz in der allgemeinen Beliebtheit hatten. Der Grund dafür war die Heiligkeit ihres Lebens, weil sie ganz der Geistigkeit hingegeben und von der Welt zurückgezogen lebten, im Gegensatz zum Weltklerus, der von der Art seiner Verpflichtungen her notwendigerweise draußen in der Welt tätig war. Dies führte manchmal zu Unstimmigkeiten zwischen den beiden Ständen; als zum Beispiel der Priester Florentius, der eifersüchtig auf Benedikts Ruhm war, diesen zu vergiften suchte, oder als Bischöfe während Gregors Amtszeit die Klöster unter ihre Kontrolle bringen wollten. In der Tat bildeten die Mönche eine mit der geordneten klerikalen Hierarchie konkurrierenden Machtstruktur – was im Osten während der Bilderstürme des achten Jahrhunderts offenbar wurde und was Gregor im siebenten Jahrhundert in Rom selbst heraufbeschwor.

Die zukünftige Geschichte des Mönchtums sollte durch das Werk der drei schon erwähnten großen Männer bedeutend beeinflußt werden. Benedikt von Nursia war der erste. Alles, was man über sein Leben weiß, befindet sich im zweiten Buch von Gregors *Dialogen,* eine Sammlung von Geschichten, die von Benedikts Schülern und Verehrern erhalten wurden. Sie enthält keine Daten, diese aber sind ungefähr aus inneren Beweisen gefolgert und allgemein angenommen worden. Benedikt wurde um 480 in Nursia als Sohn eines wohlhabenden Großbauern geboren. Er wurde von seinem Vater nach Rom geschickt, um die freien Künste zu studieren. Die Weltlichkeit seiner Kommilitonen hat ihn jedoch derart entsetzt, daß er sich um 500 von der Welt zurückzog und in der Nähe von Subiaco Einsiedler wurde. Dort war er bald wegen seiner Heiligkeit bekannt, was eine Gemeinschaft von Mönchen zu der Aufforderung veranlaßte, bei ihnen Abt zu werden. Doch in Auflehnung gegen die von ihm eingeführte strenge Disziplin versuchten sie später, ihn zu vergiften. Er kehrte wieder zum Einsiedlerleben zurück, zog Jünger an und gründete zwölf Klöster, einschließlich des Klosters zu Subiaco, das er selbst leitete, bis er, nachdem Florentius ihn zu vergiften versuchte, um 525 nach Monte Cassino zog und ein neues Kloster gründete, dem er bis zu seinem Tod um 545 vorstand.

Es war wahrscheinlich zu und für Monte Cassino, daß Benedikt seine Regel *(Regula Benedicti)* in einem verständlichen Umgangslatein schrieb, die er „eine sehr kleine Regel für Anfänger" nannte.[1] Gregor wertete sie als „hervorragend in gesundem Urteil und klar ausgedrückt". Das war tatsächlich ihre hervorstechende Eigenschaft – eine klare Systematisierung und Kodifikation aller Gesichtspunkte des mönchischen Lebens.[2] Es ist jedoch wichtig zu unterstreichen, daß Benedikt nicht der erste war, der eine Regel schrieb. Seine Regel war vielmehr nur eine der vielen, die in Italien in Gebrauch waren. Sie wurde nicht, wie man früher meinte, für den Gebrauch in allen italienischen Klöstern amtlich verkündet; auch nicht für einen „Benediktinerorden" – ein Begriff, der dem damaligen Mönchtum fremd war.[3] Sie war wie die Regel von Basilius für das eigene Kloster und vielleicht auch für die Übernahme in anderen Klöstern geschrieben. Aber aufgrund ihrer Vorzüglichkeit überlebte sie. Ende des siebenten und Anfang des achten Jahrhunderts schließlich verbreitete sie sich in Norditalien, Gallien und dann auch in England, wo sie allgemein angenommen wurde. Im sechsten Jahrhundert war sie in Italien noch nicht im allgemeinen Gebrauch. Die Belege lassen vermuten, daß sie erst im zehnten Jahrhundert ausschließlich in den Klöstern Roms verwendet wurde.[4]

Es ist daher wirklichkeitsfremd, sich Gregors Kloster St. Andreas oder die Mission des Augustinus in irgendeinem Sinne als „benediktinisch" vorstellen zu wollen.[5]

Hier ist nicht der Ort, die Kontroverse über die Beziehung zwischen der *Regula Magistri* und der *Regula Benedicti* eingehend zu erörtern,[6] aber man kann sie folgendermaßen kurz zusammenfassen: Die Entdeckung kurz vor dem Zweiten Weltkrieg von Ähnlichkeiten zwischen Benedikts Regel und der sogenannten „Regel des Meisters" hat eine Kontroverse hervorgerufen, die seitdem in den Fachzeitschriften immer noch tobt. Die Debatte über die genaue Beziehung zwischen den beiden Regeln, welche von ihnen zuerst kam und wer welche schrieb, veranlaßte sogar die Meinung, daß Benedikt seine Regel gar nicht geschrieben habe. Es ist jetzt überzeugend erwiesen worden, daß Benedikts Regel italienisch ist und aus der Mitte des sechsten Jahrhunderts stammt. Es gibt wohl wenig Grund zu zweifeln, daß Benedikt sie geschrieben hat.[7] Es scheint ebenfalls wenig Grund zum Zweifel zu geben, auch wenn dies fromme Benediktiner verletzen mag, daß die „Regel des Meisters" älter ist als die Regel von Benedikt: Des Meisters Regel ist fast mit Sicherheit Anfang des sechsten Jahrhunderts anzusetzen, und sie stammt vielleicht aus Südfrankreich.[8] Doch die Tatsache, daß Benedikt die Regel des Meisters benutzte, beeinträchtigt seine eigene Leistung nicht. Er griff auf mehrere andere Regeln zurück (Cassian, Augustinus, die Väter Ägyptens). Seine Bedeutung liegt nicht in der Einmaligkeit, sondern in der Beschaffenheit seiner Regel – und das führt uns nach all den Debatten zu Gregors Urteil darüber zurück, was gewiß ihre lange Geltung und ihren Erfolg erklärt.

Rückblickend kann man erkennen, daß Benedikts Bedeutung eine zweifache ist. Auf lange Sicht hat er als Verfasser seiner Regel Bedeutung erlangt, die aufgrund der Begeisterung seiner Jünger im Italien des sechsten Jahrhunderts in Umlauf gebracht wurde, in viel größerem Ausmaß aber in Westeuropa während des achten Jahrhunderts. Er setzte sich ein für einen einfachen Lebensstil, für ein Leben der Arbeit, des Gebets und des Studiums und für eine vernünftige Organisation zur Leitung eines Klosters. Seine Leistung bestand darin, aus verschiedenen Quellen ein brauchbares, vernünftiges Programm für das Leben, die Leitung und die Beschäftigung im Kloster zu entnehmen, dem eine Ethik und ein tief empfundenes Ideal zugrunde liegen. Seine Bedeutung im sechsten und siebenten Jahrhundert rührte jedoch nicht so sehr von seiner Regel, als vielmehr von seiner „Starrolle" in den beliebten und viel gelesenen *Dialogen* von Gregor her. Benedikt war demnach das Vorbild des heiligen Mannes, dessen Lebensstil, Heiligkeit, Selbstdisziplin, Demut und Tugend eines der vier Bücher der *Dialoge* ausfüllen. Er war das Musterbeispiel des mönchischen Lebens, das von allen angehenden Mönchen und heiligen Männern nachzuahmen sei.

Der Beitrag von Cassiodorus war etwas anders geartet, wir müssen ihn kurz in Betracht ziehen. Im Mittelalter wurden die Klöster zu Aufbewahrungsstätten für das geistige Erbgut, wo unschätzbare Handschriften gesammelt, davon Abschriften gemacht und die bekannten Texte der Alten für die Nachwelt aufbewahrt wurden. Dieser Aspekt des mönchischen Lebens wird oft als das Vermächtnis von Cassiodorus bezeichnet, der das Mönchtum in entscheidender Weise mit dem Studium verbunden hat. Diese Ansicht bedarf jedoch einer Einschränkung.

Als Sprößling einer Familie von Verwaltern, die mit Auszeichnung sowohl im östlichen Kaiserreich als auch im ostgotischen Italien gedient hatten, bekleidete Cassiodorus nacheinander das Amt des Quästors, des *magister officiorum* und des prätorianischen Präfekten. Mit einer zwischen den Jahren 526 und 533 herausgegebenen „Geschichte der Goten" förderte er aktiv das römisch-gotische Bündnis. Um das Jahr 538 zog er sich aus dem öffentlichen Leben zurück und ging nach Konstantinopel. Nach der Rückeroberung von Teilen Italiens zog er nach Italien und wandelte sein wohnliches Landhaus zu Vivarium in der Nähe von Seyllacium in ein Kloster um. Obwohl er nicht Abt war, leitete er dessen Haupttätigkeitsbereich, das Studium. Er war stolz auf Roms Geschichte im Bereich der Wissenschaften und er wollte sie fördern („Lasset andere Völker Waffen tragen, lasset die Römer auf immer mit der Redekunst allein bewaffnet sein"). Zusammen mit Papst Agapitus plante er eine christliche Universität in Rom. Obwohl daraus nichts wurde, errichtete er zu Vivarium eine Bibliothek und ein *scriptorium,* das mit einer kleinen, aber hingebungsvollen Gruppe von Übersetzern und Abschreibern versehen war.[9]

In seinen *Institutiones* legte er seine Erziehungstheorien dar. Er forderte zum Studium der schönen Künste („Die Kenntnis dieser Fächer ist ohne Zweifel von Nutzen und soll nicht vernachlässigt werden, so schien es auch den Kirchenvätern") und zur Bewahrung der großen Werke der Vergangenheit auf („Vom gesamten durch Handarbeit zustande gebrachten Werk gefällt mir das Werk des Abschreibers am besten").[10] Um diese Arbeit zu erleichtern, schrieb er selbst eine Abhandlung über die Rechtschreibung. Sein *scriptorium* machte Übersetzungen aus dem Griechischen, und zwar der Geschichte von Sokrates, von Sozomen und Theodoret, der *Antiquitäten* von Josephus, der Abhandlung von Gaudentius über die Musik und der exegetischen Werke von Origenes, Klemens von Alexandrien und Chrysostomus. Die Werke westlicher Autoren wie Boethius, Ambrosius, Augustinus, Cassian und Hieronymus wurden gesammelt und von ihnen wurden Abschriften gemacht. Unter seiner Leitung wurden Kommentare zu den Psalmen und den Paulusbriefen hergestellt.

Wenn auch Vivarium unter Cassiodorus eine bemerkenswerte Stätte war, so müssen wir uns doch hüten, seine Leistung zu überschätzen. Die literarische Tätigkeit von Vivarium wurde nach Cassiodors Tod nicht fortgesetzt. Seine Bibliothek fiel auseinander und wurde zerstreut. Der Hauptteil der Bücher ging anscheinend an die Lateranbibliothek in Rom.[11] Cassiodorus war auch nicht die erste oder die einzige mönchische Gestalt, die das Klosterleben mit literarischer Tätigkeit, mit exegetischer Arbeit, mit Abschreiben und Übersetzen in Verbindung brachte. Denn es hatte eine blühende Tradition solcher Tätigkeiten im ostgotischen Italien gegeben.[12] Das Kloster von Castrum Lucullanum in der Nähe von Neapel unter der Leitung von Abt Eugippus stand im Vordergrund der Bewegung und war durchaus ein echter Vorläufer von Vivarium. In Rom ging der eifrige Dionysius Exiguus von einem bisher nicht festgestellten Kloster aus seiner literarischen Tätigkeit nach. Die Meinung ist tatsächlich vertreten worden, daß die meisten Klöster *scriptoria* hatten, obwohl Benedikts Schweigen bezüglich dieser Seite des Mönchtums den Fachleuten immer noch ein Rätsel aufgibt.[13] Sowohl in den Klöstern als auch in der Kirche gab es im ganzen sechsten Jahrhundert ein wachsendes Interesse an der Erhaltung und Auslegung von Bibelhandschriften und den Werken der Kirchenväter. Aber wenn Cassiodorus' Tätigkeit zu Vivarium auch nicht einmalig war, so war sein Einfluß nichtsdestoweniger fruchtbar. Er rührte eher von seinen Schriften als von seinem Beispiel her.[14]

Seine *Institutiones* gehörten zu den bedeutendsten Schulbüchern des frühen Mittelalters, die in Vivarium angefertigten Übersetzungen blieben Jahrhunderte lang in Gebrauch, und die Abhandlung über die Rechtschreibung spielte für die Arbeit des Abschreibers in den mittelalterlichen Klöstern eine bedeutende Rolle. Ähnlich wie bei Benedikt also war im wesentlichen Cassiodorus' Einfluß eher langfristig als kurzfristig wirksam.

Kurzfristig war Gregor ohne Frage der bedeutendste von den dreien. Er war der Gesetzgeber, der Verbreiter und der Verfechter des Mönchtums in allen seinen Formen, indem er es als den vollkomensten Ausdruck des menschlichen

Suchens nach Gott betrachtete. Er machte keine größere Neuerung in der Gestaltung oder im Ideal des mönchischen Lebens. Er verfaßte keine Regel, errichtete kein *scriptorium*. Sein großes Ziel war es, das Mönchtum zu stärken und zu verbreiten.[15]

Zunächst förderte er die Gründung und die Ausstattung von Klöstern. Er gab selbst ein Beispiel, indem er auf seinen sizilianischen Landgütern sechs Klöster gründete und diese ausstattete und zudem das römische Haus seiner Familie in das Kloster St. Andreas umwandelte. Er verlieh dem Mönchtum einen weiteren Anreiz, indem er im Lateran einen mönchischen Lebensstil führte, sich mit vertrauten Mönchen umgab, Mönche zu hohen Ämtern beförderte und das geistige Leben des Klosters in seinen Schriften, vornehmlich in den *Dialogen,* förderte.

Stets ermutigte er reiche Laien und fromme adelige Frauen, Männer- und Frauenklöster zu gründen und auszustatten. Er unternahm zudem energische Schritte, um dafür zu sorgen, daß testamentarisch vermachte Begräbnisstiftungen unverzüglich ausgeführt wurden.[16] Er vereinigte durch den Feind geplünderte Klöster. Und wo Klöster in harte Zeiten gekommen waren, unterstützte er sie mit Landschenkungen, Pachtgeldermäßigungen und Bargeldgeschenken.[17]

Ein zweites konsequentes und bezeichnendes Thema war die Aufrechterhaltung der Disziplin. Während dieser Zeit, wo Klöster stets der Gefahr ausgesetzt waren, angegriffen, ausgeraubt und zerstört zu werden, wo viele Gemeinschaften zerstreut wurden, ergab sich die große Gefahr der Disziplinlosigkeit, der fleischlichen Entgleisungen und der Preisgabe der Gelübde. Gregor setzte Rektoren, Äbte und Bischöfe ein, um diese Lage zu ordnen.[18] Auf den tyrrhenischen Inseln gab es unter den dortigen Klostergemeinschaften schwerwiegende Unregelmäßigkeiten, die manchmal durch das Eindringen von unzähligen Flüchtlingen, darunter vielen Frauen, vom Festland verursacht wurden. Er schickte also Sonderbeauftragte, um auf Gorgona, Monte Cristo, Capri und Eumorphiana die Klöster zu reformieren und Mißstände zu beseitigen.[19] Es gab Berichte von weitverbreiteter Disziplinlosigkeit unter den Klöstern von Campania. Der Rektor wurde daher angewiesen, die Ortsbischöfe dazu zu bewegen, dem Einhalt zu gebieten.[20] Es gab zwei aufeinander folgende Untersuchungen des Klosters am Abhang des Ätna.[21]

Stets wenn er mit den Klöstern zu tun hatte, unterstrich Gregor die Notwendigkeit, die wesentlichen Voraussetzungen und Grundsätze des mönchischen Lebens zu erhalten: die Dauer der mönchischen Berufung, Armut, Keuschheit und die Erhaltung des klösterlichen Friedens. Zu diesem Zweck verbot er stets den Mönchen, von Kloster zu Kloster zu reisen und nach Belieben herumzuwandern.[22] Er befahl weggelaufenen Mönchen und Nonnen, zum Kloster zurückzukehren.[23] Er untersagte es Mönchen, Privateigentum zu besitzen. Den Frauen verbot er die Männerklöster und deren Umgebung.[24] Im

Gregorianischen Register gibt es eine aufschlußreiche Ausnahme von Gregors gewöhnlich scharf und entschieden gegebenem Befehl für die Rückkehr weggelaufener Mönche zu ihrem Kloster. Der Patrizier Venantius von Syrakus, der ein Mönch und anscheinend ein Freund Gregors gewesen war, verließ das Kloster und heiratete eine schöne herrische Frau, Italica. Er wurde Vater von zwei Töchtern und zum Mittelpunkt eines dem Mönchtum gegenüber feindlich gesinnten dilettantischen literarischen Kreises. Gregor hat ihm nicht die Rückkehr in sein Kloster befohlen, aber er verbrachte viel Zeit und Mühe damit, an Venantius zu schreiben und zu versuchen, ihn durch Argument, Vorwurf und Ermahnung zu überreden, freiwillig zurückzukehren. Venantius starb kurze Zeit vor Gregor, immer noch draußen in der Welt. Der Fall von Venantius zeigt wieder einmal, daß es in Gregors Weltbild ein Gesetz für die Reichen und ein anderes für die Armen gab.[25]

Um die klösterliche Zurückgezogenheit zu bewahren, ordnete Gregor an, daß Beamte ernannt werden sollten, um das weltliche Geschäft der Klöster zu erledigen und das Eindringen von Menschenmengen zu verhindern. Er untersagte es den Bischöfen, in Klöstern die hl. Messe für die Öffentlichkeit zu feiern.[26] Im allgemeinen brachten alle diese Entscheidungen Abwechslung in die schon festgesetzten Grundthemen des mönchischen Lebens. Er führte jedoch zwei Neuerungen in der Disziplin ein, als er für Äbtissinnen ein Mindestalter festsetzte und ein Noviziat von zwei Jahren vorschrieb, während Benedikt ein Jahr und Justinian drei Jahre empfahlen.[27]

So wie die päpstliche Autorität eingesetzt wurde, um die innere Disziplinlosigkeit zu korrigieren, wurde sie auch eingebracht, um die Klöster gegen Unterdrückung zu schützen. Der Unterdrückung durch Bischöfe, durch Laien, durch den Weltklerus, sogar durch Beamte der römischen Kirche, ob in der Form der Beschlagnahme von Eigentum oder durch das Eindringen in die Privatsphäre, leistete der Papst unentwegt Widerstand. Doch seinen wahrscheinlich größten Erfolg hatte er bei der weltlichen Obrigkeit, als er den Kaiser dazu überredete, das soeben von ihm erlassene Gesetz abzuändern, das Staatsbeamten und Soldaten verbot, vor Ablauf ihrer Dienstzeit ein Kirchenamt zu übernehmen oder in ein Kloster einzutreten.[28]

Gregors bedeutendster Beitrag zur Entwicklung des Mönchtums war möglicherweise der, daß er dieses bezüglich seiner Beziehungen zum Weltklerus und insbesondere zu den Bischöfen festlegte. Die Canones der Kirchenkonzilien bestätigen wiederholt die Gerichtsbarkeitsrechte der Bischöfe gegenüber den Klöstern, doch selten hatten sie versucht, diese Rechte genauer zu bestimmen. Dieser Bestimmungsmangel ließ Unterdrückungshandlungen von seiten der Bischöfe zu. Um diese Ungewißheit auszuschließen, handelte Gregor. Die Bischöfe hätten gerne in idealer Weise uneingeschränkte Gerichtsbarkeit über die Klöster gehabt. Die Klöster hingegen wollten gern von dieser Gerichtsbarkeit völlig frei sein. Gregor mußte also zwischen beiden einen Weg steuern. Er hat das Recht der Bischöfe auf Gerichtsbarkeit aufrechterhalten, suchte jedoch, sie ausschließlich auf geistliche Angelegenheiten einzuschränken: die Weihe von Klöstern, die Einsetzung eines neuen Abtes, die Beaufsichtigung der Disziplin und die Feier der hl. Messe. Um auf der anderen Seite die Rechte der Mönche zu schützen, erließ er immer häufiger Privilegierungsurkunden, wohl eher um das, was er als ihre Rechte betrachtete, zu schützen, als neue Rechte zu schaffen. Die im Jahr 598 an das Kloster von St. Johannes und Stephanus in Classis ausgestellte Urkunde erläutert vortrefflich diesen Vorgang.[29] Um seinen Frieden zu erhalten und die von ihm durch nacheinander amtierende Erzbischöfe von Ravenna erlittene Unterdrückung einzudämmen, bestimmte Gregor mit großer Genauigkeit seine Rechte. Seine Einkünfte und sein Eigentum sollten unangetastet bleiben; Streitfragen zwischen dem Kloster und der Kirche von Ravenna sollten vor von beiden Seiten gebilligten Vermittlern beigelegt werden. Die Klostergemeinschaft hatte ohne Einmischung von außen ihren eigenen Abt zu wählen. Die Autorität des Abtes durfte nicht geschmälert werden. Ohne die Erlaubnis des Abtes durften Mönche nicht aus dem Kloster entfernt werden. Der Bischof sollte von allzu häufigen Visitationen Abstand nehmen, um das Kloster nicht durch Unterhaltskosten ungebührlich zu belasten. Wahrscheinlich waren alle oder die meisten von diesen Mißständen vorgekommen. Zugleich zeigt dies die mannigfaltigen Möglichkeiten, wie ein Bischof seine Gerichtsbarkeit mißbrauchen konnte.

In einer mehr allgemeinen Form machte Gregor eine klare Unterscheidung zwischen Mönchen und dem Klerus. Er hat Klerikern nicht verboten, in ein Kloster zu gehen. Und er hat Mönchen nicht verboten, in den klerikalen Stand einzutreten. Aber er war sich durchaus darüber im klaren, daß man beide Berufe nicht miteinander verbinden konnte. Er ließ es zu, daß ein Mönch zum Priester geweiht wurde. Aber sein Wirkungsbereich lag nur innerhalb des Klosters, damit er als Hausgeistlicher dienen und die hl. Messe feiern konnte.

Man kann also sehen, daß Gregor seine tiefe persönliche Verpflichtung dem Mönchtum gegenüber in eine sehr praktische Politik umsetzte, indem er die Rechte der italienischen Klöster schützte, förderte und bestimmte. Man kann in etwa sagen, daß ihre fortschreitende Entwicklung und Ausbreitung in den folgenden Jahrhunderten durch das leidenschaftliche Interesse und die rechtliche Genauigkeit ermöglicht wurden, womit Gregor unter voller Unterstützung durch das Gewicht und Prestige der päpstlichen Autorität ihre Rolle und ihre Rechte unter dem gläubigen Volk klarzumachen suchte.

16. Kapitel

Gregors Vermächtnis

Im Jahr 604 ging Gregors Leben seinem Ende zu. Als er schon durch Schmerz gequält wurde und nicht mehr gehen konnte, hatte er sich noch mit aller Macht darum bemüht, für Rom einen festen und dauerhaften Frieden mit den Langobarden zustande zu bringen. Doch seine Pläne waren zusammengebrochen. Der Exarch hatte den Frieden gebrochen, die Langobarden standen unter Waffen und im Jahr 603 gab es für das Reich eine Reihe von katastrophalen Rückschlägen. Obwohl der Exarch Smaragdus einen Waffenstillstand abgeschlossen hatte, war das nur eine Atempause. Trotz allem Bemühen von seiten Gregors war Rom immer noch in größter Gefahr. Die „entsetzlichen" Langobarden waren im Begriff, wieder einmal anzugreifen, genauso wie sie es damals taten, als Gregor den Thron des hl. Petrus bestieg. Noch dazu war die Stadt von einer furchtbaren Hungersnot heimgesucht und die Bevölkerung, die einen Sündenbock suchte, wandte sich gegen den Papst. Von der Angst um die Zukunft geplagt, in seinem Widerstand durch die Last des Amtes gebrochen und vom Volk verflucht, dem zu helfen und beizustehen er sich so sehr bemüht hatte, starb Gregor am 12. März 604. Nach der Überlieferung lief der Pöbel Roms auf dem Lateran zusammen und wollte Gregors Bücher verbrennen. Von dieser Absicht wurde er jedoch durch das Eingreifen von Peter, einem Schüler Gregors, abgelenkt. Gregor wurde in der Peterskirche neben seinen Vorgängern beigesetzt, der Klerus und das Volk richteten ihre Aufmerksamkeit auf die Wahl eines Nachfolgers.

Was für ein Andenken und was für ein Vermächtnis hat Gregor hinterlassen? Hier gibt es einen interessanten Unterschied in der Betonung, der vielleicht auf sein bleibendes Vermächtnis etwas Licht wirft. Im Osten, wo er schon im neunten Jahrhundert als Heiliger verehrt wurde, beruhte sein Ruf ursprünglich auf den *Dialogen,* die von Papst Zacharias (741–752) ins Griechische übersetzt wurden. Sie wurden zu einem unentbehrlichen Stück sowohl in Klosterbibliotheken als auch in weltlichen Bibliotheken. Sie brachten ihm den Beinamen *Dialogos* ein, um ihn von anderen Heiligen mit dem Namen Gregor zu unterscheiden. Die *Regula Pastoralis,* die zu Gregors Lebzeiten von Anastasius von Antiochien ins Griechische übersetzt wurde, vermehrte Gregors Ruhm. Es ist offensichtlich, daß er im Osten als Lehrer und Autor angesehen war. Die

Berichte über sein Leben in griechischen Märtyrologien und in den Kollekten der Meßbücher bestehen hauptsächlich aus den ihm durch Johannes den Diakon zugeschriebenen Wundern. Erst im elften Jahrhundert wurde die von ihm veranlaßte Bekehrung des englischen Volkes überhaupt erwähnt.[1]

Auch in Spanien wurde Gregor als ein großer Theologe verehrt. Mitte des siebenten Jahrhunderts reiste Taio, der zukünftige Bischof von Saragossa, nach Rom, um seine Werke im Lateranarchiv zu untersuchen. Später machte er aus ihnen eine Sammlung von Auszügen in seinem *Liber Sententiarum*. Gregor selbst hatte Abschriften der Werke *Regula Pastoralis* und *Magna Moralia* an seine Korrespondenten in Spanien geschickt.[2]

In England wurde Gregor als der Apostel der Insel verehrt. Es war eher der Papst als Augustinus von Canterbury, den sie als den Urheber ihrer Bekehrung betrachteten. Er wurde stets von englischen Autoren als „der Lehrer des englischen Volkes", „unser eigener hl. Gregor", „unser Apostel" erwähnt. Die *Dialogi* und die *Regula Pastoralis* wurden von König Alfred und seinen Gelehrten ins Englische übersetzt. Das früheste Leben von Gregor wurde Anfang des achten Jahrhunderts von einem anonymen Mönch von Whitby verfaßt.[3] J. M. Wallace-Hadrill schrieb: „Das englische Volk fühlte sich nach Rom hingezogen. So viel ist jedoch klar: Es hat seine Liebe dem Papst vorbehalten, der ihm als erster geholfen hat. Mit Vorliebe mochte es zunächst an Gregor, den Erben des hl. Petrus, nicht aber unpersönlich an Rom denken."[4]

In Rom jedoch herrschte bis zum neunten Jahrhundert ein fast vollständiges Schweigen. Peter Llewellyn hat in römischen Quellen zwischen seinem Tod und dem neunten Jahrhundert lediglich vier beiläufige Hinweise auf Gregor gefunden.[5] Im Jahr 642 fand Taio von Saragossa seine Werke im Lateran vernachlässigt.[6] Die kurze, von einem Kleriker verfaßte Biographie von Gregor im *Liber Pontificalis,* die wahrscheinlich aus der Amtszeit von Honorius I. stammt, ist bruchstückartig und von Mißgunst getragen. Papst Johannes VIII. (872–882) war es, der zuerst klar erkannte, daß es im Norden eine florierende Tradition der Gregorverehrung gab, obwohl dieser in Rom fast vergessen war. Neben der *Vita von Whitby* gab es eine langobardische Biographie von Paul Warnfrid, einem Mönch von Monte Cassino, der im Jahr 797 starb. Also beauftragte Papst Johannes VIII. den römischen Diakon Johannes, eine Biographie von Gregor aus römischen Quellen zu schreiben, um ihn somit in einen römischen Zusammenhang zu stellen und ihn gleichsam aus den Händen der Barbaren zu retten.

Aus diesem Überblick geht eindeutig hervor, daß im frühen Mittelalter Gregors Ruf auf seinen Schriften und auf der Bekehrung des englischen Volkes beruhte. Seine Nichtbeachtung in Rom kann man fast mit Sicherheit der Tatsache zuschreiben, daß er die Mönche zu einer mit dem Weltklerus konkurrierenden Macht erhoben hat. Schon Mitte des siebenten Jahrhunderts hatte der Klerus den Kampf gewonnen. Mit der Verdunkelung des mönchischen Machtstrebens wurde auch der Ruhm seines Anregers in den Schatten gestellt.

Gregor ist der letzte der großen lateinischen Kirchenväter, seine Werke waren sehr verschieden und sehr einflußreich. Die bekanntesten sind wahrscheinlich die *Regula Pastoralis* und die *Dialoge*. Die *Regula Pastoralis* war schon geplant worden, als Gregor in Konstantinopel war; geschrieben wurde sie erst in den Anfangsjahren seines Pontifikats.[7] Man ist sich allgemein einig, daß sie dem Erzbischof von Ravenna gewidmet wurde. Wahrscheinlich wurde sie in Erwiderung auf Johannes' Brief geschrieben, der Gregors Weigerung tadelte, das päpstliche Amt zu übernehmen.[8] Sie war sowohl im Osten als auch im Westen weit verbreitet.[9]

In einer seiner Predigten hatte Gregor die Weltlichkeit der Bischöfe beklagt und den Mißbrauch ihrer Macht, ihr Streben nach Gewinn und Lob und ihre Schwäche für eitles Geschwätz getadelt.[10] Aus eigener Erfahrung und aus der Betrachtung über die Rolle des bischöflichen Amtes entwarf er ein Bild des idealen Bischofs, wobei die Rolle des Bischofs als Prediger und Seelsorger den festen Mittelpunkt seiner Beschreibung bildete. Von der *Regula Pastoralis* schrieb Wallace-Hadrill, daß „sie für sich allein einen Anspruch auf Ursprünglichkeit begründen würde: Keiner im Westen vor ihm hatte wie er die Arbeit eines Bischofs beobachtet, die Kunst der Künste, Seelen zu regieren; keiner war den Beweggründen eines Bischofs bei der Annahme des Amtes bis in die Wurzeln der Selbsttäuschung nachgegangen".[11]

Die *Dialoge* und *Homilien* geben in gedrängter Form das neue volkstümliche Predigen wieder, das im Mittelalter einen so großen Einfluß ausübte und die neue Form des Wissens darstellte, die Gregor und die Gregorianer vertraten. Das neue Wissen war einfach, unkompliziert und dem einfachen Volk zugänglich, eine seelsorgliche, allegorische Begeisterungsart von Kultur, die großes Gewicht auf den Charakter, auf die geistige Prägung und die Ausdauer des heiligen Mannes legte. Sie hat mit der alten hohen Kultur des sechsten Jahrhunderts ganz gebrochen, die sich auf eine geistige Elite konzentriert hatte und in die theologische Verflechtung und die philosophischen Überlieferungen des Ostens vertieft gewesen war. Die neue Kultur, durch das mönchische Ideal stark beeinflußt und auf Gregors Auffassung eines seelsorgerischen Episkopats gegründet, unterstrich eher einfache Wahrheiten – das Leiden, das Religiöse, das Gute – als die Beherrschung schwer verständlicher Punkte der dogmatischen Theologie.

Die *Dialoge* wurden im Jahr 593 geschrieben, und zwar in der Form von Gesprächen zwischen Gregor und seinem Jünger, Peter dem Diakon. Ein passenderer Titel wäre vielleicht gewesen, „Die Wunder der italienischen Väter", der sein „Arbeitstitel" war.[12] Es ist ein Buch, das sich Wundern, Visionen und Prophezeiungen widmet und den Zweck hat, die Heiligkeit des heiligen Mannes zu zeigen und den Ungläubigen zu bekehren, weswegen an Königin Theodelinda, eine Katholikin, aber Schismatikerin, eine Abschrift geschickt wurde.[13]

Die Geschichten sind manchmal tiefgründig, manchmal drollig, wenn zum Beispiel ein Priester so beiläufig zu seinem Diener sagte: „Komm her, Teufel, und ziehe mir die Schuhe aus!" und er tatsächlich auf wunderbare Weise den wahrhaftigen Teufel vor sich hatte, der sie ihm auszog.[14] Die Geschichten erzählten dem Volk einfach und schlicht aus seiner eigenen Lebenserfahrung. Diese Verständlichkeit war jedoch nicht Gregor dem Großen allein eigen. Schon Gregor von Tours hatte Sammlungen von Wundergeschichten zusammengestellt. Anfang des sechsten Jahrhunderts schrieb Caesarius von Arles eine klassische *apologia* dafür, in seinen Predigten die Umgangssprache verwenden zu dürfen: „Ich bitte demütig darum, die Ohren der Gebildeten mögen, ohne sich zu beklagen, einige bäuerliche Ausdrücke dulden, damit die Herde des Herrn in einfacher und urwüchsiger Sprache himmlische Nahrung erhalte."[15] Das ist eine Einstellung, die Gregor gebilligt hätte, denn die Armen und die Unwissenden zu unterrichten, gehörte zu Gregors leitenden Prioritäten. Das steht auch hinter seiner Verteidigung von religiösen Gemälden, die er „die Bücher der Ungebildeten" nannte, als er Bischof Serenus von Marseilles deswegen tadelte, weil dieser in seinem bilderstürmerischen Übereifer einige davon zerstörte.[16]

Ohne Zweifel haben Gregors Schriften, die ja vom bedeutendsten Kirchenmann im Westen stammten, dieser wachsenden Erziehungstendenz einen mächtigen Antrieb gegeben. Hinter seinen Homilien stand dieselbe Idee. Gregors Überzeugung, daß das Predigen die Hauptverpflichtung eines Bischofs sei, veranlaßte ihn, trotz seiner schlechten Gesundheit zwei Predigtreihen durchzuführen, die schließlich veröffentlicht wurden. Die in den Jahren 591–592 gehaltenen und im Jahr 593 veröffentlichten vierzig *„Homilien über die Evangelien"* sowie die in den Jahren 592–593 gehaltenen und in den Jahren 601–602 der Öffentlichkeit übergebenen zweiundzwanzig *„Homilien über Ezechiel"* waren das Ergebnis einiger der dunkelsten Stunden Roms, Kinder der Pest und der Belagerung;[17] insgesamt einfache und schlichte, durch Anekdoten und Allegorien erhellte Ausführungen über Grundwahrheiten. Man kann sie rückblickend als Vorläufer der *Dialoge* ansehen.

Doch während die *Dialoge* und die *Homilien* nach vorne in Richtung der zukünftigen volkstümlichen Art zu predigen wiesen, schauten die *Magna Moralia* auf die alte Form der schleppenden, allegorischen Bibelauslegung zurück, die von Origenes eingeführt und eigens an den Klerus gerichtet worden war. Die *Magna Moralia* standen in dieser Tradition: Ausführungen über Ijob in fünfunddreißig Büchern, eine allegorische und mystische Auslegung der Geschichte und dazu noch eine Disputation über die christliche Ethik, die nicht für die allgemeine Öffentlichkeit bestimmt war. Das Werk wurde in Konstantinopel auf Ersuchen von Gregors mönchischen Gefährten und von seinem Freund, Erzbischof Leander von Sevilla, angefangen, dem es schließlich gewidmet wurde. Der erste Teil des Werkes wurde seinem Kreis im Placidiapalast vorgetragen, der spätere Teil wurde nach seiner Rückkehr nach Rom diktiert. Im Jahr 595 wurde das Ganze dann redigiert und zusammengefügt. Es ist so weitschweifig und erschöpfend, daß es, obwohl sehr bewundert, durch den päpstlichen Notar Peterius exzerpiert wurde, um für das Studium eine zugängliche Auswahl von Auszügen zu haben.[18] Gregor verteidigte seine Gestaltlosigkeit und Weitschweifigkeit mit der unangreifbaren Begründung, alles sei unmittelbar durch den Heiligen Geist inspiriert worden. Erich Caspar jedoch schrieb dazu: „Ihm fehlt völlig die geistige Kraft von Augustinus, der in seinem Kommentar zu den Psalmen ein großartiges Gedankenspiel in Bildern von großer lyrischer Schönheit einfangen konnte."[19] Die Grundallegorie des ganzen Stücks sah Ijob als das Urbild Christi und der christlichen Kirche, die die Angriffe von Häretikern und Ungläubigen erlitt. Möglicherweise liegt der Grund für die Bedeutung des exegetischen Werks von Gregor eher in seiner Form als in seinem Inhalt. Es spielte eine wesentliche Rolle bei der Übermittlung der Auslegungskunst aus der Welt der Antike in die des Mittelalters.[20] Von der Grundannahme ausgehend, daß „die heilige Schrift alles Wissen und alle Lehre unvergleichlich weit übertrifft", legte Gregor im Vorwort zu *Magna Moralia* den Grundplan für die Exegese dar. Er beschrieb die zweifache, geschichtlich-allegorische und moralische Form der Auslegung, die die Bibelforscher des Mittelalters so nachhaltig beeinflußte.[21]

Gregor hat denselben Plan bei den Predigten verwendet, die er über den Heptateuch, das Buch der Könige, die Propheten, das Buch der Sprüche und das Hohe Lied gehalten hat und die durch den Mönch Claudius in der Form von Notizen niedergeschrieben und später für eine Veröffentlichung revidiert wurden.[22] Von diesen Werken sind zwei Homilien über das Hohe Lied und der Kommentar zu den ersten sechs Kapiteln des Buchs der Könige erhalten geblieben.[23]

Bezeugt ist Gregors damaliger Ruf als Autor und Exeget durch die vielen bei ihm eingegangenen Bitten um Abschriften seiner Werke, durch die Berichte über öffentliche Lesungen aus ihnen, die Gregor so sehr mißbilligte, durch die Bitten um neue Auslegungen, z. B. der Handlungen Samsons, und durch die in Umlauf gesetzten unerlaubten Ausgaben seiner Homilien und sogar griechischer, angeblich von ihm geschriebener Fälschungen.[24]

Theologische Themen liegen außerhalb des Bereiches dieses Buches. Es ist jedoch wichtig zu bemerken, daß Gregors Leistung als des letzten der „vier großen" lateinischen Väter – nach Tertullian, Ambrosius und Augustinus – keine neue theologische Richtung oder philosophische Debatte einführen sollte. Es ging ihm vielmehr darum, das zusammenzufassen, was vorangegangen war, und das zu unterstreichen, was nach seiner Meinung die Angelpunkte der christlichen Lehre ausmachte. Schließlich ging es ihm darum, die von seinen Vorgängern zum Ausdruck gebrachten komplizierten und intellektuellen Lehren zugänglicher zu machen. Von Gregor ist gesagt worden, daß er „nirgendwo einen originellen Gedanken ausgesprochen hat; er hat vielmehr überall den überlieferten Lehrbegriff konserviert".[25]

Sein Einfluß auf die Theologie des Mittelalters war dennoch außerordentlich. Die mittelalterliche Vorherrschaft der Ideen von Augustinus kam von ihrer gregorianischen Verkündigung her und diese Ideen setzten sich aufgrund der gregorianischen Übermittlung durch. Gregor war kein Polemiker und kein Theoretiker; er war kein origineller oder spekulativer Denker. Für abstraktes Denken hatte er keine Geduld. Er fühlte sich dazu verpflichtet, den christlichen Glauben auf erkennbarer persönlicher Erfahrung zu gründen. Er war also vornehmlich einer, der zusammenstellte und bekanntmachte.

Seine Einstellung war auf Überlieferung und Autorität begründet. Daher stammt dann auch der gesetzliche Rahmen, in dem er die Lehre von Verdienst, von Buße und Strafe darlegte. Für ihn war der Glaube, nicht die Vernunft die Grundlage der christlichen Religion. Bibel und Überlieferung waren die Quellen der religiösen Erkenntnis. Seine Lehren von Gott und Christus, von der Dreifaltigkeit und der Menschwerdung Christi, von der Buße und vom Fegfeuer waren Auszüge aus dem anerkannten, rechtgläubigen Gedankengut. Er verließ sich sehr auf Augustinus, insbesondere für seine Ansichten über die Gnade, die Gnadenwahl, die Kirche und die Sakramente.[26]

Gregors zweites Vermächtnis ist die englische Kirche. Die Bekehrung der Angelsachsen zum christlichen Glauben und die darauf folgende Gregorverehrung in England ließen die Flamme seines Rufs im Westen stets brennen, während man in Rom ihn still in Vergessenheit geraten ließ. Im achten Jahrhundert kamen aus England die großen missionarischen Erzbischöfe Bonifatius und Willibrord, um Deutschland und Flandern zu bekehren. Bonifatius versuchte, sich Abschriften von Gregors Briefen an die englische Mission zu verschaffen – als Richtlinien für sein eigenes Bekehrungsprogramm.[27] Obwohl nach Gregor das Papsttum von sich aus wenige missionarische Unternehmungen einleitete, blickten die Missionare Gregors wegen nach Rom für ihre Legitimation und für die maßgebende Erklärung bezüglich des Ritus, der Lehre, der Organisation und der Disziplin. Immer galten Gregors Anweisungen an Augustinus, „auf die in den folgenden Jahrhunderten so oft hingewiesen wurde, daß sie die Kraft des Kirchenrechts annahmen", als erstklassische Richtlinien für alle angehenden Apostel der Heiden. Man kann daraus also entnehmen, daß Gregor durch seinen Einsatz und sein Beispiel bei der Christianisierung Westeuropas eine wichtige Rolle gespielt hat.[28]

Für Historiker der neueren Zeit ist das päpstliche Register eines der bedeutendsten Vermächtnisse Gregors. Von dessen vierzehn im Archiv aufbewahrten und durch Johannes den Diakon als Quelle für seine Biographie benutzten Bänden sind 854 Briefe erhalten geblieben.[29] Sie legen ein beredtes Zeugnis dafür ab, was man jetzt als eine der Hauptleistungen Gregors betrachtet, nämlich die Führung der komplizierten und wechselvollen päpstlichen Verwaltung in all ihren Aspekten. Es ist jedoch wichtig, dies in den Gesamtzusammenhang zu stellen.

Das Überdauern der Briefe Gregors macht das Fehlen irgendeiner vergleichbaren Sammlung offenbar. Was wir zum Beispiel über Gelasius I. wissen, läßt jedoch vermuten, daß er möglicherweise genauso aktiv auf den Gebieten der Disziplin und des Rechts, der liturgischen Erneuerung, zentraler und patrimonialischer Verwaltung und der Kontrolle über den Episkopat gewesen ist.[30] Immerhin war es Gelasius, der zuerst das päpstliche Patrimonium organisierte und das große Kontobuch zusammenstellte, das im neunten Jahrhundert immer noch in Gebrauch war. Johannes der Diakon beschreibt Gregor als einen gewissenhaften Nachahmer von Gelasius.[31] Es gibt auch Hinweise dafür, daß Pelagius I. viele derselben Regierungsaufgaben zu lösen hatte, als er nach den Gotenkriegen den Wiederaufbau in Angriff nahm.[32] Pelagius II. und Honorius I. scheinen – nach den spärlichen Resten von Belegen, die wir noch haben – keineswegs unbedeutende Verwalter gewesen zu sein. Wären alle Register erhalten geblieben, dann würde ein ausgeglicheneres Bild viel wahrscheinlicher sein. Da es jedoch unwahrscheinlich ist, daß sie jemals ans Licht kommen, bietet uns Gregors Regierung das einmalige Beispiel eines aus nächster Nähe geschriebenen, eindrucksvoll belegten Berichts über das frühmittelalterliche Papsttum bei der Arbeit, der zudem Gregors unbestreitbare Eigenschaften als Herrscher hervorhebt.

Welches Urteil gibt also die Geschichte über Gregor ab? Er war zweifelsohne ein bedeutender Mann. Auf der einen Seite war er ein Vertreter der tiefgreifenden *Christianitas*. Obwohl er kein origineller Denker war, so war er trotzdem der letzte der großen Kirchenväter des Westens. Er machte Augustinus gemeinverständlich und übermittelte ihn. Er war ein Hauptbindeglied bei der Überlieferung der exegetischen Tradition der Alten und eine bedeutende Kraft bei der Entwicklung einer volkstümlichen homiletischen Predigt. Er förderte wirksam das Mönchtum und verbreitete durch seine Missionen zur Bekehrung der Heiden und der Häretiker, durch seine Lehrtätigkeit und Schriften den christlichen Glauben. Er war auch ein Mann der tiefen und bleibenden *Romanitas* – ein konservativer, juristisch Denkender, dem christlichen römischen Reich und der Stadt Rom ergeben, zugleich Administrator und Gutsverwalter, Hausvater und Prokonsul.

Obwohl es sein Wunsch war, in der Zurückgezogenheit seines Klosters ein beschauliches Leben zu führen, unterwarf er der Pflicht seine persönliche

Neigung. Er kehrte in den Strudel des öffentlichen Lebens zurück. Er bestieg den Thron des hl. Petrus zu einer Zeit der eindringenden Finsternis, fest überzeugt, daß das Ende der Welt nahe war. Als Christ, als Adeliger und als Römer tat er seine Pflicht. Keiner konnte mehr verlangen. Er hat den Titel zu Recht verdient, den ihm seine Grabinschrift verleiht: „der Konsul Gottes".

„Tumulte und Schüsse verhallen,
Kapitäne und Könige treten ab.
Bestehen bleibt dein altes Opfer,
ein demütiges und reines Herz."

Abkürzungen

AB	*Analecta Bollandiana*
Acta SS.	*Acta Sanctorum*
AHR	*American Historical Review*
ASR	*Archivio della Reale Deputazione Romana di Storia Patria*
Beda, *HE*	Beda, *Historia Ecclesiastica*
BHL	*Bibliotheca Hagiographica Latina*
Cass., *Inst.*	Cassiodorus, *Institutiones*
Cass., *Var.*	Cassiodorus, *Variae*
Chron. Pat. Grad.	*Chronica Patriarcharum Gradensium*
CIL	*Corpus Inscriptionum Latinorum*
CJ	*Codex Justinianus*
CSEL	*Corpus Scriptorum Ecclesiasticorum Latinorum*
EL	*Ephemerides Liturgicae*
ep.	*epistulae*
Greg., *Dial.*	Gregor I., *Dialogi*
Greg., *ep.*	Gregor I., *epistulae*
Greg., *Homil. in Evang.*	Gregor I., *Homiliae in Evangelia*
Greg., *Homil. in Ezech.*	Gregor I., *Homiliae in Ezechielem*
Greg., *MM*	Gregor I., *Magna Moralia*
Greg., *RP*	Gregor I., *Regula Pastoralis*
Greg. Tur., *HF*	Gregor von Tours, *Historia Francorum*
Greg. Tur., *Glor. Mart.*	Gregor von Tours, *Liber in Gloria Martyrum Beatorum*
Greg. Tur., *Vit. Pat.*	Gregor von Tours, *Liber Vitae Patrum*
HL	Paulus Diaconus, *Historia Langobardorum*
JEH	*Journal of Ecclesiastical History*
JL	P. Jaffe, ed., *Regesta Pontificum Romanorum*
JRS	*Journal of Roman Studies*
JTS	*Journal of Thelogical Studies*
LD	*Liber Diurnus*
Lib. Pont. Rav.	Agnellus Andreas, *Liber Pontificalis Ecclesiae Ravennatis*
LP	*Liber Pontificalis*
MAH	*Mélanges d'archéologie et d'histoire de l'école française de Rome*
Mansi	J. D. Mansi, *Sacrorum Conciliorum Nova et Amplissima Collectio*
MGH	*Monumenta Germaniae Historica*
MGH aa	*auctores antiquissimi*
MGH ep.	*epistulae*
MGH ep. Aust.	*epistulae Austrasicae, ep.* III, pp 110–53
MGH ep. Lang.	*epistulae Langobardicae, ep.*III, pp. 691–715
MGH ep. Merov.	*epistulae Aevi Merovingici, ep.* III, pp. 434–68
MGH Scr. Rer. Merov.	*Scriptores Rerum Merovingicarum*

MGH Scr. Rer. Lang.	*Sciptores Rerum Langobardicarum et Italicarum*
PG	J. P. Migne, *Patrologia Graeca*
PL	J. P. Migne, *Patrologia Latina*
Procopius, *BG*	Procopius, *De Bello Gothico*
Procopius, *BP*	Procopius, *De Bello Persico*
RB	*Revue Bénédictine*
Rer. It. Script.	L. A. Muratori, *Rerum Italicarum Scriptores*
Settimane	*Settimane di Studio del Centro Italiano di studi sull' Alto Medio Evo*
SMGBO	*Studien und Mitteilungen zur Geschichte des Benediktinerordens und seiner Zweige* 57 (1939), pp. 209–24
Troya, *CDL*	Carlo Troya, ed., *Codice Diplomatica Longobardo*
Whitby Life	Vita von Whitby

Anmerkungen

Einleitung

1 The Popes and the Papacy in Early Middle Ages (676–752). London 1979.

1. Kapitel

1 Pelagius I., *ep.* 85.
2 Procopius, *BG VII.* 30.
3 A. Chavasse, „Les Messes du Pape Vigile dans le Sacramentaire Léonien", *EL* 64 (1950), 161–213, *EL* 66 (1952) 145–219.
4 Greg., *ep* IV. 4.
5 Greg., *Dial.* II. 5.
6 Greg., *Homil. in Evang.* I. 1.5.
7 Paulus Diaconus, *HL* IV. 22.
8 Zuerst erwähnt in *LP*, Vita Johannis III, p. 305. Nach Duchesne wurde dies unter Pelagius II. verfaßt. Aber E. Griffe, „Le *Liber Pontificalis* au temps du Pape St. Grégoire", Bulletin de Littérature Ecclésiastique 57 (1956), 65–70, argumentiert überzeugend, daß zur Zeit Gregors I. der *Liber Pontificalis* nur bis zur Amtszeit von Vigilius (537–55) ging und daß Anfang des siebenten Jahrhunderts spätere Leben hinzugefügt wurden. Die Geschichte ist wieder erzählt worden bei Paulus Diaconus, *HL* II. 6; Isidor von Sevilla, *Chronica* 402; Fredegar, *Chronica* III. 65. Wenn Griffe recht hat, kann die Narses-Geschichte frühestens fünfzig Jahre nach den eigentlichen Geschehnissen angesetzt werden.
9 Greg. Tur., *HF* IV. 41; siehe Paulus Diaconus, *HL* II. 32.
10 Greg., *Dial.* I. 4, III. 27, 28.
11 Paulus Diaconus, *HL* II. 32.
12 G. Luzzatto, *An Economic History of Italy* (London 1961), 20.
13 *LP, Vita Benedicti* I, p. 308.
14 Paulus Diaconus, *HL* III. 19.
15 C. Troya, ed., *CDL* IV., I. 30.
16 Greg. *Dial.* III. 8, *ep.* I. 66.
17 S. Brechter, „Monte Cassino: Erste Zerstörung", *SMGBO* 56 (1938), 109–50.
18 *MGH ep. Merov.* 9.
19 Greg. Tur. *HF* VI. 42.
20 *MGH ep.* II Anhang 2.
21 Der erste, der die Stellung innehatte, kann der Patrizier Decius gewesen sein, der in dem an Gregor von Pelagius II. geschriebenen Brief erwähnt wurde, wenn auch nicht ausdrücklich als Exarch. Er war wahrscheinlich ein römischer Adeliger und vielleicht der Sohn eines der letzten westlichen Konsulen, Flavius Decius jr., der während der Gotenkriege nach Konstantinopel flüchtete. Auf diesen Patrizier gibt es keinen sonstigen Hinweis. Wenn dieser Decius Exarch war, dann kann es nur für eine kurze Zeit gewesen sein.

22 Paulus Diaconus, *HL* III. 18; *MGH ep.* II Anhang 3. I.
23 *MGH ep. Aust.* 40.
24 *MGH ep. Aust.* 41.
25 Greg. Tur., *HF* X. 3; *MGH ep. Aust.* 40.
26 Paulus Diaconus, *HL* III. 35.
27 Procopius, *BP* II. 22–23.
28 Greg., *Dial.* IV. 36.
29 Greg., *ep.* IX. 232.
30 Paulus Diaconus, *HL* II. 26.
31 Greg., *Dial.* III. 8.
32 Paulus Diaconus, *HL* II. 4, IV. 4; Greg., *Dial.* IV. 26.
33 *LP, Vita Benedictini* I. 308.
34 Paulus Diaconus, *HL* III. 23.
35 Greg. Tur., *HF* X. I; Paulus Diaconus, *HL* III. 24; *LP, Vita Pelagii II.* 309.
36 Paulus Diaconus, *HL*, IV, 4; Greg., *ep.* II. 4.
37 Paulus Diaconus, *HL* IV, 2.
38 Paulus Diaconus, *HL* IV, 14; Greg., *ep.* IX, 232.
39 J. B. Bury, *History of the Later Roman Empire* (London, 1923), II, 62.
40 Gelasius I, *Tractate VI.*
41 Greg., *Dial.* I. 4; Cass., *Var.* IV. 22, 23.
42 Greg., *ep.* X. 2.
43 P. Brown, „The Rise and Function of the Holy Man in Late Antiquity", *JRS* 61 (1971), 80–101; P. Brown, „Sorcery, Demons and the Rise of Christianity: from Late Antiquity into the Middle Ages; *Religion and Society in the Age of St. Augustine*" (London 1972), 119–146.
44 Greg., *Dial.* III, 7.
45 Greg., *Dial.* I, 4.
46 Über das Überleben des Heidentums siehe E. Vacandard, „L'idolatrie en Gaule au VIe et au VIIe siècle", *Revue des Questions Historiques* 65 (1899), 424–454; S. McKenna, *Paganism and Pagan Survivals in Spain* (Washington, DC, 1938). Es gibt eine Auswahl von Urquellen über das Heidentum bei J. N. Hillgarth, ed., *The Conversion of Western Europe* 350–750 (Englewood Cliffs, NJ, 1969). Siehe auch St. Caesarius von Arles, *Sermones* 129, 130, 265, 278, 279, 277.
47 *PL* 87, 444.
48 Greg., *ep.* VIII, 4.
49 Greg., *Dial.* III, 27.
50 Cass., *Inst.* I, 32.
51 Greg., *Dial.* II, 8.
52 Greg., *Dial.* II, 19.
53 Greg., *Dial.* VIII, 19.
54 Liutprand, *Leges* 84, I, (727). *MGM Leger* IV, 142.
55 Greg. Tur., *Vit. Pat.* VI, 2.
56 *Vita S. Radegundis* II, 2.
57 Greg. Tur., *HF* VIII, 15.
58 *MGH Scr. Rer. Merov.* IV, 260.
59 H. Delehaye, *The Legends of the Saints* (London, 1962).
60 Paulus Diaconus, *HL* IV, 36. Dieses Verfahren wurde nicht bloß auf Rom eingeschränkt. Wie schon erwähnt, wurde der Tempel von Apoll am Monte Cassino in eine St.-Martins-Kapelle, und der Tempel des Apollo, wo sich die Dämonen versammelten (Greg., *Dial.* III, 7), in eine St.-Andreas-Kapelle umgewandelt.
61 Greg. Tur., *Glor. Mart., Praefatio.*
62 Greg., *Dial.* I, 10.
63 *Vita von Whitby*, 22.
64 Greg., *ep.* IV, 30.

65 *LD* 12, 16, 17.
66 Greg., *Dial.* III, 15, I, 2; Greg. Tur., *HF* III, 29.
67 Greg., *ep.* IX, 45, 59, 181, XI, 19.
68 Cummian, *De Controversia Paschali,* 977–978.
69 P. Llewellyn, Rome in the Dark Ages (London 1971), 173–198.
70 *Collectio Avellana* 218; Greg., *ep.* IV, 30.
71 John McCulloch, „The cult of relics in the letters and *Dialogues* of Pope Gregory the Great", *Traditio* 32 (1976), 145–184.
72 Greg., *ep.* IV, 30.
73 Greg., *ep.* I, 25 (Patriarch Anastasius von Antiochien), I, 29. (Andreas *vir illustris),* I, 30 *(Quaestor* John), III, 47 (Bischof Columbus von Numidia), VI, 6 (König Childebert von Gallien), VII, 23 (Prinzessin Theoctista), VII, 25 (Kaiserlicher Hofarzt Theodor), VIII, 33 (Ex-Konsul Leontius), IX, 228 (König Reccared von Spanien), XI, 43 (Gouverneur Asclipiodotus von der Provence), XII, 2 (Patrizier Savinella, Columba and Galla in Africa), XIII, 45 (Patriarch Eulogius von Alexandria).
74 Greg., *ep.* VI, 6.
75 Greg., *ep.* XIII, 45.
76 Greg., *Homil. in Ezech.* II, 6, 22.

2. *Kapitel*

1 Das Beweismaterial ist bei W. Stuhlfath, *Gregor der Große* (Heidelberg 1913) eingehend untersucht worden.
2 Greg. Tur., *HF* X, I nennt es *de senatoribus primis.*
3 *MGH ep.* II, Anhang I; Greg. Tur. *HF* X, I.
4 Joannes Diaconus, *Vita Gregorii* IV, 83.
5 Greg., *ep.* I, 39, 42, II, 38 (Antoninus); I, 63, IX, 92 (Consentius).
6 Joannes Diaconus, *Vita Gregorii* I, 9; ihr Name ist aus der *Vita von Whitby* I bekannt.
7 Greg., *Dial.* IV, 16; *Homil. in Evang.* 38.
8 Greg., *ep.* I, 37.
9 Für eine eingehende Diskussion, siehe J. Richards, *The Popes and the Papacy in the Early Middle Ages* 476–752 (London 1979), 238–240.
10 Greg. Tur., *HF* X, 1.
11 Sorgfältige Textauslegung seiner Werke ergab den Beweis für seine Ausbildung in der Rhetorik. Siehe H. M. Swank, *Gregor der Große als Prediger* (Berlin 1934); Kathleen Brazzel, *The Clausulae in the Works of St. Gregory the Great* (Washington, DC, 1939).
12 Joannes Diaconus, *Vita Gregorii* I, I.
13 P. Courcelle, „St. Grégoire le Grand a l'école de Juvenal", *Studi e Materiali di storia delle religioni* 38 (1967), 120–124; Th. Delforge, „Le *Songs de Scipion* et la vision de St. Benôit", *RB* 69 (1959), 351–354; L. Weber, *Hauptfragen der Moraltheologie Gregors des Großen* (Freiburg 1947), 57, 66; P. Riché, *Education and Culture in the Barbarian West* (Columbia, SC, 1976), 146–147.
14 Riché, op. cit., 148–151.
15 Dag Norberg, *In Registrum Gregorii Magni Studia Critica* (Uppsala 1937–9), 2 Bde.; J. F. O'Donnell, *The Vocabulary of the Letters of St. Gregory the Great* (Washington, DC, 1935); R. M. Hauber, *The Late Latin Vocabulary of the Moralia of St. Gregory the Great* (Washington, DC, 1938).
16 Greg., *ep.* VII, 29, III, 63, XI, 55. Er mußte sich die Akten des Prozesses von Hadrian von Theben vorlesen lassen, weil sie in griechischer Sprache geschrieben waren (III, 7).
17 Greg., *ep.* XI, 55.

18 Greg., *ep.* I, 28, VIII, 27, X, 14, 21. Über die Kenntnisse der griechischen Sprache im sechsten Jahrhundert im Westen siehe P. Courcelle, *Late Latin Writers and their Greek Sources* (Cambridge, Mass., 1969). Über Gregors Kenntnisse der griechischen Sprache siehe Joan M. Petersen, „Did Gregory the Great Know Greek?", *Studies in Church History* 13 (1976), 121–134.

19 Greg., *ep.* VII, 31, VIII, 29.

20 F. Halkin, „La Juridication suprême du Pape", *AB* 89 (1971), 310.

21 John of Salisbury, *Policraticus* II, 26. Über die Entwicklung der mittelalterlichen Legende von Gregors Feindlichkeit gegen die weltliche Kultur siehe T. Buddenseig, „Gregory the Great, destroyer of pagan Idols", *Journal of the Warburg and Courtauld Institutes* 38 (1965), 44–65.

22 Greg., *ep.* V, 53.

23 Greg., *ep.* XI, 34.

24 P. Riché, op. cit., 152–157; C. Dagens, *St. Grégoire le Grand: culture et expérience chrétiennes* (Paris 1977), 31–54; H. de Lubac, *Exégèse Mediévale* (Paris 1959–1961), II, I, 53–77.

25 Greg., *In Librum Primum Regum Expositionum Libri* V, 30.

26 Über den Hintergrund zu Gregors Einstellung siehe G. L. Ellspermann, *The Attitude of Early Christian Latin Writers Towards Pagan Literature and Learning* (Washington, DC, 1949); M. L. W. Laistner, „The Christian Attitude to Pagan Literature", *History* 20 (1935), 49–54.

27 Greg., *MM* XVIII, 74.

28 Greg., *ep.* IV, 2.

29 *Ibid.*, Anmerkung h.

30 Joannes Diaconus, *Vita Gregorii,* I, 4.

31 Greg., *ep.* II, 38.

32 Boethius, *De Philosphiae Consolatione* III, 4.

33 Greg., *ep.* XI, 4. Siehe auch seinen dem Prätor Justin von Sizilien gegebenen Rat (I, 2).

34 Greg., *MM. Praefatio* = Greg., *ep.* V, 53a. Über Gregors Bekehrung siehe C. Dagens, „La conversion de St Grégoire le Grand", *Revue des Études Augustiniennes* 15 (1969), 149–162.

35 Greg. Tur., HF X, I.

36 *MGH ep.* II, Anhang I.

37 E. Caspar, *Geschichte des Papsttums* (Tübingen, 1933), II, 342.

38 Joannes Diaconus, *Vita Gregorii* I, 6.

39 Greg., *Dial.* IV, 21, I, 4, III, 22.

40 Greg., *Dial.* IV, 55.

41 Greg., *Dial.* III, 36, IV, 22, IV, 33, 49; Greg., *ep.* VIII, 29, IX, 222.

42 Greg., *ep.* XI, 26; Joannes Diaconus, *Vita Gregorii* I. 11–14.

43 Greg., *Dial.* IV, 21, III, 22, I, 4. Tatsächlich waren mehrere von Gregors Mönchen valerianische Flüchtlinge.

44 *MGH ep.* II, Anhang 2; Joannes Diaconus, *Vita Gregorii* I, 33; Greg., *Dial.* III, 36.

45 *MGH ep.* II, Anhang I; Greg., *Dial.* III, 36; Gregor, *ep.* I, 14a.

46 S. Brechter, „War Gregor der Große Abt vor seiner Erhebung zum Papst?", *SMGBO* 57 (1939), 209–224.

47 Das Argument dagegen, daß die Regel von Benedikt in St. Andreas in Gebrauch war, ist durch K. Hallinger sehr eindrucksvoll dargelegt, „Papst Gregor der Große und der hl. Benedikt", *Studia Anselmiana* 42 (1957), 231–319. Der Gebrauch der Regel ist durch O. Porcel verteidigt worden, *La Doctrina Monastica de San Gregorio Magno* (Madrid, 1951).

48 Justinian, *Novellae* 5, 133.

49 A. de Vogué, „La Règle du Maitre et les *Dialogues* de St. Grégoire", *Revue d'Histoire Ecclésiastique* 61 (1966) I, 44–76.

50 Hallinger, op. cit., behauptet, daß Gregor die Regel nicht einmal kannte. Aber diese Ansicht ist durch Gregors eigenes Zeugnis (*Dial.* II. 36) widerlegt und hat keine allgemeine Unterstützung gefunden.

51 St Benedict of Nursia, *Regula Monachorum,* ed. J. McCann (London, 1952).

52 Mönche, die versuchten, von St. Andreas wegzulaufen, wurden immer wieder durch Wunder dabei erwischt (Greg., ep. XI, 25).
53 Greg., *ep.* XII, 6.
54 Greg., *Dial.* IV, 55.
55 Greg., *Dial.* IV, 55.
56 Greg., *Dial. Praefatio.*
57 Greg., *ep.* V, 53a.
58 Joannes Diaconus, *Vita Gregorii* I, 25.
59 Greg., *ep.* V, 53a.
60 *MGH ep.* II, Anhang 3.
61 Greg., *ep.* I, 75.
62 Greg., *ep.* XIII, 22.
63 Greg., *ep.* IV, 34.
64 *LP, Vita Pelagii II,* 309.
65 J. B. De Rossi, *Inscriptiones Christianae* II, 63, 106, 157.
66 Menander, *Fragmente* 29.
67 Greg., *ep.* V, 53a.
68 Greg., *ep.* I, 41.
69 Greg., *ep.* V, 53a.
70 Greg., *MM* XIV, 72–74; Beda, *HE* II, I; Paulus Diaconus, *Vita Gregorii* 9; Joannes Diaconus, *Vita Gregorii* I, 28–30.
71 *MGH ep.* II, Anhang 2.
72 Greg. Tur., *HF* X, I; Joannes Diaconus, *Vita Gregorii* I, 40.
73 *MGH ep.* II. Anhang 3. I, Redemptus' Bistum ist nicht angegeben, aber eine wahrscheinliche Identifizierung wäre der gleichnamige Bischof von Ferentis bei Greg., *Dial.* III, 38.
74 *MGH ep.* II, Anhang 3. II.
75 Paulus Diaconus, *HL* III, 20; *MGH ep.* II, Anhang 3. III.
76 Greg., *ep.* II, 51.
77 Paulus Diaconus, *HL* III, 26.
78 Greg. Tur., *HF* X, I.
79 Joannes Diaconus, *Vita Gregorii* I, 39–40; Paulus Diaconus, *Vita Gregorii* 10; Greg. Tur., *HF* X, I.
80 Paulus Diaconus, HL III. 24; Greg. Tur., *HF* X, I. Die Meinung von O. Chadwick, „Gregory of Tours and Gregory the Great", *JTS* 50 (1949), 39–49, daß der Bericht darüber aus der Amtszeit von Gregor II., in der Rom ebenfalls schwere Überschwemmungen erlebte, eingeschoben wurde, hat keine Unterstützung gefunden.
81 Greg. Tur., *HF* X, I.
82 *Whitby Life* 7; Paulus Diaconus, *Vita Gregorii* 13; Joannes Diaconus, *Vita Gregorii* I, 44.
83 Greg., *ep.* I, 30 (*Quaestor* John)' I, 26 (Erzbischof Anastasius von Korinth); I, 29 (*vir illustris* Andreas); I, 31 (Philippicus *comes excubitorum*), I, 3 (*scholasticus* Paulus); I, 4 (Patriarch Johannes von Konstantinopel); I, 5 (Prinzessin Theocrista); I, 6 (Narses, Patrizier) I, 7 (ehemaliger Patriarch Anastasius von Antiochien).
84 Greg., *ep.* I, 20.

3. *Kapitel*

1 Johannes Diaconus, *Vita Gregorii* IV, 84. Siehe G. B. Ladner, *I Ritratti dei Papi nell' antichità e nel medio evo* (Vatikan, 1941), 70–75.
2 Greg. Tur., *HF* X, I.
3 Greg., *ep.* V, 53a.
4 Greg., *Dial.* III, 33.

5 Johannes Diaconus, *Vita Gregorii* I, 7.
6 *Ibid.*, I, 9.
7 Greg., *ep.* XII, 6.
8 Greg., *Homil. in Evang.* II, 21, 22.
9 Greg., *ep.* III, 61.
10 Greg., *Homil. in Evang.* II, 34, I.
11 Greg., *ep.* IX, 227.
12 Er war krank im Juli 598 (Greg., *ep.* III, 29), im Oktober 598 (IX, 13), im Mai 599 (IX, 147), im Juli 599 (IX, 173, 175), im August 599 (IX, 227, 232), im Januar 601 (XI, 18) im Februar 601 (XI, 20, 26), im August 602 (XII, 6), im Juli 603 (XIII, 45).
13 Greg., *ep.* IX, 232.
14 Greg., *ep.* X, 14.
15 Greg., ep. XI, 20.
16 Greg., *ep.* XIII, 26.
17 Greg., *ep.* XIV, 12.
18 Greg., *RP* I, 11.
19 Greg., *Dial*, III, 33, 35, IV, 16, XI, 56. Der Arzt ist in *ep.* XIII, 44 erwähnt.
20 Greg., *ep.* XI, 21.
21 Greg., *ep.* XIII, 45.
22 Greg., *ep.* XIV, 15.
23 *Whitby Life* 23.
24 Greg., *RP* III, 12.
25 Paulus Diaconus, *Vita Gregorii* 15.
26 Greg., *ep.* X, 14, 15.
27 Greg., *ep.* II, 52; Greg., *Homil, in Evang.* I, 7, 4.
28 Greg., MM III, 43, 60.
29 *MGH ep.* II. Anhang I; Greg., *ep.* I, 14a, I, 39a, IV, 17a, V, 53a, VI, 50a, XII, 16a.
30 Beda, *HE* II, 10, 11, 17.
31 Greg., *ep.* VII, 9.
32 Greg., *ep.* X, 16.
33 Greg., *ep.* XII, 16a.
34 Greg., *ep.* XII, 6.
35 *Ibid.*
36 Greg., *ep.* XII, 5 (Oportunus); II, 38 (Pretiosus).
37 Greg., *ep.* V, 36.
38 Greg., *ep.* III, 52.
39 Greg., *ep.* II, 50.
40 Greg., *Homil. in Ezech.* I, 11. 5–6.
41 Greg., *ep.* VIII, 25.
42 Greg., *ep.* I, 39a.
43 Greg., *ep.* IX, 26.
44 Greg., *ep.* IX, 107.
45 Greg., *Dial,* IV, 18.

4. *Kapitel*

1 Greg., *ep.* XIII, 1.
2 Greg., *Homil in Ezech.* II, 6, 22, I, 7.22, 23.
3 Greg., *ep.* VIII, 22.
4 Greg., *ep.* III, 63.
5 E. Caspar, *Geschichte des Papsttums* (Tübingen 1933), 347.
6 Greg., *ep.* VI, 14.
7 Greg., *ep.* V, 37.

8 Greg., *ep.* V, 45.
9 Greg., *Homil. in Evang.* I, 1. 5.
10 Greg., *Homil. in Evang.* I, 1.3, I, 4.2; Greg. *ep.* III, 29, 61, IV, 23, 44; IX,232; XI, 37.
11 Greg., *ep.* XI, 37.
12 Greg., *ep.* III, 29.
13 Dieses Empfinden ist durch S. Mazzarino in Zusammenhang gestellt, „Das göttliche Gericht als eine historische Kategorie" , *The End of the Ancient World* (London 1966), 58–76.
14 C. Dagens, *St Grégoire le Grand* (Paris 1977), 347.
15 Greg., *MM* XXXV, 35. Siehe Dagens, *op. cit.* 312–319.
16 Greg., *Homil. in Ezech.* II, 9. 6.
17 Greg., *Dial,* II, 36.
18 Greg., *MM* XXIV, 28, Vgl. *MM* XXXIII, 26.
19 Greg., *MM* XX, 19.
20 Greg., *MM* XXVII, 62; Greg., *Dial,* II, 1.
21 Greg., *Homil. in Ezech.* II, 2.
22 E. C. Butler, *Western Mysticism* (London 1951), 67.
23 Greg., *MM* XXV, 3.
24 Paulus Diaconus, *HL* IV, 5.
25 Greg., *ep.* XI, 30.
26 Greg., *Homil. in Ezech.* I, 11.6.
27 Greg., *Dial., Praefatio.*
28 Greg., *Homil. in Ezech.* II, 2. 7–8.
29 Greg., *Rp* III, 5.
30 Greg., *MM* XXI, 22.
31 Greg., *ep.* VI, 12.
32 Greg., *ep.* IX, 123; *ep.* IX. 98 (an Bischof Felix von Portus), VII. 27 (an Narses *religiosus*), III, 18 (an Theodor *consiliarius*).
33 Greg., *ep.* IX, 191, 200, 144.
34 Greg., *RP* III, 4.
35 Greg., *MM* XXV, 34.
36 Greg., *MM* XXV, 37.
37 Greg., *ep.* I, 39a.
38 Greg., *ep.* II, 38.
39 Greg., *ep.* V, 29.
40 Über die Entwicklung der päpstlichen Ideologie im vierten und fünften Jahrhundert siehe W. Ullmann, *A short History of the Papacy in the Middle Ages* (London 1972), 4–27; und „Leo I. and the theme of Papal Primacy", *JTS* n. s. 11 (1960), 25–51; E. Caspar, *op. cit.*, Bd. I; F. Dvornik, *Byzantium and the Roman Primacy* (New York 1966).
41 F. Susman, „Il Culto di San Pietro a Roma dalla morte di Leone Magno a Vitaliano", *ASR* 84 (1961), 1–192.
42 Greg., *ep.* V, 59.
43 *PL* 20.552.
44 Greg. Tur., *HF* V, 20.
45 *MGH ep. Merov.* 9.
46 Greg., *ep.* VIII, 10.
47 Greg., *ep.*, II, 52.
48 Gelasius I., *ep.* 4.
49 Über Appellationen aus dem Osten beim römischen Gericht siehe J. J. Taylors, „Eastern Appeals to Rome in the Early Church: a little known witness", *Downside Review* 89 (1971), 142–146. Bernadakis, „Les appels au Pape dans l'église Grecque jusqu' à Photius", *Echos d'Orient* 6 (1903), 30–42, 193–264.
50 Greg., ep. V. 37. Vgl. Ullmann, *A Short History of the Papacy in the Middle Ages,* 57: „Während

die Idee vom päpstlichen *principatus* dabei im Vordergrund stand, als er mit westlichen Regierungen zu tun hatte, ist der Ausdruck im ganzen amtlichen Briefwechsel mit der Reichsregierung nicht ein einziges Mal vorgekommen."

51 Greg., *ep*. III. 30, IX. 26, II. 50.

52 Ullmann, *A Short History of the Papacy in the Middle Ages*, 54–57.

53 N. Sharkey, *St. Gregory the Great's Concept of Papal Primacy* (Washington, DC, 1950). Er zitiert mindestens achtundfünfzig Hinweise auf *Princeps Apostolorum*, 7, n. 35.

54 Greg., *Homil. in Ezech*. II. 6. 9.

55 Greg., *ep*. XI. 24, II. 50, VIII. 29, IX. 27.

56 Greg., *ep*. II. 52.

57 K. F. Morrison, *Tradition and Authority in the Western Church 300–1140* (Princeton, NJ, 1969), 124–140.

58 Greg., *ep*. V. 42, VI. 58, VII. 37.

59 Greg., *ep*. VII. 37.

60 Greg., *ep*. V. 59.

61 Für eine ausführliche Erörterung der Theorie siehe F. Dvornik, *Early Christian and Byzantine Political Philosophy*, 2 Bde. (Dumbarton Oaks 1966).

62 Gelasius I. *ep*. 12.

63 J. Richards, *The Popes and the Papacy in the Early Middle Ages 476–752* (London 1979), 9–28.

64 Greg., RP III. 4.

65 Greg., *ep*. III. 61.

66 Greg., *ep*. V. 37.

5. Kapitel

1 Joannes Diaconus, *Vita Gregorii* IV. 80.

2 Greg., *ep*. VII. 37.

3 Joannes Diaconus, *Vita Gregorii* II. 12.

4 Greg., *ep*. V. 53a.

5 Greg., *ep*. V. 57a.

6 Greg., *ep*. XI. 56a. I.

7 Greg., *ep*. III. 50.

8 Joannes Diaconus, *Vita Gregorii* II. 11.

9 *Ibid*., III. 7.

10 *LP. Vita Gregorii I*, 312.

11 Greg., *ep*. XIII. 41.

12 Greg., *Dial*., *Praefatio*.

13 Greg., *ep*. VI. 24, III. 54.

14 Zum Beispiel F. H. Dudden, *Gregory the Great: His Place in History and Thought* (London 1905), I., 305; T. Hodgkin, *Italy and her Invaders* (Oxford 1896), V., 310–319.

15 Greg., *ep*. II. 38.

16 Greg., *Dial. passim*.

17 Greg., *ep*. III. 54.

18 Greg., *ep*. IX. 11.

19 Greg., *ep*. IX. 219.

20 Joannes Diaconus, *Vita Gregorii* IV. 69.

21 Greg., *ep*. I. 6.

22 *MGM ep*. II. Anhang 2.

23 *MGH ep. Aust*. 32.

24 Greg., *ep*. II. 1.

25 Greg., *ep.* V. 44.
26 Greg., *ep.* III. 51, 52, 66, VII. 23, 25, 29.
27 Greg., *ep.* VII. 27, 28.
28 Greg., *ep.* I. 11.
29 Greg., *ep.* XI. 29.
30 Greg., *ep.* XII. 6.
31 Greg., *ep.* XIII. 41.
32 Greg., *ep.* I. 25, 26.
33 Greg., *ep.* VIII. 16.
34 Greg., *ep.* V. 35.
35 Greg., *ep.* XIII. 45. Der andere Brief (*ep.* XIV. 3) gibt Bischof Johannes von Palermo die Erlaubnis, ein verfallenes Haus, das der Kirche von Palermo gehörte, mit Epiphanius zu tauschen.
36 Greg., *ep.* IX. 8.
37 Greg., *ep.* III. 5.
38 Greg., *Dial.* II. 8.
39 Greg., *Dial.* III. 20.
40 Greg., *ep.* IX. 72.
41 Greg., *ep.* I. 50.
42 Greg., *ep.* IV. 11.
43 Greg., *ep.* VI. 31.
44 Greg., *ep.* III. 55, IV. 6, 15; V. 7, 20, 23, 28, 32, 33, VI. 4, 13, 20, 36, VII. 19, 38, 41 (Cyprian); I. 42, IX. 8, XIII. 22 (Servusdei).
45 Joannes Diaconus, *Vita Gregorii* II. 11; Greg., *ep.* XI. 15.
46 Greg., *ep.* V. 26, VI. 12, IX. 97.
47 Joannes Diaconus, *Vita Gregorii* II. 11.
48 Greg., *ep.* XI. 15.
49 Greg., *ep.* V. 6.
50 Greg., *ep.* VII. 29.
51 Greg., *Dial.* II. 18.
52 Greg., *ep.* III. 54.
53 Greg., *ep.* III, 40, 41.
54 Greg., *ep.* VIII. 26.
55 Greg., *ep.* IX. 19.
56 Greg., *ep.* XI. 6, 14.
57 Greg., *ep.* XIII. 47, 49, 50.
58 Greg., *ep.* VII. 13.
59 Greg., *ep.* III. 18.
60 Greg., *ep.* VI. 24.
61 Greg., *Dial.* IV. 12, 17, 19, 38.
62 Greg., *Dial.* IV. 12.
63 Joannes Diaconus, *Vita Gregorii* II. 11; Greg., *ep.* IX. 44, 67.
64 Greg., *ep.* VII. 36.
65 Greg., *ep.* IV. 17a, IX. 75, VIII. 3, 30, V. 57, 62.
66 Greg., *ep.* V. 57.
67 Greg., *ep.* V. 57a.
68 Greg., *Dial.* IV. 26, 51, 55; *ep.* IX. 98.
69 Greg., *ep.* IV. 23, 25, 26, 27, V. 2.
70 Sie umfassen seinen Vorgänger, Papst Pelagius II., Bischof Albinus von Reate, Bischof Redemptus von Ferentis, Abt Valento von St. Andreas und Julian, *secundicerius defensorum* (*Dial.* I. 4, III. 38, IV. 30, III. 22, IV. 22).
71 „Ein alter Armer aus Tuder", „ein alter Priester aus Ocriculum", „ein alter Kleriker aus

Ferentis", „ein alter Schuster von Rom", „der alte Mönch Laurio" (*Dial.* IV. 33, I. 10, I. 9, I. 7, IV. 31, III. 12).

72 Tribun Johannes, Stellvertreter Johannes, Antonius *vir illustris*, Stephanus *vir illustris*, Liberius *vir magnificus* (*Dial.* III. 19, III. 10, III. 52, IV. 53, II. 26, IV. 36).

73 Greg., *Dial.* I. 7, IV. 32, III. 20, IV. 12, 17, 38.

74 Greg., *Homil. in Evang.* II. 39. 10.

75 Greg., *Dial.* III. 15, 9, 10, 11, IV. 53, I. 4, 11, 12.

76 Greg., *ep.* II. 1.

77 J. B. De Rossi, *Inscriptiones Christianae Urbis Romae* (Rom 1861–1888), II. 127.

78 *LP, Vita Sabiniani,* 315.

79 Joannes Diaconus, *Vita Gregorii* IV. 69.

80 *LP, Vita Sabiniani,* 315.

81 Paulus Diaconus, *Vita Gregorii* 29.

82 *LP, Vita Bonifacii III.* 316; LP, Vita Bonifacii IV. 317; Beda, *HE* II. 4; De Rossi, *Inscriptiones Christianae* II. 128.

83 De Rossi, *Inscriptiones Christianae* II. 127; *LP, Vita Deusdedit,* 319.

84 *LP, Vita Bonifacii V.* 321.

85 *LP, Vita Honorii I.,* 323–327. Vgl. auch J. Richards, *The Popes and the Papacy in the Early Middle Ages 476–752* (London 1979), 179–180.

86 *LP, Vita Adeodati,* 346–347.

6. Kapitel

1 Greg., *ep.* I. 7.

2 Greg., *ep.* V. 40. Vgl. auch V. 42, VIII. 2.

3 Greg., *ep.* IX. 162, IX. 207.

4 Greg., *ep.* VII. 3, VIII. 19, IX. 11.

5 Greg., *ep.* VIII. 22.

6 Greg., *Homil. in Ezech.* I. 2, 26, I. 11.6.

7 Greg., *ep.* V. 39.

8 Greg., *ep.* V. 36.

9 Greg., *ep.* I. 2.

10 Greg., *ep.* IX. 106.

11 Greg., *ep.* X. 8.

12 Greg., *ep.* IX. 115. Vgl. IX. 31.

13 Greg., *ep.* I. 70.

14 *LP, Vita Sabiniani,* 315; Paulus Diaconus, *HL* IV. 24.

15 O. Bertolini, „Per la storia della diaconie Romane nell'alto medio evo alla fine del secolo VIII", ASR 70 (1947), 1–145; J. Lestocquoy, „L'administration de Rome et des Diaconies du VIIe au IXe siècle", Rivista di Archeologia Christiana 7 (1930), 261–298.

16 Greg., *ep.* XII. 6.

17 Greg., *ep.* IX. 239.

18 Greg., *ep.* II. 38.

19 Greg., *ep.* I. 39a; III. 5.

20 Greg., *ep.* I. 2.

21 Greg., *ep.* I. 70, VII. 19.

22 Greg., *ep.* I. 47, 59.

23 Greg., *ep.* V. 38. Als Gregor auf die „Kaiser" hinweist, schließt er damit Mauritius' Sohn, Theodosius, ein, der zum Mitkaiser ernannt worden war.

24 Greg., *ep.* XIV. 2.

25 Greg., *ep.* IX. 113.

26 Greg., *ep.* IX. 53.
27 Greg., *ep.* IX. 79.
28 Greg., *ep.* IX. 6.
29 Greg., *ep.* II. 36.
30 Greg., *ep.* XI. 4.
31 Greg., *ep.* IX. 103.
32 Greg., *ep.* I. 35.
33 Greg., *ep.* IX. 4.
34 Greg., *ep.* IX. 55, 56, 57.
35 Greg., *ep.* IX. 182.
36 Greg., *ep.* IX. 63, 130.
37 Greg., *ep.* IX. 130.
38 Greg., *ep.* IX. 4.
39 Greg., *ep.* VII. 16. Über das Wachsen der päpstlichen Verwaltung im sechsten und siebenten Jahrhundert siehe J. Richards, *The Popes and the Papacy in the Early Middle Ages 476–752* (London 1979), 289–306.
40 Joannes Diaconus, *Vita Gregorii* II. 54.
41 Greg., *ep.* V. 57a.
42 Greg., *ep.* I. 11.
43 Greg., *Ep.* V. 30, VII. 23, VIII. 22, VII. 25.
44 Greg., *ep.* VII. 9.
45 Über das *quadripartitum* siehe A. H. M. Jones, „Church Finance in the 5th and 6th centuries", *JTS* n. 11 (1960), 84–94.
46 *Continuatio Prosperi Havniensis* 17.
47 Joannes Diaconus, *Vita Gregorii* II. 24. Vgl. *ep.* XIII. 7.
48 Joannes Diaconus, *Vita Gregorii* II. 51; Greg., *ep.* XIII. 23.
49 Joannes Diaconus, *Vita Gregorii* II. 30.
50 Greg., *ep.* I. 23, II. 3, V. 35, II. 38, XI. 2.
51 Joannes Diaconus, *Vita Gregorii* II. 27; Greg., *ep.* VII. 23.
52 Greg., *ep.* I. 44, 65, IV. 28.
53 Greg., *ep.* IX. 109, IX. 136, II. 38.
54 Greg., *ep.* I. 37, X. 12.
55 Greg., *ep.* I. 37, 57.
56 Greg., *ep.* III. 21.
57 Greg., *ep.* III. 55, IV. 43.
58 Greg., *ep.* VI. 4.
59 Greg., *ep.* VI. 45, 36, IV. 31.
60 Joannes Diaconus, *Vita Gregorii* II. 26, 28.
61 Paulus Diaconus, *Vita Gregorii* 16.
62 *LP, Vita Gregorii,* 313.
63 Greg., *ep.* IX. 124–127.
64 *LP, Vita Gregorii,* 312; Greg., *Dial.* III. 30, Greg., *ep.* IV. 19, III. 19, Joannes Diaconus, *Vita Gregorii* II. 31, 32.
65 Greg., *ep.* I. 42, IV. 42, V. 28, IX. 209, I. 39, V. 9, II. 38, X. 1.
66 Greg., *Dial.* III. 29, 14, 21, 33.
67 Greg., *ep.* III. 17, II. 10, VI. 42.
68 Greg., *ep.* V. 30, Joannes Diaconus, *Vita Gregorii* II. 27.
69 Greg., *ep.* IV. 6, 42.
70 Greg., *ep.* I. 48.
71 Greg., *ep.* I. 66.
72 Greg., *ep.* IX. 93, 94.
73 Greg., *ep.* IV. 15.

74 Greg., *ep.* VIII. 26, IX. 19.
75 Greg., *ep.* II. 42, III. 41.
76 Greg., *ep.* VII. 13.
77 Greg., *ep.* VII. 35.
78 Greg., *ep.* III. 40. 41. 42, IV. 17, IX. 52.
79 Greg., *ep.* VII. 23.
80 Greg., *ep.* III. 16.
81 Greg., *ep.* VI. 32.
82 Greg., *ep.* II. 42.
83 Greg., *ep.* I. 51.
84 Greg., *ep.* III. 41.
85 Greg., *ep.* IX. 142.
86 *Ibid.*
87 Greg., *ep.* XI. 3.
88 Greg., *ep.* II. 17, VI. 27, X. 13.
89 *LD* 9.
90 Greg., *ep.* I. 8, II. 42, III. 13, II. 44, 48, III. 20, IX. 60.
91 Greg., *ep.* IX. 102, 143.
92 Greg., *ep.* IX. 199.
93 Greg., *ep.* IX. 51.
94 Greg., *ep.* IX. 52.
95 Greg., *ep.* IX. 58, 59, 71, XIII. 18.
96 Greg., *ep.* XII. 4.
97 Greg., *ep.* XIII. 38. Uvintarit war wahrscheinlich ein langobardischer Söldner.
98 Greg., *ep.* XIII. 39.
99 Greg., *Dial.* III. 37.
100 Greg., *Dial.* III. 29.
101 *Vita S. Cetheï, Acta SS.*, Juni II., 688–693.
102 Greg., *ep.* IX. 49, XIII. 39, IX. 59, IX. 166, IX. 107.
103 Greg., *ep.* I. 78.
104 *MGH ep. Lang.* 4.
105 Greg., *ep.* IX. 87.
106 Greg., *Dial.* III. 14, 21, 33.

7. Kapitel

1 Greg., *ep.* VIII. 27.
2 Greg., *ep.* XIII. 50.
3 Greg., *ep.* II. 38.
4 Greg., *ep.* VII. 3.
5 Greg., *ep.* IX. 48.
6 G. Damizia, „*Il Registrum Epistolarum* di San Gregorio Magno ed il *Corpus Iuris Civilis*, *Benedictina* 2 (1948), III–IV, 195–226.
7 Greg., *ep.* VI. 62, IX. 104, I. 6, IX. 4, 121.
8 Greg., *ep.* IX. 128, I. 42.
9 Greg., *ep.* I. 53, IX. 52, III. 40, IV. 17, VII. 13, 35.
10 Greg., *ep.* I. 64.
11 Greg., *ep.* IX. 2.
12 Greg., *ep.* V. 57a.
13 Gelasius I., *ep.* 14; Greg., *ep.* VIII. 3, 35, IV. 23, V. 62.
14 Greg., *ep.* IV. 34, I. 42.

15 Greg., *ep.* I. 42.
16 Greg., *ep.* IV. 5.
17 Greg., *ep.* V. 18, IV. 26.
18 Greg., *ep.* I. 18, VII. 39, IX. 25, XII. 10, 11 (Bischöfe); V. 5, 17, 18, VIII. 24, IX. 25 (Priester); IV. 26, V. 17, 18. XII. 3 (Diakone); V. 17 (Subdiakone).
19 Greg., *ep.* V. 5.
20 Greg., *ep.* V. 17, 18. V. 4, XIV. 2.
21 Gelasius I., *ep.* 14, 15, 16, 17; Greg., *ep.* XI. 56a, V. 48, I. 64, VIII. 7.
22 Greg., *ep.* VIII. 7, V. 27, XIII. 46, IV. 11.
23 Greg., *ep.* XIII. 22. Vgl. IX. 122, 129, XIV. 4.
24 Greg., *ep.* IX. 110.
25 Greg., *ep.* XIII. 31.
26 Greg., *ep.* I. 81.
27 Greg., *ep.* VIII. 27.
28 Den Erzbischöfen von Ravenna, Mailand, Salona, Korinth, Prima Justiniana, Arles und Canterbury und den Bischöfen von Messina, Syrakus, Palermo, Autun und Nicopolis verlieh Gregor das *pallium.*
29 *PL* 80, 482.
30 *JL* 912 (Papst Vigilius an Auxanius von Arles); Greg., *ep.* VIII. 4 (an Königin Brunhild bezüglich des *palliums* von Syragrius von Autun).
31 Greg., *ep.* III. 52.
32 Greg., *ep.* III. 66.
33 Greg., *ep.* V. 11.
34 Greg., *ep.* V. 15.
35 Greg., *ep.* V. 61.
36 Greg., *ep.* VI. 31.
37 Greg., *ep.* IX. 167.
38 Chalcedon 9, 19; Justinian, *Novellae* 123.
39 Greg., *ep.* II. 5, III. 53, 49, IX. 125, IX. 163, VII. 39. Sie sind in Kap. 9 eingehend erörtert worden.
40 Greg., *ep.* VI. 38.
41 Greg., *ep.* III. 45.
42 Greg., *ep.* XIII. 29, X. 4, VI. 23, III. 40, 42.
43 Greg., *ep.* I. 47.
44 Greg., *ep.* II. 47.
45 Greg., *ep.* III. 36.
46 Greg., *ep.* IV. 9. Vgl. IV. 10.
47 Greg., *ep.* IV. 26.
48 Greg., *ep.* IV. 24. 26.
49 Greg., *ep.* VIII. 35.
50 Greg., *ep.* IX. 11.
51 *Ibid.*
52 Greg., *ep.* IX. 198, 203, 204, X. 17.
53 Greg., *ep.* XIV. 2.
54 Greg., *ep.* IV. 26, XIII. 38, X. 2. IX. 69; X. 19; XII. 39; IV. 5; V. 32.
55 Greg., *ep.* IV. 22.
56 Greg., *ep.* III. 54.
57 Greg., *ep.* V. 19.
58 Greg., *ep.* I. 39a. Vgl. IX. 79.
59 Greg., *ep.* I. 35, IX. 4, 182, XI. 4.16.
60 Greg., *ep.* III. 1.
61 Greg., *ep.* X. 17.

62 F. H. Dudden, *Gregory the Great: His place in History and Thought* (London 1905), 391. Er erörtert die Frage eingehend und mit großer Klarheit und Einsicht.

63 Die besten Einführungen in das Thema sind Th. Klauser, *A Short History of the Western Liturgy* (London und New York 1969), und J. A. Jungmann, *Missarum Sollemnia; Eine genetische Erklärung der römischen Messe* (fünfte Ausgabe, Wien 1962), 2 Bde.

64 Joannes Diaconus, *Vita Gregorii* II. 17.

65 Walafrid Strabo, *De Rerum Ecclesiasticarum* 22; *Codex Carolinus, ep.* 89; Egbert von York, *Dialogus per interrogationes et responsiones de institutione ecclesiastica* XVI. 1, 2.

66 A. Stuiber, *Libelli Sacramentorum Romani* (Bonn 1950).

67 A. P. Lang, Leo der Große und die Texte des Altgelasianums mit Berücksichtigung des Sacramentum Gregorianums (Steyl 1957); B. Capelle, „Messes du Pape St Gélase dans le Sacramentaire Léonien", *RB* 36 (1945–1946), 12–41, und „Retouches Gélasiennes dans le Sacramentaire Léonien", *RB* 61 (1951), 1–14; C. Coebergh, „Le Pape St Gélase, auteur de plusieurs messes et préfaces du soi-disant Sacramentaire Léonien", *Sacris Erudiri* 4 (1952), 46–102; A. Chavasse, „Les Messes du Pape Vigile dans le Sacramentaire Léonien", *EL* 64 (1950), 161–213, *EL* 66 (1952), 145–219; H. Ashworth, „The influence of the Lombard invasions on the Gregorian Sacramentary", *Bulletin of the John Rylands Library* 36 (1953–1954), 305–327, und „Gregorian Elements in the Gelasian Sacramentary", *EL* 67 (1953), 9–23.

68 A. Chavasse, *Le Sacramentaire Gélasien* (Paris, 1957).

69 Greg., *ep.* IX. 26.

70 S. P. Van Dijk, „The Urban and Papal Rites in the 7th and 8th centuries", Sacris Erudiri 12 (1961), 411–487.

71 Th. Klauser, Capitulare Evangeliorum (Münster 1935).

72 M. Andrieu, ed., *„Les* Ordines Romani *du Haut Moyen Age* (Louvain 1951).

73 H. Ashworth „The Liturgical Prayers of St. Gregory the Great". *Tradition* 15 (1959), 107–161; und „Did St. Gregory the Great compose a Sacramentary?", *Studia Patristica* II (Berlin 1957), 3–16; B. Capelle, „La main de St. Grégoire dans le Sacramentaire Grégorien", *RB* 49 (1937), 13–28; C. Coebergh, „Le *Libelli Sacramentorum* de St Grégoire le Grand et le Sacramentaire publié sous son nom", *Studia Patristica* 8 (1966), 176–188.

74 Diese Ansicht wird von K. Gamber unterstützt, „Das Sonntagsmeßbuch von Jena und die Neufassung der Sonntagsmessen durch Gregor den Großen", *Traditio* 15 (1959), 107–161, und C. Coebergh, „Le *Libelli Sacramentorum* de St Grégoire le Grand".

75 J. Deshusses, „Le Sacramentaire Grégorien pré-Hadrianique", *RB* 80 (1970), 213–237.

76 Greg., *ep.* IX. 26.

77 H. Ashworth, „Did St. Augustine bring the *Gregorianum* to England", *EL* 72 (1958), 39–43.

78 Joannes Diaconus, *Vita Gregorii* II. 6; Walafrid Strabo, *De Rerum Ecclesiasticarum* 22; Egbert von York, *Dialogus* XVI. 1, 2.

79 S. P. Van Dijk, op. cit.

80 S. P. Van Dijk, „Gregory the Great – Founder of the Urban *Schola Cantorum*", *EL* 77 (1963), 345–356.

81 Über den gregorianischen Gesang siehe W. Appel, *Gregorian Chant* (Bloomington, Ind., 1958), und J. Smits van Waesberghe, *Gregorian Chant* (London 1949).

8. Kapitel

1 Über das päpstliche Patrimonium siehe M. Moresco, *Il Patrimonio di San Pietro* (Turin 1916); E. Spearing, *The Patrimony of the Roman Church in the time of Gregory the Great* (Cambridge, 1918); P. Partner, *The Lands of St. Peter* (London 1972); H. Grisar, „Ein Rundgang durch die Patrimonien des heiligen Stuhls um das Jahr 600", *Zeitschrift für katholische Theologie* I (1877), 321–361, und „Verwaltung und Haushalt der päpstlichen Patrimonien um das Jahr 600", *ibid.*, 526–563; J. Richards, *The Popes and the Papacy in the Early Middle Ages 476–752* (London 1979), 307–322.

2 Greg., *Dial.* III. 30; *ep.* III. 19, IV. 19.
3 Greg., *ep.* III. 17, IX. 74, II. 10.
4 Theophanes, *Chronographia* a. m. 6224.
5 Agnellus, *Lib. Pont. Rav.* III.
6 F. H. Dudden, *Gregory the Great: His Place in History and Thought* (London 1905), I, 296.
7 *JL* 633, Pelagius I. *ep.* 83.
8 Greg., *ep.* IX. 205, 206.
9 Greg., *ep.* I. 73.
10 Greg., *ep.* VI. 5, 51, III. 33.
11 Greg., *ep.* VI. 10. Vgl. auch P. Grierson, „The *Patrimonium Petri in Illis Partibus,* and the Pseudo-Imperial coinage in Frankish Gaul", *Revue Belge de Numismatique* 105 (1959), 95–111.
12 Joannes Diaconus, *Vita Gregorii* II. 53 (Nordafrika), Greg., *ep.* II. 23 (Illyricum), *ep.* III. 36 (Sardinien) I. 50 (Korsika).
13 Greg., *ep.* XI. 6. Vgl. P. Fabre, „Le Patrimoine de l'Église Romaine dans les Alpes Cottiennes" *MAH* 4 (1864), 283–420.
14 *LD* 51–56.
15 Greg., *ep.* IX. 29.
16 Diese Ländereien sind bei Richards eingehender erörtert, op. cit., 311–314.
17 Für eine eingehende Erörterung der Pacht und der Ländereien siehe E. Spearing, *The Patrimony of the Roman Church in the time of Gregory the Great* (Cambridge 1918).
18 Greg., *ep.* II. 38.
19 Greg., *ep.* I. 70.
20 Greg., *ep.* IX. 78.
21 Greg., *ep.* XIII. 37, *LD* 52.
22 Greg., *ep.* IX. 33, 31, I. 2, *LD* 51–56.
23 Greg., *ep.* IX. 30.
24 Pelagius I, *ep.* 12, 88.
25 Greg., *ep.* II. 38.
26 Greg., *ep.* I. 68, IX. 22.
27 Greg., *ep.* II. 38.
28 Greg., *ep.* I. 9, 80, 71, 42, V. 33, IX. 40, 192.
29 Greg. *ep.* I. 42.
30 Greg., *ep.* I. 53.
31 Greg., *ep.* III. 43.
32 Greg., *ep.* II. 38, VII. 27, IX. 29, 30.
33 Greg., *ep.* XI. 24.
34 Joannes Diaconus, *Vita Gregorii* II. 53, Greg., *ep.* II. 38, IX. 199.
35 *JL* 633.
36 Für Einzelheiten siehe Richards, *op. cit.,* 314–315.
37 Joannes Diaconus, *Vita Gregorii* II. 53.
38 Pelagius I., *ep.* 4, 9; Greg., *ep.* VI. 51.
39 Greg., *ep.* V. 31.
40 Greg., *ep.* VI. 5. Vgl. VI. 6.
41 Greg., *ep.* VI. 51, 53.
42 Greg., *ep.* I. 73, 74, 75.
43 Greg., *ep.* I. 82, II. 46, XII. 8, 9.
44 Greg., *ep.* I. 36.
45 Greg., *ep.* II. 22, 45, III. 22, V. 6.
46 Greg., *ep.* II. 23.
47 Joannes Diaconus, *Vita Gregorii* III. 53.
48 Greg., *ep.* IX, 203, 204. Vgl. III, 36, IX, 2, I, 50, IX, 110, XI, 58.

49 Die bekannten Machtwechsel fanden in Lucania-Bruttium statt, wo der Notar Peter durch den Subdiakon Sabinus ersetzt wurde (Greg., *ep.* II, 3, V, 9, IX, 88, XIV, 9); in Apulia, wo der *defensor* Sergius durch den Notar Romanus ersetzt wurde (*ep.* VIII, 8, 9, IX, 112, Joannes Diaconus, *Vita Gregorii* II, 53); in Ravenna, wo der Notar Castorius durch den Subdiakon Johannes ersetzt wurde (*ep.* III, 54, IX, 234, XI, 16, XII, 13); in der Tuscia, wo der *defensor* Candidus durch den Notar Eugenius (Joannes Diaconus, *Vita Gregorii* II, 53, Greg., *ep.* IX, 96, 110) ersetzt wurde.

50 Joannes Diaconus, *Vita Gregorii* II, 53, Greg., *ep.*, IX, 96, IX, 110.

51 Greg., *ep.* I, 23, 37, 53, 57, III, 1, 39, IV, 31. Peter von Campania darf nicht mit Peter von Sizilien verwechselt werden, siehe Richards, *op. cit.*, 319–320.

52 Joannes Diaconus, *Vita Gregorii* II, 53, IX, 110, XIV, 14.

53 Greg., *ep.* III, 26, 29, Joannes Diaconus, *Vita Gregorii* II, 53.

54 Greg., *ep.* IX, 205, 206.

55 Greg., *ep.* I, 1, II, 38.

56 Greg., *ep.* III, 35.

57 Der sizilianische Rektor von Pelagius II. war der Diakon Servusdei, und der von Honorius I. war der Diakon Cyriacus.

58 Greg., *ep.* III, 27, IV, 43. Vgl. I, 42.

59 Greg., *ep.* IX, 22.

60 Greg., *ep.* II, 38, VII, 27, IX, 29, XI, 24.

61 Greg., *ep.* XIII, 24, XIV, 4, 5.

62 Greg., *ep.* I, 1.

63 Greg., *ep.* I, 39a.

64 Greg., *ep.* I, 42.

65 Greg., *ep.* IX, 108.

66 Greg., *ep.* V, 7.

67 Greg., *ep.* XIII, 37.

68 *Ibid.*

9. Kapitel

1 H. Hurten, „Gregor der Große und der mittelalterliche Episkopat“, *Zeitschrift für Kirchengeschichte* 73 (1962), 16–41.

2 Greg., *ep.* VIII, 19, IX, 21, 195.

3 Greg., *ep.* VI, 23.

4 Das Thema päpstliche Wahlpolitik wird bei J. Richards erörtert: *The Popes and the Papacy in the Early Middle Ages* 476752 (London 1979), 323–331.

5 J. Eidenschink, *The Election of Bishops in the Letters of Gregory the Great* (Washington, DC, 1945).

6 Greg., *ep.* VII, 16.

7 Greg., *RP* I, 10.

8 Greg., *RP* I, 2

9 Greg., *ep.* X, 19.

10 Joannes Diaconus, *Vita Gregorii* III, 7.

11 Es gibt eine ausführliche Erörertung bei Richards, *op. cit.*, 342–362.

12 Greg., *ep.* I, 1.

13 Greg., *ep.* I, 18.

14 Joannes Diaconus, *Vita Gregorii* I, 6, III, 7; *MGH ep.* II, Anhang 2; Greg., *Dial.* III, 36, I, 8, IV, 32.

15 Greg., ep. II, 8.

16 Greg., *ep.* I, 70.

17 Greg., *ep.* III, 27.

18 Greg., *ep.* II, 30.
19 Greg., *ep.* III, 12.
20 Leontius, *Vita S. Gregorii Agrigentini.*
21 Greg., *ep.* XIII, 22.
22 Greg., *ep.* III, 53.
23 Greg., *ep.* II, 19.
24 Greg., *ep.* I, 39.
25 Greg., ep. II, 51.
26 Greg., *ep.* III, 49.
27 Greg., ep. V, 12.
28 Greg., *ep.* IV, 12. Vgl. I, 64.
29 Greg., *ep.* VI, 8.
30 Greg., *ep.* I, 71.
31 Greg., *ep.* V, 57a.
32 Er schickte ihm zwei Bücher seiner Homilien zur Korrektur und zum Kommentar (Greg., *ep.* IV, 17a) und beauftragte ihn mit mehreren Untersuchungen und Schlichtungen (*ep.* IX, 75, VIII, 3, 30, V, 57, 62).
33 Greg., *ep.* III, 49, 59, VI, 4 (siehe Richards, op. cit. 397, n. 43); *ep.* II, 43.
34 Greg., *ep.* II, 43.
35 Greg., *ep.* II, 51.
36 Greg., *ep.* III, 49.
37 Greg., *ep.* V, 32.
38 Greg., *ep.* V, 20.
39 Greg., *ep.* V, 54.
40 Greg., *ep.* VI, 18, 40.
41 Greg., *ep.* VII, 18.
42 Greg., *ep.* XIII, 21.
43 Greg., *ep.* IV, 34, VI, 30, VIII, 7.
44 Greg., *ep.* IX, 32. Vgl. IX, 238.
45 Greg., *ep.* XIII, 16.
46 Greg., *ep.* XIII, 14.
47 F. H. Dudden, *Gregory the Great: His Place in History and Thought* (London 1905), I, 387.
48 Greg., *ep.* II, 38, V, 4, VI, 39, 47, IX, 20, 21, 38, XI, 30.
49 Greg., *ep.* IX, 38, XI, 19, IX, 119.
50 Greg., *ep.* XIII, 40.
51 Greg., *ep.* VI, 8, 18.
52 Greg., *ep.* XIII, 46.
53 Greg., *ep.* V, 23.
54 Greg., *ep.* VI, 13.
55 Greg., *ep.* IX, 25.
56 Greg., *ep.* X, 1.
57 Greg., *ep.* XIII, 22.
58 Greg., *ep.* XII, 15, XIII, 22, III, 59, IX, 180.
59 Greg., *ep.* VI, 9.
60 Greg., *ep.* XIII, 16.
61 Greg., *ep.* VII, 19.
62 Greg., *ep.* XIV, 4.
63 Greg., *ep.* V, 40.
64 G. Rohlfs, *Scavi Linguistici nella Magna Graecia* (Rom 1933). Von den in den Katakomben von Syrakus erhaltenen 461 Inschriften sind lediglich 44 in lateinischer, die übrigen in griechischer Sprache. Siehe V. Strazzulla, „Museum Epigraphicum", *Documenti per servire alla storia di Sicilia,* Serie 3, Bd. 3 (Palermo 1897).

65 G. Morosi, *Studi dei Dialetti Greci della terra d'Otranto* (Lecce 1870).
66 L. White Jr., „The Byzantinization of Sicily", *AHR* 42 (1936), 1–21.
67 P. Charanis, „On the question of the Hellenization of Sicily and Southern Italy in the Middle Ages", *AHR* 52 (1946), 74–87; S. Borsari, *Il Monachesimo Bizantino nella Sicilia e nell' Italia Meridionale pre-Normanne* (Neapel 1963).
68 Siehe P. B. Gams, *Series Episcoporum Catholicae Ecclesiae* (Regensburg 1873).
69 Fulgentius Ferrandus, *Vita S. Fulgentii Ruspensis* 12.
70 Pelagius I., *ep.* 44.
71 Greg., *ep.* IV, 36.
72 Leontius, Vita S. Gregorii Agrigentini 2, 17.
73 *Vita S. Zosime* 1, 3.
74 *LP, Vita Hormisdae,* 269.

10. Kapitel

1 Greg., *ep.* III, 4.
2 Greg., *ep.* III, 43.
3 Greg., *ep.* IV, 5.
4 Greg., *ep.* VII, 19.
5 Greg., *ep.* IX, 129, 134.
6 Greg., *ep.* III, 45.
7 Greg., *ep.* VI, 21.
8 *Gesta Episcoporum Neapolitanorum* 25.
9 Greg., *ep.* I, 14.
10 Greg., *ep.* II, 5.
11 Greg., *ep.* II, 12.
12 Greg., *ep.* II, 13.
13 Greg., *ep.* V, 57a beweist sein höheres Alter.
14 Greg., *ep.* II, 18.
15 Greg., *ep.* II, 26.
16 Greg., *ep.* III, 1, 2.
17 Greg., *ep.* III, 15.
18 Greg., *ep.* III, 35.
19 Greg., ep. III, 58.
20 Greg., *ep.* IX, 47.
21 Greg., *ep.* IX, 53.
22 Greg., *ep.* IX, 76.
23 Greg., *ep.* IX, 159.
24 *Gesta Episcoporum Neapolitanorum* 26.
25 Greg., *ep.* X, 19.
26 Greg., *ep.* XI, 19; *Gesta Episcoporum Neapolitanorum* 27.
27 Greg., *ep.* XI, 53.
28 Greg., *ep.* XIII, 29.
29 Greg., *ep.* III, 34.
30 Greg., *ep.* V, 13.
31 Greg., *ep.* V, 14.
32 Greg., *ep.* V, 27.
33 Greg., *ep.* IX, 72.
34 Greg., *ep.* X, 4.
35 Greg., *ep.* XI, 15.
36 Greg., *ep.* XIII, 4.
37 *LP, Vita Vigilii,* 298.

38 Greg., *ep.* I, 55.
39 Greg., *ep.* I, 56.
40 Greg., *ep.* II, 28.
41 Greg., *ep.* II, 15.
42 Greg., *ep.* III, 24.
43 Greg., *ep.* III, 25.
44 Greg., *ep.* V, 48.
45 Greg., *ep.* IX, 139, 140.
46 Greg., *ep.* IX, 138.
47 Greg., *ep.* IX, 210.
48 Greg., *ep.* V, 57a.
49 *BHL* 3062.
50 Greg., *ep.* I, 58.
51 Greg., *ep.* IX, 45.
52 Agnellus, *Lib. Pont. Rav.* 98.
53 Greg., *ep.* I, 24a, II, 28, 45.
54 Greg., *ep.* V, 21.
55 Greg., *ep.* V, 24.
56 Greg., *ep.* V, 51.
57 Agnellus, *Lib. Pont. Rav.* 99.
58 Greg., *ep.* VI, 2.
59 Greg., *ep.* VI, 63. Vgl. VI, 28, VII, 39, 40. Secundinus ist wahrscheinlich mit Secundus, „Diener Gottes", zu identifizieren, der in die Friedensverhandlungen mit Agilulf hineingezogen wurde. Mit ähnlichen Namen machten die päpstlichen Schreiber manchmal Fehler, z. B. wird derselbe Mann Sabinus und Sabian, Marcellus und Marcellinus genannt.
60 Greg., *ep.* IX, 139, 149, 155, 177, 178, 234.
61 Greg., *ep.* XI, 21.
62 Agnellus, *Lib. Pont. Rav.* 103.
63 *Catalogus Episcoporum Mediolanensium*, 99.
64 Greg., *ep.* III, 26.
65 Greg., *ep.* III, 26, 36.
66 Greg., *ep.* IV, 1.
67 Greg., *ep.* IV, 37.
68 Greg., *ep.* XI, 6.
69 Greg., *ep.* XI, 14.
70 *Catalogus Episcoporum Mediolanensium*, 99.
71 Greg., *ep.* VII, 38.
72 Greg., *ep.* II, 24.
73 Greg., *ep.* X, 6, 7.
74 F. Ughelli, *Italia Sacra* (12 Bde., Venedig 1717–1733) VI, 599.
75 Greg., *ep.* X, 13.
76 Greg., *ep.* XIV, 11.
77 Greg., *ep.* II, 37.
78 Greg., *ep.* II, 39, 40.
79 Greg., *ep.* III, 13, 14.
80 Greg., *ep.* I, 77.
81 Greg., *ep.* IX, 223, XI, 15.

11. Kapitel

1 Greg., *ep.* V, 6.
2 Paulus Diaconus, *HL* III, 35.
3 Über Gregors Beziehungen zu den Langobarden siehe insbesondere G. P. Bognetti, *L'Eta Longobarda*, 4 Bde. (Mailand 1966–1968) und O. Bertoline, „papi e le relazioni politiche di Roma con i ducati Longobardi di Spoleto e di Benevento", *Rivista di Storia della Chiesa in Italia* 6 (1952), 1–46.
4 Greg., *ep.* I, 30.
5 Greg., *ep.* I, 3.
6 Gregor., *ep.* II, 7.
7 Z. B. Centumcellae (Greg., *ep.* I, 13, *Dial.* IV, 27), Nepe (*ep.* II, 14), Neapel (II, 34), Terracina (VIII, 19), Misenum (IX, 53, 65, 121), Sipontum (IX, 112, 174), Aprutium (IX, 71), Hortona *(Vita S. Cethei)*, Squillace (*ep.* VIII, 32), Hydruntum (IX, 200).
8 Greg., *ep.* II, 4 (Nepe), II, 34, 35 (Neapel). Die Lage in Neapel wurde schließlich gebessert, und eine Reihe von *magistri militum* kommt später in der Amtszeit vor: Maurentius im Jahr 598 (IX, 17, 53, 69), Gudiscalcus (Gottschalk) im Jahre 599 (X, 5), und Guduin im Jahr 603 (XIV, 10). Die beiden letzten waren wahrscheinlich germanische *condottieri.*
9 Greg., *ep.* II, 32.
10 Greg., *ep.* II, 33.
11 *LP, Vita Gregorii,* 312; Paulus Diakonus, *HL* IV, 8.
12 Greg., *ep.* II, 45.
13 *Ibid.*
14 Paulus Diaconus, *HL* IV, 8.
15 Greg., *ep.* II, 45.
16 Greg., *ep.* II, 45.
17 Greg., *ep.* V, 36.
18 *Whitby Life* 23. Paulus Diakonus, *Vita Gregorii* 26, wiederholt es, aber läßt die Diät weg, und sagt einfach, daß der Herrscher erkrankte und Gregors Gebet um Genesung erbat.
19 Paulus Diaconus, *HL* IV, 16.
20 Paulus Diaconus, *HL* IV, 8, *LP, Vita Gregorii,* 312.
21 Paulus Diaconus, *HL* IV,8, Greg., *ep.* V, 36.
22 Paulus Diaconus, *HL* IV, 8.
23 Für die Erörterung des Bistums von Capua siehe oben.
24 Greg., *Homil in Ezech.* II, 10, 22, 24, *Praefatio.*
25 Greg., *ep.* V, 36.
26 *MGH aa* IX, 339.
27 Greg., *ep.* IV, 2.
28 Greg., *ep.* V, 34.
29 Greg., *ep.* V, 30.
30 Greg., *ep.* V, 36.
31 Greg., *ep.* VI, 63. Einige meinten, daß dieser Abt Secundus von Trient war, der Vertraute von Königin Theodelinda. Aber er ist wahrscheinlich mit dem Diakon Secundinus von Ravenna zu identifizieren, durch den Gregor den Erzbischof Marinianus zu beeinflussen suchte (VI, 24). Er war sowohl ein älterer Kleriker als auch anscheinend ein Freund Roms und würde ein geeigneter Gesandter für die kaiserliche Seite sein.
32 Greg., *ep.* VII, 42.
33 Greg., *ep.* VI, 32, VII, 23, 25.
34 Paulus Diakonus, *HL* IV, 12.
35 Greg., *ep.* VII, 19.
36 Greg., *ep.* VII, 26.
37 Über die Genesung von Picenum siehe oben.

38 Paulus Diakonus *HL* IV, 16.
39 Greg., *ep*. IX, 11, 44, 67.
40 Greg., *ep*. IX, 11.
41 Greg., *ep*. IX, 44.
42 Greg., *ep*. IX, 66, 67.
43 Greg., *ep*. IX, 240.
44 Greg., *ep*. V, 39.
45 Greg., *ep*. IX, 102, 143.
46 Greg., *ep*. IX, 65.
47 Paulus Diakonus, *HL* IV, 20, 28.
48 Greg., *ep*, XI, 31.
49 Greg., *ep*. XIII, 45.
50 Im Juni 603 erscheint er zum erstenmal in dem Register (Greg., *ep*. XIII, 36).
51 Paulus Diaconus, *HL* V, 28.
52 *Ibid*., IV, 27.
53 *Vita S. Barbati* 1.
54 Greg., *ep*. I, 17.
55 Greg., *ep*. I, 17, II, 4.
56 Paulus Diaconus, *HL* IV, 6.
57 Columban, *ep*. 5.
58 Greg., *ep*. IV, 2.
59 Greg., *ep*. IV, 3.
60 Greg., *ep*. IV, 4.
61 Greg., *ep*. IV, 33, 37.
62 Greg., *ep*. IV, 37.
63 Greg., *ep*. VII, 14.
64 Greg., *ep*. IX, 186.
65 Greg., *ep*. XIV, 12.

12. Kapitel

1 Siehe insbesondere W. Ullmann, *A Short History of the Papacy in the Middle Ages* (London 1972), 54–56.
2 Greg., *ep*. I, 82, 75, II, 46.
3 W. H. C. Frend, *The Donatist Church* (Oxford 1952); C. Diehl, *L'Afrique Byzantine* (Paris, 1896).
4 R. A. Markus „Donatism: the last phase", *Studies in Church History* I (1964), 118–126, und „The Imperial administration and the church in Byzantine Africa", *Church History* 36 (März 1967), 3–8.
5 Greg., *ep*. VI, 59.
6 Greg., *ep*. I, 72, IV, 32.
7 Greg., *ep*. VI, 61.
8 Greg., *ep*. I, 72.
9 Greg., *ep*. I, 82.
10 Frend, *op. cit*. 309 n. 5.
11 Greg., *ep*. III, 47.
12 Greg., *ep*. II, 46, IV, 35.
13 Greg., *ep*. V, 3.
14 Greg., *ep*. III, 47.
15 Greg., *ep*. III, 46.
16 Greg., *ep*. IV, 7.

17 Greg., *ep.* IV, 32, 35, VI, 59, 61, VII, 2, VIII, 13, 15.
18 Greg., *ep.* IX, 24, 27, XIII, 12.
19 Greg., *ep.* II, 46, I, 82, IV, 13, 34, VIII, 14, XII, 3, 8, 9.
20 Greg., *ep.* VII, 2.
21 Greg., *ep.* VII, 2.
22 Greg., *ep.* IX, 24, 27.
23 Greg., *ep.* I, 72.
24 Greg., *ep.* VIII, 10.
25 Greg., *ep.* XII, 12.
26 Greg., *ep.* I, 82, XII, 8, 9.
27 D. Mandic, „Dalmatia in the Exarchate of Ravenna from the middle of the 6th century to the middle of the 8th century", *Byzantion* 34 (1964), 347–374.
28 Greg., *ep.* II, 50.
29 Greg., *ep.* II, 20, 21.
30 Greg., *ep.* I, 10.
31 Greg., *ep.* I, 19.
32 Greg., *ep.* II, 20.
33 Greg., *ep.* II, 21, 22.
34 Greg., *ep.* II, 23.
35 Greg., *ep.* II, 45.
36 Greg., *ep.* II, 50.
37 Greg., *ep.* III, 22, 32.
38 Greg., *ep.* III, 46.
39 Greg., *ep.* VI, 26 (Soldaten, Beamte und Volk), V, 29 (Palast und Volk), IV, 16 (Suffraganbischöfe).
40 Greg., *ep.* VI, 26.
41 Greg., *ep.* IV, 16.
42 Greg., *ep.* IV, 20.
43 *Ibid.*
44 Greg., *ep.* V, 6.
45 Greg., *ep.* IV, 38.
46 Greg., *ep.* iX, 158.
47 Greg., *ep.* V, 29.
48 Greg., *ep.* V, 39.
49 Greg., *ep.* V, 6.
50 Greg., *ep.* VI, 3.
51 Greg., *ep.* VI, 25.
52 Greg., *ep.* VI, 26, 46.
53 Greg., *ep.* VII, 17, VIII, 11, 24.
54 Joannes Diaconus, *Vita Gregorii* IV, 11.
55 Greg., *ep.* VIII, 11,24.
56 Greg., *ep.* IX, 234.
57 Greg., *ep.* VIII, 11. Vgl. III, 8.
58 Greg., *ep.* IX, 237.
59 Greg., *ep.* IX, 158.
60 Greg., *ep.* IX, 237, IX, 149, 155, 176.
61 Greg., *ep.* IX, 155, 178.
62 Greg., *ep.* IX, 177, 178.
63 Greg., *ep.* VIII, 36.
64 Greg., *ep.* IX, 237.
65 Es gab einen weniger bedeutenden Fall. Gregor sprach den Priester Lukas von Thessalonica von der Häresie frei, nachdem dieser sich, seine Unschuld beteuernd, an Rom gewandt hatte (*ep.* XI, 55).

66 Greg., *ep.* III, 6, 7.
67 Greg., *ep.* III, 38.
68 Greg., *ep.* V, 57, 62, 63.
69 E. A. Thompson, *The Goths in Spain* (Oxford 1969), 94–101.
70 Greg., *ep.* I, 41.
71 Greg., *ep.* IX, 227a.
72 Greg., *ep.* IX, 228.
73 Greg., *ep.* I, 41a, I, 41, V, 53, 53a, IX, 227.
74 Greg., *ep.* XIII, 47, 49, 50.
75 Thompson, *op. cit.* 320–334.
76 W. Goffart, „Byzantine Policy in the West under Tiberius II. and Maurice", *Traditio* 13 (1957), 73–118.
77 Greg., *ep.* IX, 229.
78 Greg., *ep.* IX, 227a.
79 P. D. King, *Law and Society in the Visigothic Kingdom* (Cambridge 1972), 123–124.
80 Über die Verhältnisse in Gallien siehe Gregor von Tours, *Historia Francorum,* und S. Dill, *Roman Society in Merovingian Gaul* (London 1926). Über päpstliche Beziehungen zu Gallien siehe E. Delaruelle, „L'Église Romaine et ses relations avec l'Église Franque jusqu'en 800", *Settimane* 7. I (1960), 143–184.
81 Greg., *ep.* V, 60.
82 Greg., *ep.* V, 58, 59, 60.
83 Greg., *ep.* V, 58.
84 Greg., *ep.* VI, 5. Vgl. VI, 55, 57, VIII. 4, IX. 212, 213, XI, 46, 48, 49, XIII, 7.
85 Greg. *ep.* XI, 49.
86 Greg., *ep.* VIII, 4.
87 Greg., *ep.* XI, 40, IX, 220.
88 *Vita S. Desiderii;* Fredegar IV, 24, 32.
89 Greg., *ep.* IX, 222.
90 Greg., *ep.* IX, 218.
91 Greg., *ep.* IX, 219.
92 Greg., *ep.* IX, 213.
93 Greg., *ep.* IX, 215.
94 Greg., *ep.* XI, 10.
95 Greg., *ep.* XI, 46, 49, 47, 50, XI, 38, 40.
96 Greg., ep. XIII, 7.
97 Fredegar IV, 42.
98 Greg., *ep.* XIII, 7.

13. Kapitel

1 S. Vailhé, „Le Titre de Patriarche Oecuménique avant St Grégoire le Grand", *Échos d'Orient* 11 (1908), 65–70. 161–171.
2 Greg., *ep.* V, 41.
3 Greg., *ep.* I, 24.
4 Greg., *ep.* V, 39, 41, 44.
5 Greg., *ep.* III, 52.
6 Greg., *ep.* III, 63.
7 Greg., *ep.* V, 44.
8 Greg., *ep.* VI, 14, 15, 16, 17, 62.
9 Greg., *ep.* V, 45.

10 Greg., *ep.* V, 44.
11 Greg., *ep.* V, 37, 39.
12 Greg., *ep.* V, 41.
13 Greg., *ep.* VII, 24.
14 Greg., *ep.* VIII, 29.
15 Greg., *ep.* VII, 30.
16 Greg., *ep.* VII, 7.
17 Greg., *ep.* VII, 4, 5, 6.
18 Greg., *ep.* VII, 31.
19 Greg., *ep.* VII, 28, 30.
20 Greg., *ep.* IX, 156.
21 Greg., *ep.* XIII, 43.
22 *LP, Vita Bonifatii III.*, 316; Paulus Diaconus, *HL* IV, 36.
23 *LD* 73.
24 An Anastasius, Greg., *ep.* I, 7, 24, 25, 27, V, 41, 42, VII, 24, 31, VIII, 2; an Eulogius, I, 24, V, 41, VI, 58, VII, 31, 37, VIII, 28, 29, IX, 175, X, 14, 21, XII, 16, XIII, 44, 45; an Domitian, III, 62, V, 43, VII, 7, IX, 4.
25 Greg., *ep.* III, 61.
26 Greg., *ep.* III, 64.
27 Greg., *ep.* VIII, 10.
28 Greg., *ep.* I, 43.
29 Greg., *ep.* XIV, 7, 8, 13.
30 Greg., *ep.* XI, 29.
31 Greg., *ep.* XIII, 34, Vgl. XIII, 42.

14. Kapitel

1 Greg., *MM* III, 43.
2 Greg., *ep.* V, 7, II, 37.
3 Siehe S. Katz, „Gregory the Great and the Jews“, *Jewish Quarterly Review* 24 (1933–1934), 113–136; E. A. Synan, *The Popes and the Jews in the Middle Ages* (London und New York 1965); B. Blumenkranz, *Juifs ét Chrétiens dans le Monde Occidental 430–1096* (Paris 1960).
4 Greg., *ep.* II, 6.
5 Greg., *ep.* IX, 38.
6 Greg., *ep.* IX, 195.
7 Greg., *ep.* I, 34, II, 6.
8 Greg., *ep.* IX, 195.
9 Greg., *ep.* IX, 38.
10 Greg., *ep.* VII, 21, VI, 10, 30, IX, 213, 215.
11 Greg., *ep.* III, 37.
12 Greg., *ep.* XIII, 3.
13 Greg., *ep.* IV, 21.
14 Greg., *ep.* VI, 29, IX, 104.
15 Greg., *ep.* IV, 9.
16 Greg., *ep.* I, 45.
17 Greg., *ep.* I, 34.
18 Greg., *ep.* XIII, 15.
19 Greg., *ep.* II, 38, II, 7, VIII, 23, IV, 31.
20 Greg., *ep.* VIII, 4.
21 Greg., *ep.* I, 16.
22 Greg., *ep.* I, 16a.
23 Greg., *ep.* I, 16b.

24 Greg., *ep.* II, 45.
25 Greg., *ep.* II, 45.
26 Greg., *ep.* V, 56.
27 Greg., *ep.* IX, 141, 148, 150, 152, 154, 155.
28 Greg., *ep.* XII, 13.
29 Greg., *ep.* IX, 154.
30 Greg., *ep.* VI, 36.
31 Greg., *ep.* IX, 201.
32 Greg., *ep.* IV, 14.
33 Greg., *ep.* XIII, 36.
34 Greg., *ep.* IX, 153, 161.
35 Greg., *ep.* IX, 160.
36 Greg., *ep.* XIII, 36.
37 Paulus Diaconus, *HL* IV, 33; *Chron. Pat. Grad.* 3.
38 Siehe insbesondere Greg., *Homil. in Evang.* X, 4, M. L. W. Laistner, „The Western Church and Astrology during the Early Middle Ages", *Harvard Theological Review* 34 (1941), 251–275, und J. Fontaine, „Isidore de Séville et l'astrologie", *Revue des Études Latines* 31 (1953), 271–300.
39 Greg., *ep.* IX, 204.
40 Greg., *ep.* IV, 29.
41 Greg., *ep.* IV, 26.
42 Greg., *ep.* IV, 26.
43 Greg., *ep.* IV, 23.
44 Greg., *ep.* V, 38.
45 Greg., *ep.* XI, 12.
46 Greg., *ep.* XI, 12.
47 Procopius, *De Bello Vandalico* I, 13.
48 Greg., *ep.* IV, 25.
49 Greg., *ep.* IV, 27.
50 Greg., *ep.* III, 59.
51 *ep.* XI, 33.
52 Greg., *ep.* VIII, 1.
53 Greg., *ep.* VIII, 19.
54 Joannes Diaconus, *Vita Gregorii* III, 1.
55 Über die Mission von Augustinus siehe H. Mayr-Haring, *The Coming of Christianity to Anglo-Saxon England* (London 1972); S. Brechter, *Die Quellen zur Angelsachsenmission Gregors des Großen* (Münster 1941); R. A. Markus, „The Chronology of the Gregorian mission to England: Bede's narrative and Gregorys correspondence", *JEH* 14 (1963), 16–30; P. Meyvaert, *Bede and Gregory the Great* (Jarrow Lecture 7, 1964).
56 Über das Datum, siehe B. Colgrave, „The earliest life of St. Gregory the Great, written by a Whitby monk". *Celt and Saxon,* ed. N. K. Chadwick (Cambridge 1964), 109–137.
57 Brechter, *op. cit.*
58 *Whitby Life* 9.
59 Beda, *HE* II, 1.
60 Greg., *ep.* VI, 10.
61 Greg., *ep.* IX, 222.
62 Greg., *ep.* VI, 57.
63 Greg., Tur., *HF* IV, 26; Greg., *ep.* IX, 26.
64 Beda, *HE* I, 25.
65 Goscelin, *Vita S. Augustini* 20.
66 Beda, *HE* I, 25.
67 Über Augustinus weiß man nichts vor seiner Abreise nach England. Goscelins Leben aus dem elften Jahrhundert fügt den früheren Quellen praktisch nichts hinzu.

68 Beda, *HE* I, 25.
69 Greg., *ep.* VI, 49, 50, 51, 52, 53, 56, 57.
70 Greg., *ep.* VI, 50a.
71 Beda, *HE* I, 25.
72 *Ibid.*
73 Greg., *ep.* VIII, 29; Beda, *HE* I. 27.
74 Greg., *ep.* XI, 39.
75 Greg., *ep.* XI, 37.
76 Greg., *ep.* XI, 35.
77 Beda, *HE* II, 2–3.
78 Siehe R. A. Markus, „Gregory the Great and a Papal Missionary Strategy", *Studies in Church History* 6 (1970), 29–38.
79 Greg., *ep.* I, 41.
80 Beda, *HE* I, 27, II.
81 Greg., *ep.* XI, 56.
82 H. Mayr-Harting, *op. cit.* 59.
83 Beda, *HE* I, 22.
84 W. Ullmann, *A Short History of the Papacy in the Middle Ages* (London, 1972), 54–55.
85 J. M. Wallace-Hadrill, „Rome and the Early English Church: some questions of transmission", *Settimane* 7 (1960), I, 519–548.
86 Greg., *ep.* VI, 49, 51.
87 Greg., *MM* XXVII, 21. Es ist allgemein angenommen worden, daß dies Magna Moralia nach dessen Abschluß hinzugefügt wurde und auf die englische Mission hinweist. Brechter meint, daß es ein Zitat aus Tertullian sei und vor der Mission anzusetzen ist. Auch wenn das stimmt, zeigt es Gregors Anschauung und bestätigt die in erster Linie religiöse Auffassung der englischen Mission.
88 M. Deanesuly und P. Grosjean, „The Canterbury edition of the Answers of Pope Gregory I. to St. Augustine", *JEH* 10 (1959), 1–49.
89 Beda, *HE* II, 5.
90 Balance (Meyvaert, *op. cit.*, 10); nicht bestätigt (Markus, „Chronology", 21).
91 Beda, *HE* I, 27.
92 Greg., *ep.* VIII, 29.
93 Greg., *ep.* VIII, 4.
94 Beda, *HE* III, 7.
95 Sidonius Apollinaris, *ep.* V, 7.
96 *Whitby Life* 11.
97 *LP, Vita Gregorii*, 312, Beda, *De Ratione Temporum* 531.
98 Beda, *HE* I, 24.

15. Kapitel

1 St. Benedikt von Nursia, *Regula Monachorum*, ed. J. McCann (London 1952). Über die Entwicklung des Benediktinismus, siehe E. C. Butles, *Benedictine Monachism* (London 1929).
2 Greg., *Dial.* II, 36.
3 J. Chapman, *St. Benedict and the Sixth Century* (London, 1929), 194–204, war der große Verfechter der Theorie der amtlichen Verkündigung.
4 G. Ferrari, *Early Roman Monasteries* (Rom, 1957), 386.
5 K. Hallinger, „Papst Gregor der Große und der hl. Benedikt", *Studia Anselmiana* 42 (1957), 231–319, und S. Brechter, „Monte Cassino: erste Zerstörung", *SMGBO* 56 (1938), 109–150, und „War Gregor der Große Abt vor seiner Erhebung zum Papst?", *SMGBO*, 57 (1939), 209–224.
6 Für Erörterung und Bibliographie siehe D. Knowles, *Great Historical Enterprises* (London, 1963), 135–195.

7 Dom Anscario Mundo, „L'authenticite de la *Regula Sancti Benedicti*", *Studia Anselmiana* 42 (1957), 105–158.
8 G. Penco, *Sancti Benedicti Regula* (Florenz 1958).
9 Über Cassiodorus und sein Werk, siehe A. van de Vyver, Cassiodore et son œuvre, *Speculum* 6 (1931), 244–292, und „Les *Institutiones* de Cassiodore et sa fondation à Vivarium", *RB* 63 (1941), 59–88; P. Riche, *Education and Culture in the Barbarian West* (Columbia, SC, 1976), 129–135; P. Courcelle, *Late Latin Writers and their Greek Sources* (Cambridge, Mass., 1969), 331–409, und „Le Site du Monastère de Cassiodore", *MAH* 55 (1938), 259–307.
10 Cassiodorus, *Inst.* 26, 30.
11 Courcelle, *Late Latin Writers,* 361–409.
12 Riché, *op. cit.,* 130–131, 158–161.
13 Riché, *op. cit.,* 119.
14 L. W. Jones, The influence of Cassiodorus on medieval culture, *Speculum* 20 (1945), 433–442; 22 (1947), 254–256.
15 F. H. Dudden, *Gregory the Great: His Place in History and Thought* (London 1905) II, 173–200, erörtert dies sehr ausführlich, und ich habe wenig seiner klaren und verständlichen Erörterung hinzuzufügen.
16 Klöster und Frauenklöster wurden auf den Inseln und auf dem Festland durch die Patrizierin Rustica (Greg., *ep.* III, 60), Theodosia (IV, 8), Bischof Venantius von Luna (VIII, 5), *vir spectabilis* Romanus (IX, 10, 165), Alexandra *clarissima femina* (IX, 170), die Adelige Lavinia (I, 50), den Diakon Proculus (XIII, 18) Themotea *illustris femina* (II, 15), Notar Valerian (IX, 58), Januaria *religiosa femina* (IX, 180), den Priester Johannes (IV, 42), die Dame Pompeiana (IX, 164) gegründet.
17 Vereinigungen (Greg., *ep.* X, 18, XI, 54, XIII, 4); Unterstützungen (II, 3, IX, 96, XIII, 23, I, 54).
18 Rektoren (Greg., *op.* I, 40, 50), Äbte (Greg., I, 50, V, 55), und Bischöfe (IV, 9, V, 4).
19 Greg., *ep.* I, 50 (Korsika), I, 45 (Monte Cristo), XIII, 48 (Capri), I, 48 (Eumorphiana).
20 Greg., *ep.* XIII, 31. Vgl. I, 40.
21 Greg., *ep.* V, 55, XIV, 16.
22 Greg., *ep.* V, 4, VII, 32, I, 40, III, 3, I, 38, 39, V, 33, VII, 32.
23 Greg., *ep.* II, 29, VIII, 8, 9, X, 9.
24 Privateigentum verboten (Greg., *ep.* I, 40, XII, 6); Frauen verboten (IV, 40, XIV, 16, I, 40, II, 29).
25 Die Venantius-Briefe werden bei Dudden *op. cit.,* II, 194–200, eingehend erörtert.
26 Greg., *ep.* I, 67, III, 3; V, 49, VI, 44.
27 Greg., *ep.* IV, 11; X, 9.
28 Greg., *ep.* III, 61, VIII, 10.
29 Greg., *ep.* VIII, 17.

16. Kapitel

1 F. Halkin, „Le Pape St. Grégoire dans l'hagiographie Byzantine", *Orientalia Periodica Christiana* 21 (1955), 109–114, und H. Delehaye, St Grégoire le Grand dans l'Hagiographie Grecque", *AB* 23 (1904), 449–454.
2 Ildefonsus von Toledo, *De Viris Illustribus* I; Taio von Saragossa, *Liber Sententiarum, PL* 80, 727–990.
3 J. M. Wallace-Hadrill, „Rome and the Early English Church: some questions of transmission", *Settimane* 7 (1970), I, 519–548.
4 *Ibid.,* 520.
5 P. Llewellyn, „The Roman Church in the 7th Century: the Legacy of Gregory I.", *JEH* 25 (1974), 364.
6 *MGH aa* 14, 287–290.
7 Greg., *MM* XXX, 13.

8 Greg., *ep.* I, 24a. The *Whitby Life* 31, Paulus Diaconus, *Vita* Gregorii 14, Johannes Diaconus, *Vita Gregorii* IV, 73, sagen Johannes von Savilla. Isidor von Savilla, *De Viris Illustribus* 39, 40, sagt Johannes von Konstantinopel.

9 Abschriften wurden an den Priester Columbus und an Bischof Venantius von Luna (Greg., *ep.* V, 17), an Leander von Sevilla (V, 53), an Johannes von Ravenna (I, 24 a) geschickt. Es wurde durch Anastasius von Antiochien ins Griechische übersetzt (XII, 6).

10 Greg., *Homil. in Evang.* I, 17.

11 J. M. Wallace-Hadrill, *Early Medieval History* (Oxford 1975), 10.

12 Greg., *ep.* III, 50.

13 Paulus Diaconus, *HL* IV, 5.

14 Greg., *Dial.* III, 20.

15 St. Caesarius von Arles, *sermo* 86.

16 Greg., *ep.* IX, 208, XI, 10.

17 Die *Homilien über die Evangelien* sind durch *Homil. in Evang,* I, 38 und die *Homilien über Ezechiel* durch Greg., *ep.* XII, 16a datiert.

18 Joannes Diaconus, *Vita Gregorii* II, 11.

19 E. Caspar, *Geschichte des Papsttums* (Tübingen 1933), 338.

20 Über Gregors Rolle in der Geschichte der Exegese, siehe H. de Lubac, *Exégèse Médiévale,* 3 Bde. (Paris 1959–1961), und B. Smalley, *The Study of the Bible in the Middle Ages* (New York 1952).

21 Greg., *ep.* V, 53a.

22 Greg., *ep.* XII, 6.

23 P. Verbraken, „Le Commentaire de St. Grégoire sur le Premier Livre des Rois", *RB* 66 (1965), 159–217 und B. Capelle, „Les Homelies de St Grégoire sur le Ier Cantique", *RB* 41 (1929), 204–217.

24 Greg., *ep.* IX, 13, XI, 55, IV, 17a.

25 A. von Harnack, *Lehrbuch der Dogmengeschichte* III (Leipzig 1890), 233–244.

26 Sein Denken wird bei F. H. Dudden eingehend erörtert, *Gregory the Great: His Place in History and Thought* (London, 1903), II, 285–443.

27 St Boniface, *ep.* 33, 54, 75.

28 Siehe R. E. Sullivan, „The Papacy and Missionary Activity in the Early Middle Ages", *Medieval Studies* 17 (1955), 46–106; J. N. Hillgarth, ed., *The Conversion of Western Europe 350–750* (Englewood Chiffs, NJ, 1969); O. Bertolini, „I Papi e le missioni fino alla meta del secolo VIII", *Settimane* 14 (1967), 327–363.

29 Joannes Diaconus, *Vita Gregorii* IV, 71.

30 J. J. Taylor, „The early Papacy at Work: Gelasius I", *Journal of Religious History* 8 (1974–1975), 317–332.

31 Joannes Diaconus, *Vita Gregorii* II, 24.

32 Pelagius I., *Epistulae,* ed. P. M. Gasso und C. M. Batlle. Siehe auch J. Richards, *The Popes and the Papacy in the Early Middle Ages* 476–752 (London 1979), 159–161.

Bibliografie

Primäre Quellen

Sammelwerke

Acta Sanctorum, collecta a socii s. Bollandianus (Antwerpen 1643–).

Corpus Inscriptionum Latinorum (Berlin 1863–).

Codex Iustinianus, ed. P. Krueger (Berlin 1877).

Regesta Pontificum Romanorum, ed. Ph. Jaffe (2. Aufl. hg. von W. Wattenbach, S. Loewenfeld, K. Kaltenbrunner, P. Ewald, Leipzig 1885).

J. D. Mansi, *Sacrorum Conciliorum Nova et Amplissima Collectio* (Venedig 1759–1798)

J. P. Migne, *Patrologia Graeca,* 161 Bde (Paris, 1857–1866).

J. P. Migne, *Patrologia Latina,* 217 Bde. (Paris 1841–1864).

Monumenta Germaniae Historica, ed. G. H. Pertz etc. (Berlin/Hannover 1826–).

Rerum Italicarum Scriptores, ed L. A. Muratori, 25 Bde. (Milano 1723–1751).

J. B. De Rossi, *Inscriptiones Christianae Urbis Romae* (Rom 1861–1888).

A. Thiel, ed., *Epistulae Romanorum Pontificum Genuinae* (Braunsberg 1868).

C. Troya, ed., *Codice Diplomatico Longobardo* (Napoli 1852).

Einzelstudien

Agnellus Andreas, *Liber Pontificalis Ecclesiae Ravennatis, MGH Scr. Rer. Lang.,* 265–391.

Anonymus Valesianus, *MGH aa* IX, 306–328.

Arator, *De Actibus Apostolorum, CSEL* 72.

Beda, *Historia Ecclesiastica,* ed. B. Colgrave und R. A. B. Mynors (Oxford 1969).

Beda, *De Ratione Temporum, MGH aa* XIII, 247–327.

Benedict von Nursia, *Regula Monachorum,* ed J. McCann (London 1952).

Boethius, *De Philosophiae Consolatione, CSEL* 87.

Bonifatius, *epistulae, MGH ep.* III, 215–433.

Caesarius von Arles, *sermones,* in *Sancti Caesarii opera omnia,* ed. Germain Morin, Bd. I (Maredsous 1937–1942).

Cassiodorus, *Institutiones,* ed. R. A. B. Mynors (Oxford, 1937).

Cassiodorus, *Variae, MGH aa* XII, 3–385.

Catalogus Episcoporum Mediolanensium, Rer. It. Script. I, 2, 96–103.

Chronica Patriarcharum Gradensium, MGH Scr. Rer. Lang., 329–397.

Codex Carolinus, MHG ep. III, 2, 469–657.

Collectio Avellana, CSEL 35.

Columban, *Epistulae, MGH ep.* III, 154–190.

Continuatio Prosperi Havniensis, MGH aa IX, 337–339.

Cummian, *De Controversia Paschali, PL* 87, 969–978.

Egbert von York, *Dialogus per interrogationes et responsiones de Institutione Ecclesiastica,* Mansi, 12, 482–487.

Fredegar, *Chronica, MGH Scr. Rer. Merov.* II, 18–168.

Fredegar, *Chronicon IV cum continuationibus,* ed. J. M. Wallace-Hadrill (London 1960).

Fulgentius Ferrandus, *Vita S. Fulgentii Ruspensis, Acta SS.* Jan. I, 32–45.
Gelasius I., *Epistulae,* Thiel ed., 287–483.
Gelasius I., *Tractates,* Thiel ed., 510–607.
Gesta Episcoporum Neapolitanorum, MGH Scr. Rer. Lang., 398–424.
Goscelin, *Vita S. Augustini, PL* 80, 43–95.
Gregor I., *Dialogi,* ed. V. Moricca (Instituto Storico Italiano, Roma, 1924).
Gregor I., *Epistulae, MGH ep.* I, II.
Gregor I., *Homiliae in Evangelia, PL* 76, 1075–1312.
Gregor I., *Homiliae in Ezechielem, PL* 76, 785–1072.
Gregor I., *Magna Moralia, PL* 75, 515 – *PL* 76, 782.
Gregor I., *In Librum Regum Expositionum Libri* VI, *PL* 79.
Gregor I., *Liber Regulae Pastoralis, PL* 77, 13–128.
Gregor von Tours, *Historia Francorum, MGH Scr. Rer. Merov.* 1. I.
Gregor von Tours, *Liber in Gloria Martyrum, MGH Scr. Rer. Merov.* 1. 2.
Gregor von Tours, *Liber Vitae Patrum, MGH, Scr. Rer. Merov.* 1. 2.
Ildefonsus von Toledo, *De Viris Illustribus, PL* 96, 195–206.
Isidor von Sevilla, *Chronica, MGH aa* XI, 423–481.
Isidor von Sevilla, *De Viris Illustribus, PL* 83, 1081–1106.
Joannes Diaconus, *Vita Gregorii Magni, PL* 75, 59–242.
Johannes von Salisbury, *Policraticus,* ed. C. J. Webb (Oxford 1909).
Jonas, *Vita S. Columbani, MGH Scr. Rer. Merov.* IV, 61–108.
Justinian, *Novellae,* ed. R. Schoell und W. Kroll (Berlin 1963).
Leges Langobardorum, MGH Leges IV.
Leontius, *Vita S. Gregorii Agrigentini, PG* 98, 550–715.
Liber Diurnus Romanorum Pontificum, ed. T. Sickel (Wien 1889).
Liber Pontificalis, ed. L. Duchesne, 3 Bde. (Paris 1955–1957).
Marius von Aventicum, *Chronicon, MGH aa* XI, 37–105.
Menander Protector, *Fragmenta, Fragmenta Historicorum Graecorum,* ed. C. Mueller (Paris 1851), IV, 201–269.
Die nichtliterarischen lateinischen Papyri Italiens aus der Zeit 445–700, ed. J. O. Tjader (Lund 1955).
Les Ordines Romani du Haut Moyen Age, ed. M. Andrieu (Louvain 1951).
Paulus Diaconus, *Historia Langobardorum, MGH Scr. Rer. Lang.,* 45–187.
Paulus Diaconus, *Vita Gregorii Magni, PL* 75, 42–60.
Pelagius I., *Epistulae quae supersunt,* ed. P. M. Gasso und C. M. Batlle (Monserrat 1956).
Procopius, *Wars* und *Anecdota,* ed. H. B. Dewing (London 1914–1940), 7 Bde.
Sidonius Apollinaris, *Epistulae, MGH aa* VIII.
Taio von Saragossa, *Liber Sententiarum, PL* 80, 727–990.
Theophanes, *Chronographia, PG* 108, 63–1164.
Vita S. Barbati episcopi Beneventani, MGH Scr. Rer. Lang., 556–563.
Vita S. Cethegi, Acta SS. June II, 688–693.
Vita S. Desiderii, MGH Scr. Rer. Merov. III, 620–648.
Vita S. Radegundis, MGH Scr. Rer. Merov. II, 358–395.
Vita S. Zosimi, Acta SS. March III, 835–839.
Walafrid Strabo, *De Rerum Ecclesiasticarum, PL* 114, 919–966.
Whitby Life of Gregory the Great, ed. B. Colgrave (Lawrence, Kansas, 1968).

Sekundäre Quellen

Appel, W., *Gregorian Chant* (Bloomington, Ind., 1958).

Ashworth, H., Did St. Augustine bring the *Gregorianum* to England?., *EL* 72 (1958), 39–43.

Ashworth, H., Did St. Gregory the Great compose a Sacramentary?, *Studia Patristica* II (Berlin 1957), 3–16.

Ashworth, H., Gregorian Elements in the Gelasian Sacramentary, *EL* 67 (1953), 9–23.

Ashworth, H., The influence of the Lombard invasions on the Gregorian Sacramentary, *Bulletin of the Johan Rylands Library* 36 (1953–1954), 305–327.

Ashworth, H., The liturgical prayers of St. Gregory the Great, *Traditio* 15 (1959), 107–161.

Batiffol, P., *St. Gregory the Great* (ET, London 1929).

Bernadakis, P., Les Appels au Pape dans l'Église Grecque jusqu'à Photius, *Echos d'Orient* 6 (1903), 30–42, 193–264.

Bertolini, O., I Papi e le missioni fino alla meta del secolo VIII, *Settimane* 14 (1967), 327–363.

Bertolini, O., I papi e le relazioni politiche di Roma con i ducati Longobardi di Spoleto e di Benevento, *Rivista di Storia della Chiesa in Italia* 6 (1952), 1–46.

Bertolini, O., Per la storia della diaconie Romane nell'alto medio evo alla fine del secolo VIII, *ASR* 70 (1947), 1–145.

Blumenkranz, B., *Juifs et Chrétiens dans le Monde Occidental 430–1096* (Paris 1960).

Bognetti, G. P., *L'Eta Longobarda,* 4 Bde. (Milano 1966–1968).

Bolton, W. F., The supra-historical sense in the *Dialogues* of Gregory I, *Aevum* 33 (1959), 206–213.

Borsari, S., *Il Monachesimo Bizantino nella Sicilia e nell'Italia Meridionale pre-Normanne* (Napoli 1963).

Bourque, E., *Études sur les Sacramentaires Romains,* 2 Bde. (Rom 1958).

Brazzel, K., *The Clausulae in the Works of St. Gregory the Great* (Washington DC, 1939).

Brechter, S., Monte Cassino: erste Zerstörung, *SMGBO* 56 (1938), 109–150.

Brechter, S., *Die Quellen zur Angelsachsenmission Gregors des Großen* (Münster 1941).

Brechter, S., War Gregor der Große Abt vor seiner Erhebung zum Papst?, *SMGBO* 57 (1939), 209–224.

Bresslau, H., *Handbuch der Urkundenlehre* (Leipzig 1889).

Brown, P., Relics and Social Status in the age of Gregory of Tours, 1976, Stenton Lecture (Reading University 1977).

Brown, P., The Rise and Function of the Holy Man in Late Antiquity, *JRS* 61 (1971), 80–101.

Brown, P., Sorcery, Demons and the Rise of Christianity: from Late Antiquity into the Middle Ages, *Religion and Society in the age of St. Augustine* (London 1972), 119–146.

Buddenseig, T., Gregory the Great, destroyer of pagan idols, *Journal of the Warburg and Courtauld Institute* 38 (1965), 44–65.

Bury, J. B., *History of the Later Roman Empire,* 2 Bde. (London 1923).

Butler, E. C., *Benedictine Monachism* (London 1919).

Butler, E. C., *Western Mysticism* (London 1951).

Capelle, B., Les Homélies de St Grégoire sur le Ier Cantique, *RB* 41 (1929), 204–217.

Capelle, B., La main de St Grégoire dans le Sacramentaire Grégorien, *RB* 49 (1937), 13–28.

Capelle, B., Messes du Pape St Gélase dans le Sacramentaire Léonien, *RB* 56 (1945–1946), 12–41.

Capelle, B., Retouches Gélasiennes dans le Sacramentaire Léonien, *RB* 61 (1951), 1–14.

Capelle, B., Le Sacramentaire Romain avant St. Grégoire, *RB* 64 (1954), 157–167.

Caspar, E., *Geschichte des Papsttums,* 2 Bde. (Tübingen 1933).

Chadwick, O., Gregory of Tours and Gregory the Great, *JTS* 50 (1949), 38–49.

Chapman, J., *St Benedict and the Sixth Century* (London 1929).

Charanis, P., On the question of the Hellenization of Sicily and Southern Italy in the Middle Ages, *AHR* 52 (1946), 74–87.

Chavasse, A., Les Messes du Pape Vigile dans le Sacramentaire Léonien, *EL* 64 (1950), 161–213; *EL* 66 (1952), 145–219.

Chavasse, A., *Le Sacramentaire Gélasien* (Paris 1957).
Coebergh, C., Le *Libelli Sacramentorum* de St Grégoire le Grand et le Sacramentaire publié sous son nom, *Studia Patristica* 8 (1966), 176–188.
Coebergh, C., Le Pape St. Gélase, auteur de plusieurs messes et préfaces du soi-disant Sacramentaire Léonien, *Sacris Erudiri* 4 (1952), 46–102.
Colgrave, B., The earliest life of St Gregory the Great, written by a Whitby monk, *Celt and Saxon,* ed. N. K. Chadwick (Cambridge 1964), 109–137.
Cooper-Marsdin, A., *Caesarius, Bishop of Arles* (Rochester 1903).
Courcelle, P., *Late Latin Writers and their Greek Sources* (ET, Cambridge Mass., 1969).
Courcelle, P., St Grégoire le Grand à l'école de Juvénal, *Studi e Materiali di storia della religioni* 38 (1967), 120–124.
Courcelle, P., Le Site du Monastère de Cassiodore, *MAH* 55 (1938), 259–307.
Crivellucci, A., Le Chiese Cattoliche e i Longobardi Ariani, *Studi Storici* 4 (1895), 385–423; 5 (1896), 154–177; 6 (1897), 93–115, 345–369.
Cross, F. L., Early Western Liturgical Manuscripts, *JTS* 116 (1965), 61–67.
Dagens, C., La conversion de St Grégoire le Grand, *Revue des Études Augustiniennes* 15 (1969), 149–162.
Dagens, C., *St. Grégoire le Grand: culture et expérience chrétiennes* (Paris 1977).
Daly, L. J., *Benedictine Monasticism: its formation and development through the 12th century* (New York 1965).
Damizia, G., Il *Registrum Epistolarum* di San Gregorio Magno ed il *Corpus Iuris Civilis, Benedictina* 2 (1948), III–IV, 195–226.
Deanesly, M., *St. Augustine of Canterbury* (London 1964).
Deanesly, M., und Grosjean, P., The Canterbury edition of the Answers of Pope Gregory I to St. Augustine, *JEH* 10 (1959), 1–49.
Delaruelle, E., L'Église Romaine et ses relations avec l'Église Franque jusqu'en 800, *Settimane* 7. 1 (1960), 143–184.
Delehaye, H., St Grégoire le Grand dans l'Hagiographie Grecque, *AB* 23 (1904), 449–454.
Delehaye, H., *The Legends of the Saints* (ET, London 1962).
Delforge, Th., *Le Songe de Scipion* et la vision de St Benoît *RB* 69 (1959), 351–354.
Deshusses, J., Le Sacramentaire Grégorien pré-Hadrianique, *RB* 80 (1970), 213–237.
Diehl, C., *L'Afrique Byzantine* (Paris 1896).
Diehl, C., *Études sur l'administration Byzantine dans l'Exarchat de Ravenne* (Paris 1888).
Dill, S., *Roman Society in Merovingian Gaul* (London, 1926).
Doizé, J., Le Rôle Politique et Social de St Grégoire le Grand pendant les guerres Lombardes, *Études* 99 (1904), 182–208.
Duchesne, L., *L'Église au Sixième Siècle* (Paris 1925).
Duchesne, L., Les Évêchés de Calabrie, *Mélanges Paul Fabre* (Paris, 1902), 1–16.
Duchesne, L., Les Évêchés d'Italie et l'invasion Lombarde, *MAH* 23 (1903), 83–116; 25 (1905), 365–399.
Duchesne, L., Le Sedi Episcopali nell'antico Ducato di Roma, *ASR* 15 (1892), 478–503.
Dudden, F. H., *Gregory the Great: His Place in History and Thought,* 2 Bde. (London 1905).
Dvornik, F., *Byzantium and the Roman Primacy* (ET, New York 1966).
Dvornik, F., *Early Christian and Byzantine Political Philosophy,* 2 Bde. (Dumbarton Oaks 1966).
Eidenschink, J., *The Election of Bishops in the Letters of Gregory the Great* (Washington, DC, 1945).
Ellspermann, G. L., *The Attitude of Early Christian Latin Writers Towards Pagan Literature and Learning* (Washington, DC, 1949).
Fabre, P., Le Patrimoine de l'Église Romaine dans les Alpes Cottiennes, *MAH* 4 (1884), 283–420.
Fedele, P., Il Fratello di Gregorio Magno, *ASR* 42 (1919), 607–613.
Ferrari, G., *Early Roman Monasteries* (Rom 1957).
Ferrua, A., Gli Antenati di San Gregorio Magno, *La Civilta Cattolica* 115 (1964), IV, 238–246.
Ferrua, A., Nuove Iscrizioni della Via Ostiense, *Epigraphica* 21 (1959), 97–116.

Fischer, E. H., Gregor der Große und Byzanz, *Zeitschrift der Savigny-Stiftung für Rechtsgeschichte* 67 (1950), 15–144.
Fontaine, J., Isidore de Séville et l'astrologie, *Revue des Études Latines* 31 (1953), 271–300.
Frend, W. H. C., *The Donatist Church* (Oxford 1952).
Gamber, K., Das Sonntagsmeßbuch von Jena und die Neufassung der Sonntagsmessen durch Gregor den Großen, *Traditio* 15 (1959), 107–161.
Goffart, W., Byzantine Policy in the West under Tiberius II and Maurice, *Traditio* 13 (1957), 73–118.
Goubert, P., *Byzance Avant l'Islam, 2 Bde. (Paris 1965).*
Goubert, P., Notes Prosopographiques sur la Sicile Byzantine à l'époque de l'empereur Maurice et du Pape St Grégoire le Grand, Studi Bizantini 7 (1953), 365–373.
Gregorovius, F., *Rome in the Middle Ages* (London 1894).
Grierson, P., The *Patrimonium Petri in Illis Partibus* and the Pseudo-Imperial coinage in Frankish Gaul, *Revue Belge de Nunismatique* 105 (1959), 95–111.
Griffe, E., Le *Liber Pontificalis* au temps du Pape St Grégoire, *Bulletin de Littérature Ecclésiastique* 57 (1956), 65–70.
Grisar, H., Ein Rundgang durch die Patrimonien des heiligen Stuhles um das Jahr 600, *Zeitschrift für katholische Theologie* I (1877), 321–361.
Grisar, H., Verwaltung und Haushalt der Päpstlichen Patrimonien um das Jahr 600, *Zeitschrift für katholische Theologie* I (1877), 526–563.
Guillou, A., *Studies on Byzantine Italy* (London 1970).
Halkin, F., La Juridiction Suprême du Pape, *AB* 89 (1971), 310.
Halkin, F., Le Pape St Grégoire dans l'hagiographie Byzantine, *Orientalia Periodica Christiana* 21 (1955), 109–114.
Hallinger, K., Papst Gregor der Große und der hl. Benedikt, *Studia Anselmiana* 42 (1957), 231–319.
Harnack, A. von, *Lehrbuch der Dogmengeschichte* III (Leipzig 1890).
Hartmann, L. M., *Geschichte Italiens im Mittelalter* (Stuttgart 1923), 2 Bde.
Hartmann, L. M., *Untersuchungen zur Geschichte der Byzantinischen Verwaltung in Italien 540–750* (Leipzig, 1889).
Hauber, R. M., *The Late Latin Vocabulary of the Moralia of St. Gregory the Great* (Washington, DC, 1938).
Hillgarth, J. N., ed., *The Conversion of Western Europe 350–750* (Englewood Cliffs, NJ, 1969).
Hodgkin, T., *Italy and her Invaders* (Oxford 1896), Bd. 3, 4, 5, 6.
Howorth, H. H., *St. Gregory the Great* (London 1912).
Hurten, H., Gregor der Große und der mittelalterliche Episkopat, *Zeitschrift für Kirchengeschichte* 73 (1962), 16–41.
Jones, A. H. M., Church Finance in the 5th and 6th centuries, *JTS* n. s. 11 (1969), 84–94.
Jones, A. H. M., *The Later Roman Empire,* 3 Bde. (Oxford 1964).
Jones, L. W., The Influence of Cassiodorus on medieval culture, *Speculum* 20 (1945), 433–442; 22 (1947), 254–256.
Jungmann, J. A., *Missarum Sollemnia: eine genetische Erklärung der römischen Messe,* 2 Bde., 5. Aufl., Wien 1962.
Katz, S., Gregory the Great and the Jews, *Jewish Quarterly Review* 24 (1933–1934), 113–136.
Kelett, F. W., *Pope Gregory the Great and his Relations with Gaul* (Cambridge 1889).
King, P. D., *Law and Society in the Visigothic Kingdom* (Cambridge 1972).
Klauser, Th., *Capitulare Evangeliorum* (Münster 1935).
Klauser, Th., *A Short History of the Western Liturgy* (ET, London und New York 1969).
Knowles, D., *Great Historical Enterprises* (London 1963).
Ladner, G. B., *I Ritratti dei Papi nell'antichità e nel medio evo* (Vatican 1941).
Laistner, M. L. W., The Christian Attitude to Pagan Literature, *History* 20 (1935), 49–54.
Laistner, M. L. W., *Thought and Letters in Western Europe 500–900* (London 1957).
Laistner, M. L. W., The Western Church and Astrology during the Early Middle Ages, *Harvard Theological Review* 34 (1941), 251–275.

Lancia di Brolo, D. G., *Storia della Chiesa in Sicilia nei dieci primi secoli del Christianesimo,* 2 Bde. (Palermo 1880–1884).

Lang, A. P., *Leo der Große und die Texte des Altgelasianums mit Berücksichtigung des Sacramentum Gregorianums* (Steyl 1957).

Lanzoni, F., *Le Diocesi d'Italia dalle origini al principe del secolo VII* (Faenza 1923).

Lecrivain, C., *Le Sénat Romain depuis Dioclétien* (Paris 1888).

Lestocquoy, J., L'administration de Rome et des Diaconies du VII au IX siècle, *Rivista di Archeologia Christiana* 7 (1930), 261–298.

Llewellyn, P., The Roman Church in the 7th Century: the Legacy of Gregory I, *JEH* 25 (1974), 363–380.

Llewellyn, P., *Rome in the Dark Ages* (London 1971).

Lubac, H. de, *Exégèse Médiévale,* 3 Bde. (Paris 1959–1961).

Luzzatto, G., *An Economic History of Italy* (ET, London, 1961).

McCulloch, J., The cult of relics in the letters and *Dialogues* of Pope Gregory the Great, *Traditio* 32 (1976), 145–184.

McKenna, S., *Paganism and Pagan Survivals in Spain* (Washington, DC, 1938).

Magoulias, H. J., *Byzantine Christianity: Emperor, Church and the West* (Chicago 1970).

Malnory, A., *St Césaire, Evéque d'Arles* (Paris 1894).

Mandic, D., Dalmatia in the Exarchate of Ravenna from the middle of the 6th century to the middle of the 8th century, *Byzantion* 34 (1964), 347–374.

Mann, H. K., *Lives of the Popes in the Middle Ages* (London 1906–1932), Bd. I, II.

Markus, R. A. The chronology of the Gregorian mission to England: Bede's narrative and Gregory's correspondence, *JEH* 14 (1963), 16–30.

Markus, R. A., Donatism: the last phase, *Studies in Church History* I (1964), 118–126.

Markus, R. A., Gregory the Great and a Papal Missionary Strategy, *Studies in Church History* 6 (1970), 29–38.

Markus, R. A., The Imperial administration and the church in Byzantine Africa, *Church History* 36 (March 1967), 3–8.

Marrou, H.-I., *A History of Education in Antiquity* (ET, London und New York 1956).

Martroye, F., *L'Occident à l'époque Byzantine* (Paris 1904).

Mayr-Harting, H., *The Coming of Christianity to Anglo Saxon England* (London 1972).

Mazzarino, S., *The End of the Ancient World* (ET, London 1966).

Meyvaert, P., *Bede and Gregory the Great* (Jarrow Lecture, 7, 1964).

Meyvaert, P., *Gregory, Benedict, Bede and Others* (London 1977).

Minasi, G., *Le Chiese di Calabria* (Napoli 1896).

Moresco, M., *Il Patrimonio di San Pietro* (Turin 1916).

Morosi, G., *Studi dei Dialetti Greci della terra d'Otranto* (Lecce, 1870).

Morrison, K. F., *Tradition and Authority in the Western Church 300–1140* (Princeton, NJ, 1969).

Mundo, A., L'authenticité de la *Regula Sancti Benedicti, Studia Anselmiana* 42 (1957), 105–158.

Norberg, D., *In Registrum Gregorii Magni Studia Critica,* 2 Bde. (Uppsala 1937–1949).

O'Donnell, J. F., *The Vocabulary of the letters of St. Gregory the Great* (Washington, DC, 1935).

Partner, P., *The Lands of St. Peter* (London 1972).

Penco, G., *Sancti Benedicti Regula* (Florenz 1958).

Petersen, J., Did Gregory the Great know Greek? *Studies in Church History* 13 (1976), 121–134.

Petersen, J., The identification of the *Titulus Fasciolae* and its connection with Pope Gregory the Great, *Vigdiae Christianae* 30 (1976), 151–158.

Picard, J. C., Étude sur l'emplacement des tombes des Papes du III au X siècle, *MAH* 81 (1969), 725–782.

Pingaud, L., *La Politique de St Grégoire le Grand* (Paris 1872).

Poole, R. L., *The Papal Chancery* (Cambridge 1915).

Porcel, O., *La Doctrina Monastica de San Gregorio Magno y la Regula Monachorum* (Madrid 1951).

Recchia, V., La visione di San Benedetto e la *compositio* del secondo libro dei *Dialoghi* di Gregorio Magno, *RB* (1972), 140–155.

Richards, J., *The Popes and the Papacy in the Early Middle Ages* 476–752 (London 1979).

Riché, P., *Education and Culture in the Barbarian West* (ET, Columbia, SC, 1976).

Rohlfs, G., *Scavi Linguistici nella Magna Greacia* (Rom 1933).

Romano, G., und Somi, A., *Le Dominazioni Barbariche* (Mailand 1940).

Rusch, W. G., *The Later Latin Fathers* (London 1977).

Schuster, I., Les ancêtres de St Grégoire et leur sépulture de famille à St Paul de Rome, *RB* 21 (1904), 112–123.

Schuster, I., *St. Benedict and his Times* (ET, London 1953).

Sharkey, N., *St. Gregory the Great's Concept of Papal Primacy* (Washington, DC, 1950).

Smalley, B., *The Study of the Bible in the Middle Ages* (New York 1952).

Smits van Waesberghe, J., *Gregorian Chant* (London 1949).

Spearing, E., *The Patrimony of the Roman Church in the time of Gregory the Great* (Cambridge 1918).

Stein, E., La disparition du Sénat de Rome à la fin du VI siècle, *Bulletin de la classe de lettres de L'Academie Royale de Belgique,* series 5, Bd. 25 (1939), 308–322.

Stein, E., La Période Byzantine de la Papauté, *Catholic Historical Review* 21 (1935–1936), 129–163.

Strazzulla, V., Museum Epigraphicum, *Documenti per servire alla storia di Sicilia,* Reihe 3, Bd. 3 (Palermo 1897).

Stuhlfath, W., *Gregor der Große* (Heidelberg 1913).

Stuiber, A., *Libelli Sacramentorum Romani* (Bonn 1950).

Sullivan, R. E., The Papacy and Missionary Activity in the Early Middle Ages, *Medieval Studies* 17 (1955), 46–106.

Susman, F. Il Culto di San Pietro a Roma dalla morte di Leone Magno a Vitaliano, *ASR* 84 (1961), 1–192.

Swank, H. M., *Gregor der Große als Prediger* (Berlin 1934).

Synan, E. A., *The Popes and the Jews in the Middle Ages* (London und New York 1965).

Tarducci, F., San Gregorio Magno e la vita monacale del suo tempo, *Rivista Storica Benedittina* 4 (1909), 169–180.

Taylor, J. J., The Early Papacy at Work: Gelasius I, *Journal of Religious History* 8 (1974–1975), 317–332.

Taylor, J. J., Eastern Appeals to Rome in the Early Church: a little known witness, *Downside Review* 89 (1971), 142–146.

Testa, O. M., Le chiese di Napoli nei suoi rapporti con Papa Gregorio I, *Rivista Storica Italiana* 7 (1980), 457–488.

Thompson, E. A., *The Goths in Spain* (Oxford 1969).

Ughelli, F., *Italia Sacra* (Venedig 1717–1733), 12 Bde.

Ullmann, E., Leo I and the theme of Papal Primacy, *JTS* n. S. 11 (1960), 25–51.

Ullmann, W., *A Short History of the Papacy in the Middel Ages* (London 1972).

Vacandard, E., L'idolatrie en Gaule au VI et au VII siècle, *Revue des Questions Historiques* 65 (1899), 424–454.

Vailhé, S., Le Titre de Patriarche Oecuménique avant St Grégoire le Grand, *Échos d'Orient* 11 (1908), 65–70, 161–171.

Van Dijk, S. P., Gregory the Great – Founder of the Urban *Schola Cantorum, EL* 77 (1963), 345–356.

Van Dijk, S. P., Recent Developments in the study of the Old Roman Rite, *Studia Patristica* 8 (1966), II, 299–300.

Van Dijk, S. P., The Urban and Papal Rites in the 7th and 8th Centuries, *Sacris Erudiri* 12 (1961), 411 487.

Verbraken, P., Le Commentaire de St Grégoire sur le Premier Livre des Rois, *RB* 66 (1956), 159–217.

Verbraken, P., La tradition manuscrite du Commentaire de St Grégoire sur le Cantique des Cantiques, *RB* 73 (1963), 277–288.

Vogüé, A. de, La Règle du Maître et les *Dialogues* de St Grégoire, *Revue d'Histoire Ecclésiastique* 61 (1966), 44–76.
Vyver, A. van de, Cassiodore et son œuvre, *Speculum* 6 (1931), 244–292.
Vyver, A. van de, Les *Institutiones* de Cassiodore et sa fondation à Vivarium, RB 63 (1941), 59–88.
Wallace-Hadrill, J. M., *Early Medieval History* (Oxford 1975).
Wallace-Hadrill, J. M., Rome and the Early Englisch Church: some questions of transmission, *Settimane* 7 (1960), I, 519–548.
Weber, L., *Hauptfragen der Moraltheologie Gregors des Großen* (Freiburg, 1947).
White, L., Jr., The Byzantinization of Sicily, *AHR* 42 (1936), 1–21.
Whitney, J. P., The Growth of Papal Jurisdiction before Nicholas I, *Reformation Essays* (London 1939), 130–168.

Personenregister

Adaloald, Prinz der Langobarden 198
Aelle, König von Northumbria 260
Aemiliana, Tante von Gregor I. 35
Aemilianus, Notar 78, 83
Aethelbert, König von Kent 60, 248, 250, 253f.
Aetherius, Erzbischof von Lugdunum 221, 255
Agatho, Bischof von Lipari 122, 153, 166, 167
Agatho, Bischofskandidat in Syrakus 156, 157
Agilulf, König der Langobarden 84, 94, 112, 180, 184, 188, 192, 194, 198, 199
Agiulf, Diakon von Tours 50
Agnellus, Bischof von Fundi und Tarracina 187, 244
Alahis, langobardischer Herzog 112
Albuin, König der Langobarden 17
Alcyson, Bischof von Corcyra 230
Aldio, Magister militum 108, 197
Alfred der Große, König von Wessex 2
Amandus, Bischof von Surrentum 185
Ampliatus, Priester und Vicedominus 101
Anastasius, Erzbischof von Korinth 86
Anastasius, Patriarch von Antiochia 46, 72, 227
Anatolius, Diakon und Apocrisiarios 56, 81, 87, 101
Andreas, Bischof von Tarent 122, 170
Andreas, Scholasticus von Ravenna 181
Anio, Graf von Aprutium 109
Ansfrid, Herzog von Balneum Regis 185
Anthemius, Subdiakon und Rektor von Kampanien 106, 118, 142, 175, 185
Antonius, Defensor und Rektor von Sizilien 144
Antoninus, Subdiakon und Rektor von Dalmatien 209f., 211
Antonius, Subdiakon 141
Aregius, Bischof von Gap 79, 222
Argentius, Bischof von Lamigia 203, 208
Arichis, Herzog von Benevento 191, 195, 196
Arigius, Gouverneur der Provence 140
Ariulf, Herzog von Spoleto 54, 180, 189f., 192, 195, 196
Athanagild, König der Westgoten 218
Athanasius, Priester von Isauria 73, 225
Augustinus, Erzbischof von Canterbury 55, 64, 77, 126, 130, 249, 250, 266
Augustinus, Bischof von Hippo 29, 56
Aunacharius, Bischof von Auxerre 70
Aurelia 29
Autharis, König der Langobarden 22, 188, 198

Baduarius, Graf 19
Barbarus, Bischof von Carina 158, 160, 164, 198
Basilius, Bischof von Capua 83, 122, 177f., 187
Beda, Historiker 9, 245, 252
Benedikt I., Papst 20, 45, 113
Benedikt von Nursia, Heiliger 16, 20, 28, 42f., 62, 63, 82, 84, 258ff.
Benenatus, Bischof von Misenum 108, 122
Benenatus, Notar und Rektor von Palermo 143
Bertha, Königin von Kent 130, 250
Birinus, Missionsbischof 90, 255
Blandus, Bischof von Hortona 142
Boethius, Philosoph 39
Bonifaz, Bischof von Rhegium 150, 159, 164f., 169
Bonifaz, Mönch 78, 111
Bonifaz, Numerarius 83, 99
Bonifaz II., Papst 131
Bonifaz III., Papst, früherer Primicerius defensorum und Apocrisiarios 82, 83, 84, 88, 107, 228
Bonifaz IV., Papst, früherer Diakon und Dispensator 29, 87, 88, 89, 90, 129, 199
Bonifaz V., Papst 90
Bonitus, Kandidat für das sizilianische Praetorenamt 98
Brunhild, Königin der Franken 140, 220, 222f., 244, 246, 254

Caesarius, Abt von St. Peter zu Baias 84
Caesarius, Bischof von Arles 26, 28
Calixenus, Sohn von Stephania 116
Callinicus, Exarch von Ravenna 195, 196, 198, 213

Calumniosus, Bischof von Hortona 142
Campana, Patrizierin 134
Candidus, Bischof von Vulsinum 155
Candidus, Priester und Rektor von Gallien 140, 219, 221
Cassiodorus, Historiker 27, 41, 260f.
Castorius, Bischof von Rimini 150, 159, 178
Castorius, Notar und Apocrisiarios in Ravenna 83, 120, 121, 181f., 195, 213, 239
Castus, Magister militum 189, 193, 194
Catolenus, Abt 131
Cethegus, Bischof von Amiternum 111, 112
Cethegus, Patrizier 83, 177
Chedin, fränkischer Herzog 22
Childebert II., König der Franken 20, 21, 22, 32, 80, 219
Chlothar II., König der Franken 223
Chrysanthus, Bischof von Spoleto 109, 110, 112, 113
Claudius, Abt von Classis 56, 78, 85
Clementina, Patrizierin 172, 185
Columbus, Bischof von Nicivibus 205
Comitaticius, Graf von Misenum 197
Comitiolus, Gouverneur des byzantinischen Spanien 217
Copiosus, Mönch 44
Cosmas, Kaufmann 103
Crementius, Primas von Byzacena 206
Crescens, Diakon von Palermo 159, 160
Crescentius, Vikar von Rom 99
Cyprian, Diakon und Rektor von Sizilien 83, 103, 105, 143, 155, 162, 185
Cyriacus, Abt 123, 222, 241f., 248
Cyriacus, Patriarch von Konstantinopel 36, 227
Cyridanus, Heerführer 95

Damasus, Papst 131
Decius, Bischof von Lilybaeum 162, 167
Demetrianus, Kleriker von Firmium 109
Demetrius, Bischof von Neapel 122, 170
Desiderius, Bischof von Vienne 37, 221
Deusdedit, Erzbischof von Mailand 184
Deusdedit, Papst 90
Dioscorus, Diakon von Alexandria 168
Dominicus, Erzbischof von Karthago 70, 205
Domitian, Bischof von Melitene 48, 229
Domitius, neapolitanischer Heerführer 173, 174
Donatus von Messina 99
Donellus, Zahlmeister der Armee 197
Donus, Bischof von Messina 150, 154, 161
Droctulf, langobardischer Herzog 20
Dynamius, Gouverneur der Provence 140

Ecclesius, Bischof von Clusium 55, 108, 186
Edentius, Herzog von Sardinien 97
Edwin, König von Northumbria 90
Egbert von York 126, 131
Eleutherius, Abt von St. Markus bei Spoleto 167
Elias, Abt 82, 167
Ennodius, Bischof von Pavia 37
Epiphanius, Diakon 36, 78, 82, 87
Epiphanius, Subdiakon 172
Equitius, Abt von Valeria 42
Eulogius, Patriarch von Alexandrien 36, 54f., 72, 82, 198, 227
Eusanius, Bischof von Agrigentum 167
Eutychius, Bischof von Tyndaris 156
Eutychius, Patriarch von Konstantinopel 47
Evagrius, Historiker 22
Exhilaratus, Bischof von Tyndaris 143, 164, 165
Exhilaratus, Secundicerius notariorum 89

Fabius, Bischof von Firmium 109
Fantinus, Defensor und Rektor von Palermo 143, 165
Farwald, Herzog von Spoleto 20, 111, 189, 197
Faustinus, Notar von Myria 105
Faustus, neapolitanischer Heerführer 173, 174
Felicianus, Priester 134
Felix, Bischof von Acropolis 107
Felix, Bischof von Messina 117, 154
Felix, Bischof von Portus 86, 241
Felix, Bischof von Sipontum 107, 122
Felix, Chartularius von Sizilien 185
Felix, Diakon von Istrien 240
Felix III., Papst 34
Festus, Bischof von Capua 150, 159, 176
Flora, Patrizier 83, 177
Florentinus, Diakon von Ravenna 186
Florentius, Bischof von Epidaurus 213
Florentius, Diakon 78, 82, 121, 172
Fortunatus, Abt von Balneum Ciceronis 87
Fortunatus, Bischof von Catania 168
Fortunatus, Bischof von Fanum 85, 105
Fortunatus, Bischof von Todi 31
Fortunatus, Bischof von Neapel 173, 174, 185
Fulgentius von Ruspe, Heiliger 15

Gaidoald, Herzog von Trient 197
Gallus 28
Gattulus, kaiserlicher General 110
Gaudentius, Bischof von Nola 176
Gaudiosus, Primicerius notariorum 84
Gelasius I., Papst 25, 71, 74, 96, 102, 117, 125, 126, 127, 131, 134, 139

Gennadius, Exarch von Afrika 97, 134, 204, 205
Georg, praetorianischer Präfekt von Italien 120
Gisulf, Herzog von Friaul 21, 197
Gloriosus, Bischof von Ostia 150
Gordiana, Tante von Gregor I. 35
Gordianus, Vater von Gregor I. 34
Grasulf, Herzog von Friaul 21
Gregor II., Papst 129, 132
Gregor, Bischof von Agrigentum 152, 168
Gregor, Bischof von Tours, Historiker 9, 17, 35, 39, 50, 70, 245
Gregor, Präfekt von Rom 194
Guntram, König von Burgund 70

Habentius, Bischof von Perusia 150, 180
Hadrian, Bischof von Theben 214, 230
Hadrian, Notar und Rektor von Syrakus 117, 143, 244
Hadrian I., Papst 126, 131
Hermenigild, Prinz der Westgoten 218
Hieronymus, Defensor und Rektor der Cottischen Alpen 142
Hilarus, Notar und Rektor von Afrika 140, 205, 208
Hilarus, Subdiakon von Neapel 176
Homobonus, Bischof von Albanum 155
Honoratus, Erzdiakon von Salona 209f., 213
Honoratus, Diakon und Apocrisiarios 48, 80, 97, 98
Honoratus, Priester von Mevania 113
Honorius I., Papst 90, 106, 129, 266, 271
Hormisdas, Papst 168, 218

Innozenz I., Papst 69
Innozenz, Präfekt von Afrika 56
Italica, Patrizierin 54

Januarius, Erzbischof von Caralis 97, 122, 124, 196, 197
Januarius, Bischof von Malaga 217
Johannes, Erzbischof von Larissa 230
Johannes I., Erzbischof von Prima Justiniana 231
Johannes II., Erzbischof von Prima Justiniana 232
Johannes III., Erzbischof von Ravenna 49, 99, 120, 121, 181, 191, 238
Johannes, Erz-Kantor von St. Peter 131
Johannes, Bischof von Falerii 171
Johannes, Bischof von Lissus und Scyllacium 136
Johannes, Bischof von Palermo 161
Johannes, Bischof von Rimini 180, 186
Johannes, Bischof von Syrakus 56, 83, 85, 99, 101, 119, 143, 157, 161f., 164, 167, 177, 207
Johannes, Bischof von Velitrae 108
Johannes der Diakon, Historiker 41, 45, 52f., 77, 79, 102, 126, 131, 144, 176, 180, 271
Johannes, Diakon von Balneum Regis 186
Johannes, Diakon von Neapel 175
Johannes, Defensor 78, 85
Johannes, Notar 123
Johannes, Notar und Rektor von Dalmatien 141
Johannes, Palatinus 98
Johannes IV., der Faster, Patriarch von Konstantinopel 47, 60, 80, 224ff.
Johannes I., Papst 131
Johannes II., Papst 89
Johannes III., Papst 29, 70, 78, 119, 120
Johannes VIII., Papst 266
Johannes, Priester von Chalcedon 73
Johannes, Priester von Ravenna 53
Johannes, Quaestor 189
Johannes, Vikar von Rom 99
Julian, Scribo 67, 212
Justin I., Kaiser 14
Justin II., Kaiser 18, 19
Justin, Prätor von Sizilien 95, 97
Justinian I., Kaiser 13, 18, 39, 68, 95, 119, 120, 147, 202, 218
Justus, Bischof von Rochester 250
Justus, Mönch 44, 56

Kleph, König der Langobarden 17, 20
Konstans II., Kaiser 119, 167
Konstantina, Kaiserin 31, 48, 94, 97, 212, 226
Konstantin I., Kaiser 74
Konstantin IV., Kaiser 228
Konstantin, Abt von Monte Cassino 43
Konstantius, Erzbischof von Mailand 38, 83, 183f., 193, 199, 200
Konstantius, Tribun 190
Kolumban 29

Laurentius II., Erzbischof von Mailand 183, 199
Laurentius, Erzdiakon von Rom 80, 81, 88
Laurentius, Bischof von Arezzo 180
Laurentius, Missionspriester, später Erzbischof von Canterbury 260
Laurentius, Vir clarissimus 99
Leander, Erzbischof von Sevilla 37, 54, 216, 251
Leo, Bischof von Catania 152, 156, 157, 158, 165
Leo III., Kaiser 134

Leo der Große, Papst 32, 68f., 71, 117, 126, 127, 131
Leontius, Bischof von Urbinum 179, 180
Leontius, Ex-Konsul 40, 99
Leontius, Vir clarissimus 190
Leovigild, König der Westgoten 215
Liberatus, Diakon von Caralis 119
Libertinus, Prätor von Sizilien 100, 103
Licinianus, Bischof von Cartagena 217
Lucillus, Bischof von Malta 122, 155, 162f., 166
Lucius, Bischof von Rhegium 169

Magnus, Priester von Milano 142
Malchus, Bischof von Dalmatien 84, 141
Marcellus, Prokonsul von Dalmatien 213
Marinianus, Erzbischof von Ravenna 54f., 78, 85, 121, 150, 179, 181f., 213
Martin, Bischof von Tainas und Aleria 187
Martin I., Papst 36, 131
Martin von Braga, Heiliger 26
Maurentius, Magister militum 98, 174, 197
Maurianus, Abt 131
Mauritius, Kaiser 20, 21, 47, 56, 71, 75, 81f., 101, 198, 211, 225, 230ff.
Maurilio, Ex-Präfekt (wahrscheinlich prätorianischer Präfekt) 99
Maurisio, Herzog von Perusia 112, 189, 192
Maximian, Abt von St. Andreas, später Bischof von Syrakus 41, 42, 56, 78, 85, 86, 150f., 153, 155f., 158, 185
Maximian, Bischof von Pudentiana 203
Maximus, Erzbischof von Salona 55, 67, 141, 210f., 213
Mellitus, Abt, später Bischof von London 249, 250
Mennas, Bischof von Telesia 187
Merulus, Mönch 44
Monoratus 43

Narses, Graf 24, 48
Narses, Gouverneur von Italien 225
Natalis, Erzbischof von Salona 51, 57, 208f., 213
Nordulf, Söldnerführer 21, 22, 191

Ocleatinus, Bischofskandidat in Rimini 178
Oportunus, vermutlicher Bischof von Aprutium 110
Optatus, Defensor 110
Osso, General 22

Palatinus, Bruder von Gregor I. 34, 35
Pamphronius, prätorianischer Präfekt von Italien 19
Pantaleon, Notar 84, 107, 146
Pantaleon, prätorianischer Präfekt von Afrika 204
Paschasius, Bischof von Neapel 122, 175
Passivus, Bischof von Firmum 109
Pateria, Tante von Gregor I. 35, 103
Paterius, Notar 48, 83
Paul, afrikanischer Bischof 203, 207
Paul, Bischof von Nepe 171
Paul, Bischof von Triocala 122, 153, 166
Paul der Diakon, Historiker 9, 17, 24, 55, 103, 199
Paul, Diakon von Reate 112
Paul, Scholasticus 189
Paulinus, Bischof von Tauriana und Lipari 153, 158
Paulinus, Bischof von Tegesis 208
Pelagius I., Papst 15, 19, 29, 134, 137, 139, 220
Pelagius II., Papst 20, 21, 42, 45, 48f., 70, 79, 80, 117, 140, 144, 151, 204, 209, 224f., 271
Peregrinus, Bischof von Messina 168
Peter, Bischof von Altinum 239
Peter, Bischof von Hydruntum 170
Peter, Bischof von Tarracina 187
Peter, Diakon von Neapel 175
Peter, Subdiakon und Rektor von Kampanien, später Bischof von Triocala 142, 150f., 154, 172
Peter, Subdiakon und Rektor von Sizilien, später Diakon 57, 67, 78, 79, 124, 136, 143, 144, 154
Philippicus, Graf 48
Phocas, Kaiser 78, 81, 228, 230ff., 240f.
Pimenius, Bischof von Amalfi 122
Primigenius, Notar 134
Priscus, General 48
Probus, Abt von St. Andreas und Lucia in Rom 78, 83, 86, 196
Probus, Bischof von Reate 85
Procopius, Historiker 23
Proculus, Bischof von Nicotera 122
Prosper von Havnium 193

Quodvultdeus, Abt 48

Radegund 28
Reccared, König der Westgoten 215
Redemptus, Bischof von Ferentis 48
Redemptus, Defensor 124
Romanus, Defensor und Rektor von Syrakus 98, 143, 158
Romanus, Exarch von Ravenna 92, 120, 191, 192, 193

Romanus, General 21, 22, 49
Rosamunda, Königin der Langobarden 17
Rusticiana, Patrizierin 41, 59, 101
Rusticus, Erzdiakon von Capua 177
Rusticus, Ratsherr von Neapel 173, 174

Sabinian, Bischof von Jadera 213
Sabinian, Diakon und Apocrisiarios, später Papst 81, 84, 88, 212
Sabinus, Bischof von Callipolis 142, 143, 150, 170
Sagittarius, Bischof von Gap 70
Salonius, Bischof von Embrun 70
Sanctulus, Priester von Nursia 110
Saturninus, Consiliarius 85
Scholasticus, Defensor und Rektor von Samnium 142
Scholasticus, Richter von Campania 172, 173
Sebastian, Bischof von Rhisinum 93, 166
Sebastian, Bischof, Visitator von Rimini 179
Secundinus, Bischof von Tauromenium 86, 99, 154f., 162, 216
Secundinus, Diakon von Ravenna 109, 182
Secundus, Abt von Trient 200
Serenus, Bischof von Ancona 109
Serenus, Bischof von Marseilles
Sergius I., Papst 106, 129
Servusdei, Diakon und Rektor von Sizilien 46, 83, 144
Severus, Erzbischof von Aquileia 49, 238
Severus, Bischof von Ficuclae 178, 181
Severus, Scholasticus 193
Sigebert, König von Austrasia 220
Silvia, Mutter Gregors I. 35
Simplicius, Abt von Monte Cassino 43
Siricius, Papst 117
Smaragdus, Exarch von Ravenna 21, 47, 48f., 198, 241, 265
Stephania, Witwe 116
Stephanus, Bischof von einem unbenannten spanischen Bischofssitz 217
Stephanus, Priester von Valeria 171
Syagrius, Bischof von Autun 187, 221, 255
Symmachus, Defensor und Rektor von Korsika 131
Symmachus, Papst 218

Tarsilla, Tante von Gregor I. 35
Theoctista, Schwester von Kaiser Mauritius 48, 50, 101
Theodelinda, Königin der Langobarden 54, 64, 188, 199
Theodor, Bischof von Lilybaeum 154, 156, 161
Theodor, Consiliarius 79, 85, 87, 124
Theodor, Curator von Ravenna 196
Theodor, Gouverneur von Sardinien 97
Theodor, Magister militum von Afrika 206
Theodor, Stadtpräfekt von Neapel 173, 174
Theodor, Arzt von Kaiser Mauritius 48, 230
Theodosius, Sohn von Kaiser Mauritius 48
Theophanes, Historiker 134
Theudebert, König von Austrasia 221
Theudelap, Herzog von Spoleto 197
Tiberius Constantinus, Kaiser 18, 19, 47
Trajan, Bischof von Malta 149, 156, 163

Umbolus, langobardischer Herzog 112
Urbicus, Abt von St. Hermes, Palermo 159
Uvintarit, General 110

Valentinus, Abt 113
Valentinian, Abt des Lateran-Klosters in Rom 43
Valentinian III., Kaiser 69
Valentio, Abt von St. Andreas bei Clivum Scauri 42
Valerianus, Kleriker von Firmium 109
Velox, Magister militum 189
Venantius, Bischof von Luna 87, 108, 124
Venantius, Patrizier von Palermo 54, 158, 160
Venantius, Patrizier von Syrakus 98, 263
Vergilius, Erzbischof von Arles 220, 222
Verilianus, Graf von Hortona 112
Victor, Bischof von Palermo 152, 158
Victor, Primas von Numidia 208
Vigilius, Papst 36, 85, 96, 101, 127, 218
Virbonus, Abt 131
Vitalian, Magister militum 189
Vitalian, Papst 129, 131
Vitalis, Defensor und Rektor von Sardinien 124, 142

Walafrid Strabo 126, 131
Warnfrid, Ratgeber von Herzog Ariulf 196
Wilfrid von Hexham, Heiliger 130
Wulfilach 28

Zacharias, Papst 136, 265
Zeno, Bischof, wahrscheinlich von Leontini 103, 155
Zosimus, Bischof von Syrakus 168
Zotto, Herzog von Benevento 20

€ 24.—